现代经济与管理类系列教材

纳税申报实务
（第 3 版）

梁文涛　苏　杉　主编

清华大学出版社
北京交通大学出版社
·北京·

内 容 简 介

本教材以最新税法和会计准则为依据，主要介绍企业会计工作所必需的各税种的认知、计算和纳税申报。编者根据不同税种的日常核算要求，整合出 8 个工作项目作为主要教学内容。为了培养应用型、技能型财税专业人才，本教材采用"项目导向、任务驱动"模式，贯彻"理实一体、学做合一"理念，每个工作项目下分若干任务，除了理论知识讲解外，还包括"任务引例""任务引例解析""情境实例""情境实战"等内容。

本教材不仅可以作为高等院校的教学用书，也可以作为各种财税培训机构的培训教材，还适合企业董事长、经理、财务主管、会计人员、税务人员、税务律师、注册会计师、税务师、会计师、税务会计师、纳税筹划师等各类关心财税问题的人士阅读。

图书在版编目（CIP）数据

纳税申报实务/梁文涛，苏杉主编. —3 版. —北京：北京交通大学出版社：清华大学出版社，2022.9

ISBN 978－7－5121－4803－1

Ⅰ．① 纳…　Ⅱ．① 梁…② 苏…　Ⅲ．① 纳税-税收管理-中国-高等学校-教材　Ⅳ．① F812.423

中国版本图书馆 CIP 数据核字（2022）第 174985 号

纳税申报实务

NASHUI SHENBAO SHIWU

策划编辑：吴嫦娥　责任编辑：刘蕊

出版发行：清 华 大 学 出 版 社　　邮编：100084　电话：010-62776969
　　　　　北京交通大学出版社　　邮编：100044　电话：010-51686414

印 刷 者：北京时代华都印刷有限公司

经　　销：全国新华书店

开　　本：185 mm×260 mm　　印张：20.75　　字数：518 千字

版 印 次：2014 年 9 月第 1 版　　2022 年 9 月第 3 版　　2022 年 9 月第 1 次印刷

定　　价：59.00 元

前　言

本教材 2014 年首次出版，2017 年再版，受到了相关专业教师与学生的广泛认可。"纳税申报实务"课程是高校财经专业的一门专业核心课。第 3 版《纳税申报实务》是以最新税法和会计准则为依据进行编写，主要介绍企业会计工作所必需的各税种的认知、计算和纳税申报。编者根据不同税种的日常核算要求，整合出 8 个工作项目作为主要教学内容。本教材具有以下特色。

1. 内容新颖，体现最新会计、税收政策。

本教材根据自 2019 年 4 月 1 日起，我国实行深化增值税改革有关政策（含 13% 和 9% 的增值税新税率），自 2019 年 1 月 1 日起正式施行的新修订的《中华人民共和国个人所得税法》、新修订的《中华人民共和国个人所得税法实施条例》《个人所得税专项附加扣除暂行办法》，自 2019 年 7 月 1 日起正式施行的《中华人民共和国车辆购置税法》，自 2019 年 9 月 1 日起正式施行的《中华人民共和国耕地占用税法》，自 2021 年 9 月 1 日起施行的《中华人民共和国城市维护建设税法》，自 2021 年 9 月 1 日起施行的《中华人民共和国契税法》，以及自 2022 年 7 月 1 日起施行的《中华人民共和国印花税法》等新税收政策进行编写。同时，本教材根据《国家税务总局关于简并税费申报有关事项的公告》（国家税务总局公告 2021 年第 9 号）、《国家税务总局关于增值税　消费税与附加税费申报表整合有关事项的公告》（国家税务总局公告 2021 年第 20 号）、《国家税务总局关于进一步实施小微企业"六税两费"减免政策有关征管问题的公告》（国家税务总局公告 2022 年第 3 号）、《国家税务总局关于修订发布〈个人所得税专项附加扣除操作办法（试行）〉的公告》（国家税务总局公告 2022 年第 7 号）对纳税申报表、税费申报表等进行了修订。本教材不仅根据截稿之日（2022 年 9 月 30 日）的最新会计、税收政策编写，而且在本教材以后重印、修订或再版时，将会根据最新会计、税收政策及时修订和完善。

2. 采用"项目导向、任务驱动"模式，贯彻"理实一体、学做合一"理念。

本教材采用"项目导向、任务驱动"模式，贯彻"理实一体、学做合一"理念，每个工作项目下分若干任务，除了理论知识讲解外，还包括"任务引例""任务引例解析""情境实例""情境实战"等内容，以此实现"教学做"一体化，让学生体验案例学习的趣味。

3. 创建教材 QQ 群和邮箱，提供互动、交流的社区。

提供教材 QQ 群和邮箱，任课教师可借此与作者交流。教材的 QQ 群号是 607931545（仅供任课教师加入，加入时请注明单位、姓名），邮箱地址是 caishuijiaocai@126.com。

4. 教学资源丰富。

提供电子课件、教学大纲、技能训练的参考答案（统一为学生订购教材的学校任课教师，可通过本教材提供的电子邮箱索取）。

在本教材出版过程中，得到了北京交通大学出版社相关工作人员的大力支持与帮助，在此表示由衷的感谢。本教材在编写过程中，参考、借鉴了大量本学科相关著作与论文，在此向其作者表示由衷的感谢。由于编者水平所限，并且税收法律法规及政策不断变化，本教材定会存在不当之处，请读者以最新的税收法律法规及政策为准，同时竭诚欢迎广大读者批评指正。

编者

2022 年 9 月

目　　录

项目一

纳税申报实务基础

学习目标

（1）能明确税收的含义与特征、税收与税法的关系，熟悉税收的分类、税法的构成要素。

（2）能明确税务机构的设置和税收征收管理范围的划分，熟悉中央政府与地方政府税收收入的划分。

（3）能明确纳税申报的主体，区分纳税申报方式，并把握纳税申报的具体要求。

（4）能区分税款征收方式、税收保全措施和强制执行措施，能明确税款征收的含义、税款的退还和追征制度，能明确税款缴纳的程序。

任务一　税收与税法的认知

【任务引例】

全国人大代表董明珠建议，提高个税起征点，完善阶梯税率。同时，完善税收的监督机制，加大对非工资性收入的税收征管力度，创新税收监管机制，依托税收大数据精准分类监管，严厉打击偷税漏税等触犯税收公平性原则的事件，促进社会公平正义与共同富裕。你认为上述关于"起征点"的说法正确吗？

一、税收的含义与特征

1. 税收的含义

税收是国家为行使其职能、满足社会公共需要，凭借公共权力，按照法律所规定的标准和程序，参与国民收入分配，强制地、无偿地且固定地取得财政收入的一种方式。

2. 税收的特征

税收特征可以概括为强制性、无偿性和固定性。

（1）强制性。税收的强制性是指国家凭借其公共权力、以法律的形式对税收征纳双方的权力（权利）与义务进行制约，既不是由纳税主体（纳税人）按照个人意志自愿纳税，也不是由征税主体（税务机关、海关）按照其意愿随意征税，而是由纳税主体按照法律的规定进行纳税，同时由征税主体按照法律的规定进行征税。

（2）无偿性。税收的无偿性是指国家通过征税主体征税以后，所有税款一律纳入国家财政预算，由财政统一分配，而不直接向个体（具体）的纳税人返还或向其支付报酬。税收的无偿性是对个体（具体）纳税人而言的，其享有的公共产品和公共服务与其缴纳的税款并非一对一对等；但就纳税人整体而言，两者是对等的。国家使用征得的税款的目的是向社会全体成员包括个体（具体）纳税人提供公共产品和公共服务。因此，税收的无偿性表现为个体的无偿性、整体的有偿性。

（3）固定性。税收的固定性是指国家事先以法律的形式规定了统一的征税标准，包括纳税人、征税对象、税率、纳税期限、纳税地点等。这些征税标准一经确定，在一定时间内是相对（而非绝对）稳定不变的。

二、税收的分类

1. 按征税对象性质分类

按征税对象性质分类，税收可分为流转税、所得税、财产税、行为税、资源税、特定目的税 6 种。

（1）流转税。流转税，又称流转税类，是指以商品或劳务购销的流转额为征税对象征收的各种税，包括增值税、消费税、关税等。流转税发生在生产、流通或服务领域，按照纳税人取得的销售收入或营业收入等流转额征收，其特点是与商品生产、流通、消费有密切关系。

（2）所得税。所得税，又称所得税类，是指以所得额为征税对象征收的各种税，包括企业所得税、个人所得税等。其中，所得额一般情况下是指全部收入减除为取得收入耗费的各项成本费用后的余额。

（3）财产税。财产税，又称财产税类，是指以纳税人拥有或支配的财产为征税对象征收的各种税，包括房产税、车船税等。

（4）行为税。行为税，又称行为税类，是指以纳税人发生的某种行为为征税对象征收的各种税，包括印花税、契税等。

（5）资源税。资源税，又称资源税类，是指以各种应税自然资源或者其他资源为征税对象征收的各种税，包括资源税、土地增值税和城镇土地使用税等。

（6）特定目的税。特定目的税，又称特定目的税类，是指为了达到某种特定目的，对特定对象或特定行为征收的一种税，包括车辆购置税、耕地占用税、城市维护建设税和烟叶税等。

需要说明的是，自 2021 年 6 月 1 日起，纳税人申报缴纳城镇土地使用税、房产税、车船税、印花税、耕地占用税、资源税、土地增值税、契税、环境保护税、烟叶税中一个或多个税种时，使用"财产和行为税纳税申报表"。纳税人新增税源或税源变化时，需先填报"财产和行为税税源明细表"。"财产和行为税纳税申报表"和"财产和行为税税源明细表"中的"财产和行为税"是个广义的概念，包括城镇土地使用税、房产税、车船税、印花税、耕地占用税、资源税、土地增值税、契税、环境保护税、烟叶税。而狭义的"财产和行为税"中的财产税包括房产税、车船税；行为税包括印花税、契税、船舶吨税。

2. 按计税依据分类

按计税依据分类，税收可分为从价税、从量税和复合税 3 种。

（1）从价税。从价税是以征税对象的一定价值单位（价格、金额）为标准，按一定比例税率计征的各种税，如增值税、个人所得税、房产税等。一般而言，从价税的税额直接或间接与商品销售收入挂钩，也就是说，从价税的税额可以随商品价格的变化而变化，因此从价税的适用范围很广。

（2）从量税。从量税是以征税对象的一定数量单位（重量、件数、容积、面积、长度等）为标准，采用固定单位税额计征的各种税，如车船税、城镇土地使用税等。从量税的税额不随商品价格的变化而变化，单位商品税负固定，受通货膨胀等因素的影响，从量税的税负实际上处于下降的趋势，因此从量税不能大范围使用。

（3）复合税。复合税是从价税和从量税的结合，既按照征税对象的一定价值单位，又按照一定数量单位为标准计征的各种税，如卷烟和白酒的消费税。

3. 按税收与价格关系分类

按税收与价格的关系分类，税收可分为价内税和价外税两种。

（1）价内税。价内税是指税金包含在商品或劳务的价格中，作为价格构成部分的各种税，如消费税。消费税的计税依据为含消费税价格。

（2）价外税。价外税是指税金不包含在商品或劳务的价格中，价税分列的各种税，如增值税。增值税的计税价格为不含增值税的价格，购买方在购买商品或劳务时，除需要支付约定的价款（不含增值税价款）外，还须支付按规定税率计算出来的增值税税款，这两者是分开的。

4. 按税收管理和使用权限分类

按税收管理和使用权限分类，税收可分为中央税、地方税和中央地方共享税3种。

（1）中央税。税源集中、收入大、涉及面广，由全国统一立法和统一管理，如消费税、关税等。

（2）地方税。与地方经济联系紧密，税源比较分散，由地方政府征收，基本管理权仍属于中央，如城镇土地使用税、耕地占用税等。

（3）中央地方共享税。中央地方共享税是指收入由中央财政和地方财政按一定比例分享的税种，如增值税，中央分享50%，地方分享50%。

5. 按税收负担能否转嫁分类

按税收负担能否转嫁分类，税收可分为直接税和间接税两种。

（1）直接税。直接税是指纳税义务人同时是税收的实际负担人（负税人），纳税人不能或不便于把税收负担转嫁给别人的各种税，如企业所得税、个人所得税、车辆购置税等。直接税的纳税人不仅在表面上有纳税义务，而且实际上也是税收承担者，即纳税人与负税人一致。

（2）间接税。间接税是指纳税义务人不是税收的实际负担人（负税人），纳税义务人能够通过销售产品或提供劳务把税收负担转嫁给别人的各种税，如关税、消费税、增值税等。间接税的纳税人虽然在表面上负有纳税义务，但实际上已将自己需要缴纳的税款加入所销售商品或劳务的价格中，从而由购买方负担或通过其他方式转嫁给别人，即纳税人与负税人是不一致的。

三、税法的含义与特征

1. 税法的含义

税法是指税收法律制度，是国家权力机关和行政机关制定的用以调整国家与纳税人之间在税收征纳方面的权利与义务关系的法律规范的总称，是国家法律的重要组成部分。

2. 税法的特征

税法的特征包括以下 3 点。

（1）从立法过程看，税法属于制定法，而不属于习惯法。现代国家的税法基本上都是经过一定的立法程序制定出来的，也就是说，税法是由国家制定的，而不是由习惯法或司法判例认可的。

（2）从法律性质看，税法属于义务性法规，而不属于授权性法规。义务性法规是指直接要求人们应当从事或不应当从事某种行为的法规，即直接规定人们某种义务的法规。税法是直接规定纳税人应当从事或不应当从事某种行为的法规，具有强制性。

税法的强制性力度仅次于刑法。从权利义务的角度看，纳税人以履行义务为主；税法并非没有赋予纳税人权利，但税法赋予纳税人的权利从整体上看不是实体性权利，而是程序性权利。

（3）从内容看，税法属于综合法，而不属于单一法。税法是由实体法、程序法、争讼法等构成的综合法律体系，其内容涉及征税的基本原则、征纳双方的权利义务、税收管理规范、法律责任、解决税务争议的法律规范等。目前世界各国税法的结构大致有宪法加税收法典、宪法加税收基本法和税收单行法律法规、宪法加税收单行法律法规等不同的类型。

四、税收与税法的关系

税收与税法密不可分，税法是税收的法律表现形式，税收则是税法所确定的具体内容。有税必有法，无法不成税。

从税收与税法的联系上看，两者是辩证统一、互为因果关系的。具体来说，税收与税法都是以国家的存在为前提，都与国家财政收入密切相关；国家对税收的征管决定了税法的存在，而税法的存在决定了税收的分配关系；税法是税收内容的具体规范和权力保障，而税收是税法的实行结果，同时税收又是衡量税法科学性、合理性的重要尺度。

从税收与税法的区别上看，税收属于经济基础范畴，税法则属于上层建筑范畴。

五、税法的构成要素

税法的构成要素又称课税要素、税收制度的构成要素，是指各种单行税法具有的共同的基本要素的总称。税法的构成要素包括总则、纳税义务人、征税对象、税目、税率、纳税期限、减税免税、纳税环节、纳税地点、罚则、附则等项目。具体说明如下。

1. 总则

总则主要包括税法的立法意图、立法依据、适用原则等。

2. 纳税义务人

纳税义务人又称纳税人、纳税主体，是指依法直接负有纳税义务的法人、自然人和其他组织。

我国税收法律关系的主体，包括征税主体和纳税主体。征税主体是指代表国家行使征税职责（权力）的国家行政机关，包括国家各级税务机关、海关。纳税主体（纳税人、纳税义务人）是指依法直接负有纳税义务的法人、自然人和其他组织。

3. 征税对象

征税对象又称课税对象、征税客体，是税收法律关系中征纳双方权利义务所指向的客体或标的物,是区别一种税与另一种税的重要标志。例如,企业所得税的征税对象为所得额;车船税的征税对象为车辆、船舶。

4. 税目

税目是各税种所规定的具体征税项目,反映征税的具体范围,是对征税对象质的界定,是征税对象的具体化。税目体现征税的广度。并非所有的税种都必须设置税目(这一点和税法的构成要素的基本含义并不矛盾),征税对象比较复杂的某些税种才需要设置税目。例如,我国的消费税设置了烟、酒、高档化妆品等15个税目。

5. 税率

税率是税额与计税依据之间的比例,是计算税额的尺度。税率的高低,直接关系到国家财政收入的多少和纳税人负担的大小。税率体现征税的深度,是衡量税负轻重与否的重要标志。我国现行的税率形式主要有以下几种。

(1)比例税率,是对同一征税对象或同一税目不分计税金额的大小,都按规定的同一比例计征税款。例如,我国增值税采用比例税率。

(2)超额累进税率,是按征税对象的计税金额划分若干级距,每一级距分别规定相应的差别税率,税率依次提高,计税金额每超过一个规定的级距,对超过的部分就按高一级的税率计征税款的一种累进税率。例如,我国居民个人综合所得汇算清缴时的个人所得税采用超额累进税率。

(3)超率累进税率,是按征税对象计税金额的相对率划分若干级距,每一级距分别规定相应的差别税率,税率依次提高,相对率每超过一个规定的级距,对超过的部分就按高一级的税率计征税款的一种累进税率。例如,我国土地增值税采用超率累进税率。

(4)定额税率,是按征税对象的一定计量单位,直接规定一个固定的税额计征税款。例如,我国啤酒的消费税采用定额税率。

6. 纳税期限

纳税期限是指纳税人按照税法规定缴纳税款的期限。纳税期限有按年纳税、按期纳税和按次纳税之分,一般为一个时间段。

7. 减税免税

减税免税是税法对某些纳税人或征税对象基于税收减免的鼓励或照顾措施。减税是对应纳税额给予少征一部分税款的优惠,而免税是对应纳税额给予全部免征税款的优惠。减税免税可以分为税基式减免、税率式减免和税额式减免3种形式。

(1)税基式减免。

税基式减免是指通过直接降低计税依据的方式来实现的减税免税。税基式减免涉及的概念包括起征点、免征额、项目扣除以及跨期结转等。

起征点是征税对象达到一定金额才开始征税的起点,若征税对象计税金额未达到起征点,则不予征税;若征税对象计税金额达到起征点,则按全部金额计征税款。例如,自2011年11月1日起,增值税按期限纳税的起征点为月销售额5 000~20 000元,按次纳税的起征点为每次(日)销售额300~500元。增值税起征点的适用范围限于个人。

免征额是在征税对象的全部金额中免予征税的那一部分数额,对免征额的部分不予征税,仅对超过免征额的部分计征税款。例如,自2019年1月1日起,非居民个人的工资、薪金所得,以每月收入额减除费用5 000元后的余额为应纳税所得额。这里的减除费用额

5 000元就是免征额。

项目扣除则是指在征税对象中扣除一定项目的金额，以其余额作为计税依据计征税款。

跨期结转是指将以前纳税年度的亏损从本纳税年度的利润中予以扣除。

【任务引例解析】

答　任务引例中关于"起征点"的说法是不正确的。

起征点和免征额不一样。假设起征点和免征额每年均为60 000元，且不考虑其他扣除项目，应该如何纳税呢？若实际年应纳税所得额为50 000元，则无论是按照起征点的规定还是免征额的规定，都无需纳税。若实际年应纳税所得额为70 000元，情况就不一样了：按照免征额的规定，国家只能对超过部分的10 000元（70 000-60 000）进行征税；而按照起征点的规定，国家必须对全部金额70 000元进行征税。我国居民个人综合所得个人所得税汇算清缴的征税模式，显然是按照10 000元的模式而不是按照70 000元的模式，因此，媒体上对个人所得税中居民个人综合所得普遍采用"起征点"的说法是错误的，实际上应为"免征额"。

（2）税率式减免。

税率式减免是指通过直接降低税率的方式实现的减税免税。税率式减免具体包括重新确定较低的税率、选用其他较低的税率、零税率。

（3）税额式减免。

税额式减免是指通过直接减少应纳税额的方式实现的减税免税。税额式减免具体包括全部免征、减半征收、核定减征率以及另定减征额等。

8. 纳税环节

纳税环节是指纳税人依据税法规定针对征税对象应当缴纳税款的环节。

9. 纳税地点

纳税地点是指根据各税种征税对象的纳税环节和有利于对税款的源泉进行控制而规定的纳税人（包括代征代缴、代扣代缴、代收代缴义务人）的具体纳税地点。

10. 罚则

罚则又称法律责任，是对违反税法的行为采取的处罚措施。

11. 附则

附则主要规定某项税法的解释权和生效时间。

任务二　我国税收管理体制的认知

【任务引例】

甲公司本年1月进口一批高档化妆品，需要缴纳进口环节的增值税和消费税，请问甲公司需要向什么机关缴纳？

一、税务机构的设置

中央政府设立国家税务总局（正部级），省及省以下税务机构设立税务局。

2018年3月17日发布的《国务院机构改革方案》规定，改革国税地税征管体制。将省级和省级以下国税地税机构合并，具体承担所辖区域内各项税收、非税收入征管等职责。国税地税机构合并后，实行以国家税务总局为主与省（区、市）人民政府双重领导管理体制。2018年6月15日上午，按照党中央、国务院关于国税地税征管体制改革的决策部署，在前期做好统一思想、顶层设计、动员部署等工作的基础上，全国各省（自治区、直辖市）级以及计划单列市国税局、地税局合并且统一挂牌，标志着国税地税征管体制改革迈出阶段性关键一步。此次省级新税务局挂牌后，在2018年7月底前，市、县级税务局逐级分步完成集中办公、新机构挂牌等改革事项。

此外，海关总署及下属机构负责关税、船舶吨税征管和受托征收进口环节的增值税和消费税等税收。

二、税收征收管理范围的划分

目前，我国的税收分别由税务局、海关负责征收管理。

（1）税务局主要负责下列税种及非税收入等的征收和管理：增值税（进口环节增值税除外）、消费税（进口环节消费税除外）、城市维护建设税、教育费附加、地方教育附加、企业所得税、个人所得税、车辆购置税、印花税、资源税、城镇土地使用税、土地增值税、房产税、车船税、契税、环境保护税、出口退税（增值税、消费税）、非税收入和社会保险费等。

（2）海关主要负责下列税种的征收和管理：关税、船舶吨税。另外，进口环节的增值税和消费税由海关代征。

【任务引例解析】

··

答 海关主要负责下列税种的征收和管理：关税、船舶吨税。另外，进口环节的增值税和消费税由海关代征。因此，甲公司应当向海关缴纳进口环节的增值税和消费税。

··

三、中央政府与地方政府税收收入的划分

根据国务院关于实行分税制财政管理体制的规定，我国的税收收入分为中央政府固定收入、地方政府固定收入和中央政府与地方政府共享收入。

1. 中央政府固定收入

中央政府固定收入包括消费税（含进口环节海关代征的部分）、车辆购置税、关税、海关代征的进口环节增值税、储蓄存款利息所得的个人所得税等。

2. 地方政府固定收入

地方政府固定收入包括城镇土地使用税、耕地占用税、土地增值税、房产税、车船税、契税、环境保护税。

3. 中央政府与地方政府共享收入

中央政府与地方政府共享收入主要包括以下内容。

（1）增值税（不含进口环节由海关代征的部分）：中央政府分享50%，地方政府分享50%。

（2）企业所得税：中国国家铁路集团有限公司（原中国铁路总公司）、各银行总行及海洋石油企业缴纳的部分归中央政府，其余部分中央与地方政府按60%与40%的比例分享。

（3）个人所得税：除储蓄存款利息所得的个人所得税外，其余部分的分享比例与企业所得税相同。

（4）资源税：海洋石油企业缴纳的部分归中央政府，其余部分归地方政府。

（5）城市维护建设税：中国国家铁路集团有限公司（原中国铁路总公司）、各银行总行、各保险公司总公司集中缴纳的部分归中央政府，其余部分归地方政府。

（6）印花税：证券交易印花税收入归中央政府，其他印花税收入归地方政府。

任务三　纳税申报的认知

【任务引例】

甲公司不能按期办理纳税申报的，经税务机关核准，可以延期申报，在纳税期内按照税务机关核定的税额预缴税款，并在核准的延期内办理税款结算。甲公司办理税款结算时，发现预缴税款小于实际应纳税额，需要补缴税款，请问对补缴的税款是否征收滞纳金？

一、纳税申报概述

1. 纳税申报的含义

纳税申报，是指纳税人、扣缴义务人根据税法规定，定期或者不定期地就计算缴纳或扣缴税款的有关事项向税务机关提交书面报告或者电子报告的法定手续。纳税申报是判定纳税人、扣缴义务人是否履行纳税义务或者扣缴税款义务，界定法律责任的主要依据。

需要说明的是，由于我国纳税人负有教育费附加、地方教育附加等附加费的缴纳义务，严格来说，纳税申报应当称为"税费申报"。为统一起见，本教材整体上仍采用"纳税申报"等专业术语。

2. 纳税申报的主体

凡是按照国家税收法律规范负有纳税义务的纳税人（含享受减免税的纳税人）、扣缴义务人，无论本期有无应纳税款或者应扣缴税款，都必须按照税法规定的期限如实向主管税务机关办理纳税申报。

纳税人应当指派专门的办税人员持办税员证办理纳税申报。纳税人必须客观、真实地填报纳税申报表及相关附表（或附列资料），并加盖单位公章，同时按照税务机关的要求保存或者提供有关纳税申报资料。纳税人对报送资料的真实性和合法性承担法律责任。

3. 纳税申报的内容

纳税人、扣缴义务人的纳税申报或者代扣代缴、代收代缴税款报告表的主要内容包括：

税种、税目，应纳税项目或者应代扣代缴、代收代缴税款项目，计税依据，扣除项目及标准，适用税率或者单位税额，应退税项目及税额、应减免税项目及税额，应纳税额或者应代扣代缴、代收代缴税额，税款所属期限、延期缴纳税款、欠税、滞纳金等。

4. 纳税人需要报送的纳税资料

纳税人必须依照法律、行政法规规定或者税务机关依照法律、行政法规的规定确定的申报期限、申报内容如实办理纳税申报，报送纳税申报表、财务会计报表以及税务机关根据实际需要要求纳税人报送的其他纳税资料。纳税人办理纳税申报时，具体来说，根据不同的情况相应报送下列有关证件、资料：

（1）财务会计报表及其他说明材料；

（2）与纳税有关的合同、协议书及凭证；

（3）税控装置的电子报税资料；

（4）跨区域涉税事项报告表和异地完税凭证；

（5）境内或者境外公证机构出具的有关证明文件；

（6）税务机关规定应当报送的其他有关证件、资料。

另外，扣缴义务人办理代扣代缴、代收代缴税款报告时，应当如实填写代扣代缴、代收代缴税款报告表，并报送代扣代缴、代收代缴税款的合法凭证以及税务机关规定的其他有关证件、资料。

二、纳税申报方式

纳税申报方式是指纳税人、扣缴义务人在发生纳税义务和代扣代缴、代收代缴义务后，在其纳税申报期限内，依照税收法律规范的规定向指定税务机关进行申报纳税的形式。目前我国纳税申报方式主要有以下几种。

1. 直接申报

直接申报，又称上门申报，是指纳税人、扣缴义务人直接到税务机关的办税服务厅进行纳税申报。

直接申报是传统的纳税申报方式。

2. 数据电文申报

数据电文申报是指纳税人、扣缴义务人通过税务机关确定的电话语音、电子数据交换和网络传输等电子方式进行的纳税申报。数据电文申报运用了先进的电子信息技术，代表着纳税申报方式的发展方向和趋势，使用范围越来越普遍。纳税人、扣缴义务人采取数据电文方式办理纳税申报的，应当按照主管税务机关规定的期限和要求保存有关资料，并定期书面报送主管税务机关。

纳税人的网上申报，就是数据电文申报方式的一种形式。纳税人、扣缴义务人采取数据电文方式办理纳税申报的，其申报日期以主管税务机关计算机网络系统收到该数据电文的时间为准，与数据电文相对应的纸质纳税申报资料的报送期限由主管税务机关确定。

3. 委托申报

委托申报是指纳税人、扣缴义务人委托中介机构（如会计师事务所、税务师事务所、会计代理记账公司等）代为纳税申报。

4. 邮寄申报

邮寄申报是指纳税人、扣缴义务人通过邮政部门邮寄纳税申报表等纳税资料给税务机关的方式进行的纳税申报。纳税人、扣缴义务人采取邮寄方式办理纳税申报的，应当使用统一的纳税申报专用信封，并从邮政部门索取收据作为申报凭据。

邮寄申报以寄出的邮戳日期为实际申报日期。

5. 简易申报与简并征期

对实行定期定额方式缴纳税款的纳税人，可以实行简易申报、简并征期等申报纳税方式。简易申报是指实行定期定额缴纳税款的纳税人在税收法律规范规定的期限内或者税务机关依照税收法律规范的规定确定的期限内缴纳税款的，税务机关可以将缴纳税款视同申报。简并征期是指实行定期定额缴纳税款的纳税人，经税务机关批准，可以采取将纳税期限合并为按季、按半年、按一年的方式缴纳税款，税务机关可以将缴纳税款视同申报。

三、纳税申报的具体要求

（1）纳税人、扣缴义务人，无论当期是否发生纳税义务，除经税务机关批准外，均应当按照规定办理纳税申报，或者报送代扣代缴、代收代缴税款报告表。

（2）纳税人享受减税、免税待遇的，在减税、免税期间应当按照规定办理纳税申报。

（3）纳税人、扣缴义务人按照规定的期限办理纳税申报，或者报送代扣代缴、代收代缴税款报告表确有困难，需要延期的，应当在规定的期限内向税务机关提出书面延期申请，经税务机关核准，在核准的期限内办理。

纳税人、扣缴义务人因不可抗力不能按期办理纳税申报，或者报送代扣代缴、代收代缴税款报告表的，可以延期办理；但是，应当在不可抗力情形消除后立即向税务机关报告。税务机关应当查明事实，予以批准。

经核准延期办理前款规定的申报、报送事项的，应当在纳税期内按照上期实际缴纳的税额或税务机关核定的税额预缴税款，并在核准的延期内办理税款结算。

【任务引例解析】

答　《国家税务总局关于延期申报预缴税款滞纳金问题的批复》（国税函〔2007〕753号）规定，（1）《中华人民共和国税收征收管理法》（以下简称《税收征收管理法》）第二十七条规定，纳税人不能按期办理纳税申报的，经税务机关核准，可以延期申报，但要在纳税期内按照上期实际缴纳的税额或者税务机关核定的税额预缴税款，并在核准的延期内办理税款结算。预缴税款之后，按照规定期限办理税款结算的，不适用《税收征收管理法》第三十二条关于纳税人未按期缴纳税款而被加收滞纳金的规定。（2）经核准预缴税款之后按照规定办理税款结算而补缴税款的各种情形，均不适用加收滞纳金的规定。在办理税款结算之前，预缴的税额可能大于或小于应纳税额。当预缴税额大于应纳税额时，税务机关结算退税但不向纳税人计退利息；当预缴税额小于应纳税额时，税务机关在纳税人结算补税时不加收滞纳金。

（4）纳税人和扣缴义务人在有效期间内，没有取得应税收入或所得，没有应缴税款发生，或者已办理税务登记但未开始经营，或者开业期间没有经营收入的纳税人，除已办理停业审批手续的以外，必须按规定的纳税申报期间进行零申报。纳税人进行零申报，应在申报期间内向主管税务机关正常报送纳税申报表及有关资料，并在纳税申报表上注明"零"或"无收入"字样。

四、非正常户的认定与解除

自 2020 年 3 月 1 日起，关于非正常户的认定与解除的规定如下。

（1）已办理税务登记的纳税人未按照规定的期限进行纳税申报，税务机关依法责令其限期改正。纳税人逾期不改正的，税务机关可以按照《税收征收管理法》第七十二条规定处理（《税收征收管理法》第七十二条规定，从事生产、经营的纳税人、扣缴义务人有本法规定的税收违法行为，拒不接受税务机关处理的，税务机关可以收缴其发票或者停止向其发售发票）。

纳税人负有纳税申报义务，但连续三个月所有税种均未进行纳税申报的，税收征管系统自动将其认定为非正常户，并停止其发票领用簿和发票的使用。

（2）对欠税的非正常户，税务机关依照《税收征收管理法》及其实施细则的规定追征税款及滞纳金。

（3）已认定为非正常户的纳税人，就其逾期未申报行为接受处罚、缴纳罚款，并补办纳税申报的，税收征管系统自动解除非正常状态，无需纳税人专门申请解除。

任务四 税款征收与缴纳的认知

【任务引例】

甲公司为一家工业企业，2022 年 3 月新任会计主管张某在对该公司往年的涉税资料进行查阅时，发现该公司于 2020 年 1 月多缴纳了一笔税款，金额高达 60 万元。张某便及时向甲公司负责人汇报并准备要求税务机关退还。请问甲公司可以要求税务机关退还这笔税款吗？

一、税款征收的含义

税款征收是税务机关依照税收法律、法规的规定，将纳税人或扣缴义务人依法应当缴纳或扣缴的税款组织入库的一系列活动的总称。

二、税款征收方式

税款征收方式是指税务机关根据各税种的不同特点和纳税人的具体情况而确定的计算、征收税款的形式和方法。目前，我国实行的税款征收方式有以下几种。

1. 查账征收

查账征收是指税务机关根据纳税人提供的会计账簿、会计报表等会计核算资料，依照税法规定计算应纳税款并予以征收的方式。查账征收方式一般针对会计核算比较健全、能够正确计算应纳税款且认真履行纳税义务的纳税人。

查账征收方式较为规范，符合税收法定原则。扩大查账征收纳税人的范围，向来是税务管理努力的方向。

2. 查定征收

查定征收是指税务机关根据纳税人从业人数、生产设备、耗用原材料、经营成本、平均利润率等因素，查定核实其产量、销售额、应纳税所得额等指标，据以计算其应纳税款并予以征收的方式。查定征收方式一般针对会计核算不够健全、生产经营规模较小、产品零星、税源分散，但是能够控制原材料或进销货的纳税人。

3. 查验征收

查验征收是指税务机关对纳税人的应税商品或产品通过查验数量，按照市场同类产品的平均价格，计算其销售收入，据以计算其应纳税款并予以征收的方式。查验征收方式一般针对会计核算不够健全、生产经营不固定、零星分散、流动性大的纳税人。

4. 定期定额征收

定期定额征收是指税务机关对小型微型个体工商户在一定经营地点、时期、范围内的应税销售额（包括应税销售数量）或应纳税所得额进行核定，并以此为计税依据，据以计算其应纳税款并予以征收的方式。定期定额征收方式，一般针对经主管税务机关认定和县级以上（含县级）税务机关批准的生产经营规模小，未达到《个体工商户建账管理暂行办法》规定设置账簿标准，难以查账征收，不能准确计算计税依据的个体工商户（包括个人独资企业，简称定期定额户）。

5. 扣缴税款征收

扣缴税款征收是指税务机关按照税法规定，对负有代扣代缴、代收代缴税款义务的单位和个人，征收其代扣代缴、代收代缴税款的方式。扣缴税款征收方式针对有代扣代缴、代收代缴税款义务的单位和个人。

负有代扣代缴、代收代缴税款义务的单位和个人，在其向纳税人支付或收取交易款项的同时，应当依法从交易款项中扣取或收取纳税人应纳税款并按规定期限和缴库办法申报解缴的税款。

6. 委托代征

委托代征是指税务机关依法委托有关单位和个人作为代征人，代其向纳税人征收税款的方式。委托代征方式一般针对零星、分散、流动性大的纳税人。

对集贸市场纳税人税款的征收、车船税的征收等，一般适用委托代征的方式。

7. 其他征收方式

其他征收方式包括税务机关利用纳税人或扣缴义务人网络申报、用 IC 卡纳税申报等来征收税款的方式。

三、税款缴纳程序

1. 正常缴纳税款

1）正常缴纳税款的方式

纳税人纳税申报成功后，可自行选择以下两种方式进行税款的缴纳：一是三方协议缴纳税款，二是银行端查询缴纳税款。

（1）三方协议缴纳税款。

三方协议缴纳税款，是指纳税人、税务机关、银行三方先签订《委托银行代扣缴税费协议书》，然后由银行从纳税人银行账户划缴税款进行税款的缴纳。

（2）银行端查询缴纳税款。

银行端查询缴纳税款，是指在未签订三方协议的情况下，或者以三方协议缴纳税款之外的方式进行税款的缴纳。具体来说，银行端查询缴纳税款主要有以下几种情况。

① 纳税人可通过微信、支付宝或者银联云闪付扫描电子税务局缴费界面生成的二维码进行税款的缴纳。

② 纳税人若采用现金方式缴纳税款，可持在电子税务局网站打印出来的《银行端查询缴税凭证》，到银行通过现金办理税款的缴纳。

③ 纳税人若采用银联卡转账方式缴纳税款，可持在电子税务局网站打印出来的《银行端查询缴税凭证》，到银行通过银联卡转账办理税款的缴纳。

2）正常缴纳税款的其他规定

纳税人缴纳税款成功后，若需取得完税证明的，可到主管税务机关办税大厅或自行登录电子税务局网页进行完税证明的开具及打印。

纳税人未按照规定期限缴纳税款的、扣缴义务人未按照规定期限解缴税款的，税务机关除责令其限期缴纳外，从滞纳税款之日起，按日加收滞纳税款万分之五（即 0.5‰）的滞纳金。

加收滞纳金的起止时间为法律、行政法规规定的或者税务机关依照法律、行政法规的规定确定的税款缴纳期限届满次日起至纳税人、扣缴义务人实际缴纳或者解缴税款之日止。

自 2020 年 3 月 1 日起，对纳税人、扣缴义务人、纳税担保人应缴纳的欠税及滞纳金不再要求同时缴纳，可先行缴纳欠税，再依法缴纳滞纳金。

【情境实例 1-1】

1. 工作任务要求

计算甲企业因延期纳税而应缴纳的税收滞纳金。

2. 情境案例设计

甲企业本年 3 月生产经营应纳增值税 12 000 元（以 1 个月为一个纳税期限），该企业于本年 4 月 25 日实际缴纳税款。假设本年 4 月 14 日和 15 日均不是法定节假日。

3. 任务实施过程

按照增值税的纳税期限和结算缴纳税款的期限，甲企业应于本年 4 月 15 日前缴纳税款，该企业滞纳 10 天，则应加收滞纳金＝12 000×0.5‰×10＝60（元）。

2. 延期缴纳税款

纳税人或扣缴义务人必须按法律、行政法规规定的期限缴纳税款，但有特殊困难不能按期缴纳税款的，按照《税收征收管理法》的规定，可以申请延期缴纳税款。

纳税人申请延期缴纳税款应符合下列条件之一，并提供相应的证明材料。

（1）水、火、风、雹、海潮、地震等自然灾害的灾情报告。

（2）可供纳税的现金、支票，以及其他财产遭受查封、冻结、偷盗、抢劫等意外事故，有法院或公安机关出具的执行通告或事故证明。

（3）国家经济政策调整的依据。

（4）货款拖欠情况说明及所有银行账号的银行对账单、资产负债表。

四、税款的退还和追征制度

1. 税款的退还

《税收征收管理法》第五十一条规定，纳税人超过应纳税额缴纳的税款，税务机关发现后应当立即退还；纳税人自结算缴纳税款之日起三年内发现的，可以向税务机关要求退还多缴的税款并加算银行同期存款利息，税务机关及时查实后应当立即退还；涉及从国库中退库的，依照法律、行政法规中有关国库管理的规定退还。

《中华人民共和国税收征收管理法实施细则》（以下简称《税收征收管理法实施细则》）第七十八条规定，税务机关发现纳税人多缴税款的，应当自发现之日起 10 日内办理退还手续；纳税人发现多缴税款，要求退还的，税务机关应当自接到纳税人退还申请之日起 30 日内查实并办理退还手续。

【任务引例解析】

答　《税收征收管理法》第五十一条规定，纳税人超过应纳税额缴纳的税款，税务机关发现后应当立即退还；纳税人自结算缴纳税款之日起三年内发现的，可以向税务机关要求退还多缴的税款并加算银行同期存款利息，税务机关及时查实后应当立即退还；涉及从国库中退库的，依照法律、行政法规中有关国库管理的规定退还。

甲公司于 2022 年 3 月发现该公司于 2020 年 1 月多缴了一笔税款，金额高达 60 万元，属于"纳税人自结算缴纳税款之日起 3 年内发现"的情况。因此，甲公司可以要求税务机关退还该笔多缴的税款。

2. 税款的追征

《税收征收管理法》第五十二条规定，因税务机关责任，致使纳税人、扣缴义务人未缴或者少缴税款的，税务机关在 3 年内可要求纳税人、扣缴义务人补缴税款，但是不得加收滞纳金。因纳税人、扣缴义务人计算等失误，未缴或者少缴税款的，税务机关在 3 年内可以追征税款、滞纳金；有特殊情况的追征期可以延长到 5 年。对偷税、抗税、骗税的，税务机关追征其未缴或者少缴的税款、滞纳金或者所骗取的税款，不受前款规定期限的限制。

《税收征收管理法实施细则》第八十二条规定，《税收征收管理法》第五十二条所称特殊情况，是指纳税人或者扣缴义务人因计算错误等失误，未缴或者少缴、未扣或者少扣、未收或者少收税款，累计数额在 10 万元以上的。

五、责令提供纳税担保

税务机关有根据认为从事生产、经营的纳税人有逃避纳税义务行为，可以在规定的纳税期限之前，责令纳税人限期缴纳应纳税款；在限期内发现纳税人有明显的转移、隐匿其应纳税的商品、货物以及其他财产或者应纳税收入的迹象的，税务机关可以责成纳税人提供纳税担保。

六、税收保全措施和强制执行措施

税收保全措施和强制执行措施如表 1-1 所示。

表1-1　税收保全措施和强制执行措施

不同点	税收保全措施	前提	税务机关依法责成纳税人提供纳税担保，而纳税人不能提供纳税担保，税务机关可以采取税收保全措施
		具体措施	（1）书面通知纳税人开户银行或者其他金融机构冻结纳税人的金额相当于应纳税款的存款； （2）扣押、查封纳税人的价值相当于应纳税款的商品、货物或者其他财产
	强制执行措施	前提	（1）税务机关采取税收保全措施之后，纳税人在规定的限期内缴纳税款的，税务机关必须立即解除税收保全措施；限期期满仍未缴纳税款的，税务机关可以采取强制执行措施。 （2）从事生产经营的纳税人、扣缴义务人未按照规定的期限缴纳或者解缴税款，纳税担保人未按照规定的期限缴纳所担保的税款，由税务机关责令限期缴纳，逾期仍未缴纳，税务机关可以采取强制执行措施
		具体措施	（1）书面通知其开户银行或者其他金融机构从纳税人、扣缴义务人的存款中扣缴税款； （2）扣押、查封、依法拍卖或者变卖相当于应纳税款的商品、货物或者其他财产，以拍卖或者变卖所得抵缴税款。 税务机关采取强制执行措施时，对纳税人、扣缴义务人、纳税担保人未缴纳的滞纳金同时强制执行
相同点	批准		经县以上税务局（分局）局长批准
	不适用的财产		个人及其所扶养家属维持生活必需的住房和用品、单价5 000元以下的其他生活用品，不采取税收保全措施和强制执行措施。机动车辆、金银饰品、古玩字画、豪华住宅或者一处以外的住房不属于"个人及其所扶养家属维持生活必需的住房和用品"
关系	两项措施之间的关系		强制执行措施与税收保全措施之间只有可能的连续关系，但没有必然的因果连续关系。也就是说，强制执行措施之前不一定有税收保全措施做铺垫，而税收保全措施的结果也不一定就是强制执行措施

■ 技能训练

一、单项选择题

1. 下列关于征税对象、税目的说法中，不正确的是（　　）。

A. 征税对象又称课税对象，是税收法律关系中征纳双方权利义务所指向的客体或标的物

B. 征税对象是区别一种税与另一种税的重要标志

C. 税目是各税种所规定的具体征税项目，反映征税的具体范围，是对课税对象质的界定

D. 我国对所有的税种都设置了税目

2. 下列税种中，不属于中央与地方共享收入的是（　　）。

A. 资源税　　　　　　　　　　　B. 城镇土地使用税

C. 城市维护建设税　　　　　　　D. 增值税

3. 对会计核算比较健全、能够正确计算应纳税款且认真履行纳税义务的纳税人，应采取的税款征收方式为（　　）。

A. 查账征收　　　B. 查定征收　　　C. 查验征收　　　D. 定期定额征收

4. 下列说法中，不正确的是（　　）。

A. 征税对象是区别一种税与另一种税的重要标志

B. 税目是征税对象的具体化

C. 税率是衡量税负轻重与否的唯一标志

D. 纳税义务人即纳税主体

5. 纳税人未按照规定期限缴纳税款的、扣缴义务人未按照规定期限解缴税款的，税务机关除责令其限期缴纳外，从滞纳税款之日起，按日加收滞纳税款（　　）的滞纳金。

A. 5%　　　　　　　B. 5‰　　　　　　C. 0.5‰　　　　　　D. 0.05‰

6. 目前我国税收体系中实行比例税率的税种是（　　）。

A. 增值税　　　　B. 土地增值税　　　　C. 个人所得税　　　　D. 啤酒的消费税

二、多项选择题

1. 下列各项中，应当办理纳税申报的有（　　）。

A. 负有纳税义务的单位和个人

B. 纳税期内没有应纳税款的纳税人

C. 扣缴义务人

D. 享受减税、免税待遇的纳税人

2. 下列税收收入中，属于中央政府和地方政府共享收入的有（　　）。

A. 印花税　　　　　　B. 车辆购置税　　　　C. 资源税　　　　　　D. 城市维护建设税

3. 下列税种中，属于资源税类的有（　　）。

A. 城镇土地使用税　　　　　　　　B. 土地增值税

C. 车船税　　　　　　　　　　　　D. 资源税

4. 下列税种中，全部属于中央政府固定收入的有（　　）。

A. 进口环节增值税　　　　　　　　B. 进口环节消费税

C. 关税　　　　　　　　　　　　　D. 房产税

5. 甲房地产开发企业本年自行开发并销售房地产项目，需要缴纳的下列税种中，应当向税务局申报缴纳的有（　　）。

A. 增值税　　　　　　　　　　　　B. 进口环节增值税

C. 进口关税　　　　　　　　　　　D. 土地增值税

三、判断题

1. 自 2019 年 1 月 1 日起，非居民个人的工资、薪金所得，以每月收入额减除费用 5 000 元后的余额为应纳税所得额。这里的减除费用额 5 000 元是起征点。（　　）

2. 纳税人、扣缴义务人，当期不发生纳税义务，则不需要办理纳税申报。（　　）

3. 对于累进税率，一般情况下，课税数额越大，适用税率越高。（　　）

4. 纳税人和负税人是同一概念。（　　）

5. 我国成品油的消费税采用比例税率。（　　）

四、实务题

纳税人王丽某月应纳税所得额为 12 000 元。全额累进税率表和超额累进税率表分别见表 1-2 和表 1-3。

表 1-2　全额累进税率表

级数	全月应纳税所得额	税率/%
1	10 000 元以下（含）	10

续表

级数	全月应纳税所得额	税率/%
2	10 000 元（不含）至 20 000 元（含）	20
3	20 000 元（不含）以上	30

表 1-3　超额累进税率表

级数	全月应纳税所得额	税率/%	速算扣除数
1	10 000 元以下（含）	10	0
2	10 000 元（不含）至 20 000 元（含）	20	1 000
3	20 000 元（不含）以上	30	3 000

要求：

（1）若采用全额累进税率，计算王丽当月的应纳税额。

（2）若采用超额累进税率，计算王丽当月的应纳税额。

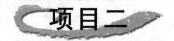

增值税纳税申报实务

■ 学习目标

（1）能判定一般纳税人和小规模纳税人的标准，会判断哪些业务应当征收增值税，会选择增值税适用税率，能充分运用增值税优惠政策，会使用增值税专用发票。

（2）能根据相关业务资料计算一般计税方法下销项税额、进项税额、进项税额转出额和应纳增值税税额，计算简易计税方法下应纳增值税税额，进口货物应纳增值税税额。

（3）能合理选择和运用增值税出口货物或劳务退（免）税政策、出口服务或者无形资产退（免）税政策，能根据相关业务资料运用"免抵退税"办法和"免退税"（"先征后退"）办法计算增值税应退税额。

（4）能确定增值税的纳税义务发生时间、纳税期限和纳税地点，能根据相关业务资料填写"增值税及附加税费申报表（一般纳税人适用）"及其附表、"增值税及附加税费申报表（小规模纳税人适用）"及其附表，并能进行增值税的纳税申报。

任务一 增值税的认知

【任务引例】

甲公司是一家物业公司，取得电梯里面的广告位出租收入应当如何缴纳增值税？

一、增值税纳税人和扣缴义务人的确定

（一）增值税的纳税人

增值税是对在我国境内销售货物，提供加工修理修配劳务，销售服务、无形资产或者不动产[1]，进口货物的企业单位和个人，就其销售货物、劳务、服务、无形资产或者不动产的增值额和进口货物金额为计税依据而课征的一种流转税。

在中华人民共和国境内销售货物、加工修理修配劳务、服务、无形资产或者不动产，以及进口货物的单位和个人，为增值税的纳税义务人[2]。

---

[1] 销售货物，提供加工修理修配劳务，销售服务、无形资产或者不动产，简称"销售货物、加工修理修配劳务、服务、无形资产或者不动产"或者"销售货物、劳务、服务、无形资产或者不动产"。

[2] 根据学习的需要，本教材将增值税纳税人分为原增值税纳税人和营改增试点纳税人两大类。原增值税纳税人是指按照《中华人民共和国增值税暂行条例》（国务院令第538号）等文件缴纳增值税的纳税人，其主要涉税行为包括销售货物、提供加工修理修配劳务以及进口货物。营改增试点纳税人是指按照《关于全面推开营业税改征增值税试点的通知》（财税〔2016〕36号）等文件缴纳增值税的纳税人，其主要涉税行为包括销售服务、无形资产或者不动产。

具体来说，在境内销售货物、提供加工修理修配劳务是指销售货物的起运地或者所在地在境内，提供的加工修理修配劳务发生在境内。

在境内销售服务、无形资产或者不动产是指：①服务（租赁不动产除外）或者无形资产（自然资源使用权除外）的销售方或者购买方在境内。②所销售或者租赁的不动产在境内。③所销售自然资源使用权的自然资源在境内。④财政部和国家税务总局规定的其他情形。

下列情形不属于在境内销售服务或者无形资产：①境外单位或者个人向境内单位或者个人销售完全在境外发生的服务。②境外单位或者个人向境内单位或者个人销售完全在境外使用的无形资产。③境外单位或者个人向境内单位或者个人出租完全在境外使用的有形动产。④境外单位或者个人为出境的函件、包裹在境外提供的邮政服务、收派服务。⑤境外单位或者个人向境内单位或者个人提供的工程施工地点在境外的建筑服务、工程监理服务。⑥境外单位或者个人向境内单位或者个人提供的工程、矿产资源在境外的工程勘察勘探服务。⑦境外单位或者个人向境内单位或者个人提供的会议展览地点在境外的会议展览服务。⑧财政部和国家税务总局规定的其他情形。

单位是指企业、行政单位、事业单位、军事单位、社会团体及其他单位；个人是指个体工商户和其他个人。

对于销售货物、提供加工修理修配劳务或者进口货物的行为，单位租赁或者承包给其他单位或者个人经营的，以承租人或者承包人为纳税人。

对于销售服务、无形资产或者不动产的行为，单位以承包、承租、挂靠方式经营的，承包人、承租人、挂靠人（以下统称"承包人"）以发包人、出租人、被挂靠人（以下统称发包人）名义对外经营并由发包人承担相关法律责任的，以该发包人为纳税人。否则，以承包人为纳税人。2017年7月1日（含）以后，资管产品运营过程中发生的增值税应税行为，以资管产品管理人为增值税纳税人。

建筑企业与发包方签订建筑合同后，以内部授权或者三方协议等方式，授权集团内其他纳税人（以下称"第三方"）为发包方提供建筑服务，并由第三方直接与发包方结算工程款的，由第三方缴纳增值税并向发包方开具增值税发票，与发包方签订建筑合同的建筑企业不缴纳增值税。发包方可凭实际提供建筑服务的纳税人开具的增值税专用发票抵扣进项税额。

（二）增值税的扣缴义务人

境外的单位或者个人在境内提供加工修理修配劳务，在境内未设有经营机构的，以其境内代理人为增值税扣缴义务人；在境内没有代理人的，以购买方为增值税扣缴义务人。

境外单位或者个人在境内销售服务、无形资产或者不动产，在境内未设有经营机构的，以购买方为增值税扣缴义务人。财政部和国家税务总局另有规定的除外。

上述扣缴义务人按照下列公式计算应扣缴税额：

$$应扣缴税额 = [购买方支付的价款/(1+税率)] \times 税率$$

二、增值税纳税人身份的确定

增值税纳税人分为小规模纳税人和一般纳税人两类，并实行不同的征收和管理方式。

（一）小规模纳税人和一般纳税人的标准

1. 小规模纳税人的标准

小规模纳税人是指年应征增值税销售额（简称年应税销售额，指销售货物、劳务、服务、无形资产、不动产年应征增值税销售额之和）在规定标准以下，并且会计核算不健全，不能按规定报送有关税务资料的增值税纳税人。

根据规定，凡符合下列条件的视为小规模纳税人。

（1）自 2018 年 5 月 1 日起，增值税小规模纳税人标准统一为年应税销售额 500 万元及以下。

（2）年应税销售额超过小规模纳税人标准的其他个人（指自然人）按小规模纳税人纳税（不属于一般纳税人）。

（3）对于原增值税纳税人，超过小规模纳税人标准的非企业性单位、不经常发生应税行为的企业可选择按小规模纳税人纳税；对于"营改增"试点纳税人，年应税销售额超过小规模纳税人标准但不经常发生应税行为的单位和个体工商户可选择按照小规模纳税人纳税。

2. 一般纳税人的标准

增值税纳税人，年应税销售额超过财政部、国家税务总局规定的小规模纳税人标准（自 2018 年 5 月 1 日起，为 500 万元）的，除税法另有规定外，应当向其机构所在地主管税务机关办理一般纳税人登记。其中年应税销售额是指增值税纳税人在连续不超过 12 个月或 4 个季度的经营期内累计应征增值税销售额，包括纳税申报销售额、稽查查补销售额、纳税评估调整销售额。纳税申报销售额是指增值税纳税人自行申报的全部应征增值税销售额，其中包括免税销售额和税务机关代开发票销售额。稽查查补销售额和纳税评估调整销售额计入查补税款申报当月（或当季）的销售额，不计入税款所属期销售额。经营期是指在增值税纳税人存续期内的连续经营期间，含未取得销售收入的月份或季度。

销售服务、无形资产或者不动产有扣除项目的增值税纳税人，其应税行为年应税销售额按未扣除之前的销售额计算。增值税纳税人偶然发生的销售无形资产、转让不动产的销售额，不计入应税行为年应税销售额。

年应税销售额未超过规定标准的增值税纳税人，如果会计核算健全，能够提供准确税务资料的，则可以向主管税务机关办理一般纳税人登记。会计核算健全是指能够按照国家统一的会计制度规定设置账簿，根据合法、有效凭证进行核算。

一般纳税人如果会计核算不健全，或者不能够提供准确税务资料，则应按销售额依照增值税税率计算应纳税额，不得抵扣进项税额，也不得使用增值税专用发票。

（二）小规模纳税人和一般纳税人的征税管理

小规模纳税人实行简易计税方法，不得抵扣进项税额。

除税法另有规定外，纳税人销售额超过小规模纳税人标准，未办理一般纳税人登记手续的，应按销售额依照增值税税率计算应纳税额，不得抵扣进项税，也不得使用增值税专用发票。经税务机关审核登记的一般纳税人，可按规定申领和使用增值税专用发票，按《中华人民共和国增值税暂行条例》（以下简称《增值税暂行条例》）的规定计算缴纳增值税。

除国家税务总局另有规定外，纳税人一经登记为一般纳税人后，不得再转为小规模纳税人。

自 2020 年 2 月 1 日起，增值税小规模纳税人（其他个人除外）发生增值税应税行为，需要开具增值税专用发票的，可以自愿使用增值税发票管理系统自行开具。选择自行开具增值税专用发票的小规模纳税人，税务机关不再为其代开增值税专用发票。

三、增值税征税范围的确定

（一）增值税征税范围的一般规定

1. 销售或进口货物

销售货物是指有偿转让货物的所有权。货物是指有形动产，包括电力、热力、气体在内。有偿是指从购买方取得货币、货物或者其他经济利益。

进口货物是指申报进入中国海关境内的货物。只要是报关进口的应税货物，均属于增值税的征税范围，除享受免税政策外，在进口环节缴纳增值税。

2. 提供加工修理修配劳务

加工是指受托方接受来料承做货物，加工后的货物所有权仍属于委托方的业务，即通常所说的受托加工业务或者委托加工业务。委托加工业务是指由委托方提供原料及主要材料，受托方按照委托方的要求制造货物并收取加工费的业务。修理修配是指受托方对损伤和丧失功能的货物进行修复，使其恢复原状和功能的业务。

提供加工修理修配劳务是指有偿提供加工修理修配劳务。有偿是指取得货币、货物或者其他经济利益。单位或个体经营者聘用的员工为本单位或雇主提供加工修理修配劳务则不包括在内。

3. 销售服务、无形资产或者不动产

销售服务、无形资产或者不动产是指有偿提供服务、有偿转让无形资产或者不动产，但属于下列非经营活动的情形除外。

（1）行政单位收取的同时满足以下条件的政府性基金或者行政事业性收费：①由国务院或者财政部批准设立的政府性基金，由国务院或者省级人民政府及其财政、价格主管部门批准设立的行政事业性收费；②收取时开具省级以上（含省级）财政部门监（印）制的财政票据；③所收款项全额上缴财政。

（2）单位或者个体工商户聘用的员工为本单位或者雇主提供取得工资的服务。

（3）单位或者个体工商户为聘用的员工提供服务。

（4）财政部和国家税务总局规定的其他情形。

有偿是指取得货币、货物或者其他经济利益。

（二）征税范围的具体规定

1. 销售服务

销售服务是指提供交通运输服务、邮政服务、电信服务、建筑服务、金融服务、现代服务、生活服务。

1）交通运输服务

交通运输服务是指利用运输工具将货物或者旅客送达目的地，使其空间位置得到转移的业务活动。包括陆路运输服务、水路运输服务、航空运输服务和管道运输服务。

（1）陆路运输服务。

陆路运输服务是指通过陆路（地上或者地下）运送货物或者旅客的运输业务活动，包括铁路运输服务和其他陆路运输服务。

出租车公司向使用本公司自有出租车的出租车司机收取的管理费用，按照陆路运输服务缴纳增值税。

（2）水路运输服务。

水路运输服务是指通过江、河、湖、川等天然、人工水道或者海洋航道运送货物或者旅客的运输业务活动。

水路运输的程租、期租业务，属于水路运输服务。

程租业务是指运输企业为租船人完成某一特定航次的运输任务并收取租赁费的业务。

期租业务是指运输企业将配备有操作人员的船舶承租给他人使用一定期限，承租期内听候承租方调遣，不论是否经营，均按天向承租方收取租赁费，发生的固定费用均由船东负担的业务。

（3）航空运输服务。

航空运输服务是指通过空中航线运送货物或者旅客的运输业务活动。

航空运输的湿租业务属于航空运输服务。

湿租业务是指航空运输企业将配备有机组人员的飞机承租给他人使用一定期限，承租期内听候承租方调遣，不论是否经营，均按一定标准向承租方收取租赁费，发生的固定费用均由承租方承担的业务。

航天运输服务按照航空运输服务缴纳增值税。

航天运输服务是指利用火箭等载体将卫星、空间探测器等空间飞行器发射到空间轨道的业务活动。

（4）管道运输服务。

管道运输服务是指通过管道设施输送气体、液体、固体物质的运输业务活动。

2）邮政服务

邮政服务是指中国邮政集团公司及其所属邮政企业提供邮件寄递、邮政汇兑和机要通信等邮政基本服务的业务活动。包括邮政普遍服务、邮政特殊服务和其他邮政服务。

（1）邮政普遍服务。

邮政普遍服务是指函件、包裹等邮件寄递，以及邮票发行、报刊发行和邮政汇兑等业务活动。

（2）邮政特殊服务。

邮政特殊服务是指义务兵平常信函、机要通信、盲人读物和革命烈士遗物的寄递等业务活动。

（3）其他邮政服务。

其他邮政服务是指邮册等邮品销售、邮政代理等业务活动。

3）电信服务

电信服务是指利用有线、无线的电磁系统或者光电系统等各种通信网络资源，提供语音通话服务，传送、发射、接收或者应用图像、短信等电子数据和信息的业务活动。包括基础电信服务和增值电信服务。

（1）基础电信服务。

基础电信服务是指利用固网、移动网、卫星、互联网，提供语音通话服务的业务活动，以及出租或者出售带宽、波长等网络元素的业务活动。

（2）增值电信服务。

增值电信服务是指利用固网、移动网、卫星、互联网、有线电视网络，提供短信和彩信服务、电子数据和信息的传输及应用服务、互联网接入服务等业务活动。

卫星电视信号落地转接服务，按照增值电信服务缴纳增值税。

4）建筑服务

建筑服务是指各类建筑物、构筑物及其附属设施的建造、修缮、装饰，线路、管道、设备、设施等的安装以及其他工程作业的业务活动。包括工程服务、安装服务、修缮服务、装饰服务和其他建筑服务。物业服务企业为业主提供的装修服务，按照"建筑服务"缴纳增值税。纳税人将建筑施工设备出租给他人使用并配备操作人员的，按照"建筑服务"缴纳增值税。

（1）工程服务。

工程服务是指新建、改建各种建筑物、构筑物的工程作业，包括与建筑物相连的各种设备或者支柱、操作平台的安装或者装设工程作业，以及各种窑炉和金属结构工程作业。

（2）安装服务。

安装服务是指生产设备、动力设备、起重设备、运输设备、传动设备、医疗实验设备以及其他各种设备、设施的装配、安置工程作业，包括与被安装设备相连的工作台、梯子、栏杆的装设工程作业，以及被安装设备的绝缘、防腐、保温、油漆等工程作业。

（3）修缮服务。

修缮服务是指对建筑物、构筑物进行修补、加固、养护、改善，使之恢复原来的使用价值或者延长其使用期限的工程作业。

（4）装饰服务。

装饰服务是指对建筑物、构筑物进行修饰装修，使之美观或者具有特定用途的工程作业。

（5）其他建筑服务。

其他建筑服务是指上列工程作业之外的各种工程作业服务。

5）金融服务

金融服务是指经营金融保险的业务活动。包括贷款服务、直接收费金融服务、保险服务和金融商品转让。

（1）贷款服务。

贷款服务是指将资金贷与他人使用而取得利息收入的业务活动。

各种占用、拆借资金取得的收入，包括金融商品持有期间（含到期）利息（保本收益、报酬、资金占用费、补偿金等）收入、信用卡透支利息收入、买入返售金融商品利息收入、融资融券收取的利息收入，以及融资性售后回租、押汇、罚息、票据贴现、转贷等业务取得的利息及利息性质的收入，按照贷款服务缴纳增值税。

融资性售后回租是指承租方以融资为目的，将资产出售给从事融资性售后回租业务的企业后，从事融资性售后回租业务的企业将该资产出租给承租方的业务活动。

以货币资金投资收取的固定利润或者保底利润，按照贷款服务缴纳增值税。

（2）直接收费金融服务。

直接收费金融服务是指为货币资金融通及其他金融业务提供相关服务并且收取费用的业

务活动。包括提供货币兑换、账户管理、电子银行、信用卡、信用证、财务担保、资产管理、信托管理、基金管理、金融交易场所（平台）管理、资金结算、资金清算、金融支付等服务。

（3）保险服务。

保险服务是指投保人根据合同约定，向保险人支付保险费，保险人对于合同约定的可能发生的事故因其发生所造成的财产损失承担赔偿保险金责任，或者当被保险人死亡、伤残、疾病或者达到合同约定的年龄、期限等条件时承担给付保险金责任的商业保险行为。包括人身保险服务和财产保险服务。

（4）金融商品转让。

金融商品转让是指转让外汇、有价证券、非货物期货和其他金融商品所有权的业务活动。

其他金融商品转让包括基金、信托、理财产品等各类资产管理产品和各种金融衍生品的转让。

6）现代服务

现代服务是指围绕制造业、文化产业、现代物流产业等提供技术性、知识性服务的业务活动。包括研发和技术服务、信息技术服务、文化创意服务、物流辅助服务、租赁服务、鉴证咨询服务、广播影视服务、商务辅助服务和其他现代服务。

（1）研发和技术服务。

研发和技术服务包括研发服务、合同能源管理服务、工程勘察勘探服务、专业技术服务。

（2）信息技术服务。

信息技术服务是指利用计算机、通信网络等技术对信息进行生产、收集、处理、加工、存储、运输、检索和利用，并提供信息服务的业务活动。包括软件服务、电路设计及测试服务、信息系统服务、业务流程管理服务和信息系统增值服务。

（3）文化创意服务。

文化创意服务包括设计服务、知识产权服务、广告服务和会议展览服务。宾馆、旅馆、旅社、度假村和其他经营性住宿场所提供会议场地及配套服务的活动，按照"会议展览服务"缴纳增值税。

（4）物流辅助服务。

物流辅助服务包括航空服务、港口码头服务、货运客运场站服务、打捞救助服务、装卸搬运服务、仓储服务和收派服务。

（5）租赁服务。

租赁服务包括融资租赁服务和经营租赁服务。

水路运输的光租业务、航空运输的干租业务都属于经营租赁服务。

光租业务是指运输企业将船舶在约定的时间内出租给他人使用，不配备操作人员，不承担运输过程中发生的各项费用，只收取固定租赁费的业务活动。

干租业务是指航空运输企业将飞机在约定的时间内出租给他人使用，不配备机组人员，不承担运输过程中发生的各项费用，只收取固定租赁费的业务活动。

【任务引例解析】

答 《财政部 国家税务总局关于全面推开营业税改征增值税试点的通知》（财税〔2016〕36 号）规定，将建筑物、构筑物等不动产或者飞机、车辆等有形动产的广告位出租给其他单位或者个人用于发布广告，按照经营租赁服务缴纳增值税。

（6）鉴证咨询服务。

鉴证咨询服务包括认证服务、鉴证服务和咨询服务。

（7）广播影视服务。

广播影视服务包括广播影视节目（作品）的制作服务、发行服务和播映（含放映，下同）服务。

（8）商务辅助服务。

商务辅助服务包括企业管理服务、经纪代理服务、人力资源服务、安全保护服务。纳税人提供武装守护押运服务，按照"安全保护服务"缴纳增值税。

（9）其他现代服务。

其他现代服务是指除研发和技术服务、信息技术服务、文化创意服务、物流辅助服务、租赁服务、鉴证咨询服务、广播影视服务和商务辅助服务外的现代服务。

纳税人对安装运行后的电梯提供的维护保养服务，按照"其他现代服务"缴纳增值税。纳税人提供植物养护服务，按照"其他生活服务"缴纳增值税。

7）生活服务

生活服务是指为满足城乡居民日常生活需求提供的各类服务活动。包括文化体育服务、教育医疗服务、旅游娱乐服务、餐饮住宿服务、居民日常服务和其他生活服务。

（1）文化体育服务。

文化体育服务包括文化服务和体育服务。纳税人在游览场所经营索道、摆渡车、电瓶车、游船等取得的收入，按照"文化体育服务"缴纳增值税。

（2）教育医疗服务。

教育医疗服务包括教育服务和医疗服务。

（3）旅游娱乐服务。

旅游娱乐服务包括旅游服务和娱乐服务。

（4）餐饮住宿服务。

餐饮住宿服务包括餐饮服务和住宿服务。提供餐饮服务的纳税人销售的外卖食品，按照"餐饮服务"缴纳增值税。纳税人现场制作食品并直接销售给消费者的，按照"餐饮服务"缴纳增值税。纳税人以长（短）租形式出租酒店式公寓并提供配套服务的，按照"住宿服务"缴纳增值税。

（5）居民日常服务。

居民日常服务是指主要为满足居民个人及其家庭日常生活需求提供的服务，包括市容市政管理、家政、婚庆、养老、殡葬、照料和护理、救助救济、美容美发、按摩、桑拿、氧吧、足疗、沐浴、洗染、摄影扩印等服务。

（6）其他生活服务。

其他生活服务是指除文化体育服务、教育医疗服务、旅游娱乐服务、餐饮住宿服务和居民日常服务外的生活服务。

2. 销售无形资产

销售无形资产是指转让无形资产所有权或者使用权的业务活动。无形资产是指不具实物形态，但能带来经济利益的资产，包括技术、商标、著作权、商誉、自然资源使用权和其他权益性无形资产。

技术包括专利技术和非专利技术。

自然资源使用权包括土地使用权、海域使用权、探矿权、采矿权、取水权和其他自然资源使用权。

其他权益性无形资产包括基础设施资产经营权、公共事业特许权、配额、经营权（包括特许经营权、连锁经营权、其他经营权）、经销权、分销权、代理权、会员权、席位权、网络游戏虚拟道具、域名、名称权、肖像权、冠名权、转会费等。

3. 销售不动产

销售不动产是指转让不动产所有权的业务活动。不动产是指不能移动或者移动后会引起性质、形状改变的财产，包括建筑物、构筑物等。

建筑物包括住宅、商业营业用房、办公楼等可供居住、工作或者进行其他活动的建造物。

构筑物包括道路、桥梁、隧道、水坝等建造物。

转让建筑物有限产权或者永久使用权的，转让在建的建筑物或者构筑物所有权的，以及在转让建筑物或者构筑物时一并转让其所占土地的使用权的，按照销售不动产缴纳增值税。

个人转让住房，在2016年4月30日前已签订转让合同，2016年5月1日以后办理产权变更事项的，应缴纳增值税，不缴纳营业税。

（三）属于征税范围的特殊行为

1. 视同销售货物

单位或者个体工商户的下列行为，视同销售货物，征收增值税：

（1）将货物交付其他单位或者个人代销；

（2）销售代销货物；

（3）设有两个以上机构并实行统一核算的纳税人，将货物从一个机构移送其他机构用于销售，但相关机构设在同一县（市）的除外；

（4）将自产或者委托加工的货物用于非增值税应税项目①；

（5）将自产或者委托加工的货物用于集体福利或者个人消费；

（6）将自产、委托加工或者购进的货物作为投资，提供给其他单位或者个体工商户；

（7）将自产、委托加工或者购进的货物分配给股东或者投资者；

（8）将自产、委托加工或者购进的货物无偿赠送其他单位或者个人。

对上述视同销售货物行为，应按规定计算销售额并征收增值税。企业若发生固定资产视同销售行为，对已使用过的固定资产无法确定销售额的，以固定资产净值为销售额。

2. 视同销售服务、无形资产或者不动产

下列情形视同销售服务、无形资产或者不动产：

---

① 由于自2016年5月1日起全面营改增，因此营业税退出了历史舞台，此处的"非增值税应税项目"已经失去了意义。根据财税〔2016〕36号文件精神及增值税相关原理，本条失效。

（1）单位或者个体工商户向其他单位或者个人无偿提供服务，但用于公益事业或者以社会公众为对象的除外；

（2）单位或者个人向其他单位或者个人无偿转让无形资产或者不动产，但用于公益事业或者以社会公众为对象的除外；

（3）财政部和国家税务总局规定的其他情形。

需要注意的是，纳税人出租不动产，租赁合同中约定免租期的，不属于视同销售服务。

3. 混合销售行为

具体内容请见本项目任务二。

4. 兼营行为

具体内容请见本项目任务二。

（四）不征收增值税项目

（1）根据国家指令无偿提供的铁路运输服务、航空运输服务，属于《营业税改征增值税试点实施办法》第十四条规定的用于公益事业的服务。

（2）存款利息。

（3）被保险人获得的保险赔付。

（4）房地产主管部门或者其指定机构、公积金管理中心、开发企业以及物业管理单位代收的住宅专项维修资金。

（5）纳税人在资产重组过程中，通过合并、分立、出售、置换等方式，将全部或者部分实物资产以及与其相关联的债权、负债和劳动力一并转让给其他单位和个人，其中涉及的货物转让行为。

（6）纳税人在资产重组过程中，通过合并、分立、出售、置换等方式，将全部或者部分实物资产以及与其相关联的债权、负债和劳动力一并转让给其他单位和个人，其中涉及的不动产、土地使用权转让行为。

（7）自2020年1月1日起，纳税人取得的财政补贴收入，与其销售货物、劳务、服务、无形资产、不动产的收入或者数量直接挂钩的，应按规定计算缴纳增值税；纳税人取得的其他情形的财政补贴收入，不属于增值税应税收入，不征收增值税。

四、增值税税率和征收率的判定

增值税一般纳税人在一般计税方法下适用三种情况的比例税率：第一种是基本税率；第二种是低税率；第三种是出口货物、劳务、服务或者无形资产适用的零税率。一般纳税人特殊情况下采用简易计税方法适用征收率。小规模纳税人缴纳增值税采用简易计税方法适用征收率。增值税税率和征收率的具体适用范围如下。

（一）基本税率

增值税的基本税率为13%，适用于纳税人销售或者进口货物（适用9%的低税率的除外）、提供加工修理修配劳务、销售有形动产租赁服务。

（二）低税率

增值税的低税率分以下两档。

1. 低税率9%

（1）一般纳税人销售或者进口下列货物，税率为9%。

农产品（含粮食，不含淀粉；含干姜、姜黄，不含麦芽、复合胶、人发制品）、自来水、暖气、石油液化气、天然气、食用植物油（含橄榄油，不含肉桂油、桉油、香茅油）、冷气、热水、煤气、居民用煤炭制品、食用盐、农机、饲料、农药、农膜、化肥、沼气、二甲醚、图书、报纸、杂志、音像制品、电子出版物。

（2）一般纳税人销售交通运输、邮政、基础电信、建筑、不动产租赁服务，销售不动产，转让土地使用权，税率为9%。

2. 低税率6%

一般纳税人销售增值电信服务、金融服务、现代服务和生活服务，销售土地使用权以外的无形资产，税率为6%。

（三）零税率

1. 货物适用的零税率

纳税人出口货物或者劳务，适用增值税零税率，但是，国务院另有规定的除外。

2. 服务或者无形资产（统称"跨境应税行为"）适用的零税率

中华人民共和国关境内（以下称境内）的单位和个人销售的下列服务或者无形资产，适用增值税零税率。

（1）国际运输服务：

① 在境内载运旅客或者货物出境；

② 在境外载运旅客或者货物入境；

③ 在境外载运旅客或者货物。

（2）航天运输服务。

（3）向境外单位提供的完全在境外消费的服务：

① 研发服务；

② 合同能源管理服务；

③ 设计服务；

④ 广播影视节目（作品）的制作和发行服务；

⑤ 软件服务；

⑥ 电路设计及测试服务；

⑦ 信息系统服务；

⑧ 业务流程管理服务；

⑨ 离岸服务外包业务〔包括信息技术外包服务（ITO）、技术性业务流程外包服务（BPO）、技术性知识流程外包服务（KPO），其所涉及的具体业务活动，按照《销售服务、无形资产、不动产注释》相对应的业务活动执行〕；

⑩ 转让技术。

完全在境外消费是指服务的实际接受方在境外，且与境内的货物和不动产无关；无形资产完全在境外使用，且与境内的货物和不动产无关；财政部和国家税务总局规定的其他情形。

（4）财政部和国家税务总局规定的其他服务。

（四）征收率

一般纳税人特殊情况下采用简易计税方法适用征收率。小规模纳税人缴纳增值税采用简易计税方法适用征收率。我国增值税的法定征收率是 3%；一些特殊项目适用 3% 减按 2% 的征收率。全面营改增后的与不动产有关的特殊项目适用于 5% 的征收率；一些特殊项目适用 5% 减按 1.5% 的征收率（详见本项目任务二）。

自 2020 年 3 月 1 日至 2021 年 3 月 31 日，湖北省增值税小规模纳税人，适用 3% 征收率的应税销售收入，免征增值税；适用 3% 预征率的预缴增值税项目，暂停预缴增值税。自 2021 年 4 月 1 日至 2022 年 3 月 31 日，湖北省增值税小规模纳税人，适用 3% 征收率的应税销售收入，减按 1% 征收率征收增值税；适用 3% 预征率的预缴增值税项目，减按 1% 预征率预缴增值税。自 2020 年 3 月 1 日至 2022 年 3 月 31 日，除湖北省外，其他省、自治区、直辖市的增值税小规模纳税人，适用 3% 征收率的应税销售收入，减按 1% 征收率征收增值税；适用 3% 预征率的预缴增值税项目，减按 1% 预征率预缴增值税。自 2022 年 4 月 1 日至 2022 年 12 月 31 日，增值税小规模纳税人适用 3% 征收率的应税销售收入，免征增值税；适用 3% 预征率的预缴增值税项目，暂停预缴增值税。

自 2022 年 4 月 1 日起，小规模纳税人免征增值税等征收管理事项规定如下。

（1）增值税小规模纳税人适用 3% 征收率应税销售收入免征增值税的，应按规定开具免税普通发票。纳税人选择放弃免税并开具增值税专用发票的，应开具征收率为 3% 的增值税专用发票。

（2）增值税小规模纳税人取得应税销售收入，纳税义务发生时间在 2022 年 3 月 31 日前，已按 3% 或者 1% 征收率开具增值税发票，发生销售折让、中止或者退回等情形需要开具红字发票的，应按照对应征收率开具红字发票；开票有误需要重新开具的，应按照对应征收率开具红字发票，再重新开具正确的蓝字发票。

（3）增值税小规模纳税人发生增值税应税销售行为，合计月销售额未超过 15 万元（以 1 个季度为 1 个纳税期的，季度销售额未超过 45 万元，下同）的，免征增值税的销售额等项目应当填写在《增值税及附加税费申报表（小规模纳税人适用）》"小微企业免税销售额"或者"未达起征点销售额"相关栏次。

合计月销售额超过 15 万元的，免征增值税的全部销售额等项目应当填写在《增值税及附加税费申报表（小规模纳税人适用）》"其他免税销售额"栏次及《增值税减免税申报明细表》对应栏次。

（4）此前已按照《财政部 税务总局关于统一增值税小规模纳税人标准的通知》（财税〔2018〕33 号）第二条、《国家税务总局关于小规模纳税人免征增值税政策有关征管问题的公告》（2019 年第 4 号）第五条、《国家税务总局关于明确二手车经销等若干增值税征管问题的公告》（2020 年第 9 号）第六条规定转登记的纳税人，根据《国家税务总局关于统一小规模纳税人标准等若干增值税问题的公告》（2018 年第 18 号）相关规定计入"应交税费——待抵扣进项税额"科目核算、截至 2022 年 3 月 31 日的余额，在 2022 年度可分别计入固定资产、无形资产、投资资产、存货等相关科目，按规定在企业所得税或个人所得税前扣除，对此前已税前扣除的折旧、摊销不再调整；对无法划分的部分，在 2022 年度可一次性在企业所得税或个人所得税税前扣除。

（5）已经使用金税盘、税控盘等税控专用设备开具增值税发票的小规模纳税人，可以继续使用现有设备开具发票，也可以自愿向税务机关免费换领税务 UKey 开具发票。

五、增值税优惠政策的运用

（一）原增值税纳税人的增值税减免税政策

1.《增值税暂行条例》规定的免税政策

（1）农业生产者销售自产农产品。

指农业生产者销售的自产初级农产品，包括制种、"公司+农户"经营模式的畜禽饲养。

（2）避孕药品和用具。

（3）古旧图书。

指向社会收购的古书和旧书。

（4）直接用于科学研究、科学试验和教学的进口仪器、设备。

（5）外国政府、国际组织无偿援助的进口物资和设备。

（6）由残疾人的组织直接进口供残疾人专用的物品。

（7）销售的自己使用过的物品。

指其他个人①自己使用过的物品。

2. 财政部、税务总局规定的增值税优惠政策

1）资源综合利用产品和劳务增值税优惠政策

纳税人销售自产的资源综合利用产品和提供资源综合利用劳务，符合税法规定的相关条件的，可享受增值税即征即退政策。

2）医疗卫生的增值税优惠政策

（1）非营利性医疗机构：自产自用的制剂免征增值税。

（2）营利性医疗机构：取得的收入，按规定征收各项税收。自执业登记起3年内对自产自用的制剂免征增值税。

（3）疾病控制机构和妇幼保健机构等的服务收入：按国家规定价格取得的卫生服务收入免征增值税。

（4）血站：供应给医疗机构的临床用血免征增值税。

（5）供应非临床用血：可按简易办法计算应纳税额。

3）修理修配劳务的增值税优惠政策

飞机修理，增值税实际税负超过6%的部分可享受即征即退政策。

4）软件产品的增值税优惠政策

增值税一般纳税人销售其自行开发生产的软件产品，按13%税率征收增值税后，对其增值税实际税负超过3%的部分实行即征即退政策。增值税一般纳税人将进口软件产品进行本地化改造后对外销售，其销售的软件产品可享受上述增值税即征即退政策。

$$即征即退税额 = 当期软件产品增值税应纳税额 - 当期软件产品销售额 \times 3\%$$

【情境实例2-1】

1. 工作任务要求

计算甲软件开发企业本年3月下列业务应退增值税。

2. 情境实例设计

---

① 个人有两种：一种是个体工商户，另一种是其他个人。因此，其他个人指的是个体工商户以外的个人。

甲软件开发企业为增值税一般纳税人，本年①3 月销售自行开发生产的软件产品，取得不含税销售额 68 000 元；本年 1 月从国外进口软件产品，经过几个月的本地化改造后，于本年 3 月对外销售，取得不含税销售额 200 000 元。另外，本年 3 月从某一般纳税人购进一批电脑用于软件设计，取得的增值税专用发票上注明的不含税金额为 150 000 元。

3. 任务实施过程

当期软件产品增值税应纳税额 = 68 000×13% + 200 000×13% − 150 000×13%

$$= 15\ 340\ （元）$$

税负率 = [15 340/（68 000 + 200 000）]×100% = 5.72% > 3%，所以：

即征即退的增值税税额 = 15 340 − （68 000 + 200 000）×3% = 15 340 − 8 040 = 7 300（元）

5）采暖费增值税优惠政策

对供热企业向居民个人供热而取得的采暖费收入继续免征增值税。

6）蔬菜流通环节增值税优惠政策

（1）对从事蔬菜批发、零售的纳税人销售的蔬菜免征增值税。各种蔬菜罐头不属于免税范围。

（2）纳税人既销售蔬菜又销售其他增值税应税货物的，应分别核算蔬菜和其他增值税应税货物的销售额；未分别核算的，不得享受蔬菜增值税免税政策。

7）制种行业增值税优惠政策

制种企业在规定的生产经营模式下生产种子，属于农业生产者销售自产农产品，免征增值税。

8）自 2018 年 11 月 30 日至 2023 年 11 月 29 日，对经国务院批准对外开放的货物期货品种保税交割业务，暂免征收增值税

（二）营业税改征增值税优惠政策的运用

1. 营业税改征增值税过渡期间免税政策

下列项目免征增值税。

（1）托儿所、幼儿园提供的保育和教育服务。

（2）养老机构提供的养老服务。

（3）残疾人福利机构提供的育养服务。

（4）婚姻介绍服务。

（5）殡葬服务。

（6）残疾人员本人为社会提供的服务。

（7）医疗机构提供的医疗服务。

（8）从事学历教育的学校提供的教育服务。

（9）学生勤工俭学提供的服务。

（10）农业机耕、排灌、病虫害防治、植物保护、农牧保险以及相关技术培训业务，家禽、牲畜、水生动物的配种和疾病防治。

（11）纪念馆、博物馆、文化馆、文物保护单位管理机构、美术馆、展览馆、书画院、图书馆在自己的场所提供文化体育服务取得的第一道门票收入。

---

① 若没有特殊说明，本书中的"本年"均指 2022 年。

（12）寺院、宫观、清真寺和教堂举办文化、宗教活动的门票收入。

（13）行政单位之外的其他单位收取的符合《营业税改征增值税试点实施办法》（以下简称《试点实施办法》）第十条规定条件的政府性基金和行政事业性收费。

（14）个人转让著作权。

（15）个人销售自建自用住房。

（16）2023 年 12 月 31 日前，公共租赁住房经营管理单位出租公共租赁住房。

（17）台湾航运公司、航空公司从事海峡两岸海上直航、空中直航业务在大陆取得的运输收入。

（18）纳税人提供的直接或者间接国际货物运输代理服务。

（19）符合条件的利息收入。

（20）被撤销金融机构以货物、不动产、无形资产、有价证券、票据等财产清偿债务。

（21）保险公司开办的一年期以上人身保险产品取得的保费收入。

（22）符合条件的金融商品转让收入。

（23）金融同业往来利息收入。

（24）符合条件的担保机构从事中小企业信用担保或者再担保业务取得的收入（不含信用评级、咨询、培训等收入）3 年内免征增值税。

（25）国家商品储备管理单位及其直属企业承担商品储备任务，从中央或者地方财政取得的利息补贴收入和价差补贴收入。

（26）纳税人提供技术转让、技术开发和与之相关的技术咨询、技术服务。

（27）符合条件的合同能源管理服务。

（28）自 2021 年 1 月 1 日至 2023 年 12 月 31 日，免征图书批发、零售环节增值税。

（29）2023 年 12 月 31 日前，科普单位的门票收入，以及县级及以上党政部门和科协开展科普活动的门票收入。

（30）政府举办的从事学历教育的高等、中等和初等学校（不含下属单位），举办进修班、培训班取得的全部归该学校所有的收入。

（31）政府举办的职业学校设立的主要为在校学生提供实习场所、并由学校出资自办、由学校负责经营管理、经营收入归学校所有的企业，从事《销售服务、无形资产或者不动产注释》中"现代服务"（不含融资租赁服务、广告服务和其他现代服务）、"生活服务"（不含文化体育服务、其他生活服务和桑拿、氧吧）业务活动取得的收入。

（32）家政服务企业由员工制家政服务员提供家政服务取得的收入。

（33）福利彩票、体育彩票的发行收入。

（34）军队空余房产租赁收入。

（35）为了配合国家住房制度改革，企业、行政事业单位按房改成本价、标准价出售住房取得的收入。

（36）将土地使用权转让给农业生产者用于农业生产。

（37）纳税人采取转包、出租、互换、转让、入股等方式将承包地流转给农业生产者用于农业生产。

（38）涉及家庭财产分割的个人无偿转让不动产、土地使用权。

（39）土地所有者出让土地使用权和土地使用者将土地使用权归还给土地所有者。

（40）县级以上地方人民政府或自然资源行政主管部门出让、转让或收回自然资源使用权（不含土地使用权）。

（41）随军家属就业。

（42）军队转业干部就业。

（43）自2019年2月1日至2023年12月31日，企业集团内单位（含企业集团）之间的资金无偿借贷行为。

（44）提供社区养老、抚育、家政等服务取得的收入。

（45）纳税人将国有农用地出租给农业生产者用于农业生产。

（46）自2022年1月1日至2022年12月31日，航空和铁路运输企业分支机构暂停预缴增值税。2022年2月纳税申报期至文件发布之日已预缴的增值税予以退还。

（47）自2022年1月1日至2022年12月31日，纳税人提供公共交通运输服务取得的收入。

2. 营业税改征增值税过渡期间即征即退政策

（1）一般纳税人提供管道运输服务，对其增值税实际税负超过3%的部分实行增值税即征即退政策。

（2）经人民银行、银保监会或者商务部批准（含备案）从事融资租赁业务的试点纳税人中的一般纳税人，提供有形动产融资租赁服务和有形动产融资性售后回租服务，对其增值税实际税负超过3%的部分实行增值税即征即退政策。商务部授权的省级商务主管部门和国家经济技术开发区批准（含备案）的从事融资租赁业务和融资性售后回租业务的试点纳税人中的一般纳税人，2016年5月1日后实收资本达到1.7亿元的，从达到标准的当月起按照上述规定执行；2016年5月1日后实收资本未达到1.7亿元但注册资本达到1.7亿元的，在2016年7月31日前仍可按照上述规定执行，2016年8月1日后开展的有形动产融资租赁业务和有形动产融资性售后回租业务不得按照上述规定执行。

（3）增值税实际税负是指纳税人当期提供应税服务实际缴纳的增值税额占纳税人当期提供应税服务取得的全部价款和价外费用的比例。

3. 营业税改征增值税优惠承继政策

本地区试点实施之日前，如果试点纳税人已经按照有关政策规定享受了营业税税收优惠，在剩余税收优惠政策期限内，可以按照《试点实施办法》继续享受有关增值税优惠。

4. 试点前发生业务的处理

（1）试点纳税人发生应税行为，按照国家有关营业税政策规定差额征收营业税的，因取得的全部价款和价外费用不足以抵减允许扣除项目金额，截至纳入营改增试点之日前尚未扣除的部分，不得在计算试点纳税人增值税应税销售额时抵减，应当向原主管地税机关申请退还营业税。

（2）试点纳税人发生应税行为，在纳入营改增试点之日前已缴纳营业税，营改增试点后因发生退款减除营业额的，应当向原主管地税机关申请退还已缴纳的营业税。

（3）试点纳税人纳入营改增试点之日前发生的应税行为，因税收检查等原因需要补缴税款的，应按照营业税政策规定补缴营业税。

5. 营业税改征增值税零税率政策

见本任务中"四、增值税税率和征收率的判定"中的"（三）零税率"。

6. 营业税改征增值税境外服务或者无形资产免税政策

境内的单位和个人销售的下列服务或者无形资产免征增值税，但财政部和国家税务总局规定适用零税率的除外。

（1）"下列服务"包括：

① 工程项目在境外的建筑服务；

② 工程项目在境外的工程监理服务；

③ 工程、矿产资源在境外的工程勘察勘探服务；

④ 会议展览地点在境外的会议展览服务；

⑤ 存储地点在境外的仓储服务；

⑥ 标的物在境外使用的有形动产租赁服务；

⑦ 在境外提供的广播影视节目（作品）的播映服务；

⑧ 在境外提供的文化体育服务、教育医疗服务、旅游服务。

（2）为出口货物提供的邮政服务、收派服务、保险服务。

为出口货物提供的保险服务，包括出口货物保险和出口信用保险。

（3）向境外单位提供的完全在境外消费的下列服务和无形资产：

① 电信服务；

② 知识产权服务；

③ 物流辅助服务（仓储服务、收派服务除外）；

④ 鉴证咨询服务；

⑤ 专业技术服务；

⑥ 商务辅助服务；

⑦ 广告投放地在境外的广告服务；

⑧ 无形资产。

（4）以无运输工具承运方式提供的国际运输服务。

（5）为境外单位之间的货币资金融通及其他金融业务提供的直接收费金融服务，且该服务与境内的货物、无形资产和不动产无关。

（6）财政部和国家税务总局规定的其他服务。

7. 税额抵减

试点增值税纳税人在制度转换以后，初次购买增值税税控系统专用设备（包括分开票机）所支付的费用，可凭购买增值税税控系统专用设备取得的增值税专用发票，在增值税应纳税额中全额抵减（抵减额为价税合计额），不足抵减的可结转下期继续抵减。非初次购买所支付的费用由纳税人自行负担。

增值税纳税人在制度转换以后，缴纳的技术维护费（不含补缴的转换日以前的技术维护费），可凭技术维护服务单位开具的技术维护费发票，在增值税应纳税额中全额抵减，不足抵减的可结转下期继续抵减。技术维护费按照价格主管部门核定的标准执行。

增值税一般纳税人支付的两项费用在增值税应纳税额中全额抵减的，其增值税专用发票不作为增值税抵扣凭证，其进项税额不得从销项税额中抵扣。

8. 选择或者放弃税收减免的规定

纳税人发生应税行为适用免税、减税规定的，可以放弃免税、减税，依照《试点实施办法》的规定缴纳增值税。放弃免税、减税后，36个月内不得再申请免税、减税。一般纳税人可以在增值税免税、减税项目执行期限内，按照纳税申报期选择实际享受该项增值税免税、减税政策的起始时间。一般纳税人在享受增值税免税、减税政策后，要求放弃免税、减税权的，应当以书面形式提交纳税人放弃免（减）税权声明，报主管税务机关备案。一般纳税人自提交备案资料的次月起，按照规定计算缴纳增值税。纳税人发生应税行为同时适用免税和零税率规定的，纳税人可以选择适用免税或者零税率。

（三）增值税的起征点

个人发生应税行为的销售额未达到增值税起征点的，免征增值税；达到起征点的，全额计算缴纳增值税。增值税起征点的适用范围仅限于个人，不包括登记为一般纳税人的个体工商户。

（1）原增值税纳税人的增值税起征点的幅度规定如下：

① 销售货物的，为月销售额 5 000～20 000 元；

② 销售加工修理修配劳务的，为月销售额 5 000～20 000 元；

③ 按次纳税的，为每次（日）销售额 300～500 元。

（2）营改增试点纳税人的增值税起征点的幅度规定如下：

① 按期纳税的，为月销售额 5 000～20 000 元（含本数）；

② 按次纳税的，为每次（日）销售额 300～500 元（含本数）。

起征点的调整由财政部和国家税务总局规定。省、自治区、直辖市财政厅（局）和税务局应当在规定的幅度内，根据实际情况确定本地区适用的起征点，并报财政部和国家税务总局备案。

（四）小微企业暂免征收增值税的优惠政策

自 2021 年 4 月 1 日起执行的小微企业暂免征收增值税的优惠政策规定如下。

（1）小规模纳税人发生增值税应税销售行为，合计月销售额未超过 15 万元（以 1 个季度为 1 个纳税期的，季度销售额未超过 45 万元，下同）的，免征增值税。

小规模纳税人发生增值税应税销售行为，合计月销售额超过 15 万元，但扣除本期发生的销售不动产的销售额后未超过 15 万元的，其销售货物、劳务、服务、无形资产取得的销售额免征增值税。

（2）适用增值税差额征税政策的小规模纳税人，以差额后的销售额确定是否可以享受上述规定的免征增值税政策。

"增值税及附加税费申报表（小规模纳税人适用）"中的"免税销售额"相关栏次，填写差额后的销售额。

（3）按固定期限纳税的小规模纳税人可以选择以 1 个月或 1 个季度为纳税期限，一经选择，一个会计年度内不得变更。

（4）《中华人民共和国增值税暂行条例实施细则》（以下简称《增值税暂行条例实施细则》）第九条所称的其他个人，采取一次性收取租金形式出租不动产取得的租金收入，可在对应的租赁期内平均分摊，分摊后的月租金收入未超过 15 万元的，免征增值税。

（5）按照现行规定应当预缴增值税税款的小规模纳税人，凡在预缴地实现的月销售额未超过 15 万元的，当期无需预缴税款。

（6）小规模纳税人中的单位和个体工商户销售不动产，应按其纳税期、上述第（5）条规定以及其他现行政策规定确定是否预缴增值税；其他个人销售不动产，继续按照现行规定征免增值税。

（7）已经使用金税盘、税控盘等税控专用设备开具增值税发票的小规模纳税人，月销售额未超过15万元的，可以继续使用现有设备开具发票，也可以自愿向税务机关免费换领税务 Ukey 开具发票。

六、增值税专用发票的使用和管理

增值税专用发票，是增值税一般纳税人销售货物或者提供应税劳务开具的发票，是购买方支付增值税额并可按照增值税有关规定据以抵扣增值税进项税额的凭证。一般纳税人应通过增值税防伪税控系统使用专用发票。使用，对于一般纳税人来说，包括申领、开具、缴销、认证纸质专用发票及其相应的数据电文。

增值税一般纳税人本期申报抵扣的增值税专用发票必须先进行认证，纳税人可以持增值税专用发票的抵扣联在办税服务厅认证窗口认证，或进行远程认证（指的是网上增值税专用发票认证，包括扫描认证、勾选确认认证两种方式）。

自2020年2月1日起，增值税小规模纳税人（其他个人除外）发生增值税应税行为，需要开具增值税专用发票的，可以自愿使用增值税发票管理系统自行开具。选择自行开具增值税专用发票的小规模纳税人，税务机关不再为其代开增值税专用发票。也就是说，自2020年2月1日起，小规模纳税人也可以使用增值税专用发票。使用，对于小规模纳税人来说，包括申领、开具、缴销。

（一）增值税专用发票的申领和开具范围

1. 申领范围

自2020年2月1日起，全面推行小规模纳税人自行开具增值税专用发票之后，增值税一般纳税人和增值税小规模纳税人均可以申领增值税专用发票。有下列情形之一的，不得申领增值税专用发票。

（1）会计核算不健全，不能向税务机关准确提供增值税销项税额、进项税额、应纳税额数据及其他有关增值税税务资料的。上列其他有关增值税税务资料的内容，由省、自治区、直辖市和计划单列市税务机关确定。

（2）应当办理一般纳税人登记而未办理的。

（3）有《税收征收管理法》规定的税收违法行为，拒不接受税务机关处理的。

（4）有下列行为之一，经税务机关责令限期改正而仍未改正者：

① 虚开增值税专用发票；

② 私自印制增值税专用发票；

③ 向税务机关以外的单位和个人买取增值税专用发票；

④ 借用他人增值税专用发票；

⑤ 未按《增值税专用发票使用规定》第十一条开具增值税专用发票；

⑥ 未按规定保管增值税专用发票和专用设备。有下列情形之一的，为未按规定保管专用发票和专用设备：未设专人保管专用发票和专用设备；未按税务机关要求存放专用发票和专用设备；未将认证相符的专用发票抵扣联、"认证结果通知书"和"认证结果清单"装订成册；未经税务机关检查，擅自销毁专用发票基本联次；

⑦ 未按规定申请办理防伪税控系统变更发行；

⑧ 未按规定接受税务机关检查。

有上列情形的，如已领取增值税专用发票，主管税务机关应暂扣其结存的增值税专用发票和税控专用设备。

2. 开具范围

纳税人发生应税销售行为，应当向索取增值税专用发票的购买方开具增值税专用发票，并在增值税专用发票上分别注明销售额和销项税额。

属于下列情形之一的，不得开具增值税专用发票。

（1）应税销售行为的购买方为消费者个人的。

（2）发生应税销售行为适用免税规定的。

（3）部分适用增值税简易征收政策规定的：

① 增值税一般纳税人的单采血浆站销售非临床用人体血液选择简易计税的；

② 纳税人销售旧货，按简易办法依 3% 征收率减按 2% 征收增值税的；

③ 纳税人销售自己使用过的固定资产，适用按简易办法依 3% 征收率减按 2% 征收增值税政策的。

（4）法律、法规及国家税务总局规定的其他情形。

另外，商业企业一般纳税人零售的烟、酒、食品、服装、鞋帽（不包括劳保专用部分）、化妆品等消费品不得开具专用发票。金融商品转让，不得开具增值税专用发票；从事经纪代理服务，向委托方收取的政府性基金或者行政事业性收费，不得开具增值税专用发票；选择差额计算方法计算销售额的纳税人，提供旅游服务向旅游服务购买方收取并支付的可以从全部价款和价外费用中扣除的费用，不得开具增值税专用发票。

（二）增值税专用发票的基本内容和开具要求

1. 增值税专用发票的联次

增值税专用发票由基本联次或者基本联次附加其他联次构成，基本联次为三联：发票联、抵扣联和记账联。发票联，作为购买方核算采购成本和增值税进项税额的记账凭证；抵扣联，作为购买方报送主管税务机关认证和留存备查的凭证；记账联，作为销售方核算销售收入和增值税销项税额的记账凭证。其他联次用途，由一般纳税人自行确定。

2. 增值税专用发票的基本内容

增值税专用发票的基本内容如下。

（1）购销双方的纳税人名称，购销双方地址。

（2）购销双方的增值税纳税人识别号。

（3）发票字轨号码。

（4）销售货物、劳务、服务、无形资产或者不动产的名称、计量单位、数量。

（5）不包括增值税在内的单价及货物总金额。

（6）增值税税率、增值税税额、填开的日期。

3. 增值税专用发票的开具要求

增值税专用发票的开具要求如下。

（1）项目齐全，与实际交易相符。

（2）字迹清楚，不得压线、错格。

（3）发票联和抵扣联加盖财务专用章或发票专用章。

（4）按照增值税纳税义务发生时间开具。

不符合上列要求的增值税专用发票，购买方有权拒收。

（三）增值税专用发票进项税额的抵扣时限

见"任务二　增值税的计算"中的"一、增值税一般计税方法下应纳税额的计算"中的"（三）进项税额的计算"。

（四）开具红字专用发票的处理流程

2016 年 8 月 1 日起，针对红字发票开具的有关问题规定如下。

（1）增值税一般纳税人开具增值税专用发票（以下简称"专用发票"）后，发生销货退回、开票有误、应税服务中止等情形但不符合发票作废条件，或者因销货部分退回及发生销售折让，需要开具红字专用发票的，按以下方法处理。

① 购买方取得专用发票已用于申报抵扣的，购买方可在增值税发票管理新系统（以下简称"新系统"）中填开并上传"开具红字增值税专用发票信息表"（以下简称"信息表"），在填开"信息表"时不填写相对应的蓝字专用发票信息，应暂依"信息表"所列增值税税额从当期进项税额中转出，待取得销售方开具的红字专用发票后，与"信息表"一并作为记账凭证。

购买方取得专用发票未用于申报抵扣、但发票联或抵扣联无法退回的，购买方填开"信息表"时应填写相对应的蓝字专用发票信息。

销售方开具专用发票尚未交付购买方，以及购买方未用于申报抵扣并将发票联及抵扣联退回的，销售方可在新系统中填开并上传"信息表"。销售方填开"信息表"时应填写相对应的蓝字专用发票信息。

② 主管税务机关通过网络接收纳税人上传的"信息表"，系统自动校验通过后，生成带有"红字发票信息表编号"的"信息表"，并将信息同步至纳税人端系统中。

③ 销售方凭税务机关系统校验通过的"信息表"开具红字专用发票，在新系统中以销项负数开具。红字专用发票应与"信息表"一一对应。

④ 纳税人也可凭"信息表"电子信息或纸质资料到税务机关对"信息表"内容进行系统校验。

（2）税务机关为小规模纳税人代开专用发票，需要开具红字专用发票的，按照一般纳税人开具红字专用发票的方法处理。

（3）纳税人需要开具红字增值税普通发票的，可以在所对应的蓝字发票金额范围内开具多份红字发票。红字机动车销售统一发票需与原蓝字机动车销售统一发票一一对应。

（五）增值税专用发票不得作为抵扣进项税额凭证的规定

（1）经认证，有下列情形之一的，不得作为增值税进项税额的抵扣凭证，税务机关退还原件，购买方可要求销售方重新开具专用发票。

① 无法认证。无法认证是指专用发票所列密文或者明文不能辨认，无法产生认证结果。

② 纳税人识别号认证不符。纳税人识别号认证不符是指专用发票所列购买方纳税人识别号有误。

③ 专用发票代码、号码认证不符。专用发票代码、号码认证不符是指专用发票所列密文解译后与明文的代码或者号码不一致。

（2）经认证，有下列情形之一的，暂时不得作为增值税进项税额的抵扣凭证，税务机关扣留原件，查明原因，分别情况进行处理。

① 重复认证。重复认证是指已经认证相符的同一张专用发票再次认证。

② 密文有误。密文有误是指专用发票所列密文无法解译。

③ 认证不符。认证不符是指纳税人识别号有误，或者专用发票所列密文解译后与明文不一致。本项所称认证不含（1）项的第②、③所列情形。

④ 列为失控专用发票。列为失控专用发票是指认证时的专用发票已被登记为失控专用发票。

（3）专用发票抵扣联无法认证的，可使用专用发票的发票联到主管税务机关认证。专用发票的发票联复印件留存备查。

（六）增值税专用发票的丢失

一般纳税人丢失已开具专用发票的发票联和抵扣联，如果丢失前已认证相符的，购买方凭销售方提供的相应专用发票记账联复印件及销售方所在地主管税务机关出具的"丢失增值税专用发票已报税证明单"，经购买方主管税务机关审核同意后，可作为增值税进项税额的抵扣凭证；如果丢失前未认证的，购买方凭销售方提供的相应专用发票记账联复印件到主管税务机关进行认证，认证相符的凭该专用发票记账联复印件及销售方所在地主管税务机关出具的"丢失增值税专用发票已报税证明单"，经购买方主管税务机关审核同意后，可作为增值税进项税额的抵扣凭证。

一般纳税人丢失已开具专用发票的抵扣联，如果丢失前已认证相符的，可使用专用发票发票联复印件留存备查；如果丢失前未认证的，可使用专用发票的发票联到主管税务机关认证，专用发票的发票联复印件留存备查。

一般纳税人丢失已开具专用发票的发票联，可将专用发票抵扣联作为记账凭证，专用发票抵扣联复印件留存备查。

（七）在新办纳税人中实行增值税专用发票电子化有关事项

（1）自 2020 年 12 月 21 日起，在天津、河北、上海、江苏、浙江、安徽、广东、重庆、四川、宁波和深圳等 11 个地区的新办纳税人中实行专票电子化，受票方范围为全国。其中，宁波、石家庄和杭州等 3 个城市已试点纳税人开具增值税电子专用发票（以下简称"电子专票"）的受票方范围扩至全国。

自 2021 年 1 月 21 日起，在北京、山西、内蒙古、辽宁、吉林、黑龙江、福建、江西、山东、河南、湖北、湖南、广西、海南、贵州、云南、西藏、陕西、甘肃、青海、宁夏、新疆、大连、厦门和青岛等 25 个地区的新办纳税人中实行专票电子化，受票方范围为全国。

实行专票电子化的新办纳税人具体范围由国家税务总局各省、自治区、直辖市和计划单列市税务局（以下简称"各省税务局"）确定。

（2）电子专票由各省税务局监制，采用电子签名代替发票专用章，属于增值税专用发票，其法律效力、基本用途、基本使用规定等与增值税纸质专用发票（以下简称"纸质专票"）相同。

（3）电子专票的发票代码为 12 位，编码规则：第 1 位为 0，第 2～5 位代表省、自治区、直辖市和计划单列市，第 6～7 位代表年度，第 8～10 位代表批次，第 11～12 位为 13。发票号码为 8 位，按年度、分批次编制。

（4）自各地专票电子化实行之日起，本地区需要开具增值税纸质普通发票、增值税电子普通发票（以下简称"电子普票"）、纸质专票、电子专票、纸质机动车销售统一发票和纸质二手车销售统一发票的新办纳税人，统一领取税务 UKey 开具发票。税务机关向新办纳税人免费发放税务 UKey，并依托增值税电子发票公共服务平台，为纳税人提供免费的电子专票开具服务。

（5）税务机关按照电子专票和纸质专票的合计数，为纳税人核定增值税专用发票领用数量。电子专票和纸质专票的增值税专用发票（增值税税控系统）最高开票限额应当相同。

（6）纳税人开具增值税专用发票时，既可以开具电子专票，也可以开具纸质专票。受票方索取纸质专票的，开票方应当开具纸质专票。

（7）纳税人开具电子专票后，发生销货退回、开票有误、应税服务中止、销售折让等情形，需要开具红字电子专票的，按照以下规定执行。

① 购买方已将电子专票用于申报抵扣的，由购买方在增值税发票管理系统（以下简称"发票管理系统"）中填开并上传"开具红字增值税专用发票信息表"（以下简称"信息表"），填开信息表时不填写相对应的蓝字电子专票信息。

购买方未将电子专票用于申报抵扣的，由销售方在发票管理系统中填开并上传信息表，填开信息表时应填写相对应的蓝字电子专票信息。

② 税务机关通过网络接收纳税人上传的信息表，系统自动校验通过后，生成带有"红字发票信息表编号"的信息表，并将信息同步至纳税人端系统中。

③ 销售方凭税务机关系统校验通过的信息表开具红字电子专票，在发票管理系统中以销项负数开具。红字电子专票应与信息表一一对应。

④ 购买方已将电子专票用于申报抵扣的，应当暂依信息表所列增值税税额从当期进项税额中转出，待取得销售方开具的红字电子专票后，与信息表一并作为记账凭证。

（8）受票方取得电子专票用于申报抵扣增值税进项税额或申请出口退税、代办退税的，应当登录增值税发票综合服务平台确认发票用途，登录地址由各省税务局确定并公布。

（9）单位和个人可以通过全国增值税发票查验平台（https://inv-veri.chinatax.gov.cn）对电子专票信息进行查验；可以通过全国增值税发票查验平台下载增值税电子发票版式文件阅读器，查阅电子专票并验证电子签名有效性。

（10）纳税人以电子发票（含电子专票和电子普票）报销入账归档的，按照财政部、国家档案局印发的《关于规范电子会计凭证报销入账归档的通知》（财会〔2020〕6号）的规定执行。

任务二　增值税的计算

【任务引例】

甲公司是一家酒店，为增值税一般纳税人，请问甲公司销售单独收费的货物、服务如何计算缴纳增值税？

一、增值税一般计税方法下应纳税额的计算

增值税的计税方法主要包括一般计税方法和简易计税方法。我国目前对一般纳税人增值税的计算一般情况下采用一般计税方法，某些特殊情况下采用或者选择采用简易计税方法；我国目前对小规模纳税人增值税的计算采用简易计税方法。

（一）增值税一般计税方法的含义和计算公式

一般计税方法，也就是国际上通行的购进扣税法，即先按当期销售额和适用税率计算出销项税额（这是对销售额进行全额征税，而非差额征税），然后对当期购进项目已经缴纳的税额（即进项税额）进行抵扣，从而间接计算出对当期增值额部分的应纳税额。

增值税一般纳税人一般计税方法下的应纳税额等于本期销项税额减本期进项税额。应纳增值税税额的计算公式为：

$$应纳增值税税额＝本期销项税额－本期准予抵扣进项税额$$

（二）销项税额的计算

销项税额是指一般纳税人在一般计税方法下销售货物、劳务、服务、无形资产或者不动产按照销售额和增值税税率计算并收取的增值税额。销项税额的计算公式如下：

$$销项税额＝销售额×税率$$

因此，要计算销项税额，关键在于确定销售额。

1. 一般销售方式下的销售额的确定

1）一般销售方式下销售货物、劳务的销售额的确定

销售货物、劳务的销售额是指纳税人销售货物或提供加工修理修配劳务向购买方收取的全部价款和价外费用。价外费用包括价外向购买方收取的手续费、补贴、基金、集资费、返还利润、奖励费、违约金、滞纳金、延期付款利息、赔偿金、代收款项、代垫款项、包装费、包装物租金、储备费、优质费、运输装卸费及其他各种性质的价外收费。但下列项目不包括在内。

（1）受托加工应征消费税的消费品所代收代缴的消费税。

（2）同时符合以下条件的代垫运输费用：承运部门的运输费用发票开具给购买方的；纳税人（销售方）将该项发票转交给购买方的（这里指的是销售方为购买方代垫的运输费用）。

（3）同时符合以下条件代为收取的政府性基金或者行政事业性收费：由国务院或者财政部批准设立的政府性基金，由国务院或者省级人民政府及其财政、价格主管部门批准设立的行政事业性收费；收取时开具省级以上财政部门印制的财政票据；所收款项全额上缴财政。

（4）销售货物的同时代办保险等而向购买方收取的保险费，以及向购买方收取的代购买方缴纳的车辆购置税、车辆牌照费。

应当注意的是，一般情况下，价外费用本身都为含增值税的价外费用，在计算增值税销项税时，需换算成不含增值税的价外费用。其换算公式为：

$$不含税价外费用＝含税价外费用/（1+税率）$$

销售额应以人民币计算。如果纳税人以外汇结算销售额的，应当以外币价格折合成人民币计算。其销售额的人民币折合率，可以选择销售额发生的当天或当月 1 日中国人民银行公布的市场汇价。纳税人应事先确定采用何种汇率，一旦确定后，在一年内不得变更。

【情境实例 2-2】

1. 工作任务要求

计算甲公司当期的增值税销项税额。

2. 情境实例设计

甲公司为增值税一般纳税人，本年 1 月，销售给乙公司一批货物，增值税专用发票上注明的不含税销售额为 50 000 元，适用的增值税税率为 13%，同时向购买方乙公司收取包装物租金 1 330 元。

3. 任务实施过程

不含税价外费用 = 1 330/(1+13%) = 1 176.99 （元）

增值税销项税额 = (50 000+1 176.99)×13% = 6 653.01 （元）

2）一般销售方式下销售服务、无形资产或者不动产的销售额的确定

销售服务、无形资产或者不动产的销售额是指纳税人销售服务、无形资产或者不动产向购买方收取的全部价款和价外费用，财政部和国家税务总局另有规定的除外。

价外费用是指价外收取的各种性质的价外收费，但不包括代为收取的政府性基金或者行政事业性收费；以委托方名义开具发票代委托方收取的款项。

2. 价税合并收取情况下销售额的确定

含税销售额需换算成不含税销售额，作为增值税的计税依据。其换算公式为：

$$销售额 = 含税销售额/(1+税率)$$

3. 需要核定的销售额的确定

（1）纳税人销售货物价格明显偏低并无正当理由或者有视同销售货物行为而无销售额者，在计算时，其销售额要按照如下规定的顺序来确定：

① 按纳税人最近时期同类货物的平均销售价格确定。

② 按其他纳税人最近时期同类货物的平均销售价格确定。

③ 用以上两种方法均不能确定其销售额的情况下，可按组成计税价格确定销售额。其计算公式为：

$$组成计税价格 = 成本×(1+成本利润率)$$

若属于应征消费税的货物，其组成计税价格应加计消费税税额。其计算公式为：

$$组成计税价格 = 成本×(1+成本利润率)+消费税税额$$

或　　　　　$$组成计税价格 = 成本×(1+成本利润率)/(1-消费税税率)$$

公式中的成本是指销售自产货物的为实际生产成本，销售外购货物的为实际采购成本。公式中的成本利润率由国家税务总局确定，一般为 10%。但属于应采用从价定率及复合计税办法征收消费税的货物，其组成计税价格中的成本利润率，为国家税务总局确定的应税消费品的成本利润率（具体见表 3-3 应税消费品平均成本利润率）。

【情境实例 2-3】

1. 工作任务要求

计算甲公司下列业务视同销售的增值税销项税额。

2. 情境实例设计

甲公司为增值税一般纳税人，本年 1 月将一批新研制的产品赠送给老客户乙公司使用，

甲公司并无同类产品销售价格，其他公司也无同类货物，已知该批产品的生产成本为 16 万元，适用的增值税税率为 13%。

3. 任务实施过程

视同销售的增值税销项税额 = 160 000×(1+10%)×13% = 22 880（元）

（2）纳税人销售服务、无形资产或者不动产价格明显偏低或者偏高且不具有合理商业目的的，或者发生视同销售服务、无形资产或者不动产行为而无销售额的，主管税务机关有权按照下列顺序确定销售额。

第一，按照纳税人最近时期销售同类服务、无形资产或者不动产的平均价格确定。

第二，按照其他纳税人最近时期销售同类服务、无形资产或者不动产的平均价格确定。

第三，按照组成计税价格确定。组成计税价格的公式为：

$$组成计税价格 = 成本×(1+成本利润率)$$

成本利润率由国家税务总局确定。

不具有合理商业目的是指以谋取税收利益为主要目的，通过人为安排，减少、免除、推迟缴纳增值税税款，或者增加退还增值税税款。

4. 特殊销售方式销售额的确定

1）采取折扣方式销售

（1）折扣销售，在会计上又称商业折扣，是指销货方在销售货物时，因购货方购货数量较大或与销货方有特殊关系等原因而给予对方价格上的优惠（直接打折）。其销售额和折扣额在同一张发票上的"金额"栏分别注明的，可按折扣后的销售额征收增值税。未在同一张发票"金额"栏分别注明折扣额，而仅在发票的"备注"栏注明折扣额的，折扣额不得从销售额中扣除。折扣销售仅限于货物价格的折扣，如果销货方将自产、委托加工或者购进的货物用于实物折扣的，则该实物折扣额不能从货物销售额中减除，且该实物应按《增值税暂行条例实施细则》"视同销售货物"中的"无偿赠送其他单位或者个人"计算缴纳增值税。

【情境实例 2-4】

1. 工作任务要求

计算甲公司下列业务的增值税销项税额。

2. 情境实例设计

甲公司为增值税一般纳税人，本年 1 月向乙商场销售服装 1 000 件，每件不含税价格为 80 元。由于乙商场购买量大，甲公司按原价 7 折优惠销售。乙商场付款后，甲公司为乙商场开具的增值税专用发票上"金额"栏分别注明了销售额和折扣额。该批服装适用的增值税税率为 13%。

3. 任务实施过程

纳税人采取折扣方式销售货物，销售额和折扣额在同一张发票上"金额"栏分别注明的，按折扣后的销售额征收增值税。

增值税销项税额 = 1 000×80×70%×17% = 9 520（元）

（2）销售折扣，在会计上又称现金折扣，是指销货方在销售货物或提供应税劳务后，为了鼓励购货方及早偿还货款而协议许诺给予购货方的一种折扣优待（例如，10 天内付款，货款折扣 2%；20 天内付款，货款折扣 1%；30 天内全价付款）。销售折扣发生在销货之后，是一种融资性质的理财费用，因此，销售折扣不得从销售额中扣除。

（3）纳税人向购买方开具专用发票后，由于累计购买到一定量或市场价格下降等原因，销货方给予购货方的价格优惠或补偿等折扣、折让行为，可按规定开具红字增值税专用发票。

（4）纳税人销售服务、无形资产或者不动产，将价款和折扣额在同一张发票上分别注明的，以折扣后的价款为销售额；未在同一张发票上分别注明的，以价款为销售额，不得扣减折扣额。

（5）纳税人销售服务、无形资产或者不动产，开具增值税专用发票后，发生开票有误或者销售折让、中止、退回等情形的，应当按照国家税务总局的规定开具红字增值税专用发票；未按照规定开具红字增值税专用发票的，不得扣减销项税额或者销售额。

2）采取以旧换新方式销售

（1）金银首饰以外的以旧换新业务，应按新货物的同期销售价格确定销售额，不得减除旧货物的收购价格。对于换取的旧货物，若取得增值税专用发票等合法扣税凭证，则增值税专用发票等合法扣税凭证上注明的进项税额可以从销项税额中抵扣。

（2）金银首饰以旧换新业务，按销售方实际收到的不含增值税的全部价款征税。

【情境实例2-5】

1. 工作任务要求

计算甲金店下列业务的增值税销项税额。

2. 情境实例设计

甲金店为增值税一般纳税人，本年1月采取以旧换新方式销售纯金项链8条，每条新项链的不含税销售额为3 200元，收购旧项链的不含税金额为每条2 000元。金项链适用的增值税税率为13%。

3. 任务实施过程

增值税销项税额=（3 200-2 000）×8×13%＝1 248（元）

3）采取还本销售方式销售

还本销售是指销售方将货物出售之后，按约定的时间，一次或分次将货款部分或全部退还给购货方，退还的货款即还本支出。采取还本销售方式销售货物，其销售额即货物的销售价格，不得从销售额中减除还本支出。

4）采取以物易物方式销售

（1）以物易物双方以各自发出货物核算销售额并计算销项税额。

（2）对于一般纳税人之间的以物易物，双方是否可以抵扣进项税额，需要看能否取得对方开具的增值税专用发票等合法扣税凭证、换入的货物是否属于可以抵扣进项税额的货物等。若能取得对方开具的增值税专用发票等合法扣税凭证且换入的货物是可以抵扣进项税额的货物，则可以抵扣进项税额。

5）包装物押金是否计入销售额

包装物是指纳税人包装本单位货物的各种物品。纳税人销售货物时另收取包装物押金，目的是促使购货方及早退回包装物以便周转使用。

根据税法规定，纳税人为销售货物而出租出借包装物收取的押金，单独记账核算的，时间在1年以内，又未过期的，不并入销售额征税，但对因逾期未收回包装物不再退还的押金，应按所包装货物的适用税率计算销项税额。

上述规定中，"逾期"是指按合同约定实际逾期或以1年为期限，对收取1年以上的押金，无论是否退还均并入销售额征税。当然，在将包装物押金并入销售额征税时，需要先将该押金换算为不含税价，再并入销售额征税。纳税人为销售货物出租出借包装物而收取的押金，无论包装物周转使用期限长短，超过1年（含1年）以上仍不退还的均并入销售额征税。

另外，包装物押金不应混同于包装物租金，包装物租金在销货时作为价外费用并入销售额计算销项税额。从1995年6月1日起，对销售除啤酒、黄酒外的其他酒类产品而收取的包装物押金，无论是否返还以及会计上如何核算，均应并入当期销售额征税。对销售啤酒、黄酒所收取的押金，按上述一般押金的规定处理。

6）贷款服务

以提供贷款服务取得的全部利息及利息性质的收入为销售额。自2018年1月1日起，金融机构开展贴现、转贴现业务，以其实际持有票据期间取得的利息收入作为贷款服务销售额计算缴纳增值税。此前贴现机构已就贴现利息收入全额缴纳增值税的票据，转贴现机构转贴现利息收入继续免征增值税。

7）直接收费金融服务

以提供直接收费金融服务收取的手续费、佣金、酬金、管理费、服务费、经手费、开户费、过户费、结算费、转托管费等各类费用为销售额。

8）纳税人销售电信服务时

附带赠送用户识别卡、电信终端等货物或者电信服务的，应将其取得的全部价款和价外费用进行分别核算，按各自适用的税率计算缴纳增值税。

5. 差额征收方式下销售额的确定

见本任务的"三、增值税差额征收应纳税额的计算"中的"（一）一般纳税人差额征收应纳税额的计算"。

6. 特殊销售行为销售额的确定

1）混合销售行为

一项销售行为如果既涉及货物又涉及服务，称为混合销售。从事货物的生产、批发或者零售的单位和个体工商户的混合销售行为，按照销售货物缴纳增值税；其他单位和个体工商户的混合销售行为，按照销售服务缴纳增值税。

上述从事货物的生产、批发或者零售的单位和个体工商户，包括以从事货物的生产、批发或者零售为主，并兼营销售服务的单位和个体工商户在内。

纳税人销售活动板房、机器设备、钢结构件等自产货物的同时提供建筑、安装服务，不属于混合销售，应分别核算货物和建筑服务的销售额，分别适用不同的税率或者征收率。

2）兼营行为

纳税人销售货物、加工修理修配劳务、服务、无形资产或者不动产适用不同税率或者征收率的，应当分别核算适用不同税率或者征收率的销售额，未分别核算销售额的，按照以下方法从高适用税率或者征收率。

（1）兼有不同税率的销售货物、加工修理修配劳务、服务、无形资产或者不动产，从高适用税率。

（2）兼有不同征收率的销售货物、加工修理修配劳务、服务、无形资产或者不动产，从高适用征收率。

（3）兼有不同税率和征收率的销售货物、加工修理修配劳务、服务、无形资产或者不动产，从高适用税率。

需要注意的是，纳税人兼营免税、减税项目应当分别核算免税、减税项目的销售额；未分别核算销售额的，不得免税、减税。

【情境实例2-6】

1. 工作任务要求

计算甲公司本年1月的增值税销项税额。

2. 情境实例设计

甲公司为增值税一般纳税人，本年1月兼营货物销售、运输业务、咨询服务，当期共取得含税销售收入113万元，且未分别核算。

3. 任务实施过程

按照"纳税人兼营销售货物、加工修理修配劳务、服务、无形资产或者不动产，适用不同税率或者征收率的，应当分别核算适用不同税率或者征收率的销售额；未分别核算的，从高适用税率"的规定，从高适用销售货物13%的税率，则该公司当期销项税额＝［113/（1+13%）］×13%＝13（万元）。

【任务引例解析】

答 （1）长包房、餐饮、洗衣、美容美发、按摩、桑拿、沐浴等按6%的税率计税；商务中心的打印、复印、传真、翻译等收入，按6%的税率计税。

（2）电话费收入按9%的税率计税。

（3）酒店商品部、迷你吧的收入按所售商品的适用税率（13%或者9%）计税。

（4）避孕药品和用具等免税货物可以免征增值税。

（5）接送客人取得的收入按9%的税率计税。

（6）停车费收入、将场地出租给银行安放ATM机、给其他单位或个人做卖场取得的收入，均为不动产租赁服务收入，按9%的税率计税。该不动产在2016年4月30日前取得的，可选择简易办法按5%征收率计税。

（7）酒店送餐到房间的服务，按照6%的税率计税。

需要注意的是，纳税人销售货物、劳务、服务、无形资产或者不动产适用不同税率或者征收率的，应当分别核算适用不同税率或者征收率的销售额；未分别核算的，从高适用税率。因此甲公司作为酒店业，也应当分别核算适用不同税率或者征收率的销售额。

（三）进项税额的计算

进项税额是指纳税人购进货物、加工修理修配劳务、服务、无形资产或者不动产，支付或者负担的增值税额。

1. 准予从销项税额中抵扣的进项税额

增值税一般纳税人下列进项税额准予从销项税额中抵扣。

（1）从销售方取得的增值税专用发票（含税控机动车销售统一发票，下同）上注明的增值税额。

（2）进口货物，从海关取得的海关进口增值税专用缴款书上注明的增值税额。

（3）自 2019 年 4 月 1 日起，纳税人购进农产品，按下列规定抵扣进项税额。

① 除第②项规定外，纳税人购进农产品，取得一般纳税人开具的增值税专用发票或海关进口增值税专用缴款书的，以增值税专用发票或海关进口增值税专用缴款书上注明的增值税额为进项税额；从按照简易计税方法依照 3% 征收率计算缴纳增值税的小规模纳税人取得增值税专用发票的，以增值税专用发票上注明的金额和 9% 的扣除率计算进项税额；取得（开具）农产品销售发票或收购发票的，以农产品销售发票或收购发票上注明的农产品买价和 9% 的扣除率计算进项税额（买价是指纳税人购进农产品，在农产品收购发票或者销售发票上注明的价款和按照规定缴纳的烟叶税）。

② 自 2019 年 4 月 1 日起的营改增试点期间，纳税人购进用于生产或者委托加工 13% 税率货物的农产品，按照 10% 的扣除率计算进项税额。

③ 继续推进农产品增值税进项税额核定扣除试点，纳税人购进农产品进项税额已实行核定扣除的，仍按照《财政部　国家税务总局关于在部分行业试行农产品增值税进项税额核定扣除办法的通知》（财税〔2012〕38 号）、《财政部　国家税务总局关于扩大农产品增值税进项税额核定扣除试点行业范围的通知》（财税〔2013〕57 号）执行。其中，《农产品增值税进项税额核定扣除试点实施办法》（财税〔2012〕38 号印发）第四条第二项规定的扣除率调整为 9%；第三项规定的扣除率调整为按上述第①、②项规定执行。

④ 纳税人从批发、零售环节购进适用免征增值税政策的蔬菜、部分鲜活肉蛋而取得的普通发票，不得作为计算抵扣进项税额的凭证。

⑤ 纳税人购进农产品既用于生产销售或委托受托加工 13% 税率货物又用于生产销售其他货物服务的，应当分别核算用于生产销售或委托受托加工 13% 税率货物和其他货物服务的农产品进项税额。未分别核算的，统一以增值税专用发票或海关进口增值税专用缴款书上注明的增值税额为进项税额，或以农产品收购发票或销售发票上注明的农产品买价和 9% 的扣除率计算进项税额。

⑥ 销售发票是指农业生产者销售自产农产品适用免征增值税政策而开具的普通发票。

餐饮行业增值税一般纳税人购进农业生产者自产农产品，可以使用税务机关监制的农产品收购发票，按照现行规定计算抵扣进项税额。

有条件的地区，应积极在餐饮行业推行农产品进项税额核定扣除办法，按照《财政部　国家税务总局关于在部分行业试行农产品增值税进项税额核定扣除办法的通知》（财税〔2012〕38 号）的有关规定计算抵扣进项税额。

（4）自用的应征消费税的摩托车、汽车、游艇，2013 年 8 月 1 日（含）以后购入的，其进项税额准予从销项税额中抵扣。

（5）从境外单位或者个人购进劳务、服务、无形资产或者境内不动产，从税务机关或者扣缴义务人取得的代扣代缴税款的完税凭证上注明的增值税额。

纳税人凭完税凭证抵扣进项税额的，应当具备书面合同、付款证明和境外单位的对账单或者发票。资料不全的，其进项税额不得从销项税额中抵扣。

【情境实例 2-7】

1. 工作任务要求

计算甲公司本年 1 月支付境外公司咨询服务费可以抵扣的进项税额。

2. 情境实例设计

甲公司为增值税一般纳税人，本年 1 月接受某境外公司为其提供的咨询服务，12 月咨询工作完成，甲公司支付境外公司咨询服务费折合人民币 100 万元。境外公司在境内未设有经营机构。本年 1 月甲公司取得代扣代缴税款的完税凭证。

3. 任务实施过程

境外单位或者个人在境内销售服务、无形资产或不动产，在境内未设有经营机构的，以购买方为增值税扣缴义务人。应扣缴税额=［购买方支付的价款/(1+税率)］×税率。由接受服务方（购买方）。甲公司代扣代缴境外公司咨询服务费收入的增值税税额=［100/(1+6%)］×6%=5.66（万元）。本年 7 月甲公司取得代扣代缴税款的完税凭证，因此甲公司在计算本年 1 月应纳税额时可凭代扣代缴税款的完税凭证抵扣进项税额 5.66 万元。

(6) 自 2019 年 4 月 1 日起，购进国内旅客运输服务，其进项税额允许从销项税额中抵扣。纳税人购进国内旅客运输服务未取得增值税专用发票的，暂按照以下规定确定进项税额。

① 取得增值税电子普通发票的，为发票上注明的税额。

② 取得注明旅客身份信息的航空运输电子客票行程单的，为按照下列公式计算进项税额：

$$航空旅客运输进项税额=［(票价+燃油附加费)/(1+9\%)］×9\%$$

③ 取得注明旅客身份信息的铁路车票的，为按照下列公式计算的进项税额：

$$铁路旅客运输进项税额=［票面金额/(1+9\%)］×9\%$$

④ 取得注明旅客身份信息的公路、水路等其他客票的，按照下列公式计算进项税额：

$$公路、水路等其他旅客运输进项税额=［票面金额/(1+3\%)］×3\%$$

【情境实例 2-8】

1. 工作任务要求

计算甲公司本年 1 月可以抵扣的进项税额。

2. 情境实例设计

甲公司为增值税一般纳税人，主要生产 A、B 两种产品，本年 1 月发生下列业务。

(1) 1 日，购入原材料一批，取得的增值税专用发票上注明价款 300 000 元，税额 39 000 元。同时支付运费价税合计 33 300 元，取得的增值税专用发票上注明运费金额 30 000 元，税额 2 700 元。货款及运费均以银行存款支付。

(2) 3 日，购进一批免税农产品作为原材料用于生产增值税税率为 13% 的货物，农产品收购凭证上注明价款为 95 000 元，款项以银行存款支付。

(3) 9 日，收到乙公司投资的原材料，双方协议不含税作价 1 000 000 元，取得增值税专用发票一张，该原材料的增值税税率为 13%。

甲公司取得的增值税专用发票本年 1 月均符合抵扣规定。

3. 任务实施过程

可以抵扣的进项税额=39 000+2 700+95 000×10%+1 000 000×13%=181 200（元）

【情境实例 2-9】

1. 工作任务要求

计算甲建筑公司本年 3 月的应纳增值税。

2. 情境实例设计

甲建筑公司为增值税一般纳税人，本年 3 月 1 日承接 A 工程项目，3 月 31 日发包方按进度支付工程价款 218 万元，该项目当月发生工程成本为 100 万元，其中，购买材料、动力、机械等取得的增值税专用发票上注明的金额为 60 万元。对 A 工程项目甲建筑公司选择采用一般计税方法计算增值税。

3. 任务实施过程

增值税销项税额 = [218/（1+9%）] ×9% = 18 （万元）

增值税进项税额 = 60×13% = 7.8 （万元）

应纳增值税 = 18-7.8 = 10.2 （万元）

2. 不得从销项税额中抵扣的进项税额

下列项目的进项税额不得从销项税额中抵扣。

（1）纳税人取得的增值税扣税凭证不符合法律、行政法规或者国家税务总局有关规定的。

增值税扣税凭证是指增值税专用发票、海关进口增值税专用缴款书、农产品收购发票或者销售发票（含农产品核定扣除的进项税额）、代扣代缴税收完税凭证和符合规定的国内旅客运输发票等。

纳税人凭完税凭证抵扣进项税额的，应当具备书面合同、付款证明和境外单位的对账单或者发票。资料不全的，其进项税额不得从销项税额中抵扣。

（2）用于简易计税方法计税项目、免征增值税项目、集体福利或者个人消费的购进货物、加工修理修配劳务、服务、无形资产和不动产。其中涉及的固定资产、无形资产、不动产，仅指专用于上述项目的固定资产、无形资产（不包括其他权益性无形资产）、不动产。

纳税人的交际应酬消费属于个人消费。

需要注意的是，自 2018 年 1 月 1 日起，纳税人租入固定资产、不动产，既用于一般计税方法计税项目，又用于简易计税方法计税项目、免征增值税项目、集体福利或者个人消费的，其进项税额准予从销项税额中全额抵扣。

（3）非正常损失的购进货物，以及相关的加工修理修配劳务和交通运输服务。

（4）非正常损失的在产品、产成品所耗用的购进货物（不包括固定资产）、加工修理修配劳务和交通运输服务。

（5）非正常损失的不动产，以及该不动产所耗用的购进货物、设计服务和建筑服务。

（6）非正常损失的不动产在建工程所耗用的购进货物、设计服务和建筑服务。

纳税人新建、改建、扩建、修缮、装饰不动产，均属于不动产在建工程。

（7）购进的贷款服务、餐饮服务、居民日常服务和娱乐服务。

（8）财政部和国家税务总局规定的其他情形。

上述第（5）、（6）项所称的货物，是指构成不动产实体的材料和设备，包括建筑装饰材料和给排水、采暖、卫生、通风、照明、通信、煤气、消防、中央空调、电梯、电气、智能化楼宇设备及配套设施。

纳税人接受贷款服务向贷款方支付的与该笔贷款直接相关的投融资顾问费、手续费、咨询费等费用，其进项税额不得从销项税额中抵扣。

固定资产是指使用期限超过 12 个月的机器、机械、运输工具以及其他与生产经营有关的设备、工具、器具等有形动产。

不动产、无形资产的具体范围，按照《销售服务、无形资产或者不动产注释》执行。

非正常损失是指因管理不善造成货物被盗、丢失、霉烂变质，以及因违反法律法规造成货物或者不动产被依法没收、销毁、拆除的情形。

（9）适用一般计税方法的纳税人，兼营简易计税方法计税项目、免征增值税项目而无法划分不得抵扣的进项税额，按照下列公式计算不得抵扣的进项税额：

不得抵扣的进项税额＝当期无法划分的全部进项税额×（当期简易计税方法计税项目
销售额＋免征增值税项目销售额）/当期全部销售额

主管税务机关可以按照上述公式依据年度数据对不得抵扣的进项税额进行清算。

（10）已抵扣进项税额的购进货物（不含固定资产）、劳务、服务，发生上述（3）～（9）项规定情形（简易计税方法计税项目、免征增值税项目除外）的，应当将该进项税额从当期进项税额中扣减（即进项税额转出）；无法确定该进项税额的，按照当期实际成本计算应扣减的进项税额。

（11）已抵扣进项税额的固定资产、无形资产或者不动产，发生上述（3）～（9）项规定情形的，按照下列公式计算不得抵扣的进项税额：

不得抵扣的进项税额＝固定资产、无形资产或者不动产净值×适用税率

固定资产、无形资产或者不动产净值是指纳税人根据财务会计制度计提折旧或摊销后的余额。

其中，已抵扣进项税额的不动产，发生非正常损失，或者改变用途，专用于简易计税方法计税项目、免征增值税项目、集体福利或者个人消费的，按照下列公式计算不得抵扣的进项税额，并从当期进项税额中扣减：

不得抵扣的进项税额＝已抵扣进项税额×不动产净值率

不动产净值率＝（不动产净值/不动产原值）×100%

【情境实例 2-10】

1. 工作任务要求

计算甲公司本年 3 月应当转出的进项税额。

2. 情境实例设计

甲公司为增值税一般纳税人，去年 3 月购入车间生产用的锅炉，本年 3 月改变用途用于职工浴室。已知其购入原值 100 万元，进项税额 13 万元在购入当期已经从销项税额中抵扣，累计折旧金额为 10 万元。

3. 任务实施过程

已抵扣进项税额的固定资产、无形资产或不动产发生不得抵扣进项税额情形的，以固定资产、无形资产或者不动产净值为计税依据进行进项税额转出。

应当转出的进项税额＝（100－10）×13%＝11.7（万元）

【情境实例 2-11】

1. 工作任务要求

计算甲公司本年 1 月可以抵扣的进项税额。

2. 情境实例设计

甲公司为增值税一般纳税人，去年1月年度购入职工浴室用的锅炉，本年1月改变用途用于生产车间。已知该固定资产原值113万元，累计折旧金额为11.3万元。

3. 任务实施过程

可以抵扣的进项税额=[（113-11.3）/（1+13%）]×13%=11.7（万元）

另外，按照《增值税暂行条例》第十条和上述（3）～（9）项规定情形不得抵扣且未抵扣进项税额的固定资产、无形资产、不动产，发生用途改变，用于允许抵扣进项税额的应税项目，可在用途改变的次月按照下列公式，依据合法有效的增值税扣税凭证，计算可以抵扣的进项税额，公式如下：

可以抵扣的进项税额=[固定资产、无形资产、不动产净值/（1+适用税率）]×适用税率

上述可以抵扣的进项税额应取得合法有效的增值税扣税凭证。

（12）纳税人适用一般计税方法计税的，因销售折让、中止或者退回而退还给购买方的增值税额，应当从当期的销项税额中扣减；因销售折让、中止或者退回而收回的增值税额，应当从当期的进项税额中扣减。

（13）对商业企业向供货方收取的与商品销售量、销售额挂钩（如以一定比例、金额、数量计算）的各种返还收入，均应按照平销返利行为的有关规定冲减当期增值税进项税额。

（14）生产企业出口货物、劳务、服务或者无形资产实行免抵退税办法，其中，免抵退税不得免征和抵扣税额，作进项税额转出处理；外贸企业出口货物、劳务、服务或者无形资产，实行"免退税"办法，其出口货物、劳务、服务或者无形资产购进时的进项税额与按国家规定的退税率计算的应退税额的差额，作进项税额转出处理。

（15）有下列情形之一者，应当按照销售额和增值税税率计算应纳税额，不得抵扣进项税额，也不得使用增值税专用发票。

① 一般纳税人会计核算不健全，或者不能够提供准确税务资料的。

② 应当办理一般纳税人资格登记而未办理的。

【情境实例2-12】

1. 工作任务要求

计算甲企业当期不可抵扣的进项税额。

2. 情境实例设计

甲企业为增值税一般纳税人，本年1月外购一批材料用于应税货物的生产，取得增值税专用发票，价款20 000元，增值税2 600元；外购一批材料用于应税货物和免税货物的生产，取得增值税专用发票，价款30 000元，增值税3 900元，但无法划分不得抵扣的进项税额，当月应税货物销售额60 000元，免税货物销售额65 000元。

3. 任务实施过程

计算不得抵扣进项税时，仅对不能准确划分的进项税进行分摊计算。

甲企业当期不可抵扣的进项税额=3 900×65 000/（60 000+65 000）=2 028（元）。

3. 进项税额结转抵扣、留抵税额等情况的税务处理

（1）纳税人在计算应纳税额时，如果出现当期销项税额小于当期进项税额不足抵扣的情况，当期进项税额不足抵扣的部分可以结转下期继续抵扣。

（2）增值税一般纳税人（原纳税人）在资产重组中将全部资产、负债、劳动力一并转

让给其他增值税一般纳税人（新纳税人），并按程序办理注销税务登记的，其在办理注销税务登记前尚未抵扣的进项税额可以结转至新纳税人处继续抵扣。

（3）一般纳税人注销或取消辅导期一般纳税人资格，转为小规模纳税人时，其存货不作进项税额转出处理，其留抵税额也不予以退税。

（4）加计抵减政策。

① 加计抵减 10% 政策。

自 2019 年 4 月 1 日至 2022 年 12 月 31 日，允许生产、生活性服务业纳税人按照当期可抵扣进项税额加计 10%，抵减应纳税额。

a）生产、生活性服务业纳税人，是指提供邮政服务、电信服务、现代服务、生活服务（以下简称"四项服务"）取得的销售额占全部销售额的比重超过 50% 的纳税人。

2019 年 3 月 31 日前设立的纳税人，自 2018 年 4 月至 2019 年 3 月期间的销售额（经营期不满 12 个月的，按照实际经营期的销售额）符合上述规定条件的，自 2019 年 4 月 1 日起适用加计抵减政策。

2019 年 4 月 1 日后设立的纳税人，自设立之日起 3 个月的销售额符合上述规定条件的，自登记为一般纳税人之日起适用加计抵减政策。

纳税人确定适用加计抵减政策后，当年内不再调整，以后年度是否适用，根据上年度销售额计算确定。

纳税人可计提但未计提的加计抵减额，可在确定适用加计抵减政策当期一并计提。

b）纳税人应按照当期可抵扣进项税额的 10% 计提当期加计抵减额。按照现行规定不得从销项税额中抵扣的进项税额，不得计提加计抵减额；已计提加计抵减额的进项税额，按规定作进项税额转出的，应在进项税额转出当期，相应调减加计抵减额。计算公式如下：

$$当期计提加计抵减额＝当期可抵扣进项税额×10\%$$
$$当期可抵减加计抵减额＝上期末加计抵减额余额＋当期计提加计抵减额－$$
$$当期调减加计抵减额$$

c）纳税人应按照现行规定计算一般计税方法下的应纳税额（以下简称"抵减前的应纳税额"）后，区分以下情形加计抵减：

● 抵减前的应纳税额等于零的，当期可抵减加计抵减额全部结转下期抵减。

● 抵减前的应纳税额大于零，且大于当期可抵减加计抵减额的，当期可抵减加计抵减额全额从抵减前的应纳税额中抵减。

● 抵减前的应纳税额大于零，且小于或等于当期可抵减加计抵减额的，以当期可抵减加计抵减额抵减应纳税额至零；未抵减完的当期可抵减加计抵减额，结转下期继续抵减。

d）纳税人出口货物或劳务、发生跨境应税行为不适用加计抵减政策，其对应的进项税额不得计提加计抵减额。

纳税人兼营出口货物或劳务、发生跨境应税行为且无法划分不得计提加计抵减额的进项税额，按照以下公式计算：

不得计提加计抵减额的进项税额＝当期无法划分的全部进项税额×当期出口货物或劳务和发生跨境应税行为的销售额÷当期全部销售额

e）纳税人应单独核算加计抵减额的计提、抵减、调减、结余等变动情况。骗取适用加计抵减政策或虚增加计抵减额的，按照《税收征收管理法》等有关规定处理。

f）加计抵减政策执行到期后，纳税人不再计提加计抵减额，结余的加计抵减额停止抵减。

② 加计抵减 15% 政策。

自 2019 年 10 月 1 日至 2022 年 12 月 31 日，允许生活性服务业纳税人按照当期可抵扣进项税额加计 15%，抵减应纳税额。

a）生活性服务业纳税人，是指提供生活服务取得的销售额占全部销售额的比重超过 50% 的纳税人。生活服务的具体范围按照《销售服务、无形资产、不动产注释》（财税〔2016〕36 号印发）执行。

2019 年 9 月 30 日前设立的纳税人，自 2018 年 10 月至 2019 年 9 月期间的销售额（经营期不满 12 个月的，按照实际经营期的销售额）符合上述规定条件的，自 2019 年 10 月 1 日起适用加计抵减 15% 政策。

2019 年 10 月 1 日后设立的纳税人，自设立之日起 3 个月的销售额符合上述规定条件的，自登记为一般纳税人之日起适用加计抵减 15% 政策。

纳税人确定适用加计抵减 15% 政策后，当年内不再调整，以后年度是否适用，根据上年度销售额计算确定。

b）生活性服务业纳税人应按照当期可抵扣进项税额的 15% 计提当期加计抵减额。按照现行规定不得从销项税额中抵扣的进项税额，不得计提加计抵减额；已按照 15% 计提加计抵减额的进项税额，按规定作进项税额转出的，应在进项税额转出当期，相应调减加计抵减额。计算公式如下：

$$当期计提加计抵减额 = 当期可抵扣进项税额 \times 15\%$$
$$当期可抵减加计抵减额 = 上期末加计抵减额余额 + 当期计提加计抵减额 -$$
$$当期调减加计抵减额$$

（5）原增值税一般纳税人兼有销售服务、无形资产或者不动产的，截至纳入营改增试点之日前的增值税期末留抵税额，不得从销售服务、无形资产或者不动产的销项税额中抵扣。也就是说这部分留抵税额只能从以后的原增值税业务的销项税额中继续抵扣，具体来说，即按照一般货物及劳务销项税额比例来计算可抵扣税额及应纳税额。上述规定简称"挂账留抵税额"。

但 2016 年 12 月 1 日发布的《国家税务总局关于调整增值税一般纳税人留抵税额申报口径的公告》（国家税务总局公告 2016 年第 75 号）规定，自 2016 年 12 月 1 日起，《国家税务总局关于全面推开营业税改征增值税试点后增值税纳税申报有关事项的公告》（国家税务总局公告 2016 年第 13 号）附件 1 "增值税纳税申报表（一般纳税人适用）"（简并税费申报后为《增值税及附加税费申报表（一般纳税人适用）》）（简称"申报表主表"）第 13 栏"上期留抵税额""一般项目"列"本年累计"和第 20 栏"期末留抵税额""一般项目"列"本年累计"栏次停止使用，不再填报数据。本公告发布前，申报表主表第 20 栏"期末留抵税额""一般项目"列"本年累计"中有余额的增值税一般纳税人，在本公告发布之日起的第一个纳税申报期，将余额一次性转入第 13 栏"上期留抵税额""一般项目"列"本月数"中。也就是说，自 2016 年 12 月 1 日起，"挂账留抵税额"的规定被取消了。

（6）自 2019 年 4 月 1 日起，试行增值税期末留抵税额退税制度。

① 同时符合以下条件的纳税人，可以向主管税务机关申请退还增量留抵税额：

a）自 2019 年 4 月税款所属期起，连续 6 个月（按季纳税的，连续 2 个季度）增量留抵税额均大于 0，且第 6 个月增量留抵税额不低于 50 万元；

b）纳税信用等级为 A 级或者 B 级；

c）申请退税前 36 个月未发生骗取留抵退税、出口退税或虚开增值税专用发票情形的；

d）申请退税前 36 个月未因偷税被税务机关处罚 2 次及以上的；

e）自 2019 年 4 月 1 日起未享受即征即退、先征后返（退）政策的。

② 增量留抵税额，是指与 2019 年 3 月底相比新增加的期末留抵税额。

③ 纳税人当期允许退还的增量留抵税额，按照以下公式计算：

$$允许退还的增量留抵税额 = 增量留抵税额 \times 进项构成比例 \times 60\%$$

进项构成比例，为 2019 年 4 月至申请退税前一税款所属期内已抵扣的增值税专用发票（含税控机动车销售统一发票）、海关进口增值税专用缴款书、解缴税款完税凭证注明的增值税额占同期全部已抵扣进项税额的比重。

④ 纳税人应在增值税纳税申报期内，向主管税务机关申请退还留抵税额。

⑤ 纳税人出口货物劳务、发生跨境应税行为，适用免抵退税办法的，办理免抵退税后，仍符合规定条件的，可以申请退还留抵税额；适用免退税办法的，相关进项税额不得用于退还留抵税额。

⑥ 纳税人取得退还的留抵税额后，应相应调减当期留抵税额。按照本条规定再次满足退税条件的，可以继续向主管税务机关申请退还留抵税额，但连续期间，不得重复计算。

⑦ 以虚增进项、虚假申报或其他欺骗手段，骗取留抵退税款的，由税务机关追缴其骗取的退税款，并按照《税收征收管理法》等有关规定处理。

⑧ 退还的增量留抵税额中央、地方分担机制另行通知。

（7）先进制造业增值税期末留抵退税政策。

自 2019 年 6 月 1 日起，部分先进制造业的增值税期末留抵退税政策；自 2021 年 4 月 1 日起，先进制造业的增值税期末留抵退税政策。以下按照"自 2021 年 4 月 1 日起，先进制造业的增值税期末留抵退税政策"进行阐述。

① 自 2021 年 4 月 1 日起，同时符合以下条件的先进制造业纳税人，可以自 2021 年 5 月及以后纳税申报期向主管税务机关申请退还增量留抵税额：

a）增量留抵税额大于零；

b）纳税信用等级为 A 级或者 B 级；

c）申请退税前 36 个月未发生骗取留抵退税、出口退税或虚开增值税专用发票情形；

d）申请退税前 36 个月未因偷税被税务机关处罚 2 次及以上；

e）自 2019 年 4 月 1 日起未享受即征即退、先征后返（退）政策。

② 先进制造业纳税人，是指按照《国民经济行业分类》，生产并销售"非金属矿物制品""通用设备""专用设备""计算机、通信和其他电子设备""医药""化学纤维""铁路、船舶、航空航天和其他运输设备""电气机械和器材""仪器仪表"销售额占全部销售额的比重超过 50% 的纳税人。

销售额比重根据纳税人申请退税前连续 12 个月的销售额计算确定；申请退税前经营期不满 12 个月但满 3 个月的，按照实际经营期的销售额计算确定。

③ 增量留抵税额，是指与 2019 年 3 月 31 日相比新增加的期末留抵税额。

④ 先进制造业纳税人当期允许退还的增量留抵税额，按照以下公式计算：

$$允许退还的增量留抵税额＝增量留抵税额×进项构成比例$$

式中，进项构成比例，为 2019 年 4 月至申请退税前一税款所属期内已抵扣的增值税专用发票（含税控机动车销售统一发票）、海关进口增值税专用缴款书、解缴税款完税凭证注明的增值税额占同期全部已抵扣进项税额的比重。

⑤ 先进制造业纳税人按照本公告规定取得增值税留抵退税款的，不得再申请享受增值税即征即退、先征后返（退）政策。

⑥ 先进制造业纳税人申请退还增量留抵税额的其他规定，按照《财政部 税务总局 海关总署关于深化增值税改革有关政策的公告》（财政部 税务总局 海关总署公告 2019 年第 39 号）和《财政部 税务总局关于明确部分先进制造业增值税期末留抵退税政策的公告》（财政部 税务总局公告 2019 年第 84 号）执行。

（8）根据《财政部 税务总局关于进一步加大增值税期末留抵退税政策实施力度的公告》（财政部 税务总局公告 2022 年第 14 号）的规定，为支持小微企业和制造业等行业发展，提振市场主体信心、激发市场主体活力，自 2022 年 4 月 1 日起实施的进一步加大增值税期末留抵退税实施力度的有关政策公告如下：

① 加大小微企业增值税期末留抵退税政策力度，将先进制造业按月全额退还增值税增量留抵税额政策范围扩大至符合条件的小微企业（含个体工商户，下同），并一次性退还小微企业存量留抵税额。

a）符合条件的小微企业，可以自 2022 年 4 月纳税申报期起向主管税务机关申请退还增量留抵税额。在 2022 年 12 月 31 日前，退税条件按照本公告第三条规定执行。

b）符合条件的微型企业，可以自 2022 年 4 月纳税申报期起向主管税务机关申请一次性退还存量留抵税额；符合条件的小型企业，可以自 2022 年 5 月纳税申报期起向主管税务机关申请一次性退还存量留抵税额。

② 加大"制造业""科学研究和技术服务业""电力、热力、燃气及水生产和供应业""软件和信息技术服务业""生态保护和环境治理业""交通运输、仓储和邮政业"（以下称制造业等行业）增值税期末留抵退税政策力度，将先进制造业按月全额退还增值税增量留抵税额政策范围扩大至符合条件的制造业等行业企业（含个体工商户，下同），并一次性退还制造业等行业企业存量留抵税额。

a）符合条件的制造业等行业企业，可以自 2022 年 4 月纳税申报期起向主管税务机关申请退还增量留抵税额。

b）符合条件的制造业等行业中型企业，可以自 2022 年 7 月纳税申报期起向主管税务机关申请一次性退还存量留抵税额；符合条件的制造业等行业大型企业，可以自 2022 年 10 月纳税申报期起向主管税务机关申请一次性退还存量留抵税额。

③ 适用本公告政策的纳税人需同时符合以下条件：

a）纳税信用等级为 A 级或者 B 级；

b）申请退税前 36 个月未发生骗取留抵退税、骗取出口退税或虚开增值税专用发票情形；

c）申请退税前 36 个月未因偷税被税务机关处罚两次及以上；

d）2019 年 4 月 1 日起未享受即征即退、先征后返（退）政策。

④ 本公告所称增量留抵税额，区分以下情形确定：

a）纳税人获得一次性存量留抵退税前，增量留抵税额为当期期末留抵税额与 2019 年 3 月 31 日相比新增加的留抵税额。

b）纳税人获得一次性存量留抵退税后，增量留抵税额为当期期末留抵税额。

⑤ 本公告所称存量留抵税额，区分以下情形确定：

a）纳税人获得一次性存量留抵退税前，当期期末留抵税额大于或等于 2019 年 3 月 31 日期末留抵税额的，存量留抵税额为 2019 年 3 月 31 日期末留抵税额；当期期末留抵税额小于 2019 年 3 月 31 日期末留抵税额的，存量留抵税额为当期期末留抵税额。

b）纳税人获得一次性存量留抵退税后，存量留抵税额为零。

⑥ 本公告所称中型企业、小型企业和微型企业，按照《中小企业划型标准规定》（工信部联企业〔2011〕300 号）和《金融业企业划型标准规定》（银发〔2015〕309 号）中的营业收入指标、资产总额指标确定。其中，资产总额指标按照纳税人上一会计年度年末值确定。营业收入指标按照纳税人上一会计年度增值税销售额确定；不满一个会计年度的，按照以下公式计算：

增值税销售额＝（上一会计年度企业实际存续期间增值税销售额/企业实际存续月数）×12

本公告所称增值税销售额，包括纳税申报销售额、稽查查补销售额、纳税评估调整销售额。适用增值税差额征税政策的，以差额后的销售额确定。

对于工信部联企业〔2011〕300 号和银发〔2015〕309 号文件所列行业以外的纳税人，以及工信部联企业〔2011〕300 号文件所列行业但未采用营业收入指标或资产总额指标划型确定的纳税人，微型企业标准为增值税销售额（年）100 万元以下（不含 100 万元）；小型企业标准为增值税销售额（年）2 000 万元以下（不含 2 000 万元）；中型企业标准为增值税销售额（年）1 亿元以下（不含 1 亿元）。

本公告所称大型企业，是指除上述中型企业、小型企业和微型企业外的其他企业。

⑦ 本公告所称制造业等行业企业，是指从事《国民经济行业分类》中"制造业""科学研究和技术服务业""电力、热力、燃气及水生产和供应业""软件和信息技术服务业""生态保护和环境治理业""交通运输、仓储和邮政业"业务相应发生的增值税销售额占全部增值税销售额的比重超过 50% 的纳税人。

上述销售额比重根据纳税人申请退税前连续 12 个月的销售额计算确定；申请退税前经营期不满 12 个月但满 3 个月的，按照实际经营期的销售额计算确定。

⑧ 适用本公告政策的纳税人，按照以下公式计算允许退还的留抵税额：

允许退还的增量留抵税额＝增量留抵税额×进项构成比例×100%

允许退还的存量留抵税额＝存量留抵税额×进项构成比例×100%

进项构成比例，为 2019 年 4 月至申请退税前一税款所属期已抵扣的增值税专用发票（含带有"增值税专用发票"字样全面数字化的电子发票、税控机动车销售统一发票）、收费公路通行费增值税电子普通发票、海关进口增值税专用缴款书、解缴税款完税凭证注明的增值税额占同期全部已抵扣进项税额的比重。

⑨ 纳税人出口货物劳务、发生跨境应税行为，适用免抵退税办法的，应先办理免抵退税。免抵退税办理完毕后，仍符合本公告规定条件的，可以申请退还留抵税额；适用免退税办法的，相关进项税额不得用于退还留抵税额。

⑩ 纳税人自 2019 年 4 月 1 日起已取得留抵退税款的，不得再申请享受增值税即征即退、先征后返（退）政策。纳税人可以在 2022 年 10 月 31 日前一次性将已取得的留抵退税款全部缴回后，按规定申请享受增值税即征即退、先征后返（退）政策。

纳税人自 2019 年 4 月 1 日起已享受增值税即征即退、先征后返（退）政策的，可以在 2022 年 10 月 31 日前一次性将已退还的增值税即征即退、先征后返（退）税款全部缴回后，按规定申请退还留抵税额。

⑪ 纳税人可以选择向主管税务机关申请留抵退税，也可以选择结转下期继续抵扣。纳税人应在纳税申报期内，完成当期增值税纳税申报后申请留抵退税。2022 年 4 月至 6 月的留抵退税申请时间，延长至每月最后一个工作日。

纳税人可以在规定期限内同时申请增量留抵退税和存量留抵退税。同时符合本公告第一条和第二条相关留抵退税政策的纳税人，可任意选择申请适用上述留抵退税政策。

⑫ 纳税人取得退还的留抵税额后，应相应调减当期留抵税额。

如果发现纳税人存在留抵退税政策适用有误的情形，纳税人应在下个纳税申报期结束前缴回相关留抵退税款。

以虚增进项、虚假申报或其他欺骗手段，骗取留抵退税款的，由税务机关追缴其骗取的退税款，并按照《税收征收管理法》等有关规定处理。

⑬ 适用本公告规定留抵退税政策的纳税人办理留抵退税的税收管理事项，继续按照现行规定执行。

⑭ 除上述纳税人外的其他纳税人申请退还增量留抵税额的规定，继续按照《财政部 税务总局 海关总署关于深化增值税改革有关政策的公告》（财政部 税务总局 海关总署公告 2019 年第 39 号）执行，其中，第八条第三款关于"进项构成比例"的相关规定，按照本公告第八条规定执行。

⑮ 各级财政和税务部门务必高度重视留抵退税工作，摸清底数、周密筹划、加强宣传、密切协作、统筹推进，并分别于 2022 年 4 月 30 日、6 月 30 日、9 月 30 日、12 月 31 日前，在纳税人自愿申请的基础上，集中退还微型、小型、中型、大型企业存量留抵税额。税务部门结合纳税人留抵退税申请情况，规范高效便捷地为纳税人办理留抵退税。

4. 进项税额的抵扣时限

（1）自 2017 年 7 月 1 日起至 2020 年 2 月 29 日，进项税额抵扣时限的规定。

自 2017 年 7 月 1 日起，增值税一般纳税人取得的 2017 年 7 月 1 日及以后开具的增值税专用发票和机动车销售统一发票，应自开具之日起 360 日内认证或登录增值税发票选择确认平台进行确认，并在规定的纳税申报期内，向主管税务机关申报抵扣进项税额。

自 2017 年 7 月 1 日起，增值税一般纳税人取得的 2017 年 7 月 1 日及以后开具的海关进口增值税专用缴款书，应自开具之日起 360 日内向主管税务机关报送"海关完税凭证抵扣清单"，申请稽核比对。

（2）2020 年 3 月 1 日起，进项税额抵扣时限的规定。

自 2020 年 3 月 1 日起，增值税一般纳税人取得 2017 年 1 月 1 日及以后开具的增值税专用发票、海关进口增值税专用缴款书、机动车销售统一发票、收费公路通行费增值税电子普通发票，取消认证确认、稽核比对、申报抵扣的期限。纳税人在进行增值税纳税申报时，应当通过本省（自治区、直辖市或计划单列市）增值税发票综合服务平台对上述扣税凭证信息进行用途确认。

自 2020 年 3 月 1 日起,增值税一般纳税人取得 2016 年 12 月 31 日及以前开具的增值税专用发票、海关进口增值税专用缴款书、机动车销售统一发票,超过认证确认、稽核比对、申报抵扣期限,但符合规定条件的,仍可按照《国家税务总局关于逾期增值税扣税凭证抵扣问题的公告》(2011 年第 50 号,国家税务总局公告 2017 年第 36 号、2018 年第 31 号修改)、《国家税务总局关于未按期申报抵扣增值税扣税凭证有关问题的公告》(2011 年第 78 号,国家税务总局公告 2018 年第 31 号修改)规定,继续抵扣进项税额。

二、增值税简易计税方法下应纳税额的计算

简易计税方法既适用于小规模纳税人的应税行为,又适用于一般纳税人适用该计税方法的特定应税行为。简易计税方法的应纳税额是指按照销售额和增值税征收率计算的增值税税额,不得抵扣进项税额。其计算公式为:

$$应纳税额=销售额×征收率$$

我国增值税的法定征收率是 3%;一些特殊项目适用于减按 2% 的征收率执行。全面营改增后的与不动产有关的特殊项目适用 5% 的征收率;一些特殊项目适用于 1.5% 的征收率执行。其他有关增值税征收率的规定详见本项目"任务一 增值税的认知"中的"四、增值税税率和征收率的判定"中的"(四)征收率"。

(一)增值税一般纳税人按照简易计税方法适用征收率的情况

1. 增值税一般纳税人销售货物或者劳务按照简易计税方法适用征收率的情况

1)暂按简易办法依照 3% 的征收率

一般纳税人销售货物属于下列情形之一的,暂按简易办法,自 2014 年 7 月 1 日起依照 3%(2014 年 6 月 30 日之前为 4%)的征收率计算缴纳增值税。

(1)寄售商店代销寄售物品(包括居民个人寄售的物品在内)。

(2)典当业销售死当物品。

2)按照简易办法依照 3% 征收率减按 2% 征收

(1)一般纳税人销售使用过的固定资产。

一般纳税人销售自己使用过的不得抵扣且未抵扣进项税额的固定资产,按照简易办法,自 2014 年 7 月 1 日起依照 3% 征收率减按 2% 征收增值税(2014 年 6 月 30 日之前为 4% 征收率减半征收增值税)。上述业务应当开具普通发票,不得开具专用发票,其销售额和应纳税额的计算公式如下:

$$销售额=含税销售额/(1+3\%)$$
$$应纳税额=销售额×2\%$$

需要注意的是,纳税人销售自己使用过的固定资产,适用简易办法依照 3% 征收率减按 2% 征收增值税政策的,可以放弃减税,按照简易办法依照 3% 征收率缴纳增值税,并可以开具增值税专用发票。

(2)一般纳税人(一般指旧货经营单位)销售旧货。

一般纳税人(一般指旧货经营单位)销售旧货,按照简易办法,自 2014 年 7 月 1 日起依照 3% 征收率减按 2% 征收增值税(2014 年 6 月 30 日之前为 4% 征收率减半征收增值税),且应该开具普通发票,不得开具专用发票。小规模纳税人销售旧货,减按 2% 征收率征收增

值税（这里指的是小规模纳税人适用3%征收率计算出不含税销售额后再减按2%征收率征收）。旧货是指进入二次流通的具有部分使用价值的货物（含2013年8月1日之前购入不得抵扣进项税且未抵扣进项税的旧汽车、旧摩托车和旧游艇），但不包括个人自己使用过的物品。

自2020年5月1日至2023年12月31日，从事二手车经销的纳税人销售其收购的二手车，由原按照简易办法依3%征收率减按2%征收增值税，改为减按0.5%征收增值税，并按下列公式计算销售额：

$$销售额 = 含税销售额 / (1 + 0.5\%)$$

需要注意的是，一般纳税人销售自己使用过的按规定可以抵扣进项税额的固定资产，应当按照适用税率征收增值税；一般纳税人销售自己使用过的固定资产以外的物品，也应当按照适用税率征收增值税。

一般纳税人销售自己使用过的物品或旧货的计税归纳一览表，如表2-1所示。

表2-1 一般纳税人销售自己使用过的物品或旧货的计税归纳一览表

具体情形			税务处理
销售自己使用过的物品	固定资产（动产）	按规定不得抵扣且未抵扣进项税额	应纳增值税 = [含税销售额 / (1+3%)] × 2%
		按规定可以抵扣进项税额	销项税额 = [含税销售额 / (1+适用税率13%或9%)] × 适用税率13%或9%
	除固定资产以外的物品		
销售旧货（他人用旧的）	除"从事二手车经销的纳税人销售其收购的二手车"以外的销售旧货（他人用旧的）		应纳增值税 = [含税销售额 / (1+3%)] × 2%
	从事二手车经销的纳税人销售其收购的二手车		应纳增值税 = [含税销售额 / (1+0.5%)] × 0.5%

【情境实例2-13】

1. 工作任务要求

计算甲公司本年1月的应纳增值税。

2. 情境实例设计

甲公司为增值税一般纳税人，主营二手车交易，本年1月取得含税销售额100.5万元；除上述收入外，甲公司当月又将本公司于2007年6月购入自用的一辆货车和2010年10月购入自用的一辆货车分别以10.3万元和33.9万元的含税价格出售。假设甲公司当月无其他业务，且可抵扣的进项税额为0。

3. 任务实施过程

（1）自2020年5月1日至2023年12月31日，从事二手车经销的纳税人销售其收购的二手车，由原按照简易办法依3%征收率减按2%征收增值税，改为减按0.5%征收增值税：

应纳增值税 = 100.5 / (1+0.5%) × 0.5% = 0.5（万元）。

（2）一般纳税人销售自己使用过的2009年1月1日以前购入的固定资产，依照3%征收率减按2%征收增值税：

该笔业务应纳增值税 = [10.3 / (1+3%)] × 2% = 0.2（万元）。

（3）一般纳税人销售自己使用过的2009年1月1日以后购入的固定资产，按适用税率征收：

该笔业务的增值税销项税额 = [33.9/(1+13%)]×13% = 3.9（万元）。

（4）应纳增值税合计 = 0.5+0.2+3.9-0 = 4.6（万元）。

3）可选择按照简易办法依照 3% 的征收率

一般纳税人销售自产的下列货物，可选择按照简易办法，自 2014 年 7 月 1 日起依照 3%（2014 年 6 月 30 日之前为 6%）的征收率计算缴纳增值税。

（1）县级及县级以下小型水力发电单位生产的电力。小型水力发电单位，是指各类投资主体建设的装机容量为 5 万千瓦以下（含 5 万千瓦）的小型水力发电单位。

（2）建筑用和生产建筑材料所用的砂、土、石料。

（3）以自己采掘的砂、土、石料或其他矿物连续生产的砖、瓦、石灰（不含黏土实心砖、瓦）。

（4）用微生物、微生物代谢产物、动物毒素、人或动物的血液或组织制成的生物制品。

（5）自来水。对自来水公司销售自来水按简易办法依照 3% 的征收率征收增值税时，不得抵扣其购进自来水取得增值税扣税凭证上注明的增值税税款。

（6）商品混凝土（仅限于以水泥为原料生产的水泥混凝土）。

（7）属于增值税一般纳税人的单采血浆站销售的非临床用人体血液（此项一旦选择按照简易办法适用的征收率计税，不得对外开具增值税专用发票）。

（8）自 2022 年 3 月 1 日起，从事再生资源回收的增值税一般纳税人销售其收购的再生资源，可以选择适用简易计税方法依照 3% 征收率计算缴纳增值税，或适用一般计税方法计算缴纳增值税。

应当注意的是，一般纳税人选择简易办法计算缴纳增值税后，36 个月内不得变更。

2. 一般纳税人按照销售服务、无形资产或者不动产简易计税方法适用征收率的情况

1）应税服务

（1）公共交通运输服务。

公共交通运输服务包括轮客渡、公交客运、地铁、城市轻轨、出租车、长途客运、班车。

班车是指按固定路线、固定时间运营并在固定站点停靠的运送旅客的陆路运输服务。

（2）经认定的动漫企业为开发动漫产品提供的动漫脚本编撰、形象设计、背景设计、动画设计、分镜、动画制作、摄制、描线、上色、画面合成、配音、配乐、音效合成、剪辑、字幕制作、压缩转码（面向网络动漫、手机动漫格式适配）服务，以及在境内转让动漫版权（包括动漫品牌、形象或者内容的授权及再授权）。

动漫企业和自主开发、生产动漫产品的认定标准和认定程序，按照《文化部 财政部 国家税务总局关于印发〈动漫企业认定管理办法（试行）〉的通知》（文市发〔2008〕51 号）的规定执行。

（3）电影放映服务、仓储服务、装卸搬运服务、收派服务和文化体育服务。

（4）以纳入营改增试点之日前取得的有形动产为标的物提供的经营租赁服务。

（5）在纳入营改增试点之日前签订的尚未执行完毕的有形动产租赁合同。

（6）提供物业管理服务的纳税人，向服务接受方收取的自来水水费，以扣除其对外支付的自来水水费后的余额为销售额，按照简易计税方法依 3% 的征收率计算缴纳增值税。

（7）非企业性单位中的一般纳税人提供的研发和技术服务、信息技术服务、鉴证咨询服务，以及销售技术、著作权等无形资产，可以选择简易计税方法按照3%征收率计算缴纳增值税。

非企业性单位中的一般纳税人提供"技术转让、技术开发和与之相关的技术咨询、技术服务"，可以参照上述规定，选择简易计税方法按照3%征收率计算缴纳增值税。

(8) 一般纳税人提供教育辅助服务，可以选择简易计税方法按照3%征收率计算缴纳增值税。

2) 建筑服务

(1) 一般纳税人以清包工方式提供的建筑服务，可以选择适用简易计税方法计税。

以清包工方式提供建筑服务是指施工方不采购建筑工程所需的材料或只采购辅助材料，并收取人工费、管理费或者其他费用的建筑服务。

(2) 一般纳税人为甲供工程提供的建筑服务，可以选择适用简易计税方法计税。

甲供工程是指全部或部分设备、材料、动力由工程发包方自行采购的建筑工程。

一般纳税人销售电梯的同时提供安装服务，其安装服务可以按照甲供工程选择适用简易计税方法计税。

(3) 一般纳税人为建筑工程老项目提供的建筑服务，可以选择适用简易计税方法计税。

建筑工程老项目是指：《建筑工程施工许可证》注明的合同开工日期在2016年4月30日前的建筑工程项目；未取得《建筑工程施工许可证》的，建筑工程承包合同注明的开工日期在2016年4月30日前的建筑工程项目。

(4) 一般纳税人跨县（市）提供建筑服务，选择适用一般计税方法计税的，应以取得的全部价款和价外费用为销售额计算应纳税额。纳税人应以取得的全部价款和价外费用扣除支付的分包款后的余额，按照2%的预征率在建筑服务发生地预缴税款后，向机构所在地主管税务机关进行纳税申报。

(5) 一般纳税人跨县（市）提供建筑服务，选择适用简易计税方法计税的，应以取得的全部价款和价外费用扣除支付的分包款后的余额为销售额，按照3%的征收率计算应纳税额。纳税人应按照上述计税方法在建筑服务发生地预缴税款后，向机构所在地主管税务机关进行纳税申报。

纳税人在同一地级行政区范围内跨县（市、区）提供建筑服务，不适用《纳税人跨县（市、区）提供建筑服务增值税征收管理暂行办法》（国家税务总局公告2016年第17号印发）。

纳税人提供建筑服务，按照规定允许从其取得的全部价款和价外费用中扣除的分包款，是指支付给分包方的全部价款和价外费用。

(6) 建筑工程总承包单位为房屋建筑的地基与基础、主体结构提供工程服务，建设单位自行采购全部或部分钢材、混凝土、砌体材料、预制构件的，适用简易计税方法计税。

【情境实例2-14】

1. 工作任务要求

计算甲公司本年3月下列项目的应纳增值税。

2. 情境实例设计

甲公司是一家建筑公司，为增值税一般纳税人，机构所在地为N县。本年3月1日以清包工方式到M县承接A工程项目，并将A工程项目中的部分施工项目分包给了乙公司，3

月 31 日发包方按进度支付工程价款 230.8 万元。本年 3 月该项目甲公司购进材料取得增值税专用发票上注明的税额 0.65 万元；本年 3 月甲公司支付给乙公司工程分包款 76.3 万元，乙公司开具给甲公司增值税发票，税额 6.3 万元。对 A 工程项目甲公司选择适用简易计税方法计算应纳税额。

3. 任务实施过程

一般纳税人跨县（市）提供建筑服务，选择适用简易计税方法计税的，应以取得的全部价款和价外费用扣除支付的分包款后的余额为销售额，按照 3% 的征收率计算应纳税额。纳税人应按照上述计税方法在建筑服务发生地预缴税款后，向机构所在地主管税务机关进行纳税申报。

甲公司本年 3 月在 M 县预缴增值税 = [（230.8−76.3）/（1+3%）] × 3% = 4.5（万元）。

在 N 县差额申报，扣除预缴增值税后的应纳增值税 = 4.5−4.5 = 0（万元）。

甲公司本年 3 月应纳增值税合计 = 4.5+0 = 4.5（万元）。

3）销售不动产

（1）一般纳税人销售其 2016 年 4 月 30 日前取得（不含自建）的不动产，可以选择适用简易计税方法，以取得的全部价款和价外费用减去该项不动产购置原价或者取得不动产时的作价后的余额为销售额，按照 5% 的征收率计算应纳税额。纳税人应按照上述计税方法在不动产所在地预缴税款后，向机构所在地主管税务机关进行纳税申报。

（2）一般纳税人销售其 2016 年 4 月 30 日前自建的不动产，可以选择适用简易计税方法，以取得的全部价款和价外费用为销售额，按照 5% 的征收率计算应纳税额。纳税人应按照上述计税方法在不动产所在地预缴税款后，向机构所在地主管税务机关进行纳税申报。

（3）房地产开发企业中的一般纳税人，销售自行开发的房地产老项目，可以选择适用简易计税方法按照 5% 的征收率计税。一般纳税人销售自行开发的房地产老项目适用简易计税方法计税的，以取得的全部价款和价外费用为销售额，不得扣除对应的土地价款。

房地产开发企业中的一般纳税人购入未完工的房地产老项目继续开发后，以自己名义立项销售的不动产，属于房地产老项目，可以选择适用简易计税方法按照 5% 的征收率计算缴纳增值税。

（4）房地产开发企业采取预收款方式销售所开发的房地产项目，在收到预收款时按照 3% 的预征率预缴增值税。

（5）个体工商户销售购买的住房，应按照《营业税改征增值税试点过渡政策的规定》第五条的规定免征增值税。纳税人应按照上述计税方法在不动产所在地预缴税款后，向机构所在地主管税务机关进行纳税申报。

【情境实例 2-15】

1. 工作任务要求

计算甲公司本年 1 月下列业务的应纳增值税。

2. 情境实例设计

甲公司为增值税一般纳税人，本年 1 月转让其 2015 年自建的办公楼，取得销售收入 1 800 万元，该办公楼账面原值 1 000 万元，已提折旧 300 万元。甲公司选择适用简易计税方法计税。

3. 任务实施过程

一般纳税人销售其2016年4月30日前自建的不动产，可以选择适用简易计税方法，以取得的全部价款和价外费用为销售额，按照5%的征收率计算应纳税额。

甲公司应纳增值税=［1 800/（1+5%）］×5%=85.71（万元）

4）不动产经营租赁服务

（1）一般纳税人出租其2016年4月30日前取得的不动产，可以选择适用简易计税方法，按照5%的征收率计算应纳税额。纳税人出租其2016年4月30日前取得的与机构所在地不在同一县（市）的不动产，应按照上述计税方法在不动产所在地预缴税款后，向机构所在地主管税务机关进行纳税申报。不动产所在地与机构所在地在同一县（市、区）的，纳税人向机构所在地主管税务机关申报纳税。

（2）一般纳税人出租其在2016年5月1日后取得的、与机构所在地不在同一县（市）的不动产，应按照3%的预征率在不动产所在地预缴税款，向机构所在地主管税务机关申报纳税。不动产所在地与机构所在地在同一县（市、区）的，纳税人应向机构所在地主管税务机关申报纳税。

（3）自2021年10月1日起，住房租赁企业中的增值税一般纳税人向个人出租住房取得的全部出租收入，可以选择适用简易计税方法，按照5%的征收率减按1.5%计算缴纳增值税，或适用一般计税方法计算缴纳增值税。住房租赁企业向个人出租住房适用简易计税方法并进行预缴的，减按1.5%预征率预缴增值税。住房租赁企业中的增值税一般纳税人，对利用非居住存量土地和非居住存量房屋（含商业办公用房、工业厂房改造后出租用于居住的房屋）建设的保障性租赁住房，取得保障性租赁住房项目认定书后，向个人出租上述保障性租赁住房的，比照适用上述增值税政策。其中，住房租赁企业，是指按规定向住房城乡建设部门进行开业报告或者备案的从事住房租赁经营业务的企业。

5）公路经营企业中的一般纳税人收取试点前开工的高速公路的车辆通行费，可以选择适用简易计税方法，减按3%的征收率计算应纳税额

试点前开工的高速公路，是指相关施工许可证明上注明的合同开工日期在2016年4月30日前的高速公路。

6）销售使用过的固定资产

"营改增"后的一般纳税人，销售自己使用过的"本地区试点实施之日（含）"以后购进或自制的固定资产，按照适用税率征收增值税；销售自己使用过的"本地区试点实施之日"以前购进或者自制的固定资产，按照3%征收率减按2%征收增值税。具体公式为：

$$销售额=含税销售额/（1+3\%）$$

$$应纳增值税税额=销售额×2\%$$

使用过的固定资产是指纳税人根据财务会计制度已经计提折旧的固定资产。

7）其他情况

（1）2016年4月30日前签订的不动产融资租赁合同，或以2016年4月30日前取得的不动产提供的融资租赁服务，可以选择适用简易计税方法，按照5%的征收率计算缴纳增值税。一般纳税人以经营租赁方式出租其2016年4月30日前取得的不动产，可以选择适用简易计税方法，按照5%的征收率计算应纳税额。

（2）纳税人提供人力资源外包服务，按照经纪代理服务缴纳增值税，其销售额不包括受

客户单位委托代为向客户单位员工发放的工资和代理缴纳的社会保险、住房公积金。向委托方收取并代为发放的工资和代理缴纳的社会保险、住房公积金，不得开具增值税专用发票，可以开具普通发票。一般纳税人提供人力资源外包服务，可以选择适用简易计税方法，按照5%的征收率计算缴纳增值税。

（3）纳税人以经营租赁方式将土地出租给他人使用，按照不动产经营租赁服务缴纳增值税。纳税人转让2016年4月30日前取得的土地使用权，可以选择适用简易计税方法，以取得的全部价款和价外费用减去取得该土地使用权的原价后的余额为销售额，按照5%的征收率计算缴纳增值税。

（二）增值税小规模纳税人按照简易计税方法计税的规定

增值税小规模纳税人销售货物、劳务、服务、无形资产或者不动产，按照取得的销售额和增值税的征收率计算应纳的增值税税额，但不得抵扣进项税额。

其中，销售额为对外销售货物、劳务、服务、无形资产或者不动产时，向对方收取的全部价款和价外费用。具体的确定标准与一般纳税人的销售额相同。

增值税小规模纳税人按征收率征税。小规模纳税人因销售退回或销售折让而退还给购买方的销售额，应从发生销货退回或折让当期的销售额中扣减。对于营改增增值税小规模纳税人来说，其纳税人适用简易计税方法计税的，因销售折让、中止或者退回而退还给购买方的销售额，应当从当期销售额中扣减，扣减当期销售额后仍有余额造成多缴的税款，可以从以后的应纳税额中扣减。

小规模纳税人销售货物、劳务、服务、无形资产或者不动产，向对方收取的款项往往包含了增值税，因此，在计算应纳增值税税额时，需将含税销售额换算成不含税销售额，具体计算公式为：

$$销售额 = 含税销售额 / (1 + 征收率3\%)$$

增值税一般纳税人购置税控收款机所支付的增值税税额（以购进税控收款机取得的增值税专用发票上注明的增值税税额为准），准予在该企业当期的增值税销项税额中抵扣。增值税小规模纳税人购置税控收款机，经主管税务机关审核批准后，可凭购进税控收款机取得的增值税专用发票，按照发票上注明的增值税税额，抵免当期应纳增值税税额，或者按照购进税控收款机取得的普通发票上注明的价款，依下列公式计算可抵免税额：

$$可抵免税额 = [价款 / (1 + 13\%)] \times 13\%$$

增值税纳税人（包括一般纳税人和小规模纳税人，下同）2011年12月1日（含，下同）以后初次购买增值税税控系统专用设备（包括分开票机）支付的费用，可凭购买增值税税控系统专用设备取得的增值税专用发票，在增值税应纳税额中全额抵减（抵减额为价税合计额），不足抵减的可结转下期继续抵减。增值税纳税人非初次购买增值税税控系统专用设备支付的费用，由其自行负担，不得在增值税应纳税额中抵减。增值税税控系统包括：增值税防伪税控系统、机动车销售统一发票税控系统等。增值税防伪税控系统的专用设备包括金税卡、IC卡、读卡器或金税盘和报税盘；机动车销售统一发票税控系统专用设备包括税控盘和传输盘。

增值税纳税人2011年12月1日以后缴纳的技术维护费（不含补缴的2011年11月30日以前的技术维护费），可凭技术维护服务单位开具的技术维护费发票，在增值税应纳税额中全额抵减，不足抵减的可结转下期继续抵减。技术维护费按照价格主管部门核定的标准执行。

增值税一般纳税人支付的增值税税控系统专用设备支付的费用以及缴纳的技术维护费在增值税应纳税额中全额抵减的，其增值税专用发票不作为增值税抵扣凭证，其进项税额不得从销项税额中抵扣。

1. 增值税小规模纳税人销售货物或者劳务按照简易计税方法适用征收率的特殊规定

1）小规模纳税人（除其他个人外）销售使用过的固定资产

小规模纳税人（除其他个人外）销售自己使用过的固定资产，减按2%征收率征收增值税。这里指的是小规模纳税人适用3%征收率计算出不含税销售额后再减按2%征收率征收，其销售额和应纳税额的计算公式如下：

$$销售额＝含税销售额/（1＋3\%）$$

$$应纳增值税税额＝销售额×2\%$$

需要注意的是，其他个人销售自己使用过的固定资产，属于上文中的个人（其他个人）销售自己使用过的物品，免征增值税。下同。

2）小规模纳税人（除其他个人外）销售自己使用过的除固定资产以外的物品

小规模纳税人（除其他个人外）销售自己使用过的除固定资产以外的物品，应按3%的征收率征收增值税。其销售额和应纳税额的计算公式如下：

$$销售额＝含税销售额/（1＋3\%）$$

$$应纳增值税税额＝销售额×3\%$$

2. 增值税小规模纳税人销售服务、无形资产或者不动产按照简易计税方法适用征收率的特殊规定

1）小规模纳税人跨县（市）提供建筑服务

小规模纳税人跨县（市）提供建筑服务，应以取得的全部价款和价外费用扣除支付的分包款后的余额为销售额，按照3%的征收率计算应纳税额。

$$应纳税额＝［含税销售额/（1＋3\%）］×3\%$$

2）小规模纳税人转让不动产，按5%征收率计算应纳税额

（1）非房地产企业小规模纳税人转让其取得的不动产，除个人转让其购买的住房外，按照以下规定缴纳增值税：

① 小规模纳税人转让其取得（不含自建）的不动产，以取得的全部价款和价外费用扣除不动产购置原价或者取得不动产时的作价后的余额为销售额，按照5%的征收率计算应纳税额。

② 小规模纳税人转让其自建的不动产，以取得的全部价款和价外费用为销售额，按照5%的征收率计算应纳税额。

除其他个人之外的小规模纳税人，应按照上述规定的计税方法向不动产所在地主管税务机关预缴税款，向机构所在地主管税务机关申报纳税；其他个人按照本条规定的计税方法向不动产所在地主管税务机关申报纳税。

（2）房地产开发企业中的小规模纳税人采取预收款方式销售自行开发的房地产项目，应在收到预收款时按照3%的预征率预缴增值税。小规模纳税人销售自行开发的房地产项目，应按照《试点实施办法》第四十五条规定的纳税义务发生时间，以当期销售额和5%的征收率计算当期应纳税额，抵减已预缴税款后，向主管税务机关申报纳税。未抵减完的预缴税款

可以结转下期继续抵减。

3）个人销售其购买的住房

个人将购买不足 2 年的住房对外销售的，按照 5% 的征收率全额缴纳增值税；个人将购买 2 年以上（含 2 年）的住房对外销售的，免征增值税。上述政策适用于除北京市、上海市、广州市和深圳市之外的地区。

个人将购买不足 2 年的住房对外销售的，按照 5% 的征收率全额缴纳增值税；个人将购买 2 年以上（含 2 年）的非普通住房对外销售的，以销售收入减去购买住房价款后的差额按照 5% 的征收率缴纳增值税；个人将购买 2 年以上（含 2 年）的普通住房对外销售的，免征增值税。上述政策仅适用于北京市、上海市、广州市和深圳市。

4）小规模纳税人出租不动产

小规模纳税人出租不动产，按照以下规定缴纳增值税：

（1）单位和个体工商户出租不动产（不含个体工商户出租住房），按照 5% 的征收率计算应纳税额。个体工商户出租住房，按照 5% 的征收率减按 1.5% 计算应纳税额。

不动产所在地与机构所在地不在同一县（市、区）的，纳税人应按照上述计税方法向不动产所在地主管税务机关预缴税款，向机构所在地主管税务机关申报纳税。

不动产所在地与机构所在地在同一县（市、区）的，纳税人应向机构所在地主管税务机关申报纳税。

需要注意的是，自 2021 年 10 月 1 日起，住房租赁企业中的增值税小规模纳税人向个人出租住房，按照 5% 的征收率减按 1.5% 计算缴纳增值税。住房租赁企业向个人出租住房适用简易计税方法并进行预缴的，减按 1.5% 预征率预缴增值税。住房租赁企业中的增值税小规模纳税人，对利用非居住存量土地和非居住存量房屋（含商业办公用房、工业厂房改造后出租用于居住的房屋）建设的保障性租赁住房，取得保障性租赁住房项目认定书后，向个人出租上述保障性租赁住房的，比照适用上述增值税政策。其中，住房租赁企业，是指按规定向住房城乡建设部门进行开业报告或者备案的从事住房租赁经营业务的企业。

（2）其他个人出租不动产（不含住房），按照 5% 的征收率计算应纳税额，向不动产所在地主管税务机关申报纳税。其他个人出租住房，按照 5% 的征收率减按 1.5% 计算应纳税额，向不动产所在地主管税务机关申报纳税。

【情境实例 2-16】

1. 工作任务要求

（1）计算甲商店本年第 1 季度的销售额；

（2）计算甲商店本年第 1 季度的应纳增值税。

2. 情境实例设计

甲商店为增值税小规模纳税人，选择按季度进行增值税纳税申报，本年 1 月至 3 月取得含税商品销售收入共计 808 000 元。

3. 任务实施过程

销售额 = 808 000/（1+1%）= 800 000（元）

应纳增值税 = 800 000×1% = 8 000（元）

【情境实例 2-17】

1. 工作任务要求

计算甲公司本年 1 月的应纳增值税。

2. 情境实例设计

甲公司为增值税小规模纳税人，选择按月进行增值税纳税申报。本年 1 月，甲公司向一般纳税人乙公司提供资讯信息服务，取得含增值税销售额 20.2 万元；向小规模纳税人丙公司提供注册信息服务，取得含增值税销售额 1.01 万元；购进办公用品，支付价款 2.06 万元，并取得增值税普通发票。甲公司减按 1% 征收率征收增值税。

3. 任务实施过程

销售额 =（20.2+1.01）/（1+1%）= 21（万元）

应纳增值税税额 = 21×1% = 0.21（万元）

三、增值税差额征收应纳税额的计算

（一）一般纳税人差额征收应纳税额的计算

一般纳税人差额征收应纳税额的计算公式为：

计税销售额 =（取得的全部含税价款和价外费用-支付给其他单位或个人的含税价款）/（1+税率或征收率）

应纳税额 = 计税销售额×税率或征收率

一般纳税人允许差额征收的具体情况如下：

（1）金融商品转让，按照卖出价扣除买入价后的余额为销售额。转让金融商品出现的正负差，按盈亏相抵后的余额为销售额。若相抵后出现负差，则可结转下一纳税期与下期转让金融商品销售额相抵，但年末时仍出现负差的，不得转入下一个会计年度。金融商品的买入价，可以选择按照加权平均法或者移动加权平均法进行核算，选择后 36 个月内不得变更。

金融商品转让，不得开具增值税专用发票。

（2）经纪代理服务，以取得的全部价款和价外费用，扣除向委托方收取并代为支付的政府性基金或者行政事业性收费后的余额为销售额。向委托方收取的政府性基金或者行政事业性收费，不得开具增值税专用发票。

（3）融资租赁和融资性售后回租业务。

① 经中国人民银行、银保监会或者商务部批准从事融资租赁业务的"营改增"试点纳税人，提供融资租赁服务，以取得的全部价款和价外费用，扣除支付的借款利息（包括外汇借款和人民币借款利息）、发行债券利息和车辆购置税后的余额为销售额。

② 经中国人民银行、银保监会或者商务部批准从事融资租赁业务的"营改增"试点纳税人，提供融资性售后回租服务，以取得的全部价款和价外费用（不含本金），扣除对外支付的借款利息（包括外汇借款和人民币借款利息）、发行债券利息后的余额作为销售额。

③ "营改增"试点纳税人根据 2016 年 4 月 30 日前签订的有形动产融资性售后回租合同，在合同到期前提供的有形动产融资性售后回租服务，可继续按照有形动产融资租赁服务缴纳增值税。其销售额的计算可以选择以下方法之一：

a）以向承租方收取的全部价款和价外费用，扣除向承租方收取的价款本金，以及对外支付的借款利息（包括外汇借款和人民币借款利息）、发行债券利息后的余额为销售额。纳

税人提供有形动产融资性售后回租服务，计算当期销售额时可以扣除的价款本金，为书面合同约定的当期应当收取的本金。无书面合同或者书面合同没有约定的，为当期实际收取的本金。"营改增"试点纳税人提供有形动产融资性售后回租服务，向承租方收取的有形动产价款本金，不得开具增值税专用发票，可以开具增值税普通发票。

b）以向承租方收取的全部价款和价外费用，扣除支付的借款利息（包括外汇借款和人民币借款利息）、发行债券利息后的余额为销售额。

④ 经商务部授权的省级商务主管部门和国家经济技术开发区批准的从事融资租赁业务的"营改增"试点纳税人，2016 年 5 月 1 日后实收资本达到 1.7 亿元的，从达到标准的当月起按照上述第①、②、③项规定执行；2016 年 5 月 1 日后实收资本未达到 1.7 亿元但注册资本达到 1.7 亿元的，在 2016 年 7 月 31 日前仍可按照上述①、②、③项规定执行，2016 年 8 月 1 日后开展的融资租赁业务和融资性售后回租业务不得按照上述第①、②、③项规定执行。

（4）航空运输企业的销售额，不包括代收的机场建设费和代售其他航空运输企业客票而代收转付的价款。

（5）纳税人中的一般纳税人（以下称一般纳税人）提供客运场站服务，以其取得的全部价款和价外费用，扣除支付给承运方运费后的余额为销售额。

（6）纳税人提供旅游服务，可以选择以取得的全部价款和价外费用，扣除向旅游服务购买方收取并支付给其他单位或者个人的住宿费、餐饮费、交通费、签证费、门票费和支付给其他接团旅游企业的旅游费用后的余额为销售额。

选择上述办法计算销售额的纳税人，向旅游服务购买方收取并支付的上述费用，不得开具增值税专用发票，可以开具增值税普通发票。

纳税人提供旅游服务，将火车票、飞机票等交通费发票原件交付给旅游服务购买方而无法收回的，以交通费发票复印件作为差额扣除凭证。

（7）纳税人提供建筑服务适用简易计税方法的，以取得的全部价款和价外费用扣除支付的分包款后的余额为销售额。

（8）房地产开发企业中的一般纳税人销售其开发的房地产项目（选择简易计税方法的房地产老项目除外），以取得的全部价款和价外费用，扣除受让土地时向政府部门支付的土地价款后的余额为销售额。

房地产老项目，是指《建筑工程施工许可证》注明的合同开工日期在 2016 年 4 月 30 日前的房地产项目。

（9）纳税人转让不动产缴纳增值税差额扣除有关规定。

① 纳税人转让不动产，按照有关规定差额缴纳增值税的，如因丢失等原因无法提供取得不动产时的发票，可向税务机关提供其他能证明契税计税金额的完税凭证等资料，进行差额扣除。

② 纳税人以契税计税金额进行差额扣除的，按照下列公式计算增值税应纳税额：

a）2016 年 4 月 30 日及以前缴纳契税的：

增值税应纳税额＝｛［全部交易价格（含增值税）－契税计税金额（含营业税）］/（1+5%）｝×5%

b）2016 年 5 月 1 日及以后缴纳契税的：

增值税应纳税额＝［全部交易价格（含增值税）/（1+5%）－契税计税金额（不含增值税）］×5%

③ 纳税人同时保留取得不动产时的发票和其他能证明契税计税金额的完税凭证等资料的，应当凭发票进行差额扣除。

除了上述第（1）项外纳税人从全部价款和价外费用中扣除价款，应当取得符合法律、行政法规和国家税务总局规定的有效凭证。否则，不得扣除。有效凭证包括：发票、境外签收单据、完税凭证、财政票据、其他。有效凭证是指：支付给境内单位或者个人的款项，以发票为合法有效凭证；支付给境外单位或者个人的款项，以该单位或者个人的签收单据为合法有效凭证，税务机关对签收单据有疑议的，可以要求其提供境外公证机构的确认证明；缴纳的税款，以完税凭证为合法有效凭证；扣除的政府性基金、行政事业性收费或者向政府支付的土地价款，以省级以上（含省级）财政部门监（印）制的财政票据为合法有效凭证。

（二）小规模纳税人差额征收应纳税额的计算方法

小规模纳税人差额征收应纳税额的计算公式为：

计税销售额＝（取得的全部含税价款和价外费用−支付给其他单位或个人的含税价款）/

（1＋征收率）

应纳税额＝计税销售额×征收率

小规模纳税人允许差额征收的具体情况与一般纳税人允许差额征收的具体情况相同。

四、进口货物应纳税额的计算

不管是一般纳税人还是小规模纳税人进口货物，都是按照组成计税价格和税法规定的税率（13%）计算应纳税额。也就是说，一方面，进口货物增值税的计税依据是组成计税价格而非其他金额；另一方面，小规模纳税人进口货物时使用税率计税，而不使用征收率。

进口货物计算增值税应纳税额的计算公式如下：

应纳税额＝组成计税价格×增值税税率

其中，组成计税价格的计算公式如下。

（1）若进口货物不属于消费税应税消费品：

组成计税价格＝关税完税价格＋关税

（2）若进口货物属于消费税应税消费品：

① 实行从价定率办法计算纳税的组成计税价格计算公式：

组成计税价格＝关税完税价格＋关税＋消费税＝（关税完税价格＋关税）/（1−消费税比例税率）

② 实行从量定额办法计算纳税的组成计税价格计算公式：

组成计税价格＝关税完税价格＋关税＋消费税

＝关税完税价格＋关税＋海关核定的应税消费品的进口数量×

消费税定额税率

③ 实行复合计税办法计算纳税的组成计税价格计算公式：

组成计税价格＝关税完税价格＋关税＋消费税

＝（关税完税价格＋关税＋海关核定的应税消费品的进口数量×

消费税定额税率）/（1−消费税比例税率）

纳税人在计算进口货物的增值税时应该注意以下问题。

（1）进口货物增值税的组成计税价格中包括已纳关税税额，如果进口货物属于消费税应税消费品，其组成计税价格中还要包括进口环节已纳消费税税额。

（2）按照《中华人民共和国海关法》（以下简称《海关法》）和《中华人民共和国进出口关税条例》（以下简称《进出口关税条例》）的规定，一般贸易下进口货物的关税完税价格以海关审定的成交价格为基础的到岸价格作为完税价格。所谓成交价格是指一般贸易项下进口货物的买方为购买该项货物向卖方实际支付或应当支付的价格；到岸价格，包括货价，加上货物运抵我国关境内输入地点起卸前的包装费、运费、保险费和其他劳务费等费用构成的一种价格。特殊贸易下进口的货物，由于进口时没有"成交价格"可作依据，为此，《进出口关税条例》对这些进口货物制定了确定其完税价格的具体办法。

【情境实例 2-18】

1. 工作任务要求

计算甲公司本年 1 月高档化妆品进口环节的应纳增值税。

2. 情境实例设计

甲公司为增值税一般纳税人，本年 1 月进口一批高档化妆品，海关核定的关税完税价格为 75 万元，甲公司缴纳进口关税 10 万元、进口环节的应纳消费税 15 万元。高档化妆品适用的增值税税率为 13%。

3. 任务实施过程

进口环节的应纳增值税 =（75+10+15）×13% = 13（万元）

【情境实战 2-1——一般纳税人增值税应纳税额的计算】

1. 工作任务要求

计算河北鲁达豪得贸易有限公司下列业务的增值税销项税额、进项税额和应纳增值税。

2. 情境实战设计

企业名称：河北鲁达豪得贸易有限公司

企业性质：国有企业（一般纳税人）

法定代表人姓名：王光明

企业注册地址及生产经营地址、电话：河北省保定市光华路 53 号，0312-7777777

企业所属行业：批发和零售业

开户银行及账号：中国工商银行保定分行光华路支行，33010220090115503958

登记注册类型：有限责任公司

纳税人识别号：91370722900456789D

从业人数：400 人

资产总额：8 000 万元

河北鲁达豪得贸易有限公司为试点一般纳税人。主营货物批发零售，兼营国际货运代理和运输服务。2021 年 12 月应缴未缴增值税为 10 万元。2022 年 1 月发生业务如下。

① 10 日，上缴上月应缴未缴的增值税 10 万元。

② 12 日，国内采购货物一批，取得增值税专用发票 1 张，发票上注明金额 20 万元、税额 2.6 万元，该公司通过银行支付了上述款项。

③ 13 日，进口货物 1 批，取得海关出具的《海关进口增值税专用缴款书》3 张，注明的金额共计 10 万元、税额共计 1.3 万元。

④ 15 日，销售货物一批，开具增值税专用发票 1 张，发票上注明销售额 150 万元、税

额 19.5 万元。款项已经收妥。

⑤ 20 日，上月购进的货物改变用途，将该批价值为 25 万元（不含税购买价格）的货物用于发放职工福利，该批货物的进项税额为 3.25 万元，已于上月抵扣。

⑥ 21 日，提供联运运输服务，共取得收入 109 万元，并开具增值税专用发票，发票上注明运输费用 100 万元，税额 9 万元，同时支付给联运方运费 54.5 万元（含税），并取得增值税专用发票。

⑦ 24 日，提供国际货运代理服务，该公司放弃国际货运代理服务的免税权，取得应税服务收入并开具增值税专用发票，发票上注明销售额 180 万元、税额 10.8 万元。为取得该收入，支付给一般纳税人代理公司代理费用 63.6 万元（含税），取得增值税专用发票 1 张，发票上注明金额 60 万元、税额 3.6 万元；支付给小规模纳税人代理公司代理费用金额 30.3 万元（含税），取得增值税专用发票 1 张，小规模纳税人代理公司 2022 年 1 月减按 1% 征收率征收增值税；支付给小规模纳税人货物运输公司运费金额 10.1 万元（含税），取得普通发票 1 张。

⑧ 26 日，购进用于销售货物的设备 4 台，价值共计 30 万元（不含税），款项已经支付，获得增值税专用发票 1 张，发票上注明税额 3.9 万元。

3. 实战操作步骤

第一步：逐笔分析经济业务，确定是销项税额还是进项税额，并计算出具体数额。

业务②：进项税额 = 200 000×13% = 26 000（元）

业务③：进项税额 = 100 000×13% = 13 000（元）

业务④：销项税额 = 1 500 000×13% = 195 000（元）

业务⑤：进项税额转出额 = 250 000×13% = 32 500（元）

业务⑥：销项税额 = 1 000 000×9% = 90 000（元）

进项税额 = [545 000/（1+9%）]×9% = 500 000×9% = 45 000（元）

业务⑦：销项税额 = 1 800 000×6% = 108 000（元）

进项税额 = 600 000×6% + [303 000/（1+1%）]×1% = 600 000×6% + 300 000×1%

$\qquad\qquad$ = 36 000 + 3 000 = 39 000（元）

业务⑧：进项税额 = 300 000×13% = 39 000（元）

销项税额合计 = 195 000 + 90 000 + 108 000 = 393 000（元）

进项税额合计 = 26 000 + 13 000 + 45 000 + 39 000 + 39 000 = 162 000（元）

进项税额转出额合计 = 32 500（元）

第二步：计算出应纳增值税额。

应纳增值税 = 393 000 - （162 000 - 32 500）= 393 000 - 129 500 = 263 500（元）

任务三　增值税出口退（免）税的计算

【任务引例】

甲公司是一家外贸企业，不慎丢失增值税专用发票抵扣联，请问还能否办理出口退税？

一、增值税出口退（免）税政策的认知

（一）出口货物或者劳务增值税退（免）税政策的认知

1. 出口货物或者劳务退（免）税的基本政策

目前，我国的出口货物或者劳务税收政策分为以下三种形式。

1) 出口免税并退税

出口免税是指对货物或者劳务在出口销售环节不征增值税、消费税，这是把货物或者劳务出口环节和出口前的销售环节同样视为一个征税环节；出口退税是指对货物或者劳务在出口前实际承担的税收负担，按规定的退税率计算后予以退还。

2) 出口免税不退税

出口免税与上述第1) 项含义相同。出口不退税是指适应这个政策的出口货物或者劳务因在前一道生产、销售环节或进口环节是免税的，因此，出口时该货物或者劳务的价格中本身就不含税，也无须退税。

3) 出口不免税也不退税

出口不免税是指对国家限制或禁止出口的某些货物或者劳务的出口环节视同内销环节，照常征税；出口不退税是指对这些货物或者劳务出口不退还出口前其所负担的税款。

2. 出口货物或者劳务退（免）税办法的种类

适用增值税退（免）税政策的出口货物或者劳务，按照下列规定实行增值税免抵退税办法或免退税办法（又称"先征后退办法"）。

1) 免抵退税办法

生产企业出口自产货物和视同自产货物及对外提供加工修理修配劳务，以及《财政部　国家税务总局关于出口货物劳务增值税和消费税政策的通知》（财税〔2012〕39号）附件5列名生产企业出口非自产货物，免征增值税，相应的进项税额抵减应纳增值税额（不包括适用增值税即征即退、先征后退政策的应纳增值税额），未抵减完的部分予以退还。

2) 免退税办法

不具有生产能力的出口企业（以下称"外贸企业"）或其他单位出口货物或者劳务，免征增值税，相应的进项税额予以退还。

3. 出口货物或者劳务退（免）税的计税依据

出口货物或者劳务的增值税退（免）税的计税依据，按出口货物或者劳务的出口发票（外销发票）、其他普通发票或购进出口货物或者劳务的增值税专用发票、海关进口增值税专用缴款书确定。

（1）生产企业出口货物或者劳务（进料加工复出口货物除外）增值税退（免）税的计税依据，为出口货物或者劳务的实际离岸价（FOB）。实际离岸价应以出口发票上的离岸价为准，但如果出口发票不能反映实际离岸价，主管税务机关有权予以核定。

（2）对进料加工出口货物，企业应以出口货物人民币离岸价扣除出口货物耗用的保税进口料件金额的余额为增值税退（免）税的计税依据。保税进口料件是指海关以进料加工贸易方式监管的出口企业从境外和特殊区域等进口的料件。包括出口企业从境外单位或个人购买并从海关保税仓库提取且办理海关进料加工手续的料件，以及保税区外的出口企业从保税区内的企业购进并办理海关进料加工手续的进口料件。

（3）生产企业国内购进无进项税额且不计提进项税额的免税原材料加工后出口的货物的计税依据，按出口货物的离岸价（FOB）扣除出口货物所含的国内购进免税原材料的金额后确定。

（4）外贸企业出口货物（委托加工修理修配货物除外）增值税退（免）税的计税依据，为购进出口货物的增值税专用发票注明的金额或海关进口增值税专用缴款书注明的完税价格。

（5）外贸企业出口委托加工修理修配货物增值税退（免）税的计税依据，为加工修理修配费用增值税专用发票注明的金额。外贸企业应将加工修理修配使用的原材料（进料加工海关保税进口料件除外）作价销售给受托加工修理修配的生产企业，受托加工修理修配的生产企业应将原材料成本并入加工修理修配费用开具发票。

（6）出口进项税额未计算抵扣的已使用过的设备增值税退（免）税的计税依据，按下列公式确定：

退（免）税计税依据＝增值税专用发票上的金额或海关进口增值税专用缴款书注明的完税价格×已使用过的设备固定资产净值/已使用过的设备原值

已使用过的设备固定资产净值＝已使用过的设备原值－已使用过的设备已提累计折旧

已使用过的设备是指出口企业根据财务会计制度已经计提折旧的固定资产。

（7）免税品经营企业销售的货物增值税退（免）税的计税依据，为购进货物的增值税专用发票注明的金额或海关进口增值税专用缴款书注明的完税价格。

（8）中标机电产品增值税退（免）税的计税依据，为生产企业为销售机电产品的普通发票注明的金额，外贸企业为购进货物的增值税专用发票注明的金额或海关进口增值税专用缴款书注明的完税价格。

（9）生产企业向海上石油天然气开采企业销售的自产的海洋工程结构物增值税退（免）税的计税依据，为销售海洋工程结构物的普通发票注明的金额。

（10）输入特殊区域的水电气增值税退（免）税的计税依据，为作为购买方的特殊区域内生产企业购进水（包括蒸汽）、电力、燃气的增值税专用发票注明的金额。

4. 出口货物或者劳务退（免）税的退税率

1）退税率的一般规定

除财政部和国家税务总局根据国务院决定而明确的增值税出口退税率（以下简称退税率）外，出口货物的退税率为其适用税率。国家税务总局根据上述规定将退税率通过出口货物劳务退税率文库予以发布，供征纳双方执行。退税率有调整的，除另有规定外，其执行时间以货物（包括被加工修理修配的货物）出口货物报关单（出口退税专用）上注明的出口日期为准。自2019年4月1日起，原适用16%税率且出口退税率为16%的出口货物劳务，出口退税率调整为13%；原适用10%税率且出口退税率为10%的出口货物，出口退税率调整为9%。

2）退税率的特殊规定

（1）外贸企业购进按简易办法征税的出口货物、从小规模纳税人购进的出口货物，其退税率分别为简易办法实际执行的征收率、小规模纳税人征收率。上述出口货物取得增值税专用发票的，退税率按照增值税专用发票上的税率和出口货物退税率孰低的原则确定。

（2）出口企业委托加工修理修配货物，其加工修理修配费用的退税率，为出口货物的退税率。

（3）中标机电产品、出口企业向海关报关进入特殊区域销售给特殊区域内生产企业生产耗用的列名原材料、输入特殊区域的水电气，其退税率为适用税率。如果国家调整列名原材料的退税率，列名原材料应当自调整之日起按调整后的退税率执行。

（4）海洋工程结构物退税率的适用。具体范围根据财税〔2012〕39号文件附件3确定。

适用不同退税率的货物或者劳务，应分开报关、核算并申报退（免）税，未分开报关、核算或划分不清的，从低适用退税率。

（二）出口服务或者无形资产（统称"跨境应税行为"）退（免）税政策的认知

1. 出口服务或者无形资产退（免）税的基本政策

出口服务或者无形资产退（免）税分为出口免税（适用增值税免税政策）和出口免税并退税（适用增值税零税率）两种。

1）出口服务或者无形资产免征增值税的项目

境内的单位和个人销售的免征增值税的服务或者无形资产，具体详见本项目的"任务一 增值税的认知"。

2）出口服务或者无形资产适用零税率增值税的项目

零税率增值税项目是指试点单位和个人提供的国际运输服务、航天运输服务、向境外单位提供的完全在境外消费的某些服务以及财政部和国家税务总局规定的其他服务。具体详见本项目的"任务一 增值税的认知"。

纳税人发生应税行为同时适用免税和零税率规定的，纳税人可以选择适用免税或者零税率。境内的单位和个人销售适用增值税零税率的服务或者无形资产的，可以放弃适用增值税零税率，选择免税或按规定缴纳增值税。放弃适用增值税零税率后，36个月内不得再申请适用增值税零税率。

实行增值税退（免）税办法的增值税零税率服务或者无形资产不得开具增值税专用发票。

2. 出口服务或者无形资产退（免）税办法的种类

适用增值税退（免）税政策的出口服务或者无形资产，按照下列规定实行增值税免抵退税办法或免退税办法（又称"先征后退办法"）。

1）免抵退税办法

境内的单位和个人提供适用增值税零税率的服务或者无形资产，如果属于适用增值税一般计税方法的，生产企业实行免抵退税办法，外贸企业直接将服务或自行研发的无形资产出口，视同生产企业连同其出口货物统一实行免抵退税办法。

2）免退税办法

外贸企业外购服务或者无形资产出口实行免退税办法。

另外，出口服务或者无形资产退（免）税有以下几项特殊规定。

（1）境内的单位或个人提供适用增值税零税率的服务或者无形资产，如果属于适用简易计税方法的，实行免征增值税办法。

（2）按照国家有关规定应取得相关资质的国际运输服务项目，纳税人取得相关资质的，适用增值税零税率政策；未取得的，适用增值税免税政策。

（3）境内的单位或个人提供程租服务，如果租赁的交通工具用于国际运输服务和港澳台运输服务，由出租方按规定申请适用增值税零税率。

（4）境内的单位或个人向境内单位或个人提供期租、湿租服务，如果承租方利用租赁的交通工具向其他单位或个人提供国际运输服务和港澳台运输服务，由承租方适用增值税零税率。境内的单位或个人向境外单位或个人提供期租、湿租服务，由出租方适用增值税零税率。

（5）境内单位或个人以无运输工具承运方式提供的国际运输服务，由境内实际承运人适用增值税零税率；无运输工具承运业务的经营者适用增值税免税政策。

3. 出口服务或者无形资产退（免）税的计税依据

1）实行免抵退税办法的零税率服务或者无形资产免抵退税计税依据

（1）以铁路运输方式载运旅客的，为按照铁路合作组织清算规则清算后的实际运输收入。

（2）以铁路运输方式载运货物的，为按照铁路运输进款清算办法，对"发站"或"到站（局）"名称包含"境"字的货票上注明的运输费用以及直接相关的国际联运杂费清算后的实际运输收入。

（3）以航空运输方式载运货物或旅客的，如果国际运输或港澳台运输各航段由多个承运人承运的，为中国航空结算有限责任公司清算后的实际收入；如果国际运输或港澳台运输各航段由一个承运人承运的，为提供航空运输服务取得的收入。

（4）其他实行免抵退税办法的增值税零税率服务或者无形资产，为提供增值税零税率服务或者无形资产取得的收入。

2）外贸企业兼营的零税率服务或者无形资产免退税计税依据

（1）从境内单位或者个人购进出口零税率服务或者无形资产的，为取得提供方开具的增值税专用发票上注明的金额。

（2）从境外单位或者个人购进出口零税率服务或者无形资产的，为取得的解缴税款的完税凭证上注明的金额。

3）核定的出口价格作为计税依据计算退（免）税的情况

如果主管税务机关认定出口价格偏高的，有权按照核定的出口价格计算退（免）税，核定的出口价格低于外贸企业购进价格的，低于部分对应的进项税额不予退税，转入成本。

4. 出口服务或者无形资产的退税率

出口服务或者无形资产的退税率为其按照销售服务或者无形资产规定适用的增值税税率。

二、出口货物或劳务增值税退（免）税的计算

（一）出口货物或劳务增值税免抵退税的计算

以出口货物为例，生产企业自营出口或委托外贸企业代理出口的自产货物，除另有规定外，增值税一律实行免抵退办法。"免"是指对生产企业出口的自产货物，免征本企业生产销售环节增值税（指的是免征出口销售环节的增值税销项税额）；"抵"是指生产企业出口自产货物所耗用的原材料、零部件、燃料、动力等所含应予退还的进项税额，先抵顶内销货物的应纳税额（指的是内销产品销项税额-内销产品进项税额-上期留抵税额）；"退"是指

生产企业出口的自产货物，在当月内应抵顶的进项税额大于内销货物的应纳税额时，对未抵顶完的进项税额部分按规定予以退税。

免抵退办法计算步骤如下。

第一步：免。

免征生产销售环节的增值税（即出口货物时免征增值税销项税额）。

第二步：剔。

免抵退税不得免征和抵扣税额(属于进项税额转出额)＝当期出口货物离岸价格×外汇人民币牌价×(出口货物征税率-退税率)-免抵退税不得免征和抵扣税额抵减额

免抵退税不得免征和抵扣税额抵减额＝免税购进原材料价格×(出口货物征税率-退税率)

第三步：抵。

当期应纳税额＝当期内销货物的销项税额-(当期全部进项税额-当期免抵退税不得免征和抵扣的税额)-上期留抵税额

本步计算结果如为正数，则是应纳税额，不涉及退税，但涉及免抵；如为负数，则其绝对值便为当期期末退税前的留抵税额。这样，才进入下一步骤对比大小并计算应退税额。

第四步：退。

首先计算免抵退税总额：

免抵退税额＝当期出口货物离岸价格×外汇人民币牌价×出口货物退税率-免抵退税额抵减额

免抵退税额抵减额＝免税购进原材料价格×出口货物退税率

其次运用孰低原则确定出口退税额，并确定退税之外的免抵税额：

（1）若当期应纳税额<0，且当期期末退税前的留抵税额≤当期免抵退税额时：

当期应退税额＝期末留抵税额

当期免抵税额＝当期免抵退税额-当期应退税额

当期期末退税后的留抵税额＝0

（2）若当期应纳税额<0，且当期期末退税前的留抵税额>当期免抵退税额时：

当期应退税额＝当期免抵退税额

当期免抵税额＝0

当期期末退税后的留抵税额＝当期期末退税前的留抵税额-当期应退税额

（3）若当期应纳税额≥0：

当期期末退税前的留抵税额＝0

当期应退税额＝0

当期免抵税额＝当期免抵退税额

当期期末退税后的留抵税额＝0

【情境实例2-19】

1. 工作任务要求

（1）计算甲公司当期免抵退税不得免征和抵扣税额。

（2）计算甲公司当期应纳增值税。

（3）计算甲公司当期免抵退税额。

（4）计算甲公司当期应退税额、免抵税额及当期期末留抵税额。

2. 情境实例设计

甲公司是一家生产企业，为增值税一般纳税人，具有进出口经营权。甲公司本年1月发生以下业务：进口货物，海关审定的关税完税价格为500万元，关税税率为10%，海关代征了进口环节增值税。进料加工免税进口料件一批，海关暂免征税，予以放行，组成计税价格为100万元，从国内市场购进材料支付的价款为1 500万元，取得增值税专用发票上注明的税金为195万元。外销进料加工货物的离岸价为1 000万元人民币。内销货物的销售额为1 200万元（不含税）。甲公司适用"免、抵、退"的办法，上期留抵税额60万元。上述货物内销时均适用13%的增值税税率，出口退税率为9%。

3. 任务实施过程

（1）免抵退税不得免征和抵扣税额抵减额=100×（13%-9%）=4（万元）。

免抵退税不得免征和抵扣税额=1 000×（13%-9%）-4=36（万元）。

（2）当期应纳税增值税=1 200×13%-[195+500×（1+10%）×13%-36]-60=-134.5（万元）。

（3）免抵退税额抵减额=100×9%=9（万元）。

免抵退税额=1 000×9%-9=81（万元）。

（4）由于当期期末退税前的留抵税额134.5万元>当期免抵退税额81万元，所以当期应退税额为81万元。

当期免抵税额为0。

当期期末退税后留抵税额=134.5-81=53.5（万元）。

（二）出口货物或者劳务增值税免退税的计算

以出口货物为例，"免退税"即"先征后退"是指出口货物在生产（购货）环节按规定缴纳增值税（指的是进项税额），货物出口环节免征增值税（销项税额），货物出口后由外贸企业（指收购货物后出口的外贸出口企业）向主管出口退税的税务机关申请办理出口货物的退税。该办法目前主要适用于外贸出口企业。

1. 外贸企业出口委托加工修理修配货物以外的货物

增值税应退税额=购进出口货物的增值税专用发票或海关进口增值税专用缴款书注明的金额×出口货物退税率

2. 外贸企业出口委托加工修理修配货物

增值税应退税额=加工修理修配费用增值税专用发票注明的金额×出口货物退税率

退税率低于适用税率的，相应计算出的差额部分的税款为不予退税金额，需作进项税额转出处理，计入出口货物劳务成本。

不予退税金额（进项税额转出）=购进出口货物的增值税专用发票或海关进口增值税专用缴款书注明的金额或者加工修理修配费用增值税专用发票注明的金额×（出口货物征税率-出口货物退税率）

【任务引例解析】

答 根据《国家税务总局关于〈出口货物劳务增值税和消费税管理办法〉有关问题的公告》（国家税务总局公告2013年第12号）的规定，出口企业和其他单位丢失增值税专用发票抵扣联的，在增值税专用发票认证相符后，可凭增值税专用发票的发票联复印件向主管出口退税的税务机关申报退（免）税。

【情境实例2-20】

1. 工作任务要求

（1）计算乙外贸公司当期的应退增值税。

（2）计算乙外贸公司当期增值税进项税额转出额。

2. 情境实例设计

乙外贸公司为增值税一般纳税人。乙外贸公司（具有进出口经营权）本年2月从某日用化妆品公司购进出口用护发用品1 000箱，取得的增值税专用发票上注明价款200万元、税额26万元，货款已用银行存款支付。当月该批产品已全部出口，售价为每箱180美元（当日汇率为1美元＝6.8元人民币），申请退税的单证齐全。该护发品增值税退税率为9%。

3. 任务实施过程

（1）应退增值税＝2 000 000×9%＝180 000（元）

（2）增值税进项税额转出额＝260 000－180 000＝80 000（元）

三、出口服务或者无形资产退（免）税的计算

（一）出口服务或者无形资产增值税免抵退税的计算

境内的单位和个人提供适用增值税零税率的服务或者无形资产，如果属于适用增值税一般计税方法的，生产企业实行免抵退税办法。外贸企业直接将服务或自行研发的无形资产出口，视同生产企业连同其出口货物统一实行免抵退税办法。

按照纳税人是否兼营货物出口，零税率服务或者无形资产增值税免抵退税纳税人可分为专营零税率服务或者无形资产纳税人、兼营货物出口的零税率服务或者无形资产纳税人。

1. 专营零税率服务或者无形资产纳税人免抵退增值税的计算

专营零税率服务或者无形资产免抵退税的计算程序和方法如下：

1）当期应纳税额＝当期销项税额－当期进项税额－上期留抵税额

若当期应纳税额≥0，则不涉及退税，但涉及免抵；若当期应纳税额<0，则其绝对值便为当期期末退税前的留抵税额。

2）零税率服务或者无形资产当期免抵退税额的计算

当期零税率服务或者无形资产免抵退税额＝当期零税率服务或者无形资产免抵退税计税价格×外汇人民币牌价×零税率服务或者无形资产增值税退税率

3）当期应退税额和当期免抵税额的计算

（1）若当期应纳税额<0，且当期期末退税前的留抵税额≤当期免抵退税额：

当期应退税额＝当期期末退税前的留抵税额

当期免抵税额＝当期免抵退税额－当期应退税额

当期期末退税后的留抵税额＝0

（2）若当期应纳税额<0，且当期期末退税前的留抵税额>当期免抵退税额：

当期应退税额＝当期免抵退税额

当期免抵税额＝0

当期期末退税后的留抵税额=当期期末退税前的留抵税额-当期应退税额

（3）若当期应纳税额≥0：

当期期末退税前的留抵税额=0

当期应退税额=0

当期免抵税额=当期免抵退税额

当期期末退税后的留抵税额=0

"当期期末退税前的留抵税额"为当期"增值税及附加税费申报表（一般纳税人适用）"中的"期末留抵税额"。

【情境实例 2-21】

1. 工作任务要求

计算甲公司下列业务的出口退税额。

2. 情境实例设计

甲公司是一家安装设计公司，为增值税试点一般纳税人，不符合增值税加计抵减政策，已办理了出口退（免）税认定手续，设计服务的征退税率为6%，期初留抵税额为1万元。本年1月和2月发生如下业务。

（1）1月10日，为山东乙公司提供安装服务，开具增值税专用发票，发票上注明金额200万元、税额18万元，款项未收。

（2）1月15日，为德国的一家企业提供设计服务，《技术出口合同登记证》上的成交价格为10万欧元，1月1日的人民币对欧元的汇率中间价为8.0；1月18日收到德国客户支付的全部设计费，该项设计服务的部分业务由山西的丙设计公司承担，当日甲公司就该设计服务支付丙设计公司设计费26.5万元人民币（含税），并取得丙公司开具的增值税专用发票，发票上注明价款25万元、税额1.5万元。

（3）1月12日购进一台专用设备，取得增值税专用发票，发票上注明价款120万元、税额15.6万元，设备款转账付讫。

（4）1月20日，支付给北京市某律师事务所（一般纳税人）法律顾问费，取得的增值税专用发票上注明金额70万元、税额4.2万元，顾问费转账付讫其中的30万元。

（5）2月8日，甲公司向主管税务机关办理了免抵退申报，2月25日收到税务机关审批的汇总表。

（6）2月27日，收到退税款。

甲公司取得的增值税专用发票本年1月均符合抵扣规定。

3. 任务实施过程

本期免抵退增值税的计算如下：

当期应纳税额=18-（1.5+15.6+4.2）-1=-4.3（万元）

当期期末留抵税额=4.3（万元）

当期免抵退税额=10×8×6%=4.8（万元）

当期应退税额的计算如下：

由于当期期末留抵税额4.3万元小于当期免抵退税额4.8万元，故：

当期应退税额=4.3（万元）

当期免抵税额=4.8-4.3=0.5（万元）

2. 兼营货物出口的零税率服务或者无形资产纳税人免抵退增值税的计算

实行免抵退税办法的增值税零税率服务或者无形资产提供者如果同时出口货物劳务（劳务指对外加工修理修配劳务，下同）且未分别核算的，应一并计算免抵退税。税务机关在审批时，应按照增值税零税率服务或者无形资产、出口货物劳务免抵退税额的比例划分其退税额和免抵税额。

出口货物征税率和退税率不一致，产生免抵退税不得免征和抵扣税额，出口货物必须在出口业务单证齐全和系统信息齐全的条件下方可办理申报，两个因素共同影响出口退税免抵退增值税的计算。

兼营货物出口的零税率服务或者无形资产纳税人免抵退增值税计算公式调整如下：

（1）当期应纳税额＝当期内销货物、服务或者无形资产的销项税额－（当期进项税额－当期出口货物免抵退税不得免征和抵扣税额）－上期留抵进项税额

式中，

当期出口货物免抵退税不得免征和抵扣税额＝当期出口货物离岸价×外汇人民币牌价×（出口货物征税率－出口货物退税率）－当期出口货物免抵退税不得免征和抵扣税额抵减额

当期出口货物免抵退税不得免征和抵扣税额抵减额＝免税购进原材料价格×（出口货物征税率－出口货物退税率）

若当期应纳税额≥0，则不涉及退税，但涉及免抵；若当期应纳税额<0，则其绝对值便为当期期末退税前的留抵税额。

（2）当期免抵退税额＝当期零税率服务或者无形资产免抵退税额＋当期出口货物免抵退税额＝当期零税率服务或者无形资产免抵退税计税价格×外汇人民币牌价×零税率服务或者无形资产退税率＋（当期出口货物的离岸价格×外汇人民币牌价×出口货物退税率－当期出口货物免抵退税额抵减额）

式中，

当期出口货物免抵退税额抵减额＝免税购进原材料价格×出口货物退税率

（3）当期应退税额和当期免抵税额的计算。

① 若当期应纳税额<0，且当期期末退税前的留抵税额≤当期免抵退税额：

当期应退税额＝当期期末退税前的留抵税额

当期免抵税额＝当期免抵退税额－当期应退税额

当期期末退税后的留抵税额＝0

② 若当期应纳税额<0，且当期期末退税前的留抵税额>当期免抵退税额：

当期应退税额＝当期免抵退税额

当期免抵税额＝0

当期期末退税后的留抵税额＝当期期末退税前的留抵税额－当期应退税额

③ 若当期应纳税额≥0：

当期期末退税前的留抵税额＝0

当期应退税额＝0

当期免抵税额＝当期免抵退税额

当期期末退税后的留抵税额＝0

【情境实例 2-22】

1. 工作任务要求

计算甲公司下列业务的出口退税额。

2. 情境实例设计

甲公司是一家物流公司，主要从事仓储、运输、港口以及货物销售等业务，为增值税一般纳税人，具有进出口经营权，并办理了出口退（免）税认定手续。本年1月和2月发生如下业务。

（1）1月1日，接受日本一家国际货物运输代理公司的委托，从青岛承运一批重型设备到悉尼，承运合同的运费金额为120万美元，运输费用已全部收讫。

（2）1月4—8日，共报关出口一批外协生产的A产品120万美元。

（3）1月10日，支付联运方运输费用218万元，银行转账付讫，且收到对方开具的增值税专用发票，发票上注明运费金额200万元、税额18万元。

（4）1月25日，取得国内运输收入250万元，销项税额22.5万元，支付当月的油料费，取得的增值税专用发票上注明金额300万元、税额39万元。

（5）1月30日，当月出口产品中出口单证全部收齐并且信息齐全的只有70万美元，剩下50万美元的出口到本年2月才能收到出口报关单。

（6）2月25日，收到主管税务机关审批的免抵退税申报汇总表。

（7）2月28日，开户行通知收到退税款。

假设1月1日人民币对美元汇率中间价为6.30，A产品的征税率为13%，退税率为12%，运输服务征退税率为9%，上期留抵税额为1万元。甲公司取得的增值税专用发票本年1月均符合抵扣规定。

3. 任务实施过程

当期免抵退税不得免征和抵扣税额=120×6.3×（13%－12%）=7.56（万元）

当期应纳税额=22.5-（18+39-7.56）-1=-27.94（万元）

当期免抵退税额=70×6.3×12%+120×6.3×9%=120.96（万元）

当期的期末留抵税额=27.94（万元）

由于当期期末留抵税额27.94万元<当期免抵退税额120.96万元，

当期应退税额=当期期末留抵税额=27.94（万元）

当期免抵税额=120.96-27.94=93.02（万元）

（二）出口服务或者无形资产增值税免退税的计算

外贸企业外购服务或者无形资产出口免退税，又称外贸企业兼营零税率服务或者无形资产出口免退税。

境内的单位和个人提供适用增值税零税率的服务或者无形资产，如果属于适用增值税一般计税方法的，外贸企业外购服务或者无形资产出口实行免退税办法。

外贸企业外购服务或者无形资产出口时，免征增值税，其对应的外购服务或者无形资产的进项税额予以退还。外贸企业外购服务或者无形资产出口免退税的计算公式为：

外贸企业外购服务或者无形资产出口应退税额=外贸企业外购服务或者无形资产出口免退税计税依据×零税率服务或者无形资产增值税退税率

【情境实例2-23】

1. 工作任务要求

计算甲公司下列业务的出口退税额。

2. 情境实例设计

甲公司是一家外贸企业，为增值税一般纳税人，本年1月从国内乙公司外购一批产品，该产品的购买价为45.2万元，取得乙公司开具的增值税专用发票，发票上注明价款40万元、税额5.2万元，然后甲公司以60万元的价格出口给韩国丙公司，该产品的出口退税率为9%。另外，甲公司外购国内丁设计公司服务5.3万元，取得丁设计公司开具的增值税专用发票，发票上注明价款5万元、税额0.3万元，然后甲公司以8万元的价格出口给日本戊公司。

3. 任务实施过程

甲公司出口货物应退税额＝40×9%＝3.6（万元）

甲公司出口服务应退税额＝5×6%＝0.3（万元）

任务四 增值税的纳税申报

【任务引例】

甲公司本年1月销售一批货物，因为业务需要，本月尚未收到货款就已开具发票。甲公司本年1月需要就该项业务申报缴纳增值税吗？

一、增值税的征收管理

（一）增值税的纳税义务发生时间

（1）采取直接收款方式销售货物的，不论货物是否发出，均为收到销售款项或取得索取销售款项凭据的当天。

销售应税劳务，为提供劳务同时收讫销售款项或者取得索取销售款项凭据的当天。

纳税人生产经营活动中采取直接收款方式销售货物，已将货物移送对方并暂估销售收入入账，但既未取得销售款项或取得索取销售款项凭据也未开具销售发票的，其增值税纳税义务发生时间为取得销售款项或取得索取销售款项凭据的当天；先开具发票的，为开具发票的当天。

（2）纳税人发生销售服务、无形资产或者不动产行为的，为收讫销售款项或者索取销售款项凭据的当天；先开具发票的，为开具发票的当天。

取得索取销售款项凭据的当天，是指书面合同确定的付款日期；未签订书面合同或者书面合同未确定付款日期的，为服务、无形资产转让完成的当天或者不动产权属变更的当天。

（3）采取托收承付和委托银行收款方式销售货物的，为发出货物并办妥托收手续的当天。

（4）采取赊销和分期收款方式销售货物的，为书面合同约定的收款日期的当天，无书面合同的或者书面合同没有约定收款日期的，为货物发出的当天。

（5）采取预收货款方式销售货物的，为货物发出的当天，但生产销售生产工期超过 12 个月的大型机械设备、船舶、飞机等货物，为收到预收款或者书面合同约定的收款日期的当天。

（6）纳税人提供租赁服务采取预收款方式的，其纳税义务发生时间为收到预收款的当天。

（7）纳税人提供建筑服务取得预收款，应在收到预收款时，以取得的预收款扣除支付的分包款后的余额，按照规定的预征率预缴增值税。按照现行规定应在建筑服务发生地预缴增值税的项目，纳税人收到预收款时在建筑服务发生地预缴增值税。按照现行规定无须在建筑服务发生地预缴增值税的项目，纳税人收到预收款时在机构所在地预缴增值税。适用一般计税方法计税的项目预征率为 2%，适用简易计税方法计税的项目预征率为 3%。

（8）委托其他纳税人代销货物的，为收到代销单位的代销清单或者收到全部或者部分货款的当天。未收到代销清单及货款的，为发出代销货物满 180 天的当天。

（9）纳税人从事金融商品转让的，为金融商品所有权转移的当天。

（10）证券公司、保险公司、金融租赁公司、证券基金管理公司、证券投资基金以及其他经人民银行、银保监会、证监会批准成立且经营金融保险业务的机构发放贷款后，自结息日起 90 天内发生的应收未收利息按现行规定缴纳增值税，自结息日起 90 天后发生的应收未收利息暂不缴纳增值税，待实际收到利息时按规定缴纳增值税。

（11）纳税人提供建筑服务，被工程发包方从应支付的工程款中扣押的质押金、保证金，未开具发票的，以纳税人实际收到质押金、保证金的当天为纳税义务发生时间。

（12）纳税人发生视同销售货物行为（不包括代销行为），为货物移送的当天。纳税人发生视同销售服务、无形资产或者不动产行为的，其纳税义务发生时间为销售服务、无形资产或者不动产权属变更的当天。

（13）纳税人进口货物，纳税义务发生时间为报关进口的当天。

（14）增值税扣缴义务发生时间为纳税人增值税纳税义务发生的当天。

【任务引例解析】

答　《增值税暂行条例》规定，销售货物或者应税劳务的增值税纳税义务发生时间，为收讫销售款项或者取得索取销售款项凭据的当天；先开具发票的，为开具发票的当天。因此，你公司未收款而先开具发票时，便应确认为增值税纳税义务发生并申报缴纳增值税。

（二）增值税的纳税期限

增值税的纳税期限分别为 1 日、3 日、5 日、10 日、15 日、1 个月或者 1 个季度。纳税人的具体纳税期限，由主管税务机关根据纳税人应纳税额的大小分别核定。以 1 个季度为纳税期限的规定适用于小规模纳税人、银行、财务公司、信托投资公司、信用社，以及财政部和国家税务总局规定的其他纳税人。不能按照固定期限纳税的，可以按次纳税。

纳税人以 1 个月或者 1 个季度为 1 个纳税期的，自期满之日起 15 日内申报纳税；以 1 日、3 日、5 日、10 日或者 15 日为 1 个纳税期的，自期满之日起 5 日内预缴税款，于次月 1 日起 15 日内申报纳税并结清上月应纳税款。

扣缴义务人解缴税款的期限，按照上述规定执行。

（三）增值税的纳税地点

1. 原增值税纳税人增值税的纳税地点

（1）固定业户应当向其机构所在地主管税务机关申报纳税。总机构和分支机构不在同一县（市）的，应当分别向各自所在地主管税务机关申报纳税；经国务院财政、税务主管部门或者其授权的财政、税务机关批准，可以由总机构汇总向总机构所在地主管税务机关申报纳税。

固定业户到外县（市）销售货物或者应税劳务，应当向其机构所在地主管税务机关申请开具外出经营活动税收管理证明，并向其机构所在地主管税务机关申报纳税；未开具证明的，应当向销售地或者劳务发生地的主管税务机关申报纳税；未向销售地或劳务发生地的主管税务机关申报纳税的，由其机构所在地主管税务机关补征税款。

（2）非固定业户销售货物或者应税劳务，应当向其销售地或者劳务发生地的主管税务机关申报纳税；未向销售地或者劳务发生地的主管税务机关申报纳税的，由其机构所在地或者居住地主管税务机关补征税款。

（3）进口货物，应当向报关地海关申报纳税。

（4）扣缴义务人应当向其机构所在地或者居住地的主管税务机关申报缴纳其扣缴的税款。

2. 营改增试点增值税纳税人增值税的纳税地点

（1）固定业户应当向其机构所在地或者居住地主管税务机关申报纳税。总机构和分支机构不在同一县（市）的，应当分别向各自所在地的主管税务机关申报纳税；经财政部和国家税务总局或者其授权的财政和税务机关批准，可以由总机构汇总向总机构所在地的主管税务机关申报纳税。

（2）非固定业户应当向应税行为发生地主管税务机关申报纳税；未申报纳税的，由其机构所在地或者居住地主管税务机关补征税款。

（3）原以地市一级机构汇总缴纳营业税的金融机构，营改增后继续以地市一级机构汇总缴纳增值税。

（4）其他个人提供建筑服务，销售或者租赁不动产，转让自然资源使用权，应向建筑服务发生地、不动产所在地、自然资源所在地主管税务机关申报纳税。

（5）扣缴义务人应当向其机构所在地或者居住地主管税务机关申报缴纳扣缴的税款。

二、增值税的纳税申报实务操作

（一）一般纳税人增值税的纳税申报实务操作

1. 申报及缴纳程序

一般纳税人办理纳税申报，需要经过发票认证、抄报税、纳税申报、税款缴纳、清卡解锁等程序。

（1）发票认证。增值税一般纳税人本期申报抵扣的增值税专用发票必须先进行认证，纳税人可以持增值税专用发票的抵扣联在办税服务厅认证窗口认证，或进行远程认证（指的是网上增值税专用发票认证）。网上增值税专用发票认证是指增值税一般纳税人月底前使用扫描仪采集专用发票抵扣联票面信息，扫入认证专用软件（增值税发票抵扣联企业信息采集系统），生成电子数据，通过互联网报送税务机关，由税务机关进行解密认证，并将认证结果信息返回纳税人的一种专用发票认证方式。税务机关认证后，向纳税人下达"认证结果通知书"和"认证结果清单"。对于认证不符及密文有误的抵扣联，税务机关暂不予抵扣，并当场扣留作调查处理。未经认证的，不得申报抵扣。专用发票认证一般在月末进行。自 2019 年 3 月 1 日起，将取消增值税发票认证的纳税人范围扩大至全部一般纳税人。一般纳税人取得增值税发票（包括增值税专用发票、机动车销售统一发票、收费公路通行费增值税电子普通发票，下同）后，可以自愿使用增值税发票综合服务平台查询、选择用于申报抵扣、出口退税或者代办退税的增值税发票信息。

（2）抄报税。抄税是指开票纳税人将防伪税控系统中当月开具的增值税发票的信息读入纳税人开发票使用的金税卡；报税是指纳税人将金税卡中的开票信息报送给税务机关。纳税人在征期内登入开票软件，通过"报税处理"功能中的"网上抄报"系统自动实现抄报税功能，将企业的开票信息联网上报给税务机关。

（3）纳税申报。本步纳税申报主要是指提交纳税申报表等资料，而广义的纳税申报包括上一步抄税和下一步报税。

纳税申报工作可分为上门申报和网上申报。纳税人在次月 1 日起 15 日内，不论有无销售额，均应按主管税务机关核定的纳税期限按期向当地税务机关申报。

上门申报是指纳税人到办税服务大厅纳税申报窗口请购，或到税务局网站下载、打印整套"增值税及附加税费申报表（一般纳税人适用）"，依填报说明，填写一式两份纸质报表或在税务局网站上直接填写申报表。纳税人携带填写好的"增值税及附加税费申报表（一般纳税人适用）"和相关资料到办税服务厅纳税窗口进行纳税申报。

网上申报是指纳税人通过网络，填写增值税纳税申报相关表格，并向主管税务机关提交纳税申报表等资料的一种纳税申报方法。目前，我国绝大多数地区已经实行网上申报。

（4）税款缴纳。对于实行税库银联网的纳税人，税务机关将纳税申报表单据送到纳税人的开户银行，由银行进行自动转账处理（实时扣缴税款）；而对于未实行税库银联网的纳税人应当到税务机关指定的银行进行现金缴纳。

（5）清卡解锁。网上申报缴纳税款成功后，纳税人需再次登入开票软件，执行"清卡解锁"操作，本步操作是将开票信息进行整理，纳税人可以转入下期进行开票处理。

如果企业在征期内没有按期进行纳税申报，金税卡将自动锁死，纳税人将无法进行下期的购买发票和开票处理。

2. 纳税申报时需提交的资料

增值税一般纳税人对增值税进行纳税申报时，必须实行电子信息采集。使用防伪税控系统开具增值税专用发票的纳税人必须在抄报税成功后，方可进行纳税申报。

自 2021 年 5 月 1 日起，海南、陕西、大连和厦门开展增值税、消费税分别与城市维护建设税、教育费附加、地方教育附加申报表整合试点，启用"增值税及附加税费申报表（一般纳税人适用）"、"增值税及附加税费申报表（小规模纳税人适用）"、"增值税及附加税费预缴表"及其附列资料和"消费税及附加税费申报表"。自 2021 年 8 月 1 日起，上述申报表整合工作在全国推开，增值税、消费税分别与城市维护建设税、教育费附加、地方教育附加申报表整合，启用"增值税及附加税费申报表（一般纳税人适用）"、"增值税及附加税费申报表（小规模纳税人适用）"、"增值税及附加税费预缴表"及其附列资料和

"消费税及附加税费申报表"。

增值税一般纳税人对增值税进行纳税申报时，应当填报"增值税及附加税费预缴表附列资料（附加税费情况表）"（略）、"增值税及附加税费预缴表①"（略）、"增值税及附加税费申报表附列资料（一）（本期销售情况明细）"（表2-2）、"增值税及附加税费申报表附列资料（二）（本期进项税额明细）"（表2-3）、"增值税及附加税费申报表附列资料（三）（服务、不动产和无形资产扣除项目明细)②"（略）、"增值税及附加税费申报表附列资料（四）（税额抵减情况表）"（略）、"增值税及附加税费申报表（一般纳税人适用）附列资料（五）（附加税费情况表）"（表2-4）、"增值税减免税申报明细表③"（略）及"增值税及附加税费申报表（一般纳税人适用）"（表2-5）。

【情境实战2-2——一般纳税人增值税的纳税申报】

1. 工作任务要求

河北鲁达豪得贸易有限公司2022年2月10日进行纳税申报，填写"增值税及附加税费申报表（一般纳税人适用）"及其附表。

2. 情境实战设计

接【情境实战2-1——一般纳税人增值税应纳税额的计算】。

3. 实战操作步骤

第一步：根据"应交税费——应交增值税"明细账和相应的增值税发票等原始凭证，填写"增值税及附加税费申报表附列资料（一）（本期销售情况明细）"（表2-2）、"增值税及附加税费申报表附列资料（二）（本期进项税额明细）"（表2-3）、"增值税及附加税费申报表（一般纳税人适用）附列资料（五）（附加税费情况表）"（表2-4）。

其中，"增值税及附加税费申报表附列资料（一）（本期销售情况明细）"（表2-2）中填制的数据确定如下：

第1栏次中第1列的销售额=1 500 000（元）

第1栏次中第2列的销项税额=195 000（元）

第1栏次中第9列的销售额=1 500 000（元）

第1栏次中第10列的销项税额=195 000（元）

第4栏次中第1列的销售额=1 000 000（元）

第4栏次中第2列的销项税额=90 000（元）

第4栏次中第9列的销售额=1 000 000（元）

---

① "增值税及附加税费预缴表"及其附列资料适用于纳税人发生以下情形按规定在税务机关预缴增值税时填写：（1）纳税人（不含其他个人）跨县（市）提供建筑服务；（2）房地产开发企业预售自行开发的房地产项目；（3）纳税人（不含其他个人）出租与机构所在地不在同一县（市）的不动产。

② 本表由服务、不动产和无形资产有扣除项目的营业税改征增值税纳税人填写。其他纳税人不填写。

③ 本表由享受增值税减免税优惠政策的增值税一般纳税人和小规模纳税人（以下简称增值税纳税人）填写。

税款所属时间：2022 年 01 月 01 日至 2022 年 01 月 31 日
纳税人名称：（公章）河北鲁达豪得贸易有限公司

表2-2 增值税及附加税费申报表附列资料（一）

（本期销售情况明细）

金额单位：元（列至角分）

项目及栏次		栏次	开具增值税专用发票 销售额 1	销项（应纳）税额 2	开具其他发票 销售额 3	销项（应纳）税额 4	未开具发票 销售额 5	销项（应纳）税额 6	纳税检查调整 销售额 7	销项（应纳）税额 8	合计 销售额 9=1+3+5+7	销项（应纳）税额 10=2+4+6+8	价税合计 11=9+10	服务、不动产和无形资产扣除项目本期实际扣除金额 12	扣除后 含税（免税）销售额 13=11-12	销项（应纳）税额 14=13/（100%+税率或征收率）×税率或征收率
一般计税方法计税	全部征税项目	13%税率的货物及加工修理修配劳务	1	1 500 000.00	195 000.00							1 500 000.00	195 000.00	—	—	—	—
		13%税率的服务、不动产和无形资产	2														
		9%税率的货物及加工修理修配劳务	3														
		9%税率的服务、不动产和无形资产	4	1 000 000.00	90 000.00							1 000 000.00	90 000.00	1 090 000.00			
		6%税率	5	1 800 000.00	108 000.00							1 800 000.00	108 000.00	1 908 000.00			
	其中：即征即退项目	即征即退货物及加工修理修配劳务	6	—	—	—	—	—	—	—	—	—	—	—	—	—	—
		即征即退服务、不动产和无形资产	7	—	—	—	—	—	—	—	—	—	—	—	—	—	—

续表

项目及栏次			开具增值税专用发票		开具其他发票		未开具发票		纳税检查调整		合计		价税合计	服务、不动产和无形资产扣除项目本期实际扣除金额	扣除后	
			销售额	销项（应纳）税额	销售额	销项（应纳）税额	销售额	销项（应纳）税额	销售额	销项（应纳）税额	销售额	销项（应纳）税额			含税（免税）销售额	销项（应纳）税额
			1	2	3	4	5	6	7	8	9=1+3+5+7	10=2+4+6+8	11=9+10	12	13=11-12	14=13/(100%+税率或征收率)×税率或征收率
二、简易计税方法计税	全部征税项目	6%征收率	8														
		5%征收率的货物及加工修理修配劳务	9a											—	—	—	—
		5%征收率的服务、不动产和无形资产	9b											—	—	—	—
		4%征收率	10											—	—	—	—
		3%征收率的货物及加工修理修配劳务	11											—	—	—	—
		3%征收率的服务、不动产和无形资产	12													—	—
		预征率　％	13a	—	—	—	—	—	—	—	—				—	—	—
		预征率　％	13b	—	—	—	—	—	—	—	—				—	—	—
		预征率　％	13c	—	—	—	—	—	—	—	—				—	—	—
	其中：即征即退项目	即征即退货物及加工修理修配劳务	14			—	—			—	—				—	—	—
		即征即退服务、不动产和无形资产	15	—	—	—	—			—	—				—	—	—

续表

项目及栏次		开具增值税专用发票		开具其他发票		未开具发票		纳税检查调整		合计			服务、不动产和无形资产扣除项目本期实际扣除金额	扣除后	
		销售额	销项(应纳)税额	销售额	销项(应纳)税额	销售额	销项(应纳)税额	销售额	销项(应纳)税额	销售额	销项(应纳)税额	价税合计		含税(免税)销售额	销项(应纳)税额
三、免抵退税 货物及加工修理修配劳务	16	1	2	3	4	5	6	7	8	9=1+3+5+7	10=2+4+6+8	11=9+10	12	13=11-12	14=13/(100%+税率或征收率)×税率或征收率
服务、不动产和无形资产	17	—	—	—	—	—	—	—	—	—	—	—	—	—	—
四、免税 货物及加工修理修配劳务	18	—	—	—	—	—	—	—	—	—	—	—	—	—	—
服务、不动产和无形资产	19	—	—	—	—	—	—	—	—	—	—	—	—	—	—

表2-3 增值税及附加税费申报表附列资料（二）

（本期进项税额明细）

税款所属时间：2022年01月01日至2022年01月31日

纳税人名称：（公章）河北鲁达豪得贸易有限公司　　　　　　　　　　金额单位：元（列至角分）

一、申报抵扣的进项税额

项目	栏次	份数	金额	税额
（一）认证相符的增值税专用发票	1=2+3	5	1 900 000.00	149 000.00
其中：本期认证相符且本期申报抵扣	2	5	1 900 000.00	149 000.00
前期认证相符且本期申报抵扣	3			
（二）其他扣税凭证	4=5+6+7+8a+8b	1	100 000.00	13 000.00
其中：海关进口增值税专用缴款书	5	1	100 000.00	13 000.00
农产品收购发票或者销售发票	6			
代扣代缴税收缴款凭证	7		—	—
加计扣除农产品进项税额	8a		—	—
其他	8b			
（三）本期用于购建不动产的扣税凭证	9			
（四）本期用于抵扣的旅客运输服务扣税凭证	10			
（五）外贸企业进项税额抵扣证明	11		—	—
当期申报抵扣进项税额合计	12=1+4+11	6	2 000 000.00	162 000.00

二、进项税额转出额

项目	栏次	税额
本期进项税额转出额	13=14至23之和	32 500.00
其中：免税项目用	14	
集体福利、个人消费	15	32 500.00
非正常损失	16	
简易计税方法征税项目用	17	
免抵退税办法不得抵扣的进项税额	18	
纳税检查调减进项税额	19	
红字专用发票信息表注明的进项税额	20	
上期留抵税额抵减欠税	21	
上期留抵税额退税	22	
异常凭证转出进项税额	23a	
其他应作进项税额转出的情形	23b	

三、待抵扣进项税额

项目	栏次	份数	金额	税额
（一）认证相符的增值税专用发票	24	—	—	—
期初已认证相符但未申报抵扣	25			
本期认证相符且本期未申报抵扣	26			
期末已认证相符但未申报抵扣	27			
其中：按照税法规定不允许抵扣	28			
（二）其他扣税凭证	29=30至33之和			

续表

三、待抵扣进项税额				
项目	栏次	份数	金额	税额
其中：海关进口增值税专用缴款书	30			
农产品收购发票或者销售发票	31			
代扣代缴税收缴款凭证	32		—	
其他	33			
	34			
四、其他				
项目	栏次	份数	金额	税额
本期认证相符的增值税专用发票	35	5	1 900 000.00	149 000.00
代扣代缴税额	36		—	—

第 4 栏次中第 10 列的销项税额 = 90 000（元）

第 4 栏次中第 11 列的价税合计 = 1 000 000 + 90 000 = 1 090 000（元）

第 5 栏次中第 1 列的销售额 = 1 800 000（元）

第 5 栏次中第 2 列的销项税额 = 108 000（元）

第 5 栏次中第 9 列的销售额 = 1 800 000（元）

第 5 栏次中第 10 列的销项税额 = 108 000（元）

第 5 栏次中第 11 列的价税合计 = 1 800 000 + 108 000 = 1 908 000（元）

"增值税及附加税费申报表附列资料（二）（本期进项税额明细）"（表 2-3）中填制的数据确定如下：

第 1 栏次中的金额 = 1 900 000（元），税额 = 149 000（元）

第 2 栏次中的金额 = 200 000 + 500 000 + 600 000 + 300 000 + 300 000 = 1 900 000（元），税额 = 26 000 + 45 000 + 36 000 + 3 000 + 39 000 = 149 000（元）

第 4 栏次中的金额 = 100 000（元），税额 = 13 000（元）

第 5 栏次中的金额 = 100 000（元），税额 = 13 000（元）

第 12 栏次中的金额 = 1 900 000 + 100 000 = 2 000 000（元），税额 = 149 000 + 13 000 = 162 000（元）

第 13 栏次中的税额 = 32 500（元）

第 15 栏次中的税额 = 32 500（元）

第 35 栏次中的金额 = 第 1 栏次中的金额 = 1 900 000（元），税额 = 第 1 栏次中的税额 = 149 000（元）

第二步：根据"应交税费——应交增值税"明细账和相应的增值税发票等原始凭证、"增值税及附加税费申报表附列资料（一）（本期销售情况明细）"（表 2-2）、"增值税及附加税费申报表附列资料（二）（本期进项税额明细）"（表 2-3）、"增值税及附加税费申报表（一般纳税人适用）附列资料（五）（附加税费情况表）"（表 2-4）等，填写"增值税及附加税费申报表（一般纳税人适用）"（表 2-5）（网上申报时在填完附列资料等相关附表后，主表"增值税及附加税费申报表（一般纳税人适用）"的大部分数据自动生成）。

税（费）款所属时间：2022年01月01日至2022年01月31日　　　　　　　　　　　　　　　　金额单位：元（列至角分）

纳税人名称（公章）：河北鲁达蒙得贸易有限公司

表2-4　增值税及附加税费申报表（一般纳税人适用）附列资料（五）①
（附加税费情况表）①

本期是否适用小微企业"六税两费"减免政策　□是　□否　　　　　　　□个体工商户　□小型微利企业

税（费）种	计税（费）依据			税（费）率	本期应纳税（费）额	减免政策 适用减免政策适用主体						本期已缴税（费）额	本期应补（退）税（费）额
	增值税税额	增值税免抵税额	留抵退税本期扣除额			本期减免税（费）额		小微企业"六税两费"减免政策		试点建设产教融合型企业			
						减免性质代码	减免税（费）额	减征比例	减征额	减免性质代码	本期抵免金额		
	1	2	3	4	5=(1+2-3)×4	6	7	8	9=(5-7)×8	10	11	12	13=5-7-9-11-12
城市维护建设税 1	263 500.00			7%	18 445.00					—	—		18 445.00
教育费附加 2	263 500.00			3%	7 905.00					—	—		7 905.00
地方教育附加 3	263 500.00			2%	5 270.00					—	—		5 270.00
合计 4	—	—	—	—	31 620.00					—	—		31 620.00

本期是否适用试点建设产教融合型企业抵免政策　□是　□否

本期是否适用试点建设产教融合型企业抵免政策	当期新增投资额	5
	上期留抵可抵免金额	6
	结转下期可抵免金额	7
可用于扣除的增值税留抵退税使用情况	当期新增可用于扣除的留抵退税税额	8
	上期结存可用于扣除的留抵退税税额	9
	结转下期可用于扣除的留抵退税税额	10

① 本表属于"项目七 其他税种纳税申报实务（上）"的"任务一 城市维护建设税、教育费附加和地方教育附加税费申报实务"的学习内容。

表2-5 增值税及附加税费申报表①

(一般纳税人适用)

根据国家税收法律法规及增值税相关规定制定本表。纳税人不论有无销售额,均应按税务机关核定的纳税期限填写本表,并向当地税务机关申报。

税款所属时间:自2022年01月01日至2022年01月31日　填表日期:2022年02月10日　金额单位:元(列至角分)

纳税人识别号(统一社会信用代码):913707229004567789D　所属行业:制造业

纳税人名称:河北鲁志豪祥贸易有限公司	法定代表人姓名:王光明	注册地址:河北省保定市光华路53号	登记注册类型:有限责任公司	生产经营地址:河北省保定市光华路53号	电话号码:0312-7777777
开户银行及账号:中国工商银行保定分行光华路支行,33010220090115036958					

	项目	栏次	一般项目 本月数	一般项目 本年累计	即征即退项目 本月数	即征即退项目 本年累计
销售额	(一)按适用税率计税销售额	1	4 300 000.00	4 300 000.00		
	其中:应税货物销售额	2	1 500 000.00	1 500 000.00		
	应税劳务销售额	3				
	纳税检查调整的销售额	4				
	(二)按简易办法计税销售额	5				
	其中:纳税检查调整的销售额	6				
	(三)免、抵、退办法出口销售额	7			—	—
	(四)免税销售额	8			—	—
	其中:免税货物销售额	9			—	—
	免税劳务销售额	10			—	—
税款计算	销项税额	11	393 000.00	393 000.00		
	进项税额	12	162 000.00	162 000.00		
	上期留抵税额	13			—	
	进项税额转出	14	32 500.00	32 500.00		
	免、抵、退应退税额	15			—	
	按适用税率计算的纳税检查应补缴税额	16			—	—

① 本表的第39~41栏次属于"项目七 其他税种纳税申报实务(上)"的"任务一 城市维护建设税、教育费附加和地方教育附加税费申报实务"的学习内容。

续表

项目		栏次	一般项目 本月数	一般项目 本年累计	即征即退项目 本月数	即征即退项目 本年累计
税款计算	应抵扣税额合计	17=12+13-14-15+16		—		—
	实际抵扣税额	18（如17<11，则为17，否则为11）	129 500.00	129 500.00		
	应纳税额	19=11-18	129 500.00	263 500.00		
	期末留抵税额	20=17-18	263 500.00	263 500.00	—	—
	简易计税办法计算的应纳税额	21				
	按简易计税办法计算的纳税检查应补缴税额	22				
	应纳税额减征额	23				
	应纳税额合计	24=19+21-23	263 500.00	263 500.00		—
税款缴纳	期末未缴税额（多缴为负数）	25	100 000.00	100 000.00		
	实收出口开具专用缴款书退税额	26				
	本期已缴税额	27=28+29+30+31	100 000.00	100 000.00		
	①分次预缴税额	28				—
	②出口开具专用缴款书预缴税额	29				
	③本期缴纳上期应纳税额	30	100 000.00	100 000.00		
	④本期缴纳欠缴税额	31				
	期末未缴税额（多缴为负数）	32=24+25+26-27	263 500.00	263 500.00		—
	其中：欠缴税额（≥0）	33=25+26-27				
	本期应补（退）税额	34=24-28-29	263 500.00	263 500.00		—
	即征即退实际退税额	35			—	—
	期初未缴查补税额	36				—
	本期入库查补税额	37			—	—
	期末未缴查补税额	38=16+22+36-37			—	—

续表

	项目	栏次	一般项目		即征即退项目	
			本月数	本年累计	本月数	本年累计
附加税费	城市维护建设税本期应补（退）税额	39	18 445.00	18 445.00	—	—
	教育费附加本期应补（退）费额	40	7 905.00	7 905.00	—	—
	地方教育附加本期应补（退）费额	41	5 270.00	5 270.00	—	—

声明：此表是根据国家税收法律法规及相关规定填写的，本人（单位）对填报内容（及附带资料）的真实性、可靠性、完整性负责。

纳税人（签章）：河北鲁达豪得贸易有限公司 2022 年 02 月 10 日

经办人：略
经办人身份证号：略
代理机构签章：
代理机构统一社会信用代码：

受理人：
受理税务机关（章）：
受理日期： 年 月 日

（二）小规模纳税人增值税的纳税申报实务操作

小规模纳税人对增值税进行纳税申报时，应当填报"增值税及附加税费预缴表附列资料（附加税费情况表）"（略）、"增值税及附加税费预缴表"（略）、"增值税及附加税费申报表（小规模纳税人适用）附列资料（一）（服务、不动产和无形资产扣除项目明细）"（略）、"增值税及附加税费申报表（小规模纳税人适用）附列资料（二）（附加税费情况表）"（表2-6）、"增值税减免税申报明细表"（表2-7）及"增值税及附加税费申报表（小规模纳税人适用）"（表2-8）。

表2-6　增值税及附加税费申报表（小规模纳税人适用）附列资料（二）

（附加税费情况表）①

税（费）款所属时间：2022年01月01日至2022年03月31日

纳税人名称：（公章）厦门洪运祥达贸易有限公司　　　　　　　　金额单位：元（列至角分）

税（费）种	计税（费）依据 增值税税额	税（费）率	本期应纳税（费）额	本期减免税（费）额		增值税小规模纳税人"六税两费"减征政策		本期已缴税（费）额	本期应补（退）税（费）额
				减免性质代码	减免税（费）额	减征比例	减征额		
	1	2	3=1×2	4	5	6	7=(3−5)×6	8	9=3−5−7−8
城市维护建设税	5 800.00	7%	406.00			50%	203.00		203.00
教育费附加	5 800.00	3%	174.00			50%	87.00		87.00
地方教育附加	5 800.00	2%	116.00			50%	58.00		58.00
合计	—	—	696.00	—		—	348.00		348.00

表2-7　增值税减免税申报明细表

税款所属时间：自2022年01月01日至2022年03月31日

纳税人名称（公章）：厦门洪运祥达贸易有限公司　　　　　　　　金额单位：元（列至角分）

一、减税项目					
减税性质代码及名称	栏次	期初余额	本期发生额	本期应抵减税额	本期实际抵减税额	期末余额
		1	2	3=1+2	4≤3	5=3−4
合计	1		11 600.00	11 600.00	11 600.00	
	2					
	3					
	4					
	5					
	6					

---

① 本表属于"项目七 其他税种纳税申报实务（上）"的"任务一 城市维护建设税、教育费附加和地方教育附加税费申报实务"的学习内容。

续表

		二、免税项目				
免税性质 代码及名称	栏次	免征增值 税项目 销售额	免税销售额 扣除项目 本期实际 扣除金额	扣除后免 税销售额	免税销售额 对应的 进项税额	免税额
		1	2	3 = 1 - 2	4	5
合计	7					
出口免税	8	—	—	—		
其中：跨境服务	9	—	—	—		
	10				—	
	11				—	
	12				—	
	13				—	
	14				—	
	15				—	
	16				—	

表 2-8　增值税及附加税费申报表

（小规模纳税人适用）①

纳税人识别号（统一社会信用代码）：91110356426426311B

纳税人名称：厦门洪运祥达贸易有限公司　　　　　　　　金额单位：元（列至角分）

税款所属期：2022 年 01 月 01 日至 2022 年 03 月 31 日　　　填表日期：2022 年 04 月 10 日

	项目	栏次	本期数		本年累计	
			货物及劳务	服务、不动 产和无形资产	货物及劳务	服务、不动 产和无形资产
一、计税依据	（一）应征增值税不含税销售额 （3% 征收率）	1	580 000.00		580 000.00	
	增值税专用发票不含税销售额	2	500 000.00		500 000.00	
	其他增值税发票不含税销售额	3	80 000.00		80 000.00	
	（二）应征增值税不含税销售额 （5% 征收率）	4				
	增值税专用发票不含税销售额	5	—		—	
	其他增值税发票不含税销售额	6	—		—	
	（三）销售使用过的固定资产不含税 销售额	7（7≥8）	—		—	

---

① 本表的第 23～25 栏次属于"项目七 其他税种纳税申报实务（上）"的"任务一 城市维护建设税、教育费附加和地方教育附加税费申报实务"的学习内容。

续表

项目	栏次	本期数		本年累计	
		货物及劳务	服务、不动产和无形资产	货物及劳务	服务、不动产和无形资产
一、计税依据 其中：其他增值税发票不含税销售额	8		—		—
（四）免税销售额	9＝10+11+12				
其中：小微企业免税销售额	10				
未达起征点销售额	11				
其他免税销售额	12				
（五）出口免税销售额	13（13≥14）				
其中：其他增值税发票不含税销售额	14				
二、税款计算 本期应纳税额	15	17 400.00		17 400.00	
本期应纳税额减征额	16	11 600.00		11 600.00	
本期免税额	17				
其中：小微企业免税额	18				
未达起征点免税额	19				
应纳税额合计	20＝15-16	5 800.00		5 800.00	
本期预缴税额	21			—	—
本期应补（退）税额	22＝20-21	5 800.00			
三、附加税费 城市维护建设税本期应补（退）税额	23	203.00		203.00	
教育费附加本期应补（退）费额	24	87.00		87.00	
地方教育附加本期应补（退）费额	25	58.00		58.00	

声明：此表是根据国家税收法律法规及相关规定填写的，本人（单位）对填报内容（及附带资料）的真实性、可靠性、完整性负责。

纳税人（签章）：厦门洪运祥达贸易有限公司　2022 年 04 月 10 日

经办人：略 经办人身份证号：略 代理机构签章： 代理机构统一社会信用代码：	受理人： 受理税务机关（章）： 受理日期：　　年　月　日

【情境实例 2-24】

1. 工作任务要求

（1）计算厦门洪运祥达贸易有限公司 2022 年第 1 季度的应纳增值税。

（2）厦门洪运祥达贸易有限公司 2022 年 4 月 10 日对 2022 年第 1 季度的增值税进行纳

税申报，填写"增值税及附加税费申报表（小规模纳税人适用）"等申报表。

2. 情境实例设计

厦门洪运祥达贸易有限公司为增值税小规模纳税人，其纳税人识别号为91110356426426311B，按季度进行增值税纳税申报。该公司2022年第1季度共发生以下经济业务：

2022年1月5日购进计算机，取得增值税专用发票，发票上注明价款300 000元、税额39 000元。2022年2月10日销售计算机并开具增值税普通发票，发票上注明含增值税价款505 000元。2022年3月20日销售计算机并开具增值税专用发票，发票上注明价款80 000元、税额800元。该公司购进货物已验收入库，货款均以银行存款收付。2022年第1季度，厦门洪运祥达贸易有限公司2022年第1季度减按1%的征收率征收增值税。

3. 任务实施过程

（1）2022年2月销售计算机并开具增值税普通发票应纳增值税 $= [505\,000/(1+1\%)] \times 1\% = 500\,000 \times 1\% = 5\,000$（元）

2022年3月销售计算机并开具增值税专用发票应纳增值税 $= 800$（元）

第1季度应纳增值税合计 $= 5\,000 + 800 = 5\,800$（元）

第1季度本期应补（退）税额 $= 5\,800$（元）

（2）填写"增值税及附加税费申报表（小规模纳税人适用）"等申报表

根据"应交税费——应交增值税"明细账和相应的增值税发票等原始凭证，填写"增值税及附加税费申报表（小规模纳税人适用）附列资料（二）（附加税费情况表）"（表2-6）、"增值税减免税申报明细表"（表2-7）、"增值税及附加税费申报表（小规模纳税人适用）"（表2-8）。

其中，根据《国家税务总局关于支持个体工商户复工复业等税收征收管理事项的公告》（国家税务总局公告2020年第5号）的填写规定，增值税及附加税费申报表（小规模纳税人适用）（表2-8）中填制的数据确定如下：

第1栏次中的货物及劳务本期不含税销售额 $= 505\,000/(1+1\%) + 80\,000 = 580\,000$（元）

第2栏次中的货物及劳务本期不含税销售额 $= 505\,000/(1+1\%) = 500\,000$（元）

第3栏次中的货物及劳务本期不含税销售额 $= 80\,000$（元）

第15栏次中的货物及劳务本期应纳税额 $= 580\,000 \times 3\% = 17\,400$（元）

第16栏次中的货物及劳务本期应纳税额减征额 $= 580\,000 \times (3\% - 1\%) = 11\,600$（元）

第20栏次中的货物及劳务本期应纳税额合计 $= 17\,400 - 11\,600 = 5\,800$（元）或 $= 580\,000 \times 1\% = 5\,800$（元）

■ 技能训练

一、单项选择题

1. 下列纳税人中，不属于增值税一般纳税人的是（　　）。

　　A. 年销售额为600万元的从事货物生产的个体经营者

　　B. 年销售额为700万元的从事货物批发的其他个人

　　C. 年销售额为800万元的从事货物生产的企业

　　D. 年销售额为1 000万元的从事货物批发零售的企业

2. 甲公司是一家从事商品零售的企业，为增值税小规模纳税人，选择按月申报缴纳增值税，本年3月销售商品取得含税收入212 100元。甲公司减按1%的征收率征收增值税。甲公司本年3月的应纳增值税为（　　）元。

A. 6 363　　　　　　B. 2 059.22　　　　　C. 2 121　　　　　D. 2 100

3. 下列各项中，进项税额可以从销项税额中抵扣的是（　　）。

A. 用于集体福利或者个人消费的购进货物、加工修理修配劳务、服务、无形资产和不动产

B. 非正常损失的购进货物，以及相关的加工修理修配劳务和交通运输服务

C. 从境外单位或者个人购进劳务、服务、无形资产或者境内不动产，从税务机关或者扣缴义务人取得的代扣代缴税款的完税凭证上注明的增值税额

D. 非正常损失的在产品、产成品所耗用的购进货物（不包括固定资产）、加工修理修配劳务和交通运输服务

4. 纳税人提供的下列应税服务中，适用增值税零税率的是（　　）。

A. 国际运输服务

B. 国际货物运输代理服务

C. 存储地点在境外的仓储服务

D. 标的物在境外使用的有形动产租赁服务

5. 自2021年10月1日起，住房租赁企业中的增值税一般纳税人向个人出租住房取得的全部出租收入，可以选择适用简易计税方法，按照5%的征收率减按（　　）计算缴纳增值税，或适用一般计税方法计算缴纳增值税。

A. 0.5%　　　　　　B. 1%　　　　　　C. 1.5%　　　　　　D. 3%

6. 下列各项中，属于增值税的征税范围的是（　　）。

A. 单位员工为本单位提供交通运输业服务

B. 个体工商户为员工提供交通运输业服务

C. 向其他单位无偿提供产品设计服务

D. 向社会公众提供咨询服务

7. 采取预收货款方式销售手机的，增值税纳税人纳税义务的发生时间为（　　）。

A. 购买方收到货物当天　　　　　　　B. 销售方发出货物当天

C. 销售方收到剩余货款当天　　　　　D. 销售方收到第一笔货款当天

8. 下列各项中，适用6%的增值税税率的是（　　）。

A. 不动产租赁服务　　　　　　　　　B. 人力资源服务

C. 有形动产租赁服务　　　　　　　　D. 转让土地使用权

9. 下列关于增值税纳税义务发生时间确认的说法中，不正确的是（　　）。

A. 纳税人提供租赁服务采取预收款方式的，为应税服务完成的当天

B. 纳税人发生应税行为并收讫销售款项或者取得索取销售款项凭据的当天；先开具发票的，为开具发票的当天

C. 纳税人从事金融商品转让的，为金融商品所有权转移的当天

D. 纳税人发生视同销售服务、无形资产或者不动产行为的，为服务、无形资产转让完成的当天或者不动产权属变更的当天

10. 甲公司为增值税一般纳税人，本年1月购进免税农产品一批后直接对外销售，购入时支付给农业生产者收购价格为40 000元，并开具农产品收购发票。甲公司该项业务准予抵扣的进项税额为（　　）。

A. 3 200元　　　　　B. 3 600元　　　　　C. 4 000元　　　　　D. 4 400元

二、多项选择题

1. 根据增值税法律制度的规定，下列各项中，属于电信服务的有（　　）。

A. 语音通话服务　　　　　　　　B. 短信和彩信服务

C. 有线电视的开户费　　　　　　D. 卫星电视信号落地转接服务

2. 增值税纳税人，年应税销售额超过财政部、国家税务总局规定的小规模纳税人标准的，除税法另有规定外，应当向其机构所在地主管税务机关办理一般纳税人登记。其中，年应税销售额包括（　　）。

A. 免税销售额　　　　　　　　　B. 稽查查补销售额

C. 纳税评估调整销售额　　　　　D. 税务机关代开发票销售额

3. 根据增值税法律制度的规定，下列各项中，属于文化创意服务的有（　　）。

A. 技术咨询服务　　　　　　　　B. 著作权转让服务

C. 知识产权服务　　　　　　　　D. 广告服务

4. 增值税的纳税期限包括（　　）日。

A. 1　　　　　　　　B. 3　　　　　　　　C. 4　　　　　　　　D. 5

5. 甲设计服务公司本年2月发生了下列业务（均取得了合法的扣税凭证），其中，相应的进项税额不得从销项税额中抵扣的有（　　）。

A. 购进设计用绘图纸一批

B. 购进职工工间饮用的冲调饮品一批

C. 组织职工去乙饭店就餐

D. 本月刚动工兴建的展览厅，因管理不善发生火灾，全部工程及购进的建筑用物资毁损

6. 下列各项中，属于增值税价外费用的有（　　）。

A. 销项税额

B. 违约金

C. 受托加工应征消费税的消费品所代收代缴的消费税

D. 包装物租金

7. 纳税人发生的下列转让行为中，按照销售无形资产征收增值税的有（　　）。

A. 转让专利技术使用权　　　　　B. 转让商标专用权

C. 转让土地使用权　　　　　　　D. 转让有价证券

三、判断题

1. 一般纳税人与小规模纳税人增值税的计税依据均为不含增值税的销售额。（　　）

2. 增值税扣缴义务发生时间为纳税人增值税纳税义务发生的次日。（　　）

3. 增值税一般纳税人资格实行认定制，认定事项由增值税纳税人向其主管税务机关办理。

（　　）

4. 按照增值税法律制度的规定，销售额和折扣额在同一张发票上的"金额"栏分别注

明的，可按折扣后的销售额征收增值税。 （ ）

5. 自 2018 年 1 月 1 日起，纳税人租入固定资产、不动产，既用于一般计税方法计税项目，又用于简易计税方法计税项目、免征增值税项目、集体福利或者个人消费的，其进项税额不得从销项税额中全额抵扣。 （ ）

6. 私营企业进口供残疾人专用的物品免征增值税。 （ ）

7. 纳税人提供电信业服务时，附带赠送用户识别卡、电信终端等货物或者电信业服务的，应将其取得的全部价款和价外费用进行分别核算，按各自适用的税率计算缴纳增值税。
（ ）

四、实务题

1. 甲企业为增值税一般纳税人，本年 3 月从国外进口一批原材料，海关审定的完税价格为 120 万元，该批原材料分别按 10% 和 13% 的税率向海关缴纳了关税和进口环节增值税，并取得了相关完税凭证。该批原材料当月加工成产品后全部在国内销售，取得销售收入 300 万元（不含增值税），同时支付运输费 6.54 万元（不含增值税），并取得运输公司（增值税一般纳税人）开具的增值税专用发票。已知该企业适用的增值税税率为 13%。

要求：计算甲企业本年 3 月的应纳增值税。

2. 甲企业为增值税一般纳税人，本年 1 月外购一批材料用于应税货物的生产，取得增值税专用发票，发票上注明价款 20 000 元、税额 2 600 元；外购一批材料用于应税货物和免税货物的生产，取得增值税专用发票，发票上注明价款 30 000 元、税额 3 900 元，但无法划分不得抵扣的进项税额，当月应税货物销售额 60 000 元，免税货物销售额 65 000 元。

要求：计算甲企业本年 1 月不可抵扣的进项税额。

3. 甲工业企业为增值税小规模纳税人，选择按月申报缴纳增值税。甲工业企业本年 3 月取得销售收入 20.2 万元（含增值税）；购进原材料一批，支付货款 3.09 万元（含增值税）。甲工业企业减按 1% 的征收率征收增值税。

要求：计算甲工业企业当月的应纳增值税。

4. 北京甲广告公司为增值税一般纳税人。本年 1 月，甲广告公司取得广告制作费 763.2 万元（含增值税），支付给山西某媒体的广告发布费为 280 万元（不含增值税），取得增值税专用发票。此外，甲广告公司本年 1 月可抵扣的进项税额为 15 万元。

要求：计算甲广告公司本年 1 月的应纳增值税。

5. 甲传媒有限责任公司（简称"甲公司"）主要经营电视剧、电影等广播影视节目的制作和发行，为增值税一般纳税人，满足增值税加计抵减政策的条件。本年 1 月甲公司发生如下业务。

（1）9 日，甲公司为某电视剧提供片头、片尾、片花制作服务，取得含增值税服务费 106 万元。

（2）9 日，甲公司购入 8 台计算机，用于甲公司的日常业务制作，支付含增值税价款 4.52 万元，取得增值税专用发票。

（3）10 日，甲公司购入一台小汽车，取得机动车销售统一发票，支付价税合计金额 11.3 万元。

（4）11 日，甲公司取得设计服务收入含增值税价款 63.6 万元。

（5）22 日，甲公司制作的电影在某影院开始上映，甲公司向某影院支付含增值税上映费用 15 万元，取得该影院的增值税专用发票（该影院为增值税一般纳税人，选择采用增值税简易计税方法）。

（6）25 日，甲公司支付增值税税控系统技术维护费用合计付款 700 元，取得增值税专用发票注明价款 660.38 元，税额 39.62 元。

要求：

（1）计算甲公司本年 1 月提供片头、片尾、片花制作服务取得收入应计算的增值税销项税额；

（2）计算甲公司本年 1 月购入计算机可以抵扣的增值税进项税额；

（3）计算甲公司本年 1 月购入小汽车可以抵扣的增值税进项税额；

（4）计算甲公司本年 1 月收取的设计服务收入应计算的增值税销项税额；

（5）计算甲公司本年 1 月支付影院的上映费用可以抵扣的增值税进项税额；

（6）计算甲公司本年 1 月的应纳增值税税额。

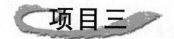

项目三

消费税纳税申报实务

■ 学习目标

（1）能界定消费税纳税人，判断哪些产品应当缴纳消费税，会选择消费税适用税率，能确定不同类别的应税消费品的消费税纳税义务环节。

（2）能根据相关业务资料计算直接对外销售应税消费品的应纳税额、自产自用应税消费品的应纳税额、委托加工应税消费品的应纳税额及对进口应税消费品的应纳税额。

（3）能判断哪些应税消费品出口业务予以免税、哪些应税消费品出口业务予以退税，并能计算退税额，能对发生退关或国外退货的应税消费品进行处理。

（4）能确定消费税的纳税义务发生时间、纳税期限和纳税地点，根据相关业务资料填写"消费税及附加税费申报表"及其附表，并能进行消费税的纳税申报。

任务一 消费税的认知

【任务引例】

甲公司从事卷烟批发，具体来说，主要从乙卷烟生产企业购入卷烟后对外批发。甲公司按规定从 2009 年 5 月 1 日起缴纳批发环节的消费税，请问在计算缴纳应纳消费税时，能否扣除乙卷烟生产企业已经缴纳的消费税？

一、消费税纳税人和代收代缴义务人的确定

1. 消费税的纳税人

消费税是对特定的消费品及消费行为征收的一种税。在我国，消费税是对我国境内从事生产、委托加工和进口应税消费品（属于应当征收消费税的消费品，以下简称应税消费品）的单位和个人，就其销售额或销售数量，在特定环节征收的一种税。

凡在中华人民共和国境内生产、委托加工和进口《中华人民共和国消费税暂行条例》（以下简称《消费税暂行条例》）规定的应税消费品的单位和个人，以及国务院确定的销售（批发或零售）《消费税暂行条例》规定的某些应税消费品的单位和个人，均为消费税纳税义务人。其中，境内是指生产、委托加工和进口应税消费品的起运地或所在地在境内；单位是指企业、行政单位、事业单位、军事单位、社会团体及其他单位；个人是指个体工商户及其他个人。

2. 消费税的代收代缴义务人

委托加工的应税消费品，除受托方为个人外，由受托方在向委托方交货时代收代缴税

款，该受托方为消费税的代收代缴义务人。

二、消费税征税范围的确定

1. 征税范围的确定原则

（1）某些过度消费会对人身健康、社会秩序、生态环境等方面造成危害的特殊消费品，如烟、酒、鞭炮、焰火、小汽车、摩托车、电池、涂料。

（2）某些高档消费品、奢侈品、非生活必需品，如高档化妆品、贵重首饰及珠宝玉石、高尔夫球及球具、高档手表、游艇。

（3）某些不可再生和替代的稀缺消费品，如成品油、木制一次性筷子、实木地板。

消费税的征税范围不是一成不变的，随着我国经济的发展，可以根据国家的政策和经济状况及消费结构的变化进行适当的调整。

2. 征税范围的具体规定

1）烟

烟是指以烟叶为原料加工生产的产品。烟的征收范围包括卷烟（进口卷烟、白包卷烟、手工卷烟和未经国务院批准纳入计划的企业及个人生产的卷烟）、雪茄烟和烟丝。

2）酒

酒是指酒精度在 1 度以上的各种酒类饮料。酒类包括粮食白酒、薯类白酒、黄酒、啤酒、果啤和其他酒。

3）高档化妆品

高档化妆品包括高档美容、修饰类化妆品，高档护肤类化妆品和成套化妆品。高档美容、修饰类化妆品和高档护肤类化妆品是指生产（进口）环节销售（完税）价格（不含增值税）在 10 元/毫升（克）或 15 元/片（张）及以上的美容、修饰类化妆品和护肤类化妆品。

舞台、戏剧、影视演员化妆用的上妆油、卸妆油、油彩，不属于本税目的征收范围。

4）贵重首饰及珠宝玉石

贵重首饰及珠宝玉石包括凡以金、银、白金、宝石、珍珠、钻石、翡翠、珊瑚、玛瑙等高贵稀有物质，以及其他金属、人造宝石等制作的各种纯金银首饰及镶嵌首饰和经采掘、打磨、加工的各种珠宝玉石。对出国人员免税商店销售的金银首饰也征收消费税。

5）鞭炮、焰火

鞭炮、焰火包括各种类型的鞭炮、焰火。体育上用的发令纸、鞭炮药引线，不按本税目征收。

6）成品油

成品油包括汽油、柴油、石脑油、溶剂油、航空煤油、润滑油、燃料油 7 个子目。

7）摩托车

摩托车包括轻便摩托车和摩托车两种。对最大设计车速不超过 50 千米/时，发动机汽缸总工作容量不超过 50 毫升的三轮摩托车不征收消费税。

8）小汽车

小汽车是指由动力驱动，具有 4 个或 4 个以上车轮的非轨道承载的车辆，电动车、沙滩车、雪地车、卡丁车、高尔夫车不属于消费税征税范围，不征收消费税。自 2016 年 12 月 1

日起，"小汽车"税目下增设"超豪华小汽车"子税目。征收范围为每辆零售价格 130 万元（不含增值税）及以上的乘用车和中轻型商用客车，即乘用车和中轻型商用客车子税目中的超豪华小汽车。

9）高尔夫球及球具

高尔夫球及球具是指从事高尔夫球运动所需的各种专用装备，包括高尔夫球、高尔夫球杆和高尔夫球包（袋）等。高尔夫球杆的杆头、杆身和握把属于本税目的征收范围。

10）高档手表

高档手表是指销售价格（不含增值税）每只在 10 000 元（含）以上的各类手表。本税目征收范围包括符合以上标准的各类手表。

11）游艇

游艇是指长度大于 8 米（含）小于 90 米（含），船体由玻璃钢、钢、铝合金、塑料等多种材料制作，可以在水上移动的水上浮载体。

12）木制一次性筷子

木制一次性筷子又称卫生筷子，是指以木材为原料经过锯段、浸泡、旋切、刨切、烘干、筛选、打磨、倒角、包装等环节加工而成的各类供一次性使用的筷子。

13）实木地板

实木地板是指以木材为原料，经锯割、干燥、刨光、截断、开榫、涂漆等工序加工而成的块状或条状的地面装饰材料。

14）电池

电池是一种将化学能、光能等直接转换为电能的装置，一般由电极、电解质、容器、极端，通常还由隔离层组成的基本功能单元，以及用一个或多个基本功能单元装配成的电池组。范围包括：原电池、蓄电池、燃料电池、太阳能电池和其他电池。

15）涂料

涂料是指涂于物体表面能形成具有保护、装饰或特殊性能的固态涂膜的一类液体或固体材料之总称。自 2015 年 2 月 1 日起，施工状态下挥发性有机物含量低于 420 克/升（含）的涂料免征消费税。

三、消费税税率的判定

消费税实行从价定率的比例税率、从量定额的定额税率和从价定率与从量定额相结合计算应纳税额的复合计税三种形式，设置了不同的税率。多数消费品采用比例税率，最高税率为 56%，最低税率为 1%；对成品油和黄酒、啤酒等实行定额税率；对卷烟、粮食白酒、薯类白酒实行从价定率与从量定额相结合计算应纳税额的复合计税办法。我国现行消费税税目税率如表 3-1 所示。

在消费税税率运用中应注意以下具体问题。

（1）对兼营不同税率的应税消费品适用税目、税率的规定。

对纳税人兼营不同税率的应税消费品，应当分别核算其销售额或销售数量。未分别核算销售额或销售数量的，或者将不同税率的应税消费品组成成套消费品销售的，从高适用税率征收。

表 3-1 消费税税目税率表

税 目	税 率
一、烟	
1. 卷烟	
（1）甲类卷烟（生产环节）	56% 加 0.003 元/支
（2）乙类卷烟（生产环节）	36% 加 0.003 元/支
（3）甲类卷烟和乙类卷烟（批发环节）	5%
2. 雪茄烟（生产环节）	36%
3. 烟丝（生产环节）	30%
二、酒	
1. 白酒（含粮食白酒和薯类白酒）	20% 加 0.5 元/500 克（或者 500 毫升）
2. 黄酒	240 元/吨
3. 啤酒	
（1）甲类啤酒	250 元/吨
（2）乙类啤酒	220 元/吨
4. 其他酒	10%
三、高档化妆品	15%
四、贵重首饰及珠宝玉石	
1. 金银首饰、铂金首饰和钻石及钻石饰品（零售环节）	5%（零售环节）
2. 其他贵重首饰和珠宝玉石	10%
五、鞭炮、焰火	15%
六、成品油	
1. 汽油	1.5 元/升
2. 柴油	1.20 元/升
3. 航空煤油	1.20 元/升（暂缓征收）
4. 石脑油	1.52 元/升
5. 溶剂油	1.52 元/升
6. 润滑油	1.52 元/升
7. 燃料油	1.20 元/升
七、摩托车	
1. 气缸容量（排气量，下同）为 250 毫升的	3%
2. 气缸容量在 250 毫升以上的	10%
八、小汽车	
1. 乘用车	
（1）气缸容量（排气量，下同）在 1.0 升（含 1.0 升）以下的	1%
（2）气缸容量在 1.0 升以上至 1.5 升（含 1.5 升）的	3%
（3）气缸容量在 1.5 升以上至 2.0 升（含 2.0 升）的	5%
（4）气缸容量在 2.0 升以上至 2.5 升（含 2.5 升）的	9%
（5）气缸容量在 2.5 升以上至 3.0 升（含 3.0 升）的	12%
（6）气缸容量在 3.0 升以上至 4.0 升（含 4.0 升）的	25%
（7）气缸容量在 4.0 升以上的	40%
2. 中轻型商用客车	5%
3. 超豪华小汽车（零售环节）	10%（零售环节），生产环节同乘用车和中轻型商用客车

续表

税　目	税　率
九、高尔夫球及球具	10%
十、高档手表	20%
十一、游艇	10%
十二、木制一次性筷子	5%
十三、实木地板	5%
十四、电池	4%
十五、涂料	4%

（2）对卷烟适用税目、税率的具体规定。

对白包卷烟、手工卷烟、自产自用没有同牌号规格调拨价格的卷烟、委托加工没有同牌号规格调拨价格的卷烟、未经国务院批准纳入计划的企业和个人生产的卷烟，除按定额税率征收外，一律按 56% 的比例税率征收。

（3）卷烟相关单位换算：1 标准箱 = 250 标准条，1 标准条 = 200 支，1 标准箱 = 50 000 支。卷烟在生产环节的定额税率为 0.003 元/支，相当于 0.6 元/标准条，150 元/标准箱。卷烟在批发环节的定额税率为 0.005 元/支，相当于 1 元/标准条，250 元/标准箱。

（4）甲类卷烟是指每标准条（200 支，下同）调拨价格在 70 元（不含增值税）以上（含 70 元）的卷烟；乙类卷烟是指每标准条调拨价格在 70 元（不含增值税）以下的卷烟。

（5）甲类啤酒是指每吨出厂价（含包装物及包装物押金）在 3 000 元以上（含 3 000 元，不含增值税）的啤酒；乙类啤酒是指每吨出厂价（含包装物及包装物押金）在 3 000 元以下（不含 3 000 元，不含增值税）的啤酒。

（6）消费税税目、税率的调整由国务院确定，地方无权调整。

四、消费税纳税义务环节的归类

消费税的纳税环节主要有生产环节、委托加工环节、进口环节、批发环节（仅适用于卷烟）、零售环节（仅适用于超豪华小汽车、金银首饰等）。

1. 消费税的基本纳税环节

纳税人生产的应税消费品，于纳税人销售（这里主要指出厂销售）时纳税。

纳税人自产自用的应税消费品，用于连续生产应税消费品的，不纳税；用于其他方面的，于移送使用时纳税。

委托加工的应税消费品，除受托方为个人外，由受托方在向委托方交货时代收代缴税款。

进口的应税消费品，于报关进口时纳税。

2. 金银首饰的纳税环节

自 1995 年 1 月 1 日起，金银首饰消费税由生产销售环节征收改为零售环节征收。改在零售环节征收消费税的金银首饰仅限于金基、银基合金首饰以及金、银和金基、银基合金的镶嵌首饰。从 2002 年 1 月 1 日起，钻石及钻石饰品消费税改为零售环节征收。从 2003 年 5 月 1 日起，铂金首饰消费税改为零售环节征收。金银首饰消费税适用税率为 5%，在纳税人销售金银首饰、铂金首饰、钻石及钻石饰品时征收。其计税依据是不含增值税的销售额。

对既销售金银首饰，又销售非金银首饰的生产、经营单位，应将两类商品划分清楚，分别核算销售额。凡划分不清楚或不能分别核算的，在生产环节销售的，一律从高适用税率征收消费税；在零售环节销售的，一律按金银首饰征收消费税。金银首饰与其他产品组成成套消费品销售，应按销售额全额征收消费税。

金银首饰连同包装物销售的，无论包装物是否单独计价，也无论会计上如何核算，均应并入金银首饰的销售额，计征消费税。

带料加工的金银首饰，应按受托方销售同类金银首饰的销售价格确定计税依据征收消费税。没有同类金银首饰销售价格的，按照组成计税价格计算纳税。

纳税人采用以旧换新（含翻新改制）方式销售的金银首饰，应按实际收取的不含增值税的全部价款确定计税依据征收消费税。

3. 卷烟的纳税环节

卷烟消费税在生产和批发两个环节征收。自 2009 年 5 月 1 日起，在卷烟批发环节加征一道从价税，在中华人民共和国境内从事卷烟批发业务的单位和个人，批发销售的所有牌号规格的卷烟，按其销售额（不含增值税）征收 5% 的消费税。纳税人应将卷烟销售额与其他商品销售额分开核算，未分开核算的，一并征收消费税。纳税人销售给纳税人以外的单位和个人的卷烟于销售时纳税。纳税人之间销售的卷烟不缴纳消费税。卷烟批发企业的机构所在地，总机构与分支机构不在同一地区的，由总机构申报纳税。自 2015 年 5 月 10 日起，将卷烟批发环节从价税税率由 5% 提高至 11%，并按 0.005 元/支加征从量税。纳税人兼营卷烟批发和零售业务的，应当分别核算批发和零售环节的销售额、销售数量；未分别核算批发和零售环节销售额、销售数量的，按照全部销售额、销售数量计征批发环节消费税。

【任务引例解析】

答 《财政部 国家税务总局关于调整烟产品消费税政策的通知》（财税〔2009〕84 号）规定，卷烟消费税在生产和批发两个环节征收后，批发企业在计算纳税时不得扣除已含的生产环节的消费税税款。因此，甲公司在计算应纳消费税税款时不得扣除生产环节已经缴纳的消费税税款。

4. "小汽车"税目下"超豪华小汽车"子税目的纳税环节

自 2016 年 12 月 1 日起，"小汽车"税目下增设"超豪华小汽车"子税目。征收范围为每辆零售价格 130 万元（不含增值税）及以上的乘用车和中轻型商用客车，即乘用车和中轻型商用客车子税目中的超豪华小汽车。对超豪华小汽车，在生产（进口）环节按现行税率征收消费税基础上，在零售环节加征消费税，税率为 10%。将超豪华小汽车销售给消费者的单位和个人为超豪华小汽车零售环节纳税人。

对我国驻外使领馆工作人员、外国驻华机构及人员、非居民常住人员、政府间协议规定等应税（消费税）进口自用，且完税价格 130 万元及以上的超豪华小汽车消费税，按照生产（进口）环节税率和零售环节税率（10%）加总计算，由海关代征。

任务二　消费税的计算

【任务引例】

　　甲公司是一家直销经营模式的高档化妆品生产企业，在直销经营模式下产品的生产与销售是实行"产销一体"的。请问对于直销经营模式下销售的消费税应税产品，在计算消费税时如何确定计税依据？

一、直接对外销售应税消费品应纳税额的计算

1. 从价定率办法下应纳税额的计算

实行从价定率办法计算的应纳税额基本计算公式为：

实行从价定率办法计算的应纳税额＝应税消费品的销售额×比例税率

应税消费品销售额的确定如下。

（1）销售额为纳税人销售应税消费品向购买方收取的全部价款和价外费用。其中，价外费用是指价外向购买方收取的手续费、补贴、基金、集资费、返还利润、奖励费、违约金、滞纳金、延期付款利息、赔偿金、代收款项、代垫款项、包装费、包装物租金、储备费、优质费、运输装卸费，以及其他各种性质的价外收费。但下列项目不包括在内。

① 同时符合以下条件的代垫运输费用：承运部门的运输费用发票开具给购买方的；纳税人将该项发票转交给购买方的。

② 同时符合以下条件代为收取的政府性基金或行政事业性收费：由国务院或财政部批准设立的政府性基金，由国务院或省级人民政府及其财政、价格主管部门批准设立的行政事业性收费；收取时开具省级以上财政部门印制的财政票据；所收款项全额上缴财政。

（2）应税消费品在缴纳消费税时，与一般货物一样，都还要缴纳增值税，因此，《中华人民共和国消费税暂行条例实施细则》明确规定，应税消费品的销售额，不包括应向购货方收取的增值税税额。如果纳税人应税消费品的销售额中未扣除增值税税款，或者因不得开具增值税专用发票而导致价款和增值税税款合并收取的，在计算消费税时，应当换算为不含增值税税款的销售额。其换算公式为：

应税消费品的销售额＝含增值税的销售额/（1+增值税税率或征收率）

（3）应税消费品连同包装物销售的，无论包装物是否单独计价，以及在会计上如何核算，均应并入应税消费品的销售额中缴纳消费税。如果包装物不作价随同产品销售，而是收取押金，此项押金则不应并入应税消费品的销售额中征税。但对因逾期未收回的包装物不再退还的，或者已收取的时间超过 12 个月的押金，应并入应税消费品的销售额，按照应税消费品的适用税率缴纳消费税。对既作价随同应税消费品销售，又另外收取押金的包装物，凡纳税人在规定的期限内没有退还的，其押金均应并入应税消费品的销售额，按照应税消费品的适用税率缴纳消费税。

自 1995 年 6 月 1 日起，对酒类（黄酒、啤酒除外）生产企业销售酒类产品而收取的包

装物押金，无论押金是否返还及在会计上如何核算，均需并入酒类产品销售额中，依据酒类产品的适用税率计征消费税。

（4）纳税人销售的应税消费品，以人民币以外的货币结算销售额的，其销售额的人民币折合率可以选择销售额发生的当天或当月1日的人民币汇率中间价。纳税人应在事先确定采用何种折合率，确定后1年内不得变更。

（5）纳税人通过自设非独立核算门市部销售自产应税消费品，应当按照门市部对外销售数额计算征收消费税。

【任务引例解析】

答　根据《消费税暂行条例》等法律法规的有关规定，纳税人生产销售的高档化妆品是以销售额作为计税依据的。销售额为纳税人销售应税消费品向购买方收取的全部价款和价外费用。纳税人应税消费品的计税价格明显偏低并无正当理由的，由主管税务机关核定其计税价格。

【情境实例3-1】

1. 工作任务要求

（1）计算甲公司本年2月销售高档化妆品的应税销售额。

（2）计算甲公司本年2月销售高档化妆品的增值税销项税额。

（3）计算甲公司本年2月销售高档化妆品的应纳消费税。

2. 情境实例设计

甲公司是一家化妆品生产企业，为增值税一般纳税人，本年2月15日向A企业销售高档化妆品一批，开具增值税专用发票，取得不含增值税销售额100万元；本年2月20日向B企业销售高档化妆品一批，开具普通发票，取得含增值税销售额33.9万元。高档化妆品适用的消费税税率为15%。

3. 任务实施过程

（1）高档化妆品的应税销售额＝100+33.9/（1+13%）＝130（万元）

（2）增值税销项税额＝130×13%＝16.9（万元）

（3）应纳消费税＝130×15%＝19.5（万元）

2. 从量定额办法下应纳税额的计算

实行从量定额办法计算的应纳税额基本计算公式为：

实行从量定额办法计算的应纳税额＝应税消费品的销售数量×定额税率

1）应税消费品销售数量的确定

根据应税消费品的应税行为，应税消费品的销售数量具体规定如下。

（1）销售（一般是指出厂销售）应税消费品的，为应税消费品的销售数量。纳税人通过自设的非独立核算门市部销售自产应税消费品的，应当按照门市部对外销售数量征收消费税。

（2）自产自用应税消费品的（用于连续生产应税消费品的除外①），为应税消费品的移送使用数量。

（3）委托加工应税消费品的，为纳税人收回的应税消费品数量。

（4）进口的应税消费品，为海关核定的应税消费品进口征税数量。

2）计量单位的换算标准

按照消费税的规定，对黄酒、啤酒、成品油等应税消费品采取从量定额办法计算应纳税额。其计量单位的换算标准如表3-2所示。

表3-2 应税消费品计量单位的换算标准

序　号	名　称	计量单位的换算单位
1	黄酒	1 吨=962 升
2	啤酒	1 吨=988 升
3	汽油	1 吨=1 388 升
4	柴油	1 吨=1 176 升
5	航空煤油	1 吨=1 246 升
6	石脑油	1 吨=1 385 升
7	溶剂油	1 吨=1 282 升
8	润滑油	1 吨=1 126 升
9	燃料油	1 吨=1 015 升

【情境实例 3-2】

1. 工作任务要求

计算甲啤酒厂本年1月、2月的应纳消费税。

2. 情境实例设计

甲啤酒厂为增值税一般纳税人，本年1月销售啤酒400吨，每吨出厂价格3 200元（含增值税），收取包装物及包装物押金80元；甲啤酒厂本年2月销售啤酒500吨，每吨出厂价格3 400元（含增值税），收取包装物及包装物押金80元。

3. 任务实施过程

每吨出厂价（含包装物及包装物押金，下同）在3 000元以上（含3 000元，不含增值税）的啤酒，适用定额税率为250元/吨；每吨出厂价在3 000元以下（不含3 000元，不含增值税）的啤酒，适用定额税率为220元/吨。

本年1月每吨出厂价（含包装物及包装物押金）=（3 200+80)/(1+13%)= 2 902.65（元）

本年1月应纳消费税=销售数量×定额税率=400×220=88 000（元）

本年2月每吨出厂价（含包装物及包装物押金）=（3 400+80)/(1+13%)= 3 079.65（元）

本年2月应纳消费税=销售数量×定额税率=500×250=125 000（元）

3. 从价定率和从量定额复合计税办法下应纳税额的计算

现行消费税的征税范围中，只有卷烟及白酒（粮食白酒和薯类白酒）实行从价定率和

---

① 注：将自产自用的应税消费品用于连续生产应税消费品，在此移送环节不纳税。

从量定额复合计税（简称复合计税）办法。其基本计算公式为：

实行复合计税办法计算的应纳税额=应税消费品的销售额×比例税率+
应税消费品的销售数量×定额税率

生产销售卷烟或白酒从量定额的计税依据为实际销售数量。进口、委托加工、自产自用卷烟或白酒从量定额的计税依据分别为海关核定的进口征税数量、委托方收回数量、移送使用数量。

1）卷烟最低计税价格的核定

根据国家税务总局令第26号，自2012年1月1日起，卷烟消费税最低计税价格核定范围为卷烟生产企业在生产环节销售的所有牌号、规格的卷烟。

计税价格由国家税务总局按照卷烟批发环节销售价格扣除卷烟批发环节批发毛利核定并发布。计税价格的核定公式如下：

某牌号、规格卷烟计税价格=批发环节销售价格×（1−适用批发毛利率）

卷烟批发环节销售价格，按照税务机关采集的所有卷烟批发企业在价格采集期内销售的该牌号、规格卷烟的数量与销售额进行加权平均计算。其计算公式如下：

$$批发环节销售价格 = \frac{\sum 该牌号、规格卷烟各采集点的销售额}{\sum 该牌号、规格卷烟各采集点的销售数量}$$

实际销售价格高于核定计税价格的卷烟，按实际销售价格征收消费税；反之，按计税价格征税。

2）白酒计税依据中从价定率部分的特殊规定

（1）白酒生产企业向商业销售单位收取的"品牌使用费"是随着应税白酒的销售而向购货方收取的，属于应税白酒销售价款的组成部分，因此无论企业采取何种方式或以何种名义收取价款，均应并入白酒的销售额中缴纳消费税。

（2）从2009年8月1日起，白酒生产企业销售给销售单位的白酒，生产企业消费税计税价格低于销售单位对外销售价格70%以下的，税务机关应核定消费税最低计税价格；白酒生产企业销售给销售单位的白酒，生产企业消费税计税价格高于销售单位对外销售价格70%（含）以上的，税务机关暂不核定消费税最低计税价格。

（3）最低计税价格的核定。

① 最低计税价格的核定标准。白酒生产企业销售给销售单位的白酒，生产企业消费税计税价格低于销售单位对外销售价格70%以下的，消费税最低计税价格由税务机关根据生产规模、白酒品牌、利润水平等情况，在销售单位对外销售价格50%～70%范围内自行核定。其中，生产规模较大、利润水平较高的企业生产的需要核定消费税最低计税价格的白酒，税务机关核价幅度原则上应选择在销售单位对外销售价格60%～70%范围内。

② 从高适用计税价格。已核定最低计税价格的白酒，生产企业实际销售价格高于消费税最低计税价格的，按实际销售价格申报纳税；实际销售价格低于消费税最低计税价格的，按最低计税价格申报纳税。

③ 重新核定计税价格。已核定最低计税价格的白酒，销售单位对外销售价格持续上涨或下降时间达到3个月以上、累计上涨或下降幅度在20%（含）以上的白酒，税务机关重新核定最低计税价格。

白酒生产企业在办理消费税纳税申报时，应附已核定最低计税价格白酒清单。

【情境实例 3-3】

1. 工作任务要求

计算甲酒厂的应纳消费税。

2. 情境实例设计

甲酒厂为增值税一般纳税人，本年 1 月生产白酒 180 箱，每箱净重 30 千克，取得不含税销售收入 60 000 元，收取包装物押金 2 260 元，押金单独记账，货款及押金均收到。白酒的消费税定额税率为 0.5 元/500 克，比例税率为 20%。

3. 任务实施过程

甲酒厂应纳消费税 = [60 000+2 260/(1+13%)]×20%+180×30×2×0.5 = 17 800 （元）

3）外购应税消费品已纳消费税扣除的计算

由于某些应税消费品是用外购已缴纳消费税的应税消费品连续生产出来的，在对这些连续生产出来的应税消费品计算征税时，税法规定应按当期生产领用应税消费品的买价（或数量）计算准予扣除外购的应税消费品已纳的消费税税款。其扣除范围包括以下内容。

（1）外购已税烟丝生产的卷烟。

（2）外购已税高档化妆品生产的高档化妆品。

（3）外购已税珠宝玉石生产的贵重首饰及珠宝玉石。

（4）外购已税鞭炮焰火生产的鞭炮焰火。

（5）外购已税摩托车生产的摩托车（如用外购两轮摩托车改装三轮摩托车）。

（6）外购已税杆头、杆身和握把为原料生产的高尔夫球杆。

（7）外购已税木制一次性筷子为原料生产的木制一次性筷子。

（8）外购已税实木地板为原料生产的实木地板。

（9）外购已税汽油、柴油、石脑油、燃料油、润滑油生产的应税成品油。

自 2015 年 5 月 1 日起，从葡萄酒生产企业购进、进口葡萄酒连续生产应税葡萄酒的，准予从葡萄酒消费税应纳税额中扣除所耗用应税葡萄酒已纳消费税税款。

上述当期准予扣除外购应税消费品已纳消费税税款的计算公式为：

当期准予扣除外购应税消费品已纳税款 = 当期准予扣除外购应税消费品的买价（或数量）×
外购应税消费品适用比例税率（或定额税率）

当期准予扣除外购应税消费品的买价（或数量）= 期初库存的外购应税消费品的买价（或数量）+
当期购进的外购应税消费品的买价（或数量）-
期末库存的外购应税消费品的买价（或数量）

其中，外购应税消费品的买价是指购货发票上注明的销售额（不含增值税）。需要说明的是，纳税人用外购已税珠宝玉石生产的改在零售环节征收消费税的金银首饰，在计税时一律不得扣除外购已税珠宝玉石已纳税款。

【情境实例 3-4】

1. 工作任务要求

计算甲卷烟厂的应纳消费税。

2. 情境实例设计

甲卷烟厂为增值税一般纳税人，本年 1 月外购已税烟丝的价款为 100 000 元（不含增值税），月初库存外购已税烟丝 75 000 元（不含增值税），月末库存外购已税烟丝 36 000 元（不含增值税）；当月以外购烟丝生产卷烟的销售量为 25 个标准箱，每标准条调拨价格 40 元，共计 250 000 元（不含增值税）。已知：1 标准箱＝250 标准条，1 标准条＝200 支。

3. 任务实施过程

当期准予扣除的外购应税消费品买价＝75 000＋100 000－36 000＝139 000（元）

当期准予扣除的外购应税消费品已纳税款＝139 000×30%＝41 700（元）

该卷烟每标准条调拨价格＝40 元＜70 元，因此为乙类卷烟，适用的消费税税率为 36%。

当期应纳消费税＝250 000×36%＋25×250×200×0.003－41 700＝93 750－41 700＝52 050（元）

二、自产自用应税消费品的计算

1. 自产自用应税消费品的确定

自产自用，是指纳税人生产应税消费品后，不是用于直接对外销售，而是用于自己连续生产应税消费品，或者用于其他方面。如果纳税人用于连续生产应税消费品，在自产自用环节不缴纳消费税；如果纳税人用于其他方面，一律于移送使用时，按视同销售缴纳消费税。用于其他方面包括用于本企业连续生产非应税消费品、在建工程、管理部门、非生产机构、提供劳务、馈赠、赞助、集资、广告、样品、职工福利、奖励等方面。

2. 自产自用应税消费品计税依据的确定

1）实行从价定率办法计算纳税的自产自用应税消费品计税依据的确定

实行从价定率办法计算纳税的自产自用应税消费品按照纳税人生产的同类消费品的销售价格计算纳税；没有同类消费品销售价格的，按照组成计税价格计算纳税。

实行从价定率办法计算纳税的组成计税价格计算公式为：

$$组成计税价格＝（成本＋利润）/（1－比例税率）$$
$$＝成本×（1＋成本利润率）/（1－比例税率）$$

2）实行从量定额办法计算纳税的自产自用应税消费品计税依据的确定

实行从量定额办法计算纳税的自产自用应税消费品计税依据为移送使用数量。

3）实行复合计税办法计算纳税的自产自用应税消费品计税依据的确定

从价部分，按照纳税人生产的同类消费品的销售价格计算纳税；没有同类消费品销售价格的，按照组成计税价格计算纳税。从量部分，按照纳税人自产自用应税消费品的移送使用数量作为计税依据计算纳税。

实行复合计税办法计算纳税的组成计税价格计算公式为：

$$组成计税价格＝（成本＋利润＋自产自用数量×定额税率）/（1－比例税率）$$
$$＝［成本×（1＋成本利润率）＋自产自用数量×定额税率］/（1－比例税率）$$

其中，上述"同类消费品的销售价格"是指纳税人当月销售的同类消费品的销售价格，如果当月同类消费品各期销售价格高低不同，应按销售数量加权平均计算。但销售的应税消费品有下列情况之一的，不得列入加权平均计算：

① 销售价格明显偏低且无正当理由的；

② 无销售价格的。

如果当月无销售或当月未完结，应按照同类消费品上月或最近月份的销售价格计算纳税。

上述公式中的"成本"是指应税消费品的产品生产成本。

上述公式中的"利润"是指根据应税消费品的全国平均成本利润率计算的利润。应税消费品全国平均成本利润率由国家税务总局确定。

应税消费品全国平均成本利润率（含新增和调整后的应税消费品）如表3-3所示。

表3-3 应税消费品全国平均成本利润率

消费品	全国平均成本利润率/%	消费品	全国平均成本利润率/%
甲类卷烟	10	摩托车	6
乙类卷烟	5	高尔夫球及球具	10
雪茄烟	5	高档手表	20
烟丝	5	游艇	10
粮食白酒	10	木制一次性筷子	5
薯类白酒	5	实木地板	5
其他酒	5	乘用车	8
高档化妆品	5	中轻型商用客车	5
鞭炮、焰火	5	电池	4
贵重首饰及珠宝玉石	6	涂料	7

3. 自产自用应税消费品应纳税额的计算

（1）实行从价定率办法计算纳税的自产自用应税消费品应纳税额的计算公式如下。

① 有同类消费品销售价格的：

应纳税额＝同类应税消费品单位销售价格×自产自用数量×比例税率

② 没有同类消费品销售价格的：

应纳税额＝组成计税价格×比例税率

（2）实行从量定额办法计算纳税的自产自用应税消费品应纳税额的计算公式为：

应纳税额＝自产自用数量×定额税率

（3）实行复合计税办法计算纳税的自产自用应税消费品应纳税额的计算公式如下。

① 有同类消费品销售价格的：

应纳税额＝同类应税消费品单位销售价格×自产自用数量×比例税率＋
自产自用数量×定额税率

② 没有同类消费品销售价格的：

应纳税额＝组成计税价格×比例税率＋自产自用数量×定额税率

【情境实例3-5】

1. 工作任务要求

（1）计算甲鞭炮厂本年1月自产鞭炮组成计税价格。

（2）计算甲鞭炮厂本年1月该批鞭炮的应纳消费税。

2. 情境实例设计

甲鞭炮厂为增值税一般纳税人，本年1月将一批自产鞭炮用于职工福利，鞭炮生产成本为 17 000 元，成本利润率为 5%，无同类产品销售价格。鞭炮适用的消费税税率为 15%。

3. 任务实施过程

（1）组成计税价格 =［17 000×（1+5%）］/（1-15%）= 21 000（元）

（2）应纳消费税 = 21 000×15% = 3 150（元）

【情境实例 3-6】

1. 工作任务要求

（1）计算甲白酒厂本年1月自产粮食白酒的组成计税价格。

（2）计算甲白酒厂本年1月该批粮食白酒的应纳消费税。

2. 情境实例设计

甲白酒厂为增值税一般纳税人，本年1月特制一批粮食白酒作为样品，该批白酒无市场销售价格。税务机关确定按组成计税价格计算税款。该批白酒成本为 60 000 元，共 1 000 千克。白酒的成本利润率为 10%，白酒的比例税率为 20%，白酒的定额税率为 0.5 元/500 克。

3. 任务实施过程

（1）甲白酒厂组成计税价格 =［60 000×（1+10%）+（1 000×2×0.5）］/（1-20%）= 83 750（元）

（2）甲白酒厂应纳消费税 = 83 750×20%+1 000×2×0.5 = 17 750（元）

三、委托加工应税消费品应纳税额的计算

1. 委托加工应税消费品的确定

委托加工的应税消费品是指由委托方提供原料和主要材料，受托方只收取加工费和代垫部分辅助材料加工的应税消费品。对于由受托方提供原材料生产的应税消费品，或者受托方先将原材料卖给委托方，然后再接受加工的应税消费品，以及由受托方以委托方名义购进原材料生产的应税消费品，无论在财务上是否作销售处理，都不得作为委托加工应税消费品，而应当按照销售自制应税消费品缴纳消费税。

委托加工的应税消费品，除受托方为个人外，由受托方在向委托方交货时代收代缴税款。委托加工收回的应税消费品，委托方用于连续生产应税消费品的，所纳税款准予按规定抵扣。委托加工的应税消费品收回后直接出售的，不再缴纳消费税。委托方将收回的应税消费品，以不高于受托方的计税价格出售的，为直接出售，不再缴纳消费税；委托方以高于受托方的计税价格出售的，不属于直接出售，需按照规定申报缴纳消费税，在计税时准予扣除受托方已代收代缴的消费税。委托个人加工的应税消费品，由委托方收回后缴纳消费税。

2. 委托加工应税消费品计税依据的确定

1）实行从价定率办法计算纳税的委托加工应税消费品计税依据的确定

实行从价定率办法计算纳税的委托加工应税消费品按照受托方的同类消费品的销售价格计算纳税；没有同类消费品销售价格的，按照组成计税价格计算纳税。

实行从价定率办法计算纳税的组成计税价格计算公式为：

组成计税价格 =（材料成本+加工费）/（1-比例税率）

2）实行从量定额办法计算纳税的委托加工应税消费品计税依据的确定

实行从量定额办法计算纳税的委托加工应税消费品计税依据为委托加工收回的应税消费品数量（委托加工数量）。

3）实行复合计税办法计算纳税的委托加工应税消费品计税依据的确定

从价部分，按照受托方的同类消费品的销售价格计算纳税；没有同类消费品销售价格的，按照组成计税价格计算纳税。从量部分，按照纳税人委托加工数量作为计税依据计算纳税。

实行复合计税办法计算纳税的组成计税价格计算公式为：

组成计税价格=（材料成本+加工费+委托加工数量×定额税率）/（1-比例税率）

其中，第1）项和第3）项各组成计税价格公式中的"材料成本"是指委托方所提供加工的材料实际成本。委托加工应税消费品的纳税人，必须在委托加工合同上如实注明（或者以其他方式提供）材料成本。凡未提供材料成本的，受托方主管税务机关有权核定其材料成本。"加工费"是受托方加工应税消费品向委托方收取的全部费用（包括代垫的辅助材料实际成本）。

3. 委托加工应税消费品应纳税额的计算

（1）实行从价定率办法计算纳税的委托加工应税消费品应纳税额的计算公式如下。

① 受托方有同类消费品销售价格的：

应纳税额=同类应税消费品单位销售价格×委托加工数量×比例税率

② 受托方没有同类消费品销售价格的：

应纳税额=组成计税价格×比例税率

（2）实行从量定额办法计算纳税的委托加工应税消费品应纳税额的计算公式为：

应纳税额=委托加工数量×定额税率

（3）实行复合计税办法计算纳税的委托加工应税消费品应纳税额的计算公式如下。

① 受托方有同类消费品销售价格的：

应纳税额=同类应税消费品单位销售价格×委托加工数量×

比例税率+委托加工数量×定额税率

② 受托方没有同类消费品销售价格的：

应纳税额=组成计税价格×比例税率+委托加工数量×定额税率

【情境实例3-7】

1. 工作任务要求

（1）计算甲公司本年1月委托乙公司加工的烟丝的组成计税价格。

（2）计算乙公司本年1月应代收代缴的消费税。

2. 情境实例设计

甲公司和乙公司均为增值税一般纳税人。甲公司本年1月委托乙公司加工一批烟丝，甲公司提供原材料烟叶，已知成本为60万元，支付给乙公司加工费27.12万元（含增值税），取得乙公司开具增值税专用发票，发票上注明价款24万元、增值税税额3.12万元，乙公司无同类产品销售价格。烟丝适用的消费税税率为30%。要求：（1）计算甲公司委托乙公司加工的烟丝的组成计税价格；（2）计算乙公司应代收代缴的消费税税额。

3. 任务实施过程

（1）组成计税价格＝（60+24）/（1−30%）= 120（万元）

（2）乙公司应代收代缴的消费税＝120×30%＝36（万元）

【情境实例 3-8】

1. 工作任务要求

（1）计算甲酒厂本年 1 月委托乙酒厂加工的粮食白酒的组成计税价格。

（2）计算乙酒厂本年 1 月应代收代缴的消费税税额。

（3）计算甲酒厂本年 1 月销售委托加工收回的白酒应缴纳的消费税税额。

2. 情境实例设计

甲酒厂和乙酒厂均为增值税一般纳税人。甲酒厂本年 1 月提供 250 吨粮食（成本 30 万元），委托乙酒厂加工成粮食白酒 50 吨。乙酒厂收取加工费 7 万元（不含增值税），乙酒厂垫付辅助材料费 3 万元（不含增值税），甲酒厂均收到了乙酒厂开具的增值税专用发票。乙酒厂无同类粮食白酒售价。甲酒厂将委托加工收回的粮食白酒以 80 万元（不含增值税）的价格对外全部销售。白酒的比例税率为 20%，白酒的定额税率为 0.5 元/500 克。

3. 任务实施过程

（1）组成计税价格＝（30+7.5+3+50×1 000×2×0.5/10 000）/（1−20%）= 56.25（万元）

（2）乙酒厂应代收代缴的消费税＝56.25×20% +50×1 000×2×0.5/10 000＝16.25（万元）

（3）甲酒厂销售委托加工收回的白酒应纳消费税＝80×20% +50×1000×2×0.5/10 000−16.25＝21−16.25＝4.75（万元）

4. 委托加工收回的应税消费品已纳税款的扣除

委托加工的应税消费品因为已由受托方代收代缴消费税，因此委托方收回货物后用于连续生产应税消费品的，其已纳税款准予按照规定从连续生产的应税消费品应纳税额中扣除。其扣除范围包括以下内容。

（1）以委托加工收回的已税烟丝为原料生产的卷烟。

（2）以委托加工收回的已税高档化妆品为原料生产的高档化妆品。

（3）以委托加工收回的已税珠宝玉石为原料生产的贵重首饰及珠宝玉石。

（4）以委托加工收回的已税鞭炮焰火为原料生产的鞭炮焰火。

（5）以委托加工收回的已税摩托车生产的摩托车。

（6）以委托加工收回的已税杆头、杆身和握把为原料生产的高尔夫球杆。

（7）以委托加工收回的已税木制一次性筷子为原料生产的木制一次性筷子。

（8）以委托加工收回的已税实木地板为原料生产的实木地板。

（9）以委托加工收回的已税汽油、柴油、石脑油、燃料油为原料生产的应税成品油。

上述委托加工收回的应税消费品连续生产的应税消费品准予从应纳消费税税额中按当期生产领用数量计算扣除其已纳消费税款。当期准予扣除的委托加工应税消费品已纳税款的计算公式为：

当期准予扣除的委托加工应税消费品已纳税款＝期初库存的委托加工应税消费品已纳税款+当期收回的委托加工应税消费品已纳税款−期末库存的委托加工应税消费品已纳税款

纳税人用委托加工收回的已税珠宝玉石生产的改在零售环节征收消费税的金银首饰，在计税时一律不得扣除已税珠宝玉石的已纳税款。

【情境实例 3-9】

1. 工作任务要求

（1）计算甲日化工厂本年 1 月准予扣除的委托加工应税消费品已纳税款。

（2）计算甲日化工厂本年 1 月的应纳消费税。

2. 情境实例设计

甲日化工厂为增值税一般纳税人，本年 1 月委托 A 厂加工高档化妆品，收回高档化妆品时被 A 厂代收代缴消费税 400 元；委托 B 厂加工高档化妆品，收回高档化妆品时被 B 厂代收代缴消费税 500 元。甲日化工厂将上述两种高档化妆品收回后继续加工生产某高档化妆品出售，当月销售额 15 000 元。甲日化工厂期初库存的委托加工高档化妆品已纳税款 270 元，期末库存的委托加工高档化妆品已纳税款 330 元。

3. 任务实施过程

本年 1 月准予扣除的委托加工高档化妆品已纳税款＝270+（400+500）－330＝840（元）

本年 1 月应纳消费税＝15 000×15%－840＝1 410（元）

四、进口应税消费品应纳税额的计算

1. 进口应税消费品计税依据的确定

纳税人进口应税消费品，按照组成计税价格和规定的税率计算应纳税额。

1）实行从价定率办法计算纳税的进口应税消费品计税依据的确定

按照组成计税价格计算纳税。

实行从价定率办法计算纳税的组成计税价格计算公式为：

$$组成计税价格＝（关税完税价格+关税）/（1-比例税率）$$

2）实行从量定额办法计算纳税的进口应税消费品计税依据的确定

实行从量定额办法计算纳税的进口应税消费品计税依据为海关核定的应税消费品的进口数量。

3）实行复合计税办法计算纳税的进口应税消费品计税依据的确定

从价部分，按照组成计税价格计算纳税；从量部分，按照海关核定的应税消费品的进口数量作为计税依据计算纳税。

实行复合计税办法计算纳税的组成计税价格计算公式为：

$$组成计税价格＝（关税完税价格+关税+海关核定的应税消费品的进口数量×$$
$$定额税率）/（1-比例税率）$$

式中，"关税完税价格"是指海关核定的关税计税价格。

2. 进口应税消费品应纳税额的计算

（1）实行从价定率办法计算纳税的进口应税消费品应纳税额的计算公式为：

$$应纳税额＝组成计税价格×比例税率$$

（2）实行从量定额办法计算纳税的进口应税消费品应纳税额的计算公式为：

$$应纳税额＝海关核定的应税消费品的进口数量×定额税率$$

（3）实行复合计税办法计算纳税的进口应税消费品应纳税额的计算公式为：

应纳税额＝组成计税价格×比例税率+海关核定的应税消费品的进口数量×定额税率

【情境实例 3-10】

1. 工作任务要求

(1) 计算甲公司本年 1 月进口环节的应纳关税。

(2) 计算甲公司本年 1 月进口应税消费品的组成计税价格。

(3) 计算甲公司本年 1 月进口环节的应纳消费税。

(4) 计算甲公司本年 1 月进口环节的应纳增值税。

2. 情境实例设计

甲公司为一家进出口公司,本年 1 月进口白酒 200 吨,关税完税价格为 3 000 万元,关税税率为 30%。

3. 任务实施过程

(1) 甲公司应纳关税 = 3 000×30% = 900 (万元)

(2) 甲公司组成计税价格 = (3 000+900+200×1 000×2×0.5/10 000)/(1-20%) = 4 900 (万元)

(3) 甲公司应纳消费税 = 4 900×20%+200×1 000×2×0.5/10 000 = 1 000 (万元)

(4) 甲公司应纳增值税 = (3 000+900+1 000)×13% = 4 900×13% = 637 (万元)

【情境实战 3-1——消费税应纳税额的计算】

1. 工作任务要求

计算山东恒运立达卷烟有限公司 2022 年 1 月应缴纳的消费税税额。

2. 情境实战设计

山东恒运立达卷烟有限公司为增值税一般纳税人,纳税人识别号为 91410150258325288K,办税员:孙云,财务负责人:赵小刚,联系电话:0531-899125××,主要生产销售立运牌卷烟,立运牌卷烟平均售价 100 元/条 (不含增值税),2022 年 1 月发生下列经济业务:

(1) 移送烟叶一批委托位于某县城的 A 加工厂加工烟丝 1.5 吨,所移送的烟叶成本为 30 万元,A 加工厂提供辅料,A 加工厂共收取辅料及加工费 5 万元 (不含增值税),A 加工厂开具增值税专用发票给山东恒运立达卷烟有限公司。A 加工厂加工完烟丝后,直接将烟丝发给山东恒运立达卷烟有限公司。山东立运卷烟公司收到了 A 加工厂的消费税代收代缴税款凭证,注明消费税 15 万元[[(30+5)/(1-30%)]×30%] (没有同类产品售价,因此按照组成计税价格计算消费税)。山东立运卷烟公司生产车间本月领用上述委托加工收回烟丝的 60% 用于生产立运牌卷烟。

(2) 外购已税烟丝,取得增值税专用发票,发票上注明金额 50 万元、增值税额 6.5 万元,本月生产领用其中的 80% 用于生产立运牌卷烟。

(3) 向当地 B 烟草商贸公司销售立运牌卷烟 100 标准箱 (1 标准箱 = 250 标准条,1 标准条 = 200 支),取得不含税销售额 250 万元,并收取包装物租金共计 22.6 万元。

(4) 本月没收立运牌卷烟逾期包装物押金 5.65 元。

(5) 本月 12 日缴纳上月应缴未缴消费税 120 万元。

山东恒运立达卷烟有限公司取得的增值税专用发票 2022 年 1 月均符合抵扣规定。卷烟定额税率为每支 0.003 元;比例税率为每标准条对外调拨价格在 70 元以上 (含 70 元) 的,税率 56%，70 元以下的，税率 36%，烟丝消费税税率 30%。

3. 实战操作步骤

第一步：逐笔计算未扣除委托加工和外购已税消费品消费税之前的应纳消费税。

100 标准箱＝100×250＝25 000（标准条）＝25 000×200＝5 000 000（支）

销售卷烟应纳消费税＝250×10 000×56% +[22.6×10 000/（1+13%）]×56% +5 000 000× 0.003＝1 527 000（元）

没收包装物押金应纳消费税＝[5.65×10 000/（1+13%）]×56%＝28 000（元）

第二步：计算委托加工和外购已税消费品本期可以扣除的消费税。

当期领用委托加工收回烟丝的 60% 用于生产立运牌卷烟，则可以扣除的烟丝已纳消费税＝15×60%×10 000＝90 000（元）

当期领用外购烟丝的 80% 用于生产立运牌卷烟，则可以扣除的烟丝已纳消费税＝50× 30%×80%×10 000 ＝120 000（元）

第三步：计算当期应纳消费税。

当期应纳消费税合计＝1 527 000+28 000＝1 555 000（元）

第四步：计算当期应补（退）消费税。

本期应补（退）消费税＝1 555 000-90 000-120 000＝1 345 000（元）

任务三　消费税出口退（免）税的计算

【任务引例】

甲公司为一家生产企业，直接出口应税消费品享受增值税出口退税政策。请问：甲公司出口应税消费品时对于消费税也予以退税吗？

一、出口应税消费品的免税

出口应税消费品的免税主要适用于生产企业直接出口或委托外贸企业出口应税消费品。

对出口应税消费品予以免税的情况，有关规定为生产企业直接出口应税消费品或委托外贸企业出口应税消费品，不予计算缴纳消费税。

【任务引例解析】

答　生产企业直接出口应税消费品或委托外贸企业出口应税消费品，不予计算缴纳消费税，即该应税消费品出口时，已不含有消费税，因此，出口应税消费品时对于消费税不予退税。

二、出口应税消费品的退税

出口应税消费品的退税主要适用于外贸企业自营出口或委托其他外贸企业代理出口应税

消费品。

1. 出口应税消费品的企业

出口应税消费品的退税，原则上应将所征税款全部退还给出口企业，即采取先征后退办法。出口应税消费品退税的企业范围主要包括以下企业：

（1）有出口经营权的外贸公司、工贸公司；

（2）特定出口退税企业，如对外承包工程公司、外轮供应公司等。

2. 出口应税消费品退税的范围

1）具备出口条件，给予退税的消费品

这类消费品必须具备4个条件：属于消费税征税范围的消费品；取得消费税税收（出口货物专用）缴款书、增值税专用发票（税款抵扣联）、出口货物报关单（出口退税联）、出口收汇核销单；必须报关离境；在财务上作出口销售处理。

2）不具备出口条件，也给予退税的消费品

如对外承包工程公司运出境外用于对外承包项目的消费品，外轮供应公司、远洋运输供应公司销售给外轮、远洋货轮而收取外汇的消费品等。

3. 出口应税消费品退税的税率

计算出口应税消费品应退消费税的比例税率或单位税额，严格按照《消费税暂行条例》所附的"消费税税目税率表"执行。当出口的货物是应税消费品时，其退还增值税要按规定的增值税退税率计算，而其退还消费税则按应税消费品所适用的消费税税率计算。企业应将不同消费税税率的出口应税消费品分开核算和申报，凡划分不清适用税率的，一律从低适用税率计算应退消费税税额。

4. 出口应税消费品退税的计税依据和退税的计算

1）退税的计税依据

出口货物的消费税应退税额的计税依据，按购进出口货物的消费税专用缴款书和海关进口消费税专用缴款书确定。

属于从价定率计征消费税的，为已征且未在内销应税消费品应纳税额中抵扣的购进出口货物金额；属于从量定额计征消费税的，为已征且未在内销应税消费品应纳税额中抵扣的购进出口货物数量；属于复合计征消费税的，按从价定率和从量定额的计税依据分别确定。

2）退税的计算

外贸企业自营出口或委托其他外贸企业代理出口货物的应退消费税税额，应分别按上述计税依据和"消费税税目税率表"规定的税率计算应退税额。其计算公式为：

消费税应退税额＝从价定率计征消费税的退税计税依据×比例税率+从量定额计征消费税的退税计税依据×定额税率

【情境实例3-11】

1. 工作任务要求

计算甲外贸公司本年1月出口高档化妆品应退的增值税和消费税。

2. 情境实例设计

甲外贸公司为增值税一般纳税人，具有出口经营权，本年1月从乙化妆品生产企业购进高档化妆品一批，取得增值税专用发票注明价款20万元、税额2.6万元，当月该批高档化妆品全部出口并取得销售收入30万元。该批高档化妆品适用的增值税退税率为13%，适用的消费税税率为15%。

3. 任务实施过程

应退的增值税=20×13%=2.6（万元）

应退的消费税=20×15%=3（万元）

应退的增值税和消费税合计=2.6+3=5.6（万元）

三、消费税出口退（免）税的其他有关规定

外贸企业自营出口或委托其他外贸企业代理出口的应税消费品办理退税后，发生退关或国外退货进口时予以免税的，报关出口者必须及时向其机构所在地或居住地主管税务机关申报补缴已退的消费税税款。

生产企业出口或委托外贸企业代理出口的应税消费品办理免税后，发生退关或国外退货，进口时已予以免税的，经机构所在地或居住地主管税务机关批准，可暂不办理补税，待其转为国内实际销售时，再申报补缴消费税。

任务四　消费税的纳税申报

【任务引例】

我单位的总公司位于青岛，有消费税纳税义务，近期我单位在青岛不同区又设立几家分支机构，请问分支机构的消费税可以由总公司汇总缴纳吗？

一、消费税的征收管理

1. 纳税义务发生时间

（1）纳税人销售应税消费品的，按不同的销售结算方式，其纳税义务发生时间分别如下。

① 采取赊销和分期收款结算方式的，为书面合同约定的收款日期的当天，书面合同没有约定收款日期或无书面合同的，为发出应税消费品的当天。

② 采取预收货款结算方式的，为发出应税消费品的当天。

③ 采取托收承付和委托银行收款方式的，为发出应税消费品并办妥托收手续的当天。

④ 采取其他结算方式的，为收讫销售款或取得索取销售款项凭据的当天。

（2）纳税人自产自用应税消费品的，为移送使用的当天。

（3）纳税人委托加工应税消费品的，为纳税人提货的当天。

（4）纳税人进口应税消费品的，为报关进口的当天。

2. 纳税期限

消费税的纳税期限分别为1日、3日、5日、10日、15日、1个月或1个季度。纳税人的具体纳税期限，由主管税务机关根据纳税人应纳税额的大小分别核定；不能按照固定期限纳税的，可以按次纳税。

纳税人以1个月或1个季度为一期纳税的，自期满之日起15日内申报纳税；以1日、3

日、5 日、10 日或 15 日为一期纳税的，自期满之日起 5 日内预缴税款，于次月 1 日起 15 日内申报纳税并结清上月应纳税款。

纳税人进口应税消费品，应当自海关填发海关进口消费税专用缴款书之日起 15 日内缴纳税款。

3. 纳税地点

（1）纳税人销售应税消费品及自产自用应税消费品，除国家另有规定外，应当向纳税人机构所在地或居住地的主管税务机关申报纳税。

（2）纳税人到外县（市）销售或委托外县（市）代销自产应税消费品的，于应税消费品销售后，向机构所在地或居住地主管税务机关申报纳税。

（3）纳税人的总机构与分支机构不在同一县（市）的，应当分别向各自机构所在地的主管税务机关申报纳税；经财政部、国家税务总局或其授权的财政、税务机关批准，可以由总机构汇总向总机构所在地的主管税务机关申报纳税。

（4）委托个人加工的应税消费品，由委托方向其机构所在地或居住地主管税务机关申报纳税。除此之外，由受托方向所在地主管税务机关代收代缴消费税税款。

（5）进口的应税消费品，由进口人或其代理人向报关地海关申报纳税。

（6）出口的应税消费品办理退税后，发生的退关，或者国外退货进口时予以免税的，报关出口者必须及时向其机构所在地或居住地主管税务机关申报补缴已退的消费税税款。

（7）纳税人销售应税消费品，如果因质量等原因由购买者退回时，经机构所在地或居住地主管税务机关审核批准后，可退还已缴纳的消费税税款。

【任务引例解析】

答 根据《财政部 国家税务总局关于消费税纳税人总分支机构汇总缴纳消费税有关政策的通知》（财税〔2012〕42 号）的有关规定，纳税人的总机构与分支机构不在同一县（市），但在同一省（自治区、直辖市）范围内，经省（自治区、直辖市）财政厅（局）、税务局审批同意，可以由总机构汇总向总机构所在地的主管税务机关申报缴纳消费税。

根据上述规定，总分支机构在同一省（自治区、直辖市）范围内，经省（自治区、直辖市）财政厅（局）、税务局审批同意，可以由总机构汇总向总机构所在地的主管税务机关申报缴纳消费税。

二、消费税的纳税申报实务操作

纳税人对消费税进行纳税申报时，应当填报"本期准予扣除税额计算表①"（表 3-4）、"本期准予扣除税额计算表（成品油消费税纳税人适用）②"（略）、"本期减（免）税额明

---

① 本表由外购（含进口）或委托加工收回应税消费品用于连续生产应税消费品、委托加工收回的应税消费品以高于受托方计税价格出售的纳税人（成品油消费税纳税人除外）填写。

② 本表由外购（含进口）或委托加工收回已税汽油、柴油、石脑油、润滑油、燃料油（以下简称应税油品）用于连续生产应税消费品的成品油消费税纳税人填写。

细表①"（略）、"本期委托加工收回情况报告表②"（略）、"卷烟批发企业月份销售明细清单（卷烟批发环节消费税纳税人适用）③"（略）、"卷烟生产企业合作生产卷烟消费税情况报告表（卷烟生产环节消费税纳税人适用）④"（略）、"消费税附加税费计算表"（表3-5）、"消费税及附加税费申报表"（表3-6）。

表3-4　本期准予扣除税额计算表

金额单位：元（列至角分）

准予扣除项目			卷烟		合计
一、本期准予扣除的委托加工应税消费品已纳税款计算		期初库存委托加工应税消费品已纳税款	1	0.00	0.00
		本期收回委托加工应税消费品已纳税款	2	150 000.00	150 000.00
		期末库存委托加工应税消费品已纳税款	3	60 000.00	60 000.00
		本期领用不准予扣除委托加工应税消费品已纳税款	4	0.00	0.00
		本期准予扣除委托加工应税消费品已纳税款	5＝1+2-3-4	90 000.00	90 000.00
二、本期准予扣除的外购应税消费品已纳税计算	（一）从价计税	期初库存外购应税消费品买价	6	0.00	0.00
		本期购进应税消费品买价	7	500 000.00	500 000.00
		期末库存外购应税消费品买价	8	100 000.00	100 000.00
		本期领用不准予扣除外购应税消费品买价	9	0.00	0.00
		适用税率	10	30%	
		本期准予扣除外购应税消费品已纳税款	11＝(6+7-8-9)×10	120 000.00	120 000.00
	（二）从量计税	期初库存外购应税消费品数量	12		
		本期外购应税消费品数量	13		

----

① 本表由符合消费税减免税政策规定的纳税人填报。本表不含暂缓征收的项目。未发生减（免）消费税业务的纳税人和受托方不填报本表。

② 本表由委托方填写，第一部分填报委托加工收回的应税消费品在委托加工环节由受托方代收代缴税款情况；第二部分填报委托加工收回应税消费品领用存情况。

③ 本表由卷烟批发环节消费税纳税人填报，于办理消费税纳税申报时一并报送。

④ 本表由卷烟生产环节消费税纳税人填报，未发生合作生产卷烟业务的纳税人不填报本表。

续表

准予扣除项目			卷烟			合计
二、本期准予扣除的外购应税消费品已纳税计算	（二）从量计税	期末库存外购应税消费品数量	14			
		本期领用不准予扣除外购应税消费品数量	15			
		适用税率	16			
		计量单位	17			
		本期准予扣除的外购应税消费品已纳税款	18=（12+13-14-15）×16			
三、本期准予扣除税款合计			19=5+11+18	210 000.00		210 000.00

表3-5 消费税附加税费计算表①

金额单位：元（列至角分）

本期是否适用小微企业"六税两费"减免政策		□是 ☑否		减免政策适用主体		增值税小规模纳税人：□是 □否			
						增值税一般纳税人：□个体工商户 □小型微利企业			
				适用减免政策起止时间		年 月 至 年 月			

税（费）种	计税（费）依据	税（费）率	本期应纳税（费）额	本期减免税（费）额		小微企业"六税两费"减免政策		本期已缴税（费）额	本期应补（退）税（费）额
	消费税税额			减免性质代码	减免税（费）额	减征比例	减征额		
	1	2	3=1×2	4	5	6	7=(3-5)×6	8	9=3-5-7-8
城市维护建设税	1 345 000.00	7%	94 150.00						94 150.00
教育费附加	1 345 000.00	3%	40 350.00						40 350.00
地方教育附加	1 345 000.00	2%	26 900.00						26 900.00
合计	—	—	161 400.00	—		—			161 400.00

---

① 本表属于"项目七 其他税种纳税实务（上）"的"任务一 城市维护建设税、教育费附加和地方教育附加申报实务"的学习内容。

表 3-6　消费税及附加税费申报表①

税款所属期：自 2022 年 01 月 01 日至 2022 年 01 月 31 日

纳税人识别号（统一社会信用代码）：91410150258325288K

纳税人名称：山东恒运立达卷烟有限公司（公章）　　　　　　　　金额单位：元（列至角分）

应税消费品名称	适用税率		计量单位	本期销售数量	本期销售额	本期应纳税额
	定额税率	比例税率				
	1	2	3	4	5	6=1×4+2×5
卷烟	30 元	56%	万支	500.00	2 750 000.00	1 555 000.00
合计	—	—	—	—	—	1 555 000.00

	栏次	本期税费额
本期减（免）税额	7	0.00
期初留抵税额	8	0.00
本期准予扣除税额	9	210 000.00
本期应扣除税额	10=8+9	210 000.00
本期实际扣除税额	11[10<（6-7），则为 10，否则为 6-7]	210 000.00
期末留抵税额	12=10-11	0.00
本期预缴税额	13	0.00
本期应补（退）税额	14=6-7-11-13	1 345 000.00
城市维护建设税本期应补（退）税额	15	94 150.00
教育费附加本期应补（退）费额	16	40 350.00
地方教育附加本期应补（退）费额	17	26 900.00

　　声明：此表是根据国家税收法律法规及相关规定填写的，本人（单位）对填报内容（及附带资料）的真实性、可靠性、完整性负责。

　　　　　　　　　　纳税人（签章）：山东恒运立达卷烟有限公司　　　　2022 年 02 月 10 日

经办人：孙云 经办人身份证号：略 代理机构签章： 代理机构统一社会信用代码：	受理人： 受理税务机关（章）： 受理日期：　　年　月　日

【情境实战 3-2——消费税的纳税申报】

　　1. 工作任务要求

　　山东恒运立达卷烟有限公司 2022 年 2 月 10 日进行纳税申报，填写"消费税及附加税费

---

　　① 本表的第 15～17 栏次属于"项目七 其他税种纳税申报实务（上）"的"任务一 城市维护建设税、教育费附加和地方教育附加税费申报实务"的学习内容。

申报表"及其附表。

2. 情境实战设计

按【情境实战 3-1——消费税应纳税额的计算】。

3. 实战操作步骤

第一步：根据"应交税费——应交消费税"明细账，填写"本期准予扣除税额计算表"（表 3-4）、"本期委托加工收回情况报告表"（略）、"消费税附加税费计算表"（表 3-5）。

第二步：根据"应交税费——应交消费税"明细账、"本期准予扣除税额计算表"（表 3-4）、"本期委托加工收回情况报告表"（略）、"消费税附加税费计算表"（表 3-5）等，填写"消费税及附加税费申报表"（表 3-6）。

■ 技能训练

一、单项选择题

1. 企业发生的下列经营行为中，外购应税消费品已纳消费税税额不允许从应纳消费税税额中扣除的是（　　）。

A. 外购已税白酒生产白酒

B. 外购已税烟丝生产卷烟

C. 外购已税高档化妆品原料生产高档化妆品

D. 外购已税实木地板原料生产实木地板

2. 纳税人进口应税消费品，应于（　　）缴纳消费税税款。

A. 海关填发海关进口消费税专用缴款书次日起 15 日内

B. 海关填发海关进口消费税专用缴款书之日起 15 日内

C. 海关填发海关进口消费税专用缴款书次日起 7 日内

D. 海关填发海关进口消费税专用缴款书之日起 7 日内

3. 下列消费税的生产经营环节，既征收增值税又征收消费税的是（　　）。

A. 酒类生产的批发环节　　　　　　B. 金银饰品的生产环节

C. 珍珠饰品的零售环节　　　　　　D. 高档手表的生产环节

4. 下列各项中，符合消费税纳税义务发生时间规定的是（　　）。

A. 采取分期收款结算方式的，为书面合同约定的收款日期的当天

B. 进口的应税消费品，为取得进口货物的当天

C. 采取委托银行收款方式的，为银行收到款项的当天

D. 采取预收货款结算方式的，为收到预收款的当天

5. 我国消费税对不同应税消费品采用了不同的税率形式。下列应税消费品中，适用复合计税方法计征消费税的是（　　）。

A. 白酒　　　　　　　　　　　　　B. 啤酒

C. 小汽车　　　　　　　　　　　　D. 摩托车

二、多项选择题

1. 下列各项中，属于消费税纳税期限的有（　　）。

A. 1 日　　　　　　B. 3 日　　　　　　C. 5 日　　　　　　D. 10 日

2. 下列货物中，应征收消费税的有（　　）。

A. 啤酒   B. 保健品

C. 木制一次性筷子   D. 电池

3. 下列各项中，符合消费税纳税义务发生时间规定的有（   ）。

    A. 纳税人采取赊销和分期收款结算方式销售应税消费品的，其纳税义务的发生时间为实际收款日期的当天

    B. 纳税人自产自用应税消费品，其纳税义务的发生时间为移送使用的当天

    C. 纳税人委托加工应税消费品，其纳税义务的发生时间为委托方支付加工费的当天

    D. 纳税人采取直接收款方式销售应税消费品的，其纳税义务的发生时间为收讫销售款项或者取得索取销售款项的凭据的当天

4. 下列各项中，应在移送环节缴纳消费税的有（   ）。

    A. 酒厂将自产白酒移送用于勾兑低度酒

    B. 小轿车厂将自产轿车赠送给拉力赛

    C. 制药厂将自制酒精移送用于生产药膏

    D. 卷烟厂将自制卷烟发给职工当作福利

5. 下列各项中，按规定适用 5% 税率的消费税货物包括（   ）。

    A. 高档手表   B. 实木地板

    C. 木制一次性筷子   D. 烟丝

三、判断题

1. 纳税人进口应税消费品的，消费税的纳税义务发生时间为收到货物的当天。（   ）

2. 卷烟消费税在生产和批发两个环节征收。   （   ）

3. 委托加工的应税消费品，除受托方为个人外，由受托方在向委托方交货时代收代缴税款。   （   ）

4. 纳税人兼营不同税率的应税消费品，应当分别核算不同税率应税消费品的销售额、销售数量；未分别核算的，适用加权平均税率。   （   ）

5. 金银首饰连同包装物销售的，无论包装物是否单独计价，也无论会计上如何核算，均应并入金银首饰的销售额，计征消费税。   （   ）

四、实务题

1. 甲酒厂为增值税一般纳税人，本年 3 月销售自己生产的粮食白酒 6 吨，开具的增值税专用发票上注明不含增值税销售额 80 万元，另外向购买方收取优质费 33.9 万元。白酒的比例税率为 20%，白酒的定额税率为 0.5 元/500 克。

要求：计算甲酒厂本年 3 月的应纳消费税和增值税销项税额。

2. 甲卷烟厂为增值税一般纳税人，主要生产 S 牌卷烟（不含税调拨价 100 元/标准条）及雪茄烟，本年 1 月发生如下业务。

（1）从烟农手中购进烟叶，支付买价 110 万元并按规定支付了 10% 的价外补贴，将其运往 A 企业委托加工成烟丝；向 A 企业支付加工费，取得增值税专用发票，发票上注明加工费 10 万元、增值税税额 1.3 万元。该批烟丝已收回入库，但本月未领用。A 企业无同类烟丝销售价格。

（2）从乙企业购进烟丝，取得增值税专用发票，发票上注明价款 400 万元、增值税税额 52 万元。

（3）从小规模纳税人购进烟丝，取得增值税专用发票，发票上注明价款 280 万元、增值税税额 2.8 万元。

（4）进口一批烟丝，支付货价 300 万元、经纪费 12 万元，该批烟丝运抵我国输入地点起卸之后发生运费及保险费共计 38 万元，甲卷烟厂对该批烟丝完税后，海关放行。

（5）以外购成本为 350 万元的特制自产烟丝生产雪茄烟。

（6）本月销售雪茄烟取得不含税收入 600 万元，并收取品牌专卖费 9.04 万元；领用外购烟丝生产 S 牌卷烟，销售 S 牌卷烟 400 标准箱。

（7）月初库存外购烟丝买价 32 万元，月末库存外购烟丝买价 70 万元。

其他条件：本年 1 月取得的相关扣税凭证符合抵扣规定，烟丝适用的消费税税率为 30%，烟丝适用的关税税率为 10%。甲类卷烟生产环节适用的消费税比例税率为 56%，定额税率为 150 元/标准箱；雪茄烟适用的消费税比例税率为 36%。

要求：

（1）计算本年 1 月 A 企业应代收代缴的消费税。

（2）计算本年 1 月甲卷烟厂进口烟丝应缴纳进口环节税金合计。

（3）计算本年 1 月甲卷烟厂领用特制自产烟丝应缴纳的消费税。

（4）计算本年 1 月甲卷烟厂准予扣除外购烟丝已纳消费税。

（5）计算本年 1 月甲卷烟厂国内销售环节应缴纳消费税（不含被代收代缴的消费税）。

关税纳税申报实务

■ 学习目标

（1）能判断哪些业务应当缴纳关税，并界定关税纳税人，以及对关税的税则、税目的划分进行认知，会选择关税适用税率和充分运用关税优惠政策。

（2）能确定关税完税价格，并根据相关业务资料计算关税的应纳税额。

（3）能把握进出口货物的报关时间，并提交报关时的相关材料，根据相关业务资料进行关税的申报与缴纳，能明确关税强制执行的措施，并能理解关税退还制度，判别关税的补征和追征。

任务一　关税的认知

【任务引例】

张某认为关境即国境，李某认为关境有时大于国境，王某认为国境有时大于关境。你认为他们的说法正确吗？

一、关税纳税人和征税对象的确定

关税是海关依法对进出境货物、物品征收的一种税。

"境"，通常是指关境，又称"海关境域"或"关税领域"，是一国海关法全面实施的领域。在通常情况下，一国关境与国境是一致的，包括国家全部的领土、领海、领空。在特殊情况下，一方面，如果某一国家在国境内设立了自由港、自由贸易区等，这些区域就进出口关税而言处在关境之外，这时，该国的关境小于国境；另一方面，如果几个国家结成关税同盟，组成共同的关境，实施统一的关税法令和统一的对外税则，这些国家彼此之间货物进出国境不征收关税，只对来自或运往其他国家的货物进出共同关境时征收关税，这些国家的关境大于国境。

【任务引例解析】

答　根据《中华人民共和国香港特别行政区基本法》和《中华人民共和国澳门特别行政区基本法》，香港和澳门保持自由港地位，为我国单独的关税地区，即单独关境区。单独关境区是不完全适用该国海关法律法规或实施单独海关管理制度的区域。因此，我国的关境小于国境。

而欧盟各国都是位于同一关境内，但属不同国境，因此欧盟国家的关境大于国境。

由此可见，李某和王某的说法是正确的。

----

1. 关税的纳税人

进口货物的收货人、出口货物的发货人、进出境物品的所有人，是关税的纳税义务人。进出口货物的收、发货人是依法取得对外贸易经营权，并进口或出口货物的法人或其他社会团体。进出境物品的所有人包括该物品的所有人和推定为所有人的人。一般情况下，对于携带进境的物品，推定其携带人为所有人；对分离运输的行李，推定相应的进出境旅客为所有人；对以邮递方式进境的物品，推定其收件人为所有人；以邮递或其他运输方式出境的物品，推定其寄件人或托运人为所有人。

2. 关税的征税对象

我国关税的征税对象是指准许进出我国关境的货物和物品。货物是指贸易性商品；物品指入境旅客随身携带的行李物品、个人邮递物品、各种运输工具上的服务人员携带进口的自用物品、馈赠物品以及其他方式进境的个人物品。

二、关税税则、税目的划分

关税税则，是一国政府根据国家包括关税政策在内的经济政策，通过一定的立法程序，制定、公布并实施的进出口货物和物品应税的关税税目税率表。《中华人民共和国进出口税则》（以下简称《进出口税则》）是《进出口关税条例》的组成部分，包括根据国家关税政策以及有关国际协定确定的进出口关税税目、税率及归类规则等，是海关计征关税的依据。

《进出口税则》是以《商品名称及编码协调制度》为基础，结合我国进出口商品的实际而编排的。其中，税目包括税则号列（简称税号）和目录条文，税号在税则号列栏中列示，目录条文在货品名称栏中列示。我国2022年版进出口税则税目共计8930个。

三、关税税率的判定

1. 进口关税的税率

1）税率设置与适用

我国进口税则设有最惠国税率、协定税率、特惠税率、普通税率、关税配额税率等税率。适用最惠国税率、协定税率、特惠税率、关税配额税率的进口货物在一定期限内可以实行暂定税率。

2）税率计征办法

我国对进口商品基本上都实行从价税，对部分产品实行从量税、复合税、选择税和滑准税。

从价税以进口货物的完税价格作为计税依据，以应征税额占货物完税价格的百分比作为税率。进口货物的完税价格越高，则进口关税税额越高。

从量税以进口货物的重量、长度、容量、面积等计量单位为计税依据，以每计量单位货物的应征税额为税率。从量税是每一种进口商品的单位应税额固定，不受该商品进口价格的影响。我国目前对原油、啤酒和胶卷等进口商品征收从量税。

复合税是对某种进口货物既同时订立从价、从量两种税率，既采用从价税率又采用从量税率来计征关税的方法。目前我国对录像机、放像机、摄像机、数字照相机和摄录一体机实行复合税。

选择税是对于一种进口货物同时定有从价和从量两种税率，在征税时由海关选择其中一种税率来计征关税的方法。海关一般选择税额较高的那种税率进行征税，但有时为了鼓励某种商品进口，也会选择其中税额较低的那种税率进行征收。

滑准税是一种随进口货物价格由高到低而由低到高设置关税税率用以计征关税的方法。在采用滑准税的计征方法下，进口货物的价格越高，其进口关税税率越低；进口货物的价格越低，其进口关税税率越高。目前我国对新闻纸实行滑准税。

由于滑准税的税率实际为比例税率，因此对实行滑准税的进口商品应纳关税税额的计算方法与从价税的计算方法相同。

2. 出口关税税率

出口关税设置出口税率。适用出口税率的出口货物在一定期限内可以实行暂定税率。

征收出口关税的货物项目很少，主要为少数资源性产品及易于竞相杀价、盲目进口、需要规范出口秩序的半制成品。

出口关税税率的适用顺序归纳如下：适用出口税率的出口货物有暂定税率的，应当适用暂定税率。

3. 特别关税

特别关税包括报复性关税、反倾销税、反补贴税和保障性关税。

报复性关税是指为报复他国对本国出口货物的关税歧视，而对相关国家的进口货物征收的一种进口附加税。任何国家或者地区违反与中华人民共和国签订或者共同参加的贸易协定及相关协定，对中华人民共和国在贸易方面采取禁止、限制、加征关税或者其他影响正常贸易的措施的，对原产于该国家或者地区的进口货物可以征收报复性关税，适用报复性关税税率。

反倾销税是指对倾销商品所征收的进口附加税。当进口国因外国倾销某种产品，国内产业受到损害时，征收相当于出口国国内市场价格与倾销价格之间差额的进口税。

反补贴税是指对进口商品使用的一种超过正常关税的特殊关税，目的是抵消国外竞争者得到奖励和补助产生的影响，从而保护进口国的制造商。

保障性关税是指当某类商品进口量剧增，对我国相关产业带来巨大威胁或损害时，按照WTO有关规则，可以启动一般保障措施。即在与有实质利益的国家或地区进行磋商后，在一定时期内提高该项商品的进口关税或采取数量限制措施，以保护国内相关产业不受损害。

4. 关税税率的运用

（1）进出口货物，应当适用海关接受该货物申报进口或者出口之日实施的税率。

（2）进口货物到达前，经海关核准先行申报的，应当适用装载该货物的运输工具申报进境之日实施的税率。

（3）进口转关运输货物，应当适用指运地海关接受该货物申报进口之日实施的税率；货物运抵指运地前，经海关核准先行申报的，应当适用装载该货物的运输工具抵达指运地之日实施的税率。

（4）出口转关运输货物，应当适用启运地海关接受该货物申报出口之日实施的税率。

（5）经海关批准集中申报的进出口货物，应当适用每次货物进出口时海关接受该货物申报之日实施的税率。

（6）因超过规定期限未申报而由海关依法变卖的进口货物，其税款计征应当适用装载该货物的运输工具申报进境之日实施的税率。

（7）因纳税义务人违反规定需要追征税款的进出口货物，应当适用违反规定的行为发生之日实施的税率；行为发生之日不能确定的，适用海关发现该行为之日实施的税率。

（8）已申报进境并放行的保税货物、减免税货物、租赁货物或暂时进出境货物，有下列之一应当适用海关接受纳税人再次填写报关单办理纳税及有关手续之日实施的税率：

① 保税货物经批准不复运出境的；

② 保税仓储货物转入国内市场销售的；

③ 减免税货物经批准转让或者移作他用的；

④ 可暂不缴纳税款的暂时进出境货物，经批准不复运出境或者进境的；

⑤ 租赁进口货物，分期缴纳税款的。

（9）进出口货物的补税和退税，按照上述规定确定适用税率。

四、关税优惠政策的运用

关税的减免分为法定减免、特定减免和临时减免。

1. 法定减免

法定减免税是税法中明确列出的减税或免税。符合税法规定可予减免税的进出口货物，纳税义务人无须提出申请，海关可按规定直接予以减免税。海关对法定减免税货物一般不进行后续管理。

《海关法》和《进出口关税条例》明确规定，下列货物、物品予以减免关税。

（1）关税税额在人民币 50 元以下的一票货物，可免征关税。

（2）无商业价值的广告品和货样，可免征关税。

（3）外国政府、国际组织无偿赠送的物资，可免征关税。

（4）进出境运输工具装载的途中必需的燃料、物料和饮食用品，可予免税。

（5）在海关放行前损失的货物，可免征关税。

（6）在海关放行前遭受损坏的货物，可根据海关认定的受损程度减征关税。

（7）我国缔结或参加的国际条约规定减征、免征关税的货物、物品，按规定予以减免关税。

（8）法律规定减征、免征关税的其他货物、物品。

2. 特定减免

特定减免是指在关税基本法规确定的法定减免以外，国家按国际通行规则和我国实际情况，制定发布的特定或政策性减免税。特定减免税货物一般有地区、企业和用途的限制，海关需要对其进行后续管理，也需要对其进行减免税统计。

关税的特定减免包括对科教用品、残疾人专用品、慈善捐赠物资、重大技术装备、集成电路产业和软件产业等的减免。

3. 临时减免

临时减免是指由国务院根据《海关法》，运用一案一批原则，针对某个纳税人、某类商品、某个项目或某批货物的特殊情况，特别照顾，专文下达的减免税。临时减免一般有单位、品种、期限、金额或数量等限制，不能比照执行。

任务二　关税的计算

【任务引例】
我国的甲公司本年1月从美国进口一批设备，请问购货佣金是否计入关税完税价格？

一、关税完税价格的确定

进出口货物的完税价格，由海关以该货物的成交价格为基础审查确定。成交价格不能确定时，完税价格由海关依法估定。

1. 一般进口货物的完税价格

进口货物的完税价格包括货物的货价、货物运抵我国境内输入地点起卸前的运输及其相关费用、保险费。

进口货物完税价格的确定方法可以分为以下两种：一种是成交价格估价方法，即在进口货物成交价格的基础上进行调整，从而确定进口货物完税价格的估价方法；另一种是进口货物海关估价方法，即在进口货物的成交价格不符合规定条件或者成交价格不能确定的情况下，海关通过一定的方法用以审查确定进口货物完税价格的估价方法。

1）成交价格估价方法

在正常情况下，对进口货物完税价格的确定一般采用成交价格估价方法。进口货物的成交价格，是指卖方向我国境内销售该货物时买方为进口该货物向卖方实付、应付的，并且按照《完税价格办法》有关规定调整后的价款总额，包括直接支付的价款和间接支付的价款。

（1）成交价格应符合的条件。

① 对买方处置或者使用进口货物不予限制，但是法律、行政法规规定实施的限制、对货物销售地域的限制和对货物价格无实质性影响的限制除外。

② 进口货物的价格不得受到使该货物成交价格无法确定的条件或者因素的影响。

③ 卖方不得直接或者间接获得因买方销售、处置或者使用进口货物而产生的任何收益，或者虽然有收益但是能够按照《完税价格办法》的规定作出调整。

④ 买卖双方之间没有特殊关系，或者虽然有特殊关系但是按照规定未对成交价格产生影响。

（2）应计入完税价格的调整项目。

采用成交价格估价方法，以成交价格为基础审查确定进口货物的完税价格时，未包括在该货物实付、应付价格中的下列费用或者价值应当计入完税价格。

① 由买方负担的除购货佣金以外的佣金和经纪费。购货佣金是指买方为购买进口货物向自己的采购代理人支付的劳务费用。经纪费是指买方为购买进口货物向代表买卖双方利益的经纪人支付的劳务费用。

② 由买方负担的与该货物视为一体的容器费用。

③ 由买方负担的包装材料费用和包装劳务费用。

④ 与该货物的生产和向中华人民共和国境内销售有关的，由买方以免费或者以低于成本的方式提供并可以按适当比例分摊的料件、工具、模具、消耗材料及类似货物的价款，以及在境外开发、设计等相关服务的费用。

⑤ 与该货物有关并作为卖方向我国销售该货物的一项条件，应当由买方向卖方或者有关方直接或间接支付的特许权使用费。

⑥ 卖方直接或间接从买方对该货物进口后转售、处置或使用所得中获得的收益。

纳税义务人应当向海关提供上列所述费用或者价值的客观量化数据资料。如果纳税义务人不能提供，海关与纳税义务人进行价格磋商后，按照《完税价格办法》列明的海关估价方法审查确定完税价格。

【任务引例解析】

答 由买方负担的除购货佣金以外的佣金和经纪费应当计入关税完税价格，因此，购货佣金不计入关税完税价格。

（3）不计入完税价格的调整项目。

进口货物的价款中单独列明的下列费用、税收，不计入该货物的完税价格。

① 厂房、机械或者设备等货物进口后发生的建设、安装、装配、维修或者技术援助费用，但是保修费用除外。

② 进口货物运抵中华人民共和国境内输入地点起卸后发生的运输及其相关费用、保险费。

③ 进口关税、进口环节海关代征税及其他国内税。

④ 为在境内复制进口货物而支付的费用。

⑤ 境内外技术培训及境外考察费用。

⑥ 同时符合下列条件的利息费用：利息费用是买方为购买进口货物而融资所产生的；有书面的融资协议的；利息费用单独列明的；纳税义务人可以证明有关利率不高于在融资当时当地此类交易通常应当具有的利率水平，且没有融资安排的相同或者类似进口货物的价格与进口货物的实付、应付价格非常接近的。

（4）进口货物完税价格中的运输及相关费用、保险费的确定。

① 进口货物的运输及其相关费用，应当按照由买方实际支付或者应当支付的费用计算。如果进口货物的运输及其相关费用无法确定的，海关应当按照该货物进口同期的正常运输成本审查确定。

运输工具作为进口货物，利用自身动力进境的，海关在审查确定完税价格时，不再另行计入运输及其相关费用。

② 进口货物的保险费，应当按照实际支付的费用计算。如果进口货物的保险费无法确定或者未实际发生，海关应当按照"货价"加"运费"两者总额的3‰.计算保险费，其计算公式为：

$$保险费 = (货价 + 运费) \times 3‰$$

③ 邮运进口的货物，应当以邮费作为运输及其相关费用、保险费。

【情境实例 4-1】

1. 工作任务要求

计算甲进出口公司本年1月进口该批化工原料的关税完税价格。

2. 情境实例设计

甲进出口公司本年1月从美国进口一批化工原料共10吨，货物以境外口岸离岸价格成交，单价折合人民币为20 000元，买方承担包装费每吨300元人民币，另向卖方支付的佣金每吨1 000元人民币，另向自己的采购代理人支付佣金5 000元人民币，已知该货物运抵中国海关境内输入地起卸前的包装费、运输费、保险费和其他劳务费用为每吨1 500元人民币，进口后另发生运输费和装卸费用300元人民币。

3. 任务实施过程

关税完税价格 =（20 000+300+1 000+1 500）×10 = 228 000（元）

2）进口货物海关估价方法

对于成交价格不符合规定条件或成交价格不能确定的进口货物，海关通过一定的方法用以审查确定进口货物完税价格，即海关对进口货物进行估价。海关估价依次使用的方法包括：①相同货物成交价格估价方法；②类似货物成交价格估价方法；③倒扣价格估价方法；④计算价格估价方法；⑤其他合理的方法。

使用其他合理方法时，是指当海关使用前4种方法中的任何一种估价方法都无法确定海关估价时，所采用的以客观量化的数据资料为基础审查确定进口货物完税价格的估价方法。海关在采用其他合理方法确定进口货物的完税价格时，不得使用以下价格：①境内生产的货物在境内的销售价格；②可供选择的价格中较高的价格；③货物在出口地市场的销售价格；④以计算价格方法规定的有关各项之外的价值或费用计算的价格；⑤出口到第三国或地区的货物的销售价格；⑥最低限价或武断虚构的价格。

2. 特殊进口货物的完税价格

特殊进口货物的完税价格涉及运往境外修理的货物、运往境外加工的货物、暂时进境的货物、租赁方式进口的货物、留购的进口货样、予以补税的减免税货物、不存在成交价格的进口货物、进口软件介质等，有特别的规定。特殊进口货物的完税价格如表4-1所示。

表4-1 特殊进口货物的完税价格

运往境外修理的机械器具、运输工具或其他货物，出境时已向海关报明，并在海关规定期限内复运进境		以境外修理费和物料费为基础审查确定完税价格
运往境外加工的货物，出境时已向海关报明，并在海关规定期限内复运进境		以境外加工费、料件费、复运进境的运输及相关费用、保险费为基础审查确定完税价格
经海关批准暂时进境的货物		按照一般进口货物完税价格确定的有关规定，审查确定完税价格
租赁方式进口的货物	租金方式对外支付的租赁货物	在租赁期间，以海关审定的租金作为完税价格，利息应当予以计入
	留购的租赁货物	以海关审定的留购价格作为完税价格

续表

租赁方式进口的货物	承租人申请一次性缴纳税款的租赁货物	可以选择按照"进口货物海关估价方法"的相关内容确定完税价格，或者按照海关审查确定的租金总额作为完税价格
境内留购的进口货样、展览品和广告陈列品		以海关审定的留购价格作为完税价格
特定地区、特定企业或者具有特定用途的特定减免税进口货物		应当接受海关监管。其监管年限依次为：船舶、飞机8年；机动车辆6年；其他货物3年。监管年限自货物进口放行之日起计算。 由海关监管使用的减免税进口货物，在监管年限内转让或移作他用需要补税的，应当以海关审定的该货物原进口时的价格，扣除折旧部分价值作为完税价格。其计算公式为： 完税价格=海关审定的该货物原进口时的价格×[1-申请补税时实际已使用的时间（月）/（监管年限×12）]
易货贸易、寄售、捐赠、赠送等不存在成交价格的进口货物		由海关与纳税人进行价格磋商后，按照"进口货物海关估价方法"的规定，估定完税价格
进口载有专供数据处理设备用软件的介质		具有下列情形之一的，应当以介质本身的价值或者成本为基础审查确定完税价格：（1）介质本身的价值或者成本与所载软件的价值分列；（2）介质本身的价值或者成本与所载软件的价值虽未分列，但是纳税义务人能够提供介质本身的价值或者成本的证明文件，或者能提供所载软件价值的证明文件。 含有美术、摄影、声音、图像、影视、游戏、电子出版物的介质不适用上述规定

【情境实例 4-2】

1. 工作任务要求

计算甲公司应补缴的关税税额。

2. 情境实例设计

2021年2月1日，甲公司经批准进口1台符合国家特定免征关税的科研设备用于研发项目，设备进口时经海关审定的完税价格为折合人民币600万元，海关规定的监管年限为3年；2022年1月31日，公司研发项目完成后，将已计提折旧150万元的免税设备转售给国内另一家企业。设备原进口时关税税率为12%，设备转售时（海关接受纳税人再次填写报关单申报办理纳税及有关手续之日）关税税率降为10%。根据税法规定，减免税货物经批准转让或者移作他用的，适用海关接受纳税人再次填写报关单申报办理纳税及有关手续之日实施的税率。

3. 任务实施过程

甲公司关税完税价格=600×[1-（1×12）/（3×12）] =400（万元）

应补缴的关税税额=400×10%=40（万元）

3. 出口货物的完税价格

1）以成交价格为基础的完税价格

出口货物的完税价格，由海关以该货物的成交价格为基础审查确定，并且应当包括货物运至我国境内输出地点装载前的运输及其相关费用、保险费。

出口货物的成交价格，是指该货物出口销售时，卖方为出口该货物应当向买方直接收取和间接收取的价款总额。下列税收、费用不计入出口货物的完税价格：①出口关税；②在货物价款中单独列明的货物运至我国境内输出地点装载后的运输及其相关费用、保险费。

出口货物完税价格的计算公式为：

$$出口完税价格 = 离岸价格/(1+出口关税税率)$$

2）出口货物海关估价方法

出口货物的成交价格不能确定时，完税价格由海关依次使用下列方法审查确定：①同时或大约同时向同一国家或地区出口的相同货物的成交价格；②同时或大约同时向同一国家或地区出口的类似货物的成交价格；③根据境内生产相同或类似货物的成本、利润和一般费用、境内发生的运输及其相关费用、保险费计算所得的价格；④按照合理方法估定的价格。

进出口货物完税价格的确定如表4-2所示。

表4-2 进出口货物完税价格的确定

进出口运载或成交方式		运费的确定	保险费的确定
一般方式进口	海运进口	运抵境内的卸货口岸	
	陆运进口	运抵关境的第一口岸或目的口岸	
	空运进口	进入境内的第一口岸或目的口岸	
	无法确定实际运保费	同期同行业运费率	货价加运费两者总额的3‰
其他方式进口	邮运进口	邮费	
	境外边境口岸成交的铁路公路进口货物	货价的1%	
	自驾进口的运输工具	无运费	—
出口货物		最多算至离境口岸	

4. 跨境电子商务零售进口税收政策

自2016年4月8日起，跨境电子商务零售进口商品按照货物征收关税和进口环节增值税、消费税，购买跨境电子商务零售进口商品的个人作为纳税义务人，实际交易价格（包括货物零售价格、运费和保险费）作为完税价格，电子商务企业、电子商务交易平台企业或物流企业可作为代收代缴义务人。

（1）纳税人与扣缴义务人。

① 纳税义务人。购买跨境电子商务零售进口商品的个人。

② 代收代缴义务人。电子商务企业、电子商务交易平台企业或物流企业。

（2）完税价格。实际交易价格（包括货物零售价格、运费和保险费）。

（3）计征限额。跨境电子商务零售进口商品的单次交易限值为人民币2 000元，个人年度交易限值为人民币20 000元。自2019年1月1日起，将跨境电子商务零售进口商品的单次交易限值由人民币2 000元提高至5 000元，年度交易限值由人民币20 000元提高至26 000元。

① 限值以内：关税税率暂设为0；进口环节增值税、消费税暂按法定应纳税额的70%征收。

② 超过单次限值、累加后超过个人年度限值的单次交易，以及完税价格超过 2 000 元限值的单个不可分割商品：均按照一般贸易方式全额征税。自 2019 年 1 月 1 日起，完税价格超过 5 000 元单次交易限值但低于 26 000 元年度交易限值，且订单下仅一件商品时，可以自跨境电商零售渠道进口，按照货物税率全额征收关税和进口环节增值税、消费税，交易额计入年度交易总额，但年度交易总额超过年度交易限值的，应按一般贸易管理。

③ 已经购买的电商进口商品属于消费者个人使用的最终商品，不得进入国内市场再次销售；原则上不允许网购保税进口商品在海关特殊监管区域外开展"网购保税+线下自提"模式。

5. 海南离岛旅客免税购物政策

自 2020 年 7 月 1 日起，我国实行海南离岛旅客免税购物政策。

1）离岛免税政策的含义

离岛免税政策是指对乘飞机、火车、轮船离岛（不包括离境）旅客实行限值、限量、限品种免进口税购物，在实施离岛免税政策的免税商店（以下称离岛免税店）内或经批准的网上销售窗口付款，在机场、火车站、港口码头指定区域提货离岛的税收优惠政策。离岛免税政策免税税种为关税、进口环节增值税和消费税。

上述旅客，是指年满 16 周岁，已购买离岛机票、火车票、船票，并持有效身份证件（国内旅客持居民身份证、港澳台旅客持旅行证件、国外旅客持护照），离开海南本岛但不离境的国内外旅客，包括海南省居民。

2）免税额度

离岛旅客每年每人免税购物额度为 10 万元人民币，不限次数。免税商品种类及每次购买数量限制，按照《财政部 海关总署 税务总局关于海南离岛旅客免税购物政策的公告》附件执行。超出免税限额、限量的部分，照章征收进境物品进口税。旅客购物后乘飞机、火车、轮船离岛记为 1 次免税购物。

离岛免税店，是指具有实施离岛免税政策资格并实行特许经营的免税商店，目前包括：海口美兰机场免税店、海口日月广场免税店、琼海博鳌免税店、三亚海棠湾免税店。具有免税品经销资格的经营主体可按规定参与海南离岛免税经营。

离岛旅客在国家规定的额度和数量范围内，在离岛免税店内或经批准的网上销售窗口购买免税商品，免税店根据旅客离岛时间运送货物，旅客凭购物凭证在机场、火车站、港口码头指定区域提货，并一次性随身携带离岛。

已经购买的离岛免税商品属于消费者个人使用的最终商品，不得进入国内市场再次销售。

3）法律责任

对违反《财政部 海关总署 税务总局关于海南离岛旅客免税购物政策的公告》规定倒卖、代购、走私免税商品的个人，依法依规纳入信用记录，三年内不得购买离岛免税商品；对于构成走私行为或者违反海关监管规定行为的，由海关依照有关规定予以处理，构成犯罪的，依法追究刑事责任。

对协助违反离岛免税政策、扰乱市场秩序的旅行社、运输企业等，给予行业性综合整治。离岛免税店违反相关规定销售免税品，由海关依照有关法律、行政法规给予处理、处罚。离岛免税政策监管办法由海关总署另行公布。

离岛免税店销售的免税商品适用的增值税、消费税免税政策，相关管理办法由税务总局商财政部另行制定。

二、关税应纳税额的计算

关税应纳税额计算公式如下。

（1）从价计税应纳税额，其计算公式为：

应纳关税税额＝应税进(出)口货物数量×单位完税价格×比例税率

（2）从量计税应纳税额，其计算公式为：

应纳关税税额＝应税进(出)口货物数量×单位货物税额

（3）复合计税应纳税额，其计算公式为：

应纳关税税额＝应税进（出）口货物数量×单位完税价格×比例税率+
应税进（出）口货物数量×单位货物税额

（4）滑准税应纳税额，其计算公式为：

应纳关税税额＝应税进(出)口货物数量×单位完税价格×滑准税税率

【情境实例4-3】

1. 工作任务要求

计算甲电视台本年5月下列进口业务的应纳进口关税。

2. 情境实例设计

本年5月，甲电视台进口5台日本生产的电视摄像机，每台价格为20 000美元，原产于日本的电视摄像机适用最惠国税率：每台完税价格低于或等于5 000美元的，适用从价税，税率为35%；每台完税价格高于5 000美元的，其税率为每台13 280元的从量税，加上3%的从价税。海关填发"海关进（出）口关税专用缴款书"之日人民币与美元兑换率为6.3：1。要求：

3. 任务实施过程

单价高于每台5 000美元，因此，应当适用复合税。

每台电视摄像机的关税完税价格＝20 000×6.3＝126 000（元）

进口5台电视摄像机从价部分应纳进口关税＝126 000×3%×5＝18 900（元）

进口5台电视摄像机从量部分应纳进口关税＝13 280×5＝66 400（元）

应纳进口关税合计＝18 900+66 400＝85 300（元）

【情境实战4-1——关税应纳税额的计算】

1. 工作任务要求

计算甲公司本年3月进口货物应纳关税、应纳消费税和应纳增值税。

2. 情境实战设计

本年3月12日，甲公司接到海关通知，从美国进口的高档化妆品20箱已到港，单价8 500美元/箱，开户银行也已收到购货方发票，并根据原先开出的银行承兑汇票付清货款，价款与开出的银行承兑汇票金额相同，以美元结算，汇率1：6.3。高档化妆品适用的进口关税税率为20%，消费税税率为15%。

3. 实战操作步骤

第一步：计算关税完税价格。

关税完税价格=8 500×20×6.3=1 071 000（元）

第二步：计算应纳关税、应纳消费税和应纳增值税。

应纳关税=1 071 000×20%=214 200（元）

应纳消费税=[（1 071 000+214 200）/（1−15%）]×15%=226 800（元）

应纳增值税=（1 071 000+214 200+226 800）×13%=196560（元）

任务三　关税的征收管理

【任务引例】

我公司因自然灾害原因，不能按期缴纳关税税款，请问是否可以延期缴纳税款？

一、进出口货物的报关（申报）

进口货物的纳税人应当自运输工具申报进境之日起14日内，向货物的进境地海关申报，如实填报"中华人民共和国海关进口货物报关单"（略）等相关资料，海关根据税则归类和完税价格计算应缴纳的关税和进口环节代征税款，并填发税款缴款书。

出口货物的发货人除海关特准外，应当在装货的24小时以前，向货物的出境地海关申报，如实填报"海关出口货物报关单"（略）等相关资料，海关根据税则归类和完税价格计算应缴纳的关税，并填发税款缴款书。

二、关税的缴纳

纳税人应当自海关填发税款缴款书之日起15日内，向指定银行缴纳税款。纳税人因不可抗力或者在国家税收政策调整的情形下，不能按期缴纳税款的，经海关总署批准，可以延期缴纳税款，但最长不得超过6个月。与关税相关的缴款书分为"海关进口关税专用缴款书"（略）和"海关出口关税专用缴款书"（略）。如关税缴款期限届满日遇星期六、星期日等休息日或者法定节假日，则关税缴纳期限顺延至休息日或者法定节假日之后的第一个工作日。

【任务引例解析】

答　纳税人因不可抗力或者在国家税收政策调整的情形下，不能按期缴纳税款的，经海关总署批准，可以延期缴纳税款，但最长不得超过6个月。

三、关税的强制执行

关税的强制执行措施，包括加收滞纳金和强制征收。

1. 加收滞纳金

滞纳金自关税缴纳期限届满滞纳之日起至纳税义务人缴纳关税之日止，按滞纳税款额万分之五的比例按日征收，周末或法定节假日不予扣除。具体计算公式为：

$$关税滞纳金金额 = 滞纳关税税额 × 滞纳金征收比率 × 滞纳天数$$

2. 强制征收

如果纳税义务人自海关填发缴款书之日起 3 个月仍未缴纳税款，经海关关长批准，海关可以采取强制扣缴、变价抵缴等强制措施。强制扣缴，即海关从纳税义务人在开户银行或者其他金融机构的存款中直接扣缴税款。变价抵缴，即海关将应税货物依法变卖，以变卖所得抵缴税款。

【情境实例 4-4】

1. 工作任务要求

计算海关本年 3 月应向甲公司征收的关税滞纳金。

2. 情境实例设计

甲公司进口一批货物，海关于本年 3 月 1 日填发"海关进（出）口关税专用缴款书"，但甲公司迟至 3 月 26 日才缴纳 500 万元的关税。

3. 任务实施过程

关税滞纳 11 天（26-15），海关本年 3 月应向甲公司征收的关税滞纳金 = 500×11×0.5‰ = 2.75（万元）。

四、关税的退还

关税的退还是指关税纳税人按海关核定的税额缴纳关税后，因某种原因的出现，海关将实际征收多于应当征收的关税税额（称为溢征关税）退还给原纳税人的一种行政行为。海关发现多征税款的，应当立即通知纳税义务人办理退还手续。纳税义务人发现多缴税款的，自缴纳税款之日起 1 年内，可以以书面形式要求海关退还多缴的税款并加算银行同期活期存款利息；海关应当自受理退税申请之日起 30 日内查实并通知纳税义务人办理退还手续。纳税义务人应当自收到通知之日起 3 个月内办理有关退税手续。

五、关税的补征和追征

关税的补征和追征是指海关在纳税人按海关核定的税额缴纳关税后，发现实际征收税额少于应征税额（短征关税）时，责令纳税人补缴所差税款的一种行政行为。根据短征关税的原因，将海关征收原短征关税的行为分为补征和追征两种。因纳税人违反海关规定造成短征关税的，称为追征；非因纳税人违反海关规定造成短征关税的，称为补征。

进出口货物放行后，海关发现少征或者漏征税款的，应当自缴纳税款或者货物放行之日起 1 年内，向纳税义务人补征税款。但因纳税义务人违反规定造成少征或者漏征税款的，海关可以自缴纳税款或者货物放行之日起 3 年内追征税款，并从缴纳税款或者货物放行之日起按日加收少征或者漏征税款万分之五的滞纳金。

海关发现海关监管货物因纳税义务人违反规定造成少征或者漏征税款的，应当自纳税义务人应缴纳税款之日起 3 年内追征税款，并从应缴纳税款之日起按日加收少征或者漏征税款万分之五的滞纳金。

关税的溢征、补征和追征之间的区别如表 4-3 所示。

表 4-3 关税的溢征、补征和追征的区别

情况	关税规定
溢征	海关发现多征税款的,应当立即通知纳税义务人办理退还手续。纳税义务人发现多缴税款的,自缴纳税款之日起 1 年内,可以以书面形式要求海关退还多缴的税款并加算银行同期活期存款利息
补征	自缴纳税款或者货物放行之日起 1 年内,向纳税义务人补征税款
追征	自纳税义务人应缴纳税款之日起 3 年内追征税款,并从应缴纳税款之日起按日加收少征或者漏征税款万分之五的滞纳金

■ 技能训练

一、单项选择题

1. 甲外贸公司本年 1 月进口一批货物,货价 100 万元,货物运抵我国关境内输入地点起卸前的包装费和运费分别为 5 万元和 7 万元。该批货物适用的进口关税税率 10%。甲公司应缴纳的进口关税为 ( ) 万元。

    A. $100 \times 10\% = 10$

    B. $(100+5) \times 10\% = 10.5$

    C. $(100+7) \times 10\% = 10.7$

    D. $(100+5+7) \times 10\% = 11.2$

2. 下列各项中,应当征收关税的是 ( )。

    A. 无商业价值的广告品及货样

    B. 进出境运输工具装载的途中必需的燃料、物料和饮食用品

    C. 国际组织、外国政府无偿赠送的物资

    D. 在海关放行前遭受损坏的货物

3. 本年 10 月,甲企业进口一辆小汽车自用,支付买价 17 万元,货物运抵我国关境内输入地点起卸前的运费和保险费共计 3 万元,货物运抵我国关境内输入地点起卸后的运费和保险费共计 2 万元,另支付购货佣金 1 万元。已知关税税率为 20%,消费税税率为 25%,城建税税率为 7%,教育费附加征收率为 3%。假设无其他纳税事项,则下列关于甲企业相关税金的计算中,正确的是 ( )。

    A. 应纳进口关税 4.2 万元

    B. 应纳进口环节消费税 8 万元

    C. 应纳进口环节增值税 3.12 万元

    D. 应纳城建税和教育费附加 1.34 万元

二、多项选择题

1. 下列各项中,属于关税纳税人的有 ( )。

    A. 工贸或农贸结合的进出口公司

    B. 外贸进出口公司

    C. 馈赠物品以及其他方式入境个人物品的所有人

    D. 个人邮递物品的收件人

2. 下列关于关税减免税规定的表述中,正确的有 ( )。

    A. 无商业价值的广告样品进口征收关税

    B. 在起卸后海关放行前,因不可抗力遭受损坏或损失的,可酌情减免关税

    C. 在海关放行前损失的货物，可免征关税

    D. 关税税额在人民币 50 元以下的一票货物免征关税

3. 我国对进口商品基本上都实行从价税，对部分产品实行（　　）。

    A. 从量税　　　　　　B. 复合税　　　　　　C. 选择税　　　　　　D. 滑准税

三、判断题

1. 关税税额在人民币 100 元以下的一票货物，可免征关税。　　　　　　　　　（　　）

2. 进口货物到达前，经海关核准先行申报的，应当适用装载该货物的运输工具申报进境之日实施的税率。　　　　　　　　　（　　）

3. 纳税人应当自海关填发税款缴款书之日起 15 日内，向指定银行缴纳税款。（　　）

四、实务题

1. 2020 年 6 月 1 日，甲公司经批准进口一台符合国家特定免征关税的科研设备用于研发项目，设备进口时经海关审定的完税价格折合人民币 560 万元，海关规定的监管年限为 5 年；2022 年 5 月 31 日，甲公司研发项目完成后，将已计提折旧 200 万元的免税设备转售给国内另一家企业。设备原进口时关税税率为 15%，设备转售时（海关接受纳税人再次填写报关单申报办理纳税及有关手续之日）关税税率降为 12%。根据税法规定，减免税货物经批准转让或者移作他用的，适用海关接受纳税人再次填写报关单申报办理纳税及有关手续之日实施的税率。

    要求：计算甲公司应补缴的关税税额。

2. 甲公司于本年 6 月 1 日通过海运进口一批高档化妆品，成交价格 160 万元，关税税率 45%，消费税税率 15%，从起运地至输入地起卸前的运费 10 万元，进口货物的保险费无法确定，保险费率为 0.3%，从海关监管区至公司仓库的运费 3 万元。海关于本年 6 月 5 日填发税款缴款书，甲公司于本年 6 月 30 日缴纳关税税款。

    要求：计算进口环节应纳税金全额合计数（答案保留四位小数）。

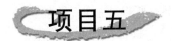

项目五

企业所得税纳税申报实务

■ 学习目标

(1) 能界定企业所得税纳税人，会判断哪些业务应当缴纳企业所得税，以及选择企业所得税适用税率，能充分运用企业所得税优惠政策。

(2) 能确定企业所得税的计税依据，根据相关业务资料确定企业所得税的收入总额，确定不征税收入和免税收入，确定企业所得税准予扣除的项目，确定企业所得税不得扣除的项目，并能根据相关业务资料进行亏损弥补。

(3) 能根据相关业务资料对固定资产、生物资产、无形资产、长期待摊费用、存货和投资资产的涉税业务进行税务处理。

(4) 能识别哪些经济业务属于企业重组，把握企业重组的一般性税务处理和特殊性税务处理的条件，并能根据相关业务资料进行企业重组的一般性税务处理和特殊性税务处理。

(5) 能根据相关业务资料计算居民企业和非居民企业的应纳税额，并根据相关业务资料计算境外所得的抵扣税额。

(6) 能判断哪些业务可能被税务机关进行特别纳税调整，明确税务机关进行特别纳税调整的方法和税务机关进行核定征收的方法，会计算因特别纳税调整而加收的利息，识记追溯时限。

(7) 能确定企业所得税的纳税义务发生时间、纳税期限和纳税地点，可以根据相关业务资料填写"A200000 中华人民共和国企业所得税月（季）度预缴纳税申报表（A 类）"及其附表、"A100000 中华人民共和国企业所得税年度纳税申报表（A 类）"及其附表，并能进行企业所得税的预缴纳税申报和汇算清缴纳税申报。

任务一 企业所得税的认知

【任务引例】

甲公司研发部门发生了一笔差旅费，请问该笔差旅费可否在计算应纳税所得额时加计扣除？

一、企业所得税纳税义务人和扣缴义务人的确定

1. 企业所得税的纳税义务人

企业所得税是对我国境内的企业和其他取得收入的组织的生产经营所得和其他所得征收的一种直接税。

在中华人民共和国境内，企业和其他取得收入的组织（以下统称企业）为企业所得税的纳税人，依照《中华人民共和国企业所得税法》（以下简称《企业所得税法》）的规定缴纳企业所得税。个人独资企业、合伙企业不适用《企业所得税法》。就合伙企业具体而言，合伙企业以每个合伙人为纳税人，合伙企业的合伙人是自然人的，作为自然人的合伙人缴纳个人所得税；合伙人是法人或其他组织的，作为法人或其他组织的合伙人缴纳企业所得税，该合伙人在缴纳企业所得税时，适用《企业所得税法》。缴纳企业所得税的企业分为居民企业和非居民企业，分别承担不同的纳税责任。

1）居民企业

居民企业是指依法在中国境内成立，或者依照外国（地区）法律成立但实际管理机构在中国境内的企业。

依法在中国境内成立的企业，包括依照中国法律、行政法规在中国境内成立的企业、事业单位、社会团体以及其他取得收入的组织。依照外国（地区）法律成立的企业，包括依照外国（地区）法律成立的企业和其他取得收入的组织。

2）非居民企业

非居民企业是指依照外国（地区）法律成立且实际管理机构不在中国境内，但在中国境内设立机构、场所的，或者在中国境内未设立机构、场所，但有来源于中国境内所得的企业。

实际管理机构是指对企业的生产经营、人员、账务、财产等实施实质性全面管理和控制的机构。机构、场所是指在中国境内从事生产经营活动的机构、场所，包括以下具体机构和场所。

（1）管理机构、营业机构、办事机构。

（2）工厂、农场、开采自然资源的场所。

（3）提供劳务的场所。

（4）从事建筑、安装、装配、修理、勘探等工程作业的场所。

（5）其他从事生产经营活动的机构、场所。

非居民企业委托营业代理人在中国境内从事生产经营活动的，包括委托单位或个人经常代其签订合同，或者储存、交付货物等，该营业代理人视为非居民企业在中国境内设立的机构、场所。

2. 企业所得税的扣缴义务人

（1）支付人为扣缴义务人。非居民企业在中国境内未设立机构、场所的，或者虽设立机构、场所但取得的所得与其所设机构、场所没有实际联系的，其来源于中国境内的所得应缴纳的所得税，实行源泉扣缴，以支付人为扣缴义务人。税款由扣缴义务人在每次支付或到期应支付时，从支付或到期应支付的款项中扣缴。

支付人是指依照有关法律规定或合同约定对非居民企业直接负有支付相关款项义务的单位或个人。支付包括现金支付、汇拨支付、转账支付和权益兑价支付等货币支付与非货币支付。到期应支付的款项是指支付人按照权责发生制原则应当计入相关成本、费用的应付款项。

（2）指定扣缴义务人。对非居民企业在中国境内取得工程作业和劳务所得应缴纳的所得税，税务机关可以指定工程价款或劳务费的支付人为扣缴义务人。

税法规定的可以指定扣缴义务人的情形如下。

① 预计工程作业或提供劳务期限不足一个纳税年度，且有证据表明不履行纳税义务的。

② 没有办理税务登记或临时税务登记，且未委托中国境内的代理人履行纳税义务的。

③ 未按照规定期限办理企业所得税纳税申报或预缴申报的。

④ 其他规定情形。

扣缴义务人由县级以上税务机关指定，并同时告知扣缴义务人所扣税款的计算依据、计算方法和扣缴期限。

（3）扣缴义务人每次代扣的税款，应当自代扣之日起 7 日内缴入国库，并向所在地的税务机关报送扣缴企业所得税报告表。

（4）扣缴义务人未依法扣缴或无法履行扣缴义务的，由纳税人在所得发生地缴纳。在中国境内存在多处所得发生地的，由纳税人选择其中一地申报缴纳企业所得税。

纳税人未依法缴纳的，税务机关可以从该纳税人在中国境内其他收入项目（指该纳税人在中国境内取得的其他各种来源的收入）的支付人应付的款项中，追缴该纳税人的应纳税款。

税务机关在追缴该纳税人应纳税款时，应当将追款理由、追缴数额、扣缴期限和缴纳方式等告知该纳税人。

二、企业所得税征税对象的确定

1. 居民企业的征税对象

居民企业应当就其来源于中国境内、境外的所得缴纳企业所得税。所得包括销售货物所得、提供劳务所得、转让财产所得、股息红利等权益性投资所得、利息所得、租金所得、特许权使用费所得、接受捐赠所得和其他所得。

2. 非居民企业的征税对象

非居民企业在中国境内设立机构、场所的，应当就其所设机构、场所取得的来源于中国境内的所得，以及发生在中国境外但与其所设机构、场所有实际联系的所得，缴纳企业所得税。其中，"实际联系"是指非居民企业在中国境内设立的机构、场所拥有据以取得所得的股权、债券，以及拥有、管理、控制据以取得所得的财产等。

非居民企业在中国境内未设立机构、场所的，或者虽设立机构、场所但取得的所得与其所设机构、场所没有实际联系的，应当就其来源于中国境内的所得缴纳企业所得税。

来源于中国境内、境外的所得，按照以下原则确定。

（1）销售货物所得，按照交易活动发生地确定。

（2）提供劳务所得，按照劳务发生地确定。

（3）转让财产所得，不动产转让所得按照不动产所在地确定，动产转让所得按照转让动产的企业，或者机构、场所所在地确定，权益性投资资产转让所得按照被投资企业所在地确定。

（4）股息、红利等权益性投资所得，按照分配所得的企业所在地确定。

（5）利息所得、租金所得、特许权使用费所得，按照负担、支付所得的企业，或者机构、场所所在地确定，或者按照负担、支付所得的个人住所地确定。

（6）其他所得，由国务院财政、税务主管部门确定。

三、企业所得税税率的判定

企业所得税税率是体现国家与企业分配关系的核心要素。企业所得税税率设计的原则是兼顾国家、企业、职工个人三者间的利益，既要保证财政收入的稳定增长，又要使企业的生产、经营和发展有一定的财力保证；既要考虑到企业的实际情况和负担能力，又要维护税率的统一性。

企业所得税实行比例税率。比例税率简便易行，透明度高，不会因征税而改变企业间收入分配比例，有利于促进效率的提高。企业所得税税率的现行规定如下。

（1）基本税率为25%。居民企业应当就其来源于中国境内、境外的所得缴纳企业所得税，适用的企业所得税税率为25%；非居民企业在中国境内设立机构、场所的，应当就其所设机构、场所取得的来源于中国境内的所得，以及发生在中国境外但与其所设机构、场所有实际联系的所得，缴纳企业所得税，适用的企业所得税税率为25%。

（2）低税率为20%。非居民企业在中国境内未设立机构、场所的，或者虽设立机构、场所但取得的所得与其所设机构、场所没有实际联系的，应当就其来源于中国境内的所得缴纳企业所得税，适用的企业所得税税率为20%，但实际征税时减按10%的税率征收。

四、企业所得税优惠政策的运用

税收优惠是指国家在税收法律、行政法规中规定对某一部分特定企业和征税对象给予减轻或免除税收负担的一种措施。税法规定的企业所得税的税收优惠方式主要包括免税、减税、加计扣除、加速折旧、减计收入、税额抵免等。

1. 免税与减税优惠

1）从事农、林、牧、渔业项目的所得

企业（包括"公司+农户"经营模式的企业）从事农、林、牧、渔业项目的所得，包括免征和减征两部分。

（1）企业从事下列项目的所得，免征企业所得税：①蔬菜、谷物、薯类、油料、豆类、棉花、麻类、糖料、水果、坚果的种植；②农作物新品种的选育；③中药材的种植；④林木的培育和种植；⑤牲畜、家禽的饲养等；⑥林产品的采集；⑦灌溉、农产品初加工、兽医、农技推广、农机作业和维修等农、林、牧、渔服务业项目；⑧远洋捕捞。

（2）企业从事下列项目的所得，减半征收企业所得税：①花卉、茶，以及其他饮料作物和香料作物的种植；②海水养殖、内陆养殖等。

2）从事国家重点扶持的公共基础设施项目投资经营的所得

税法所称国家重点扶持的公共基础设施项目，是指《公共基础设施项目企业所得税优惠目录》规定的港口码头、机场、铁路、公路、城市公共交通、电力、水利等项目。

企业从事国家重点扶持的公共基础设施项目的投资经营的所得，自项目取得第一笔生产经营收入所属纳税年度起，第一年至第三年免征企业所得税，第四年至第六年减半征收企业所得税。

企业承包经营、承包建设和内部自建自用上述规定的项目，不得享受上述企业所得税优惠。

3) 从事符合条件的环境保护、节能节水项目的所得

符合条件的环境保护、节能节水项目，包括公共污水处理、公共垃圾处理、沼气综合开发利用、节能减排技术改造、海水淡化等。

企业从事符合条件的环境保护、节能节水项目的所得，自项目取得第一笔生产经营收入所属纳税年度起，第一年至第三年免征企业所得税，第四年至第六年减半征收企业所得税。

依照规定享受减免税优惠的项目，在减免税期限内转让的，受让方自受让之日起，可以在剩余期限内享受规定的减免税优惠；减免税期限届满后转让的，受让方不得就该项目重复享受减免税优惠。

4) 符合条件的技术转让所得

（1）符合条件的技术转让所得免征、减征企业所得税，是指在一个纳税年度内，居民企业转让技术所有权所得不超过 500 万元的部分，免征企业所得税；超过 500 万元的部分，减半征收企业所得税。

（2）技术转让的范围，包括居民企业转让专利技术、计算机软件著作权、集成电路布图设计权、植物新品种、生物医药新品种，以及财政部和国家税务总局确定的其他技术。

（3）技术转让应签订技术转让合同。其中，境内的技术转让须经省级以上（含省级）科技部门认定登记，跨境的技术转让须经省级以上（含省级）商务部门认定登记，涉及财政经费支持产生技术的转让，需省级以上（含省级）科技部门审批。

（4）居民企业技术出口应由有关部门按照商务部、科技部发布的《中国禁止出口限制出口技术目录》（商务部、科技部令 2008 年第 12 号）进行审查。居民企业取得禁止出口和限制出口技术转让所得，不享受技术转让减免企业所得税优惠政策。

（5）居民企业从直接或间接持有股权之和达到 100% 的关联方取得的技术转让所得，不享受技术转让减免企业所得税优惠政策。

2. 高新技术企业优惠

国家需要重点扶持的高新技术企业减按 15% 的税率征收企业所得税。高新技术企业是指在《国家重点支持的高新技术领域》内，持续进行研究开发与技术成果转化，形成企业核心自主知识产权，并以此为基础开展经营活动，在中国境内（不包括港、澳、台地区）注册的居民企业。

认定为高新技术企业须同时满足以下条件。

（1）企业申请认定时须注册成立一年以上。

（2）企业通过自主研发、受让、受赠、并购等方式，获得对其主要产品（服务）在技术上发挥核心支持作用的知识产权的所有权。

（3）对企业主要产品（服务）发挥核心支持作用的技术属于《国家重点支持的高新技术领域》规定的范围。

（4）企业从事研发和相关技术创新活动的科技人员占企业当年职工总数的比例不低于 10%。

（5）企业近三个会计年度（实际经营期不满三年的按实际经营时间计算，下同）的研究开发费用总额占同期销售收入总额的比例符合如下要求：

① 最近一年销售收入小于 5 000 万元（含）的企业，比例不低于 5%；

② 最近一年销售收入在 5 000 万元至 2 亿元（含）的企业，比例不低于 4%；

③ 最近一年销售收入在 2 亿元以上的企业，比例不低于 3%。

其中，企业在中国境内发生的研究开发费用总额占全部研究开发费用总额的比例不低于 60%。

（6）近一年高新技术产品（服务）收入占企业同期总收入的比例不低于 60%。

（7）企业创新能力评价应达到相应要求。

（8）企业申请认定前一年内未发生重大安全、重大质量事故或严重环境违法行为。

3. 技术先进型服务企业优惠

自 2018 年 1 月 1 日起，对经认定的技术先进型服务企业（服务贸易类），减按 15% 的税率征收企业所得税。

4. 小型微利企业优惠

自 2019 年 1 月 1 日至 2021 年 12 月 31 日，对小型微利企业年应纳税所得额不超过 100 万元的部分，减按 25% 计入应纳税所得额，按 20% 的税率缴纳企业所得税；对年应纳税所得额超过 100 万元但不超过 300 万元的部分，减按 50% 计入应纳税所得额，按 20% 的税率缴纳企业所得税。自 2021 年 1 月 1 日至 2022 年 12 月 31 日，对小型微利企业年应纳税所得额不超过 100 万元的部分，在上述优惠政策基础上，再减半征收企业所得税，即减按 12.5% 计入应纳税所得额，按 20% 的税率缴纳企业所得税。自 2022 年 1 月 1 日至 2024 年 12 月 31 日，对小型微利企业年应纳税所得额超过 100 万元但不超过 300 万元的部分，减按 25% 计入应纳税所得额，按 20% 的税率缴纳企业所得税。

上述小型微利企业是指从事国家非限制和禁止行业，且同时符合年度应纳税所得额不超过 300 万元、从业人数不超过 300 人、资产总额不超过 5 000 万元等三个条件的企业。

从业人数，包括与企业建立劳动关系的职工人数和企业接受的劳务派遣用工人数。所称从业人数和资产总额指标，应按企业全年的季度平均值确定。具体计算公式如下：

$$季度平均值 = （季初值 + 季末值）/2$$
$$全年季度平均值 = 全年各季度平均值之和/4$$

年度中间开业或者终止经营活动的，以其实际经营期作为一个纳税年度确定上述相关指标。

小型微利企业所得税统一实行按季度预缴。预缴企业所得税时，小型微利企业的资产总额、从业人数、年度应纳税所得额指标，暂按当年度截至本期申报所属期末的情况进行判断。其中，资产总额、从业人数指标比照上述"全年季度平均值"的计算公式，计算截至本期申报所属期末的季度平均值；年度应纳税所得额指标暂按截至本期申报所属期末不超过 300 万元的标准判断。

自 2022 年 1 月 1 日起，与小型微利企业所得税优惠政策有关的征管问题规定如下。

（1）符合财政部、税务总局规定的小型微利企业条件的企业（简称小型微利企业），按照相关政策规定享受小型微利企业所得税优惠政策。企业设立不具有法人资格分支机构的，应当汇总计算总机构及其各分支机构的从业人数、资产总额、年度应纳税所得额，依据合计数判断是否符合小型微利企业条件。

（2）小型微利企业无论按查账征收方式或核定征收方式缴纳企业所得税，均可享受小型微利企业所得税优惠政策。

（3）小型微利企业在预缴和汇算清缴企业所得税时，通过填写纳税申报表，即可享受小型微利企业所得税优惠政策。

（4）小型微利企业预缴企业所得税时，资产总额、从业人数、年度应纳税所得额指标，暂按当年度截至本期预缴申报所属期末的情况进行判断。

（5）原不符合小型微利企业条件的企业，在年度中间预缴企业所得税时，按照相关政策标准判断符合小型微利企业条件的，应按照截至本期预缴申报所属期末的累计情况，计算减免税额。当年度此前期间如因不符合小型微利企业条件而多预缴的企业所得税税款，可在以后季度应预缴的企业所得税税款中抵减。

（6）企业预缴企业所得税时享受了小型微利企业所得税优惠政策，但在汇算清缴时发现不符合相关政策标准的，应当按照规定补缴企业所得税税款。

（7）小型微利企业所得税统一实行按季度预缴。按月度预缴企业所得税的企业，在当年度4月、7月、10月预缴申报时，若按相关政策标准判断符合小型微利企业条件的，从下一个预缴申报期起调整为按季度预缴申报，一经调整，则当年度内不再变更。

5. 加计扣除优惠

（1）研究开发费用（简称"研发费用"）。企业为开发新技术、新产品和新工艺发生的研究开发费用，未形成无形资产计入当期损益的，在按照规定据实扣除的基础上，按照研究开发费用的50%加计扣除；形成无形资产的，按照无形资产成本的150%摊销。科技型中小企业开展研发活动中实际发生的研发费用，未形成无形资产计入当期损益的，在按规定据实扣除的基础上，自2022年1月1日起，再按照实际发生额的100%在税前加计扣除；形成无形资产的，自2022年1月1日起，按照无形资产成本的200%在税前摊销。企业开展研发活动中实际发生的研发费用，未形成无形资产计入当期损益的，在按规定据实扣除的基础上，在2018年1月1日至2023年12月31日，再按照实际发生额的75%在税前加计扣除；形成无形资产的，在上述期间按照无形资产成本的175%在税前摊销。制造业企业开展研发活动中实际发生的研发费用，未形成无形资产计入当期损益的，在按规定据实扣除的基础上，自2021年1月1日起，再按照实际发生额的100%在税前加计扣除；形成无形资产的，自2021年1月1日起，按照无形资产成本的200%在税前摊销。

除烟草制造业、住宿和餐饮业、批发和零售业、房地产业、租赁和商务服务业、娱乐业外的其他企业可以享受研究开发费相关的加计扣除政策。上述企业应为会计核算健全、实行查账征收并能够准确归集研发费用的居民企业。

【任务引例解析】

答　根据《财政部　国家税务总局　科技部关于完善研究开发费用税前加计扣除政策的通知》（财税〔2015〕119号）的规定，企业开展研发活动中实际发生的研发费用，允许在计算应纳税所得额时按照规定实行加计扣除。研发费用具体包括以下几个方面。

（1）人员人工费用。直接从事研发活动人员的工资薪金、基本养老保险费、基本医疗保险费、失业保险费、工伤保险费、生育保险费和住房公积金，以及外聘研发人员的劳务费用。

（2）直接投入费用。研发活动直接消耗的材料、燃料和动力费用；用于中间试验和产品试制模具、公益装备开发及制造费；不构成固定资产的样品、样机及一般测试手段购置费，试制产品的检验费；用于研发活动的仪器、设备的运行维护、调整、检验维修等费用，以及通过经营租赁方式租入的用于研发活动的仪器、设备租赁费。

（3）折旧费用。用于研发活动的仪器、设备的折旧费。

（4）无形资产摊销。用于研发活动的软件、专利权、非专利技术的摊销费用。

（5）新产品设计费、新工艺规程制定费、新药研制的临床试验费、勘探开发技术的现场试验费。

（6）其他相关费用。如：技术图书资料费、资料翻译费、专家咨询费、高新科技研发保险费，研发成果检索、分析、评议、论证、鉴定、评审、评估、验收费用，知识产权的申请费、注册费、代理费，差旅费、会议费等。此项费用总额不得超过可加计扣除研发费用总额的10%。

下列活动不适用税前加计扣除政策：

（1）企业产品（服务）的常规升级；

（2）对某项科研成果的直接应用，如直接采用公开的新工艺、材料、装置、产品、服务或知识等；

（3）企业在商品化后为顾客提供的技术支持活动；

（4）对现存产品、服务、技术、材料或工艺流程进行的重复或简单改变；

（5）市场调查研究、效率调查或管理研究；

（6）作为工业（服务）流程环节或常规的质量控制、测试分析、维修维护。

此外，对烟草制造业、住宿和餐饮业、批发和零售业、房地产业、租赁和商务服务业、娱乐业不适用税前加计扣除政策。

由于上述"（6）其他相关费用。如：技术图书资料费、资料翻译费、专家咨询费、高新科技研发保险费，研发成果检索、分析、评议、论证、鉴定、评审、评估、验收费用，知识产权的申请费、注册费、代理费，差旅费、会议费等。此项费用总额不得超过可加计扣除研发费用总额的10%。"因此，可加计扣除的项目包括差旅费，但包括差旅费在内的其他相关费用总额不得超过可加计扣除研发费用总额的10%。

（2）企业安置残疾人员所支付的工资。企业安置残疾人员的，在按照支付给残疾职工工资据实扣除的基础上，按照支付给残疾职工工资的100%加计扣除。

6. 创业投资企业优惠

创业投资企业从事国家需要重点扶持和鼓励的创业投资，可以按投资额的一定比例抵扣应纳税所得额。

创业投资企业优惠是指创业投资企业采取股权投资方式投资于未上市的中小高新技术企业2年以上的，可以按照其投资额的70%在股权持有满2年的当年抵扣该创业投资企业的应纳税所得额；当年不足抵扣的，可以在以后纳税年度结转抵扣。例如，甲企业2021年1月1日向乙企业（未上市的中小高新技术企业）投资100万元，股权持有到2022年12月31日。甲企业2022年度可抵扣的应纳税所得额为70万元。

（1）公司制创业投资企业采取股权投资方式直接投资于种子期、初创期科技型企业（以下简称初创科技型企业）满2年（24个月，下同）的，可以按照投资额的70%在股权持有满2年的当年抵扣该公司制创业投资企业的应纳税所得额；当年不足抵扣的，可以在以后纳税年度结转抵扣。

（2）有限合伙制创业投资企业（以下简称合伙创投企业）采取股权投资方式直接投资于初创科技型企业满 2 年的，该合伙创投企业的合伙人分别按以下方式处理：

① 法人合伙人可以按照对初创科技型企业投资额的 70% 抵扣法人合伙人从合伙创投企业分得的所得；当年不足抵扣的，可以在以后纳税年度结转抵扣。

② 个人合伙人可以按照对初创科技型企业投资额的 70% 抵扣个人合伙人从合伙创投企业分得的经营所得；当年不足抵扣的，可以在以后纳税年度结转抵扣。

（3）天使投资个人采取股权投资方式直接投资于初创科技型企业满 2 年的，可以按照投资额的 70% 抵扣转让该初创科技型企业股权取得的应纳税所得额；当期不足抵扣的，可以在以后取得转让该初创科技型企业股权的应纳税所得额时结转抵扣。

天使投资个人投资多个初创科技型企业的，对其中办理注销清算的初创科技型企业，天使投资个人对其投资额的 70% 尚未抵扣完的，可自注销清算之日起 36 个月内抵扣天使投资个人转让其他初创科技型企业股权取得的应纳税所得额。

（4）有限合伙制创业投资企业采取股权投资方式投资于未上市的中小高新技术企业满 2 年的，其法人合伙人可按照对未上市中小高新技术企业投资额的 70% 抵扣该法人合伙人从该有限合伙制创业投资企业分得的应纳税所得额，当年不足抵扣的，可以在以后纳税年度结转抵扣。

7. 加速折旧优惠

企业的固定资产由于技术进步等原因，确需加速折旧的，可以缩短折旧年限或采取加速折旧的方法。可以采用加速折旧方法的固定资产如下。

（1）由于技术进步，产品更新换代较快的固定资产。

（2）常年处于强震动、高腐蚀状态的固定资产。

采取缩短折旧年限方法的，最低折旧年限不得低于规定折旧年限的 60%；若为购置已使用过的固定资产，其最低折旧年限不得低于税法规定最低折旧年限减去已使用年限后剩余年限的 60%。最低折旧年限一经确定，一般不得变更。采取加速折旧方法的，可以采取双倍余额递减法或年数总和法。

根据财税〔2014〕75 号文和财税〔2015〕106 号文的规定，对符合相关条件的生物药品制造业，专用设备制造业，铁路、船舶、航空航天和其他运输设备制造业，计算机、通信和其他电子设备制造业，仪器仪表制造业，信息传输、软件和信息技术服务业等行业企业，2014 年 1 月 1 日后购进的固定资产（包括自行建造），以及对符合相关条件的轻工、纺织、机械、汽车等四个领域重点行业的企业，2015 年 1 月 1 日后新购进的固定资产，允许按不低于《企业所得税法》规定折旧限的 60% 缩短折旧年限，或选择采取双倍余额递减法或年数总和法进行加速折旧。上述重点行业企业是指以上述行业业务为主营业务，其固定资产投入使用当年的主营业务收入占企业收入总额 50%（不含）以上的企业。自 2019 年 1 月 1 日起，适用财税〔2014〕75 号文和财税〔2015〕106 号文规定固定资产加速折旧优惠的行业范围，扩大至全部制造业领域。

对所有行业企业 2014 年 1 月 1 日后新购进的专门用于研发的仪器、设备，单位价值不超过 100 万元的，允许一次性计入当期成本费用在计算应纳税所得额时扣除，不再分年度计算折旧；单位价值超过 100 万元的，可缩短折旧年限或采取加速折旧的方法。

对所有行业企业持有的单位价值不超过 5 000 元的固定资产，允许一次性计入当期成本费用在计算应纳税所得额时扣除，不再分年度计算折旧。

企业在 2018 年 1 月 1 日至 2023 年 12 月 31 日新购进的设备、器具，单位价值不超过 500 万元的，允许一次性计入当期成本费用在计算应纳税所得额时扣除，不再分年度计算折旧。设备、器具，是指除房屋、建筑物以外的固定资产。

8. 减计收入优惠

（1）企业以《资源综合利用企业所得税优惠目录》规定的资源作为主要原材料，生产国家非限制和禁止并符合国家和行业相关标准的产品取得的收入，减按 90% 计入收入总额。

（2）自 2019 年 6 月 1 日起至 2025 年 12 月 31 日止，在社区依托固定场所设施，采取全日托、半日托、计时托、临时托等方式，为社区居民提供托育服务的企业、事业单位和社会组织，提供社区养老、托育、家政服务取得的收入，在计算应纳税所得额时，减按 90% 计入收入总额。

9. 税额抵免优惠

税额抵免是指企业购置并实际使用《环境保护专用设备企业所得税优惠目录》《节能节水专用设备企业所得税优惠目录》和《安全生产专用设备企业所得税优惠目录》规定的环境保护、节能节水、安全生产等专用设备的，该专用设备的投资额的 10% 可以从企业当年的应纳税额中抵免；当年不足抵免的，可以在以后 5 个纳税年度结转抵免。

享受上述规定的企业所得税优惠的企业，应当实际购置并自身实际投入使用上述规定的专用设备；企业购置上述专用设备在 5 年内转让、出租的，应当停止享受企业所得税优惠，并补缴已经抵免的企业所得税税款。转让的受让方可以按照该专用设备投资额的 10% 抵免当年企业所得税应纳税额；当年应纳税额不足抵免的，可以在以后 5 个纳税年度结转抵免。

企业同时从事适用不同企业所得税待遇的项目的，其优惠项目应当单独计算所得，并合理分摊企业的期间费用；没有单独计算的，不得享受企业所得税优惠。

自 2009 年 1 月 1 日起，增值税一般纳税人购进生产用固定资产发生的进项税额可以从其销项税额中抵扣。如果增值税进项税额允许抵扣，其专用设备投资额不再包括增值税进项税额；如果增值税进项税额不允许抵扣，其专用设备投资额应为增值税专用发票上注明的价税合计金额，企业购买专用设备取得普通发票的，其专用设备投资额为普通发票上注明的金额（实际上指的是普通发票上注明的价税合计金额）。

10. 民族自治地方企业的税收优惠

民族自治地方的自治机关对本民族自治地方的企业应缴纳的企业所得税中属于地方分享的部分，可以决定减征或免征。自治州、自治县决定减征或免征的，须报省、自治区、直辖市人民政府批准。但对民族自治地方内国家限制和禁止行业的企业，不得减征或免征企业所得税。

11. 非居民企业优惠

在中国境内未设立机构、场所，或者虽设立机构、场所但取得的所得与其所设机构、场所没有实际联系的非居民企业减按 10% 的税率征收企业所得税。该类非居民企业取得下列所得免征企业所得税：①外国政府向中国政府提供贷款取得的利息所得；②国际金融组织向中国政府和居民企业提供优惠贷款取得的利息所得；③经国务院批准的其他所得。

12. 其他有关行业的优惠

1）鼓励软件产业和集成电路产业发展的优惠

依法成立且符合条件的集成电路设计企业和软件企业，在 2019 年 12 月 31 日前自获利年度起计算优惠期，第一年至第二年免征企业所得税，第三年至第五年按照 25% 的法定税率减半征收企业所得税，并享受至期满为止。

2）经营性文化事业单位转制为企业的优惠

2019 年 1 月 1 日至 2023 年 12 月 31 日经营性文化事业单位转制为企业，自转制注册之日起五年内免征企业所得税。2018 年 12 月 31 日之前已完成转制的企业，自 2019 年 1 月 1 日起可继续免征五年企业所得税。经营性文化事业单位是指从事新闻出版、广播影视和文化艺术的事业单位。

3）鼓励证券投资基金发展的优惠

（1）对证券投资基金从证券市场中取得的收入，包括买卖股票、债券的差价收入，股权的股息、红利收入。债券的利息收入及其他收入，暂不征收企业所得税。

（2）对投资者从证券投资基金分配中取得的收入，暂不征收企业所得税。

（3）对证券投资基金管理人运用基金买卖股票、债券的差价收入，暂不征收企业所得税。

4）债券利息减免税的优惠

（1）对企业取得的 2012 年及以后年度发行的地方政府债券利息收入，免征企业所得税。

（2）自 2018 年 11 月 7 日至 2025 年 12 月 31 日，对境外机构投资境内债券市场取得的债券利息收入暂免征收企业所得税。

暂免征收企业所得税的范围不包括境外机构在境内设立的机构、场所取得的与该机构、场所有实际联系的债券利息。

（3）对企业投资者持有 2019—2023 年发行的铁路债券取得的利息收入，减半征收企业所得税。

铁路债券是指以中国国家铁路集团有限公司（原中国铁路总公司）为发行和偿还主体的债券，包括中国铁路建设债券、中期票据、短期融资券等债务融资工具。

5）从事污染防治的第三方企业的优惠

对符合条件的从事污染防治的第三方企业减按 15% 的税率征收企业所得税。第三方防治企业是指受排污企业或政府委托，负责环境污染治理设施（包括自动连续监测设施）运营维护的企业。

13. 西部大开发的税收优惠

（1）自 2011 年 1 月 1 日至 2020 年 12 月 31 日，对设在西部地区以《西部地区鼓励类产业目录》中规定的产业项目为主营业务，且其当年度主营业务收入占企业收入总额 70% 以上的企业，经企业申请、主管税务机关审核确认后，可减按 15% 税率缴纳企业所得税。

（2）自 2021 年 1 月 1 日至 2030 年 12 月 31 日，对设在西部地区的鼓励类产业企业减按 15% 的税率征收企业所得税。本条所称鼓励类产业企业是指以《西部地区鼓励类产业目录》中规定的产业项目为主营业务，且其主营业务收入占企业收入总额 60% 以上的企业。

14. 海南自由贸易港的优惠

自 2020 年 1 月 1 日至 2024 年 12 月 31 日，海南自由贸易港实施以下企业所得税优惠政策。

（1）对注册在海南自由贸易港并实质性运营的鼓励类产业企业，减按15%的税率征收企业所得税。

鼓励类产业企业是指以海南自由贸易港鼓励类产业目录中规定的产业项目为主营业务，且其主营业务收入占企业收入总额60%以上的企业。实质性运营，是指企业的实际管理机构设在海南自由贸易港，并对企业生产经营、人员、账务、财产等实施实质性全面管理和控制。对不符合实质性运营的企业，不得享受优惠。

对总机构设在海南自由贸易港的符合条件的企业，仅就其设在海南自由贸易港的总机构和分支机构的所得，适用15%税率；对总机构设在海南自由贸易港以外的企业，仅就其设在海南自由贸易港内的符合条件的分支机构的所得，适用15%税率。具体征管办法按照税务总局有关规定执行。

（2）对在海南自由贸易港设立的旅游业、现代服务业、高新技术产业企业新增境外直接投资取得的所得，免征企业所得税。

新增境外直接投资所得应当符合以下条件。

① 从境外新设分支机构取得的营业利润；或从持股比例超过20%（含）的境外子公司分回的，与新增境外直接投资相对应的股息所得。

② 被投资国（地区）的企业所得税法定税率不低于5%。

旅游业、现代服务业、高新技术产业，按照《海南自由贸易港鼓励类产业目录（2020年本）》执行。

（3）对在海南自由贸易港设立的企业，新购置（含自建、自行开发）固定资产或无形资产，单位价值不超过500万元（含）的，允许一次性计入当期成本费用在计算应纳税所得额时扣除，不再分年度计算折旧和摊销；新购置（含自建、自行开发）固定资产或无形资产，单位价值超过500万元的，可以缩短折旧、摊销年限或采取加速折旧、摊销的方法。

固定资产是指除房屋、建筑物以外的固定资产。

15. 其他事项

（1）享受企业所得税过渡优惠政策的企业，应按照新税法和实施条例中有关收入和扣除的规定计算应纳税所得额。

（2）企业所得税过渡优惠政策与新税法及实施条例规定的优惠政策存在交叉的，由企业选择最优惠的政策执行，不得叠加享受，且一经选择，不得改变。

（3）国家已确定的其他鼓励类企业，可以按照国务院规定享受减免税优惠。

任务二　企业所得税应纳税所得额的计算

【任务引例】

甲公司取得一笔返还的增值税，请问是否缴纳企业所得税？

一、企业所得税计税依据确定的基本方法

企业应纳税额取决于应纳税所得额和适用税率两个因素。在实际过程中，应纳税所得额的计算一般有以下两种方法。

1. 间接计算法

在间接计算法下，在会计利润的基础上加上或减除按照税法规定调整的项目金额后的金额，即为应纳税所得额。其计算公式为：

应纳税所得额＝会计利润总额±纳税调整项目金额

纳税调整项目金额包括两方面的内容：企业的财务会计处理和税法规定不一致的应予以调整的金额；企业按税法规定准予扣除的金额。

2. 直接计算法

在直接计算法下，企业每一纳税年度的收入总额减除不征税收入、免税收入、各项扣除，以及允许弥补的以前年度亏损后的余额，即应纳税所得额。其计算公式为：

应纳税所得额＝收入总额－不征税收入－免税收入－各项扣除金额－弥补亏损

二、收入总额的确定

企业的收入总额包括以货币形式和非货币形式从各种来源取得的收入。企业取得收入的货币形式包括现金、银行存款、应收账款、应收票据、准备持有至到期的债券投资及债务的豁免等；企业以非货币形式取得的收入，包括固定资产、生物资产、无形资产、股权投资、存货、不准备持有至到期的债券投资、劳务及有关权益等，这些非货币资产应当按照公允价值确定收入额，公允价值是指按照市场价格确定的价值。全面营改增后，计算企业所得税的各种收入均为不含增值税的收入。

1. 一般收入的确认

1）销售货物收入

销售货物收入是指企业销售商品、产品、原材料、包装物、低值易耗品及其他存货取得的收入。

企业销售商品同时满足下列条件的，应确认收入的实现。

（1）商品销售合同已经签订，企业已将商品所有权相关的主要风险和报酬转移给购货方。

（2）企业对已售出的商品既没有保留通常与所有权相联系的继续管理权，也没有实施有效控制。

（3）收入的金额能够可靠地计量。

（4）已发生或将发生的销售方的成本能够可靠地核算。

符合上述收入确认条件，采取下列商品销售方式的，应按以下规定确认收入实现时间。

① 销售商品采用托收承付方式的，在办妥托收手续时确认收入。

② 销售商品采取预收款方式的，在发出商品时确认收入。

③ 销售商品需要安装和检验的，在购买方接受商品，以及安装和检验完毕时确认收入。如果安装程序比较简单，可在发出商品时确认收入。

④ 销售商品采用支付手续费方式委托代销的，在收到代销清单时确认收入。

2）提供劳务收入

提供劳务收入是指企业从事建筑安装、修理修配、交通运输、仓储租赁、金融保险、邮电通信、咨询经纪、文化体育、科学研究、技术服务、教育培训、餐饮住宿、中介代理、卫生保健、社区服务、旅游、娱乐、加工，以及其他劳务服务活动取得的收入。

企业在各个纳税期末，提供劳务交易的结果能够可靠估计的，应采用完工进度（完工百分比）法确认提供劳务收入。

提供劳务交易的结果能够可靠估计，是指同时满足下列条件。

（1）收入的金额能够可靠地计量。

（2）交易的完工进度能够可靠地确定。

（3）交易中已发生和将发生的成本能够可靠地核算。

企业提供劳务完工进度的确定，可选用下列方法。

① 已完工作的测量。

② 已提供劳务占劳务总量的比例。

③ 发生成本占总成本的比例。

企业应按照从接受劳务方已收或应收的合同或协议价款确定劳务收入总额，根据纳税期末提供劳务收入总额乘以完工进度扣除以前纳税年度累计已确认提供劳务收入后的金额，确认为当期劳务收入；同时，按照提供劳务估计总成本乘以完工进度扣除以前纳税期间累计已确认劳务成本后的金额，结转为当期劳务成本。

下列提供劳务满足收入确认条件的，应按规定确认收入。

① 安装费。应根据安装完工进度确认收入。安装工作是商品销售附带条件的，安装费在确认商品销售实现时确认收入。

② 宣传媒介的收费。应在相关的广告或商业行为出现于公众面前时确认收入。广告的制作费应根据制作广告的完工进度确认收入。

③ 软件费。为特定客户开发软件的收费，应根据开发的完工进度确认收入。

④ 服务费。包含在商品售价内可区分的服务费，在提供服务的期间分期确认收入。

⑤ 艺术表演、招待宴会和其他特殊活动的收费。在相关活动发生时确认收入。收费涉及几项活动的，预收的款项应合理分配给每项活动，分别确认收入。

⑥ 会员费。申请入会或加入会员，只允许取得会籍，所有其他服务或商品都要另行收费的，在取得该会员费时确认收入。申请入会或加入会员后，会员在会员期内不再付费就可得到各种服务或商品，或者以低于非会员的价格销售商品或提供服务的，该会员费应在整个受益期内分期确认收入。

⑦ 特许权费。属于提供设备和其他有形资产的特许权费，在交付资产或转移资产所有权时确认收入；属于提供初始及后续服务的特许权费，在提供服务时确认收入。

⑧ 劳务费。长期为客户提供重复劳务收取的劳务费，在相关劳务活动发生时确认收入。

3）转让财产收入

转让财产收入是指企业转让固定资产、生物资产、无形资产、股权、债权等财产取得的收入。

4）股息、红利等权益性投资收益

股息、红利等权益性投资收益是指企业因权益性投资从被投资方取得的收入。股息、红利等权益性投资收益，除国务院财政、税务主管部门另有规定外，按照被投资方做出利润分配决定的日期确认收入的实现。

5）利息收入

利息收入是指企业将资金提供给他人使用但不构成权益性投资，或者因他人占用本企业资金取得的收入，包括存款利息、贷款利息、债券利息、欠款利息等收入。利息收入应按照合同约定的债务人应付利息的日期确认收入的实现。

6）租金收入

租金收入是指企业提供固定资产、包装物或其他有形资产的使用权取得的收入。租金收入应按照合同约定的承租人应付租金的日期确认收入的实现。

7）特许权使用费收入

特许权使用费收入是指企业提供专利权、非专利技术、商标权、著作权，以及其他特许使用权取得的收入。特许权使用费收入应按照合同约定的特许权使用人应付特许权使用费的日期确认收入的实现。

8）接受捐赠收入

接受捐赠收入是指企业接受的来自其他企业、组织或个人无偿给予的货币性资产、非货币性资产。接受捐赠收入按照实际收到捐赠资产的日期确认收入的实现。

9）其他收入

其他收入是指企业取得的除以上收入外的其他收入，包括企业资产溢余收入、逾期未退包装物押金收入、确实无法偿付的应付款项、已经作坏账损失处理后又收回的应收款项、债务重组收入、补贴收入、违约金收入、汇兑收益等。

企业取得财产（包括各类资产、股权、债权等）转让收入、债务重组收入、接受捐赠收入、无法偿付的应付款收入等，无论是以货币形式体现，还是以非货币形式体现，除另有规定外，均应一次性计入确认收入的年度计算缴纳企业所得税。

在2021年度及以后年度汇算清缴中，企业按照市场价格销售货物、提供劳务服务等，凡由政府财政部门根据企业销售货物、提供劳务服务的数量、金额的一定比例给予全部或部分资金支付的，应当按照权责发生制原则确认收入。除上述情形外，企业取得的各种政府财政支付，如财政补贴、补助、补偿、退税等，均应当按照实际取得收入的时间确认收入。

2. 特殊收入的确认

（1）采取分期收款方式销售货物按照合同约定的收款日期确认收入的实现。

（2）采用售后回购方式销售商品，销售的商品按售价确认收入，回购的商品作为购进商品处理。有证据表明不符合销售收入确认条件的，如以销售商品方式进行融资，收到的款项应确认为负债。回购价格大于原售价的，差额应在回购期间确认为利息费用。

（3）采取以旧换新方式销售商品，应当按照销售商品收入的确认条件确认收入，回收的商品作为购进商品处理。

（4）采取商业折扣（折扣销售）条件销售商品。企业为促进商品销售而在商品价格上给予的价格扣除属于商业折扣，商品销售涉及商业折扣的，应当按照扣除商业折扣后的金额确定销售商品收入金额。

（5）采取现金折扣（销售折扣）条件销售商品。债权人为鼓励债务人在规定的期限内付款而向债务人提供的债务扣除属于现金折扣，销售商品涉及现金折扣的，应当按扣除现金折扣前的金额确定销售商品收入金额，现金折扣在实际发生时作为财务费用扣除。

（6）采取折让方式销售商品。企业因售出商品的质量不合格等原因而在售价上给予的减让属于销售折让；企业因售出商品质量、品种不符合要求等原因而发生的退货属于销售退回。企业已经确认销售收入的售出商品发生销售折让和销售退回，应当在发生当期冲减当期销售商品收入。

（7）采取买一赠一等方式组合销售本企业商品的，不属于捐赠，应将总的销售金额按各项商品的公允价值的比例来分摊确认各项的销售收入。

【情境实例5-1】

1. 工作任务要求

计算甲服装企业买一赠一销售方式下A西服和B领带各自的销售收入。

2. 情境实例设计

甲服装企业为我国一家居民企业，本年度采用买一赠一的方式销售本企业商品，规定以每套1 500元（不含增值税，下同）购买A西服的客户可获赠1条B领带，A西服正常出厂价格 P_A 为1 500元，B领带正常出厂价格 P_B 为500元，当期该服装企业销售西服领带组合共计100套，共取得收入150 000元。

3. 任务实施过程

企业以买一赠一等方式组合销售本企业商品的，不属于捐赠，应将总的销售金额按各项商品的公允价值的比例来分摊确认各项的销售收入：分摊到A西服上的销售收入=买一赠一整体收入× $P_A/(P_A+P_B)$ ；分摊到B领带上的销售收入=买一赠一整体销售收入× $P_B/(P_A+P_B)$ 。

A西服销售收入=150 000×1 500/（1 500+500）=112 500（元）

B领带销售收入=150 000×500/（1 500+500）=37 500（元）

（8）企业受托加工制造大型机械设备、船舶、飞机等，以及从事建筑、安装、装配业务或提供劳务等，持续时间超过12个月的，按照纳税年度内完工进度或完成的工作量确认收入的实现。

（9）采取产品分成方式取得收入的，以企业分得产品的时间确认收入的实现，其收入额按照产品的公允价值确定。

（10）企业发生非货币性资产交换，以及将货物、财产、劳务用于捐赠、偿债、赞助、集资、广告、样品、职工福利和进行利润分配等用途，应当视同销售货物、转让财产和提供劳务，但国务院财政、税务主管部门另有规定的除外。

3. 处置资产收入的确认

企业处置资产的所得税处理按以下规定执行（该规定自2008年1月1日起执行，对2008年1月1日以前发生的处置资产，2008年1月1日以后尚未进行税务处理的，也按该规定执行）。

（1）企业发生下列情形的处置资产，除将资产转移至境外外，由于资产所有权属在形式和实质上均不发生改变，可作为内部处置资产，不视同销售确认收入，相关资产的计税基础延续计算。

① 将资产用于生产、制造、加工另一产品。

② 改变资产形状、结构或性能。

③ 改变资产用途（如自建商品房转为自用或经营）。

④ 将资产在总机构及其分支机构之间转移。

⑤ 上述两种或两种以上情形的混合。

⑥ 其他不改变资产所有权属的用途。

（2）企业将资产移送他人的下列情形，因资产所有权属已发生改变而不属于内部处置资产，应按规定视同销售确定收入。

① 用于市场推广或销售。

② 用于交际应酬。

③ 用于职工奖励或福利。

④ 用于股息分配。

⑤ 用于对外捐赠。

⑥ 其他改变资产所有权属的用途。

（3）企业发生上述第（2）项规定情形的，除另有规定外，应按照被移送资产的公允价值确定销售收入。

三、不征税收入和免税收入的确定

国家为了扶持和鼓励某些特殊的纳税人和特定的项目，或者避免因征税影响企业正常的生产、经营，对企业取得的某些收入予以不征税或免税的特殊优惠政策，以减轻企业的负担，促进经济的协调发展。

1. 不征税收入

收入总额中的下列收入为不征税收入。

（1）财政拨款。这是指各级人民政府对纳入预算管理的事业单位、社会团体等组织拨付的财政资金，但国务院和国务院财政、税务主管部门另有规定的除外。

（2）依法收取并纳入财政管理的行政事业性收费、政府性基金。行政事业性收费是指依照法律、行政法规等有关规定，按照国务院规定程序批准，在实施社会公共管理，以及在向公民、法人或其他组织提供特定公共服务过程中，向特定对象收取并纳入财政管理的费用。政府性基金是指企业依照法律、行政法规等有关规定，代政府收取的具有专项用途的财政资金。

（3）国务院规定的其他不征税收入。这是指企业取得的，由国务院财政、税务主管部门规定专项用途并经国务院批准的财政性资金。

财政性资金是指企业取得的来源于政府及其有关部门的财政补助、补贴、贷款贴息，以及其他各类财政专项资金，包括直接减免的增值税和即征即退、先征后退、先征后返的各种税收，但不包括企业按规定取得的出口退税款。

县级以上人民政府将国有资产无偿划入企业，凡指定专门用途并按规定进行管理的，企业可作为不征税收入进行企业所得税处理。其中，该项资产属于非货币性资产的，应按政府确定的接收价值计算不征税收入。

自 2018 年 9 月 20 日起，对全国社会保障基金理事会及基本养老保险基金投资管理机构在国务院批准的投资范围内，运用养老基金投资取得的归属于养老基金的投资收入，作为企业所得税不征税收入。

自 2018 年 9 月 10 日起，对全国社会保障基金取得的直接股权投资收益、股权投资基金收益，作为企业所得税不征税收入。

需要注意的是：企业的不征税收入用于支出所形成的费用，不得在计算应纳税所得额时扣除；企业的不征税收入用于支出所形成的资产，其计算的折旧、摊销不得在计算应纳税所得额时扣除。

【任务引例解析】

答 《财政部 国家税务总局关于财政性资金、行政事业性收费、政府性基金有关企业所得税政策问题的通知》（财税〔2008〕151 号）规定，（一）企业取得的各类财政性资金，除属于国家投资和资金使用后要求归还本金的以外，均应计入企业当年收入总额。（二）对企业取得的由国务院财政、税务主管部门规定专项用途并经国务院批准的财政性资金，准予作为不征税收入，在计算应纳税所得额时从收入总额中减除。（三）纳入预算管理的事业单位、社会团体等组织按照核定的预算和经费报领关系收到的由财政部门或上级单位拨入的财政补助收入，准予作为不征税收入，在计算应纳税所得额时从收入总额中减除，但国务院和国务院财政、税务主管部门另有规定的除外。本条所称财政性资金，是指企业取得的来源于政府及其有关部门的财政补助、补贴、贷款贴息，以及其他各类财政专项资金，包括直接减免的增值税和即征即退、先征后退、先征后返的各种税收，但不包括企业按规定取得的出口退税款；所称国家投资，是指国家以投资者身份投入企业，并按有关规定相应增加企业实收资本（股本）的直接投资。

因此，先征后返的增值税是否应征收企业所得税主要看是否为由国务院财政、税务主管部门规定专项用途，且是否为经国务院批准的财政性资金，如果不是，则应并入收入计征企业所得税，如果是，则作为不征税收入，不予缴纳企业所得税。另外，国家投资和资金使用后要求归还本金的财政性资金、企业按规定取得的出口退税款均不予缴纳企业所得税。

---

2. 免税收入

企业的下列收入为免税收入。

（1）国债利息收入。

（2）符合条件的居民企业之间的股息、红利等权益性投资收益（该收益是指居民企业直接投资于其他居民企业取得的投资收益，且该收益不包括连续持有居民企业公开发行并上市流通的股票不足 12 个月取得的投资收益）。

（3）在中国境内设立机构、场所的非居民企业从居民企业取得与该机构、场所有实际联系的股息、红利等权益性投资收益（该收益不包括连续持有居民企业公开发行并上市流通的股票不足 12 个月取得的投资收益）。

（4）符合条件的非营利组织的收入。

（5）非营利组织其他免税收入。具体包括：接受其他单位或个人捐赠的收入；除《企业所得税法》第七条规定的财政拨款以外的其他政府补助收入，但不包括因政府购买服务取得的收入；按照省级以上民政、财政部门规定收取的会费；不征税收入和免税收入孳生的银行存款利息收入；财政部、国家税务总局规定的其他收入。

四、准予扣除的项目的确定

1. 税前扣除项目的原则

企业申报的扣除项目和金额要真实、合法。所谓真实，是指能提供证明有关支出确属已经实际发生；合法是指符合国家税法的规定，若其他法规规定与税收法规规定不一致，应以税收法规的规定为标准。除税收法规另有规定外，税前扣除一般均应遵循以下原则。

（1）权责发生制原则。这是指企业费用应在发生的所属期扣除，而不是在实际支付时确认扣除。

（2）配比原则。这是指企业发生的费用应当与收入配比扣除。除特殊规定外，企业发生的费用不得提前或滞后申报扣除。

（3）相关性原则。这是指企业可扣除的费用从性质和根源上必须与取得应税收入直接相关。

（4）确定性原则。这是指企业可扣除的费用无论何时支付，其金额均必须是确定的。

（5）合理性原则。这是指符合生产经营活动常规，应当计入当期损益或有关资产成本的必要和正常的支出。

2. 准予扣除项目的基本范围

1）税前扣除项目

（1）成本。成本是指企业在生产经营活动中发生的销售成本、销货成本、业务支出和其他耗费。

（2）费用。费用是指企业在生产经营活动中发生的销售费用、管理费用和财务费用，已经计入成本的有关费用除外。

（3）税金。税金是指企业发生的除企业所得税和允许抵扣的增值税以外的各项税金及其附加。

（4）损失。损失是指企业在生产经营活动中发生的固定资产和存货的盘亏、毁损、报废损失，转让财产损失，呆账损失，坏账损失，自然灾害等不可抗力因素造成的损失和其他损失。企业发生的损失，减除责任人赔偿和保险赔款后的余额，依照国务院财政、税务主管部门的规定扣除。企业已经作为损失处理的资产，在以后纳税年度又全部收回或部分收回时，应当计入当期收入。

（5）其他支出。其他支出是指除成本、费用、税金、损失外，企业在生产经营活动中发生的与生产经营活动有关的、合理的支出。

2）可按照实际发生额或规定的标准扣除的项目

（1）工资、薪金支出。工资、薪金支出是指企业每一纳税年度支付给在本企业任职或受雇的员工的所有现金形式或非现金形式的劳动报酬，包括基本工资、奖金、津贴、补贴、年终加薪、加班工资，以及与员工任职或受雇有关的其他支出。企业发生的合理的工资薪金支出，准予扣除。

（2）职工福利费、工会经费、职工教育经费。

① 企业发生的职工福利费支出，不超过工资、薪金总额14%的部分准予扣除。

② 企业拨缴的工会经费，不超过工资、薪金总额2%的部分准予扣除。

③ 除国务院财政、税务主管部门另有规定外，企业发生的职工教育经费支出，不超过

工资、薪金总额8%的部分准予扣除，超过部分准予在以后纳税年度结转扣除。

④ 集成电路设计企业和符合条件的软件企业的职工培训费用，应单独进行核算并按实际发生额在计算应纳税所得额时扣除。集成电路设计企业和符合条件的软件企业应准确划分职工教育经费中的职工培训费支出，对于不能准确划分的，以及准确划分后职工教育经费中扣除职工培训费用的余额，一律按照工资、薪金总额8%的比例扣除。

【情境实例5-2】

1. 工作任务要求

计算甲公司本年应调增的应纳税所得额。

2. 情境实例设计

甲公司是一家软件生产企业，为我国一家居民企业，本年实际发生的工资、薪金支出250万元，职工福利费支出45万元，职工教育经费70万元，其中职工培训费用支出20万元。

3. 任务实施过程

职工福利费不超过工资、薪金的14%的部分准予扣除，职工福利费应调增所得额 = 45 - 250×14% = 10（万元）。

软件企业职工培训费可以全额扣除，扣除职工培训费后的职工教育经费的余额不超过工资、薪金的8%的部分准予扣除，职工教育经费应调增应纳税所得额 = 70 - 20 - 250×8% = 30（万元）。

应调增应纳税所得额合计 = 10 + 30 = 40（万元）。

（3）社会保险费。

① 企业依照国务院有关主管部门或省级人民政府规定的范围和标准为职工缴纳的"五险一金"，即基本养老保险费、基本医疗保险费、失业保险费、工伤保险费、生育保险费等基本社会保险费和住房公积金，准予扣除。

② 企业为投资者或职工支付的补充养老保险费、补充医疗保险费，在国务院财政、税务主管部门规定的范围和标准内，准予扣除。企业依照国家有关规定，为特殊工种职工支付的人身安全保险费和符合国务院财政、税务主管部门规定可以扣除的商业保险费准予扣除。

企业根据国家有关政策规定，为在本企业任职或者受雇的全体员工支付的补充养老保险费、补充医疗保险费，分别在不超过职工工资总额5%标准内的部分，在计算应纳税所得额时准予扣除；超过的部分，不予扣除。

③ 企业参加财产保险，按照规定缴纳的保险费，准予扣除。

④ 除企业依照国家有关规定为特殊工种职工支付的人身安全保险费和国务院财政、税务主管部门规定可以扣除的其他商业保险费外，企业为投资者或职工支付的商业保险费，不得扣除。

⑤ 企业职工因公出差乘坐交通工具发生的人身意外保险费支出，准予企业在计算应纳税所得额时扣除。

⑥ 企业参加雇主责任险、公众责任险等责任保险，按照规定缴纳的保险费，准予在企业所得税税前扣除。该项规定适用于2018年度及以后年度企业所得税汇算清缴。

（4）利息费用。企业在生产、经营活动中发生的利息费用，按下列规定扣除。

① 非金融企业向金融企业借款的利息支出、金融企业的各项存款利息支出和同业拆借利息支出、企业经批准发行债券的利息支出可据实扣除。

② 非金融企业向非金融企业借款的利息支出，不超过按照金融企业同期同类贷款利率计算的数额的部分可据实扣除，超过部分不许扣除。

【情境实例 5-3】

1. 工作任务要求

计算甲公司本年度在计算应纳税所得额时可扣除的利息费用。

2. 情境实例设计

甲公司为我国一家居民企业，本年度"财务费用"科目中的利息，包括以年利率 8% 向银行借入的 9 个月的生产周转用资金 400 万元的借款利息，还包括 8 万元的向非金融企业借入的与前述向银行借款同期的生产周转用 100 万元资金的借款利息。

3. 任务实施过程

可在计算应纳税所得额时扣除的银行利息费用 = (400×8%/12)×9 = 24（万元）。

甲公司向非金融企业借入款项在计算应纳税所得额时可扣除的利息费用限额 = (100×8%/12)×9 = 6（万元），甲公司支付的利息 8 万元超过同类同期银行贷款利息，只可按照限额 6 万元扣除。

甲企业本年度计算应纳税所得额时可扣除的利息费用 = 24+6 = 30（万元）。

（5）借款费用。

① 企业在生产经营活动中发生的合理的不需要资本化的借款费用，准予扣除。

② 企业为购置、建造固定资产、无形资产和经过 12 个月以上的建造才能达到预定可销售状态的存货发生借款的，在有关资产购置、建造期间发生的合理的借款费用，应予以资本化，作为资本性支出计入有关资产的成本；有关资产交付使用后发生的借款利息，可在发生当期扣除。

（6）汇兑损失。企业在货币交易中，以及纳税年度终了时将人民币以外的货币性资产、负债按照期末即期人民币汇率中间价折算为人民币时产生的汇兑损失，除已经计入有关资产成本及向所有者进行利润分配外，准予扣除。

（7）业务招待费。企业发生的与生产经营活动有关的业务招待费支出，按照发生额的 60% 扣除，但最高不得超过当年销售（营业）收入的 5‰。

作为业务招待费限额的计算基数的收入范围，是当年销售（营业）收入。销售（营业）收入包括销售货物收入、让渡资产使用权（收取资产租金或使用费）收入、提供劳务收入等主营业务收入，还包括其他业务收入、视同销售收入等。但是，不含营业外收入、转让固定资产或无形资产所有权收入（转让固定资产或无形资产所有权收入实际上在会计上计入营业外收入）、投资收益（从事股权投资业务的企业除外）。

对从事股权投资业务的企业（包括集团公司总部、创业投资企业等），其从被投资企业所分配的股息、红利和股权转让收入，可以按规定的比例计算业务招待费扣除限额。

【情境实例 5-4】

1. 工作任务要求

计算甲公司本年度可在企业所得税税前扣除的业务招待费金额。

2. 情境实例设计

甲公司为我国一家居民企业，本年销售货物收入为 2 000 万元，让渡专利使用权收入为 200 万元，包装物出租收入为 100 万元，视同销售货物收入为 400 万元，转让商标所有权收入为 150 万元，接受捐赠收入为 20 万元，债务重组收益为 10 万元，业务招待费为 30 万元。

3. 任务实施过程

计算确定可在企业所得税税前扣除的业务招待费的扣除基数 = 2 000+200+100+400

$$= 2\ 700\ （万元）。$$

转让商标所有权、接受捐赠收入、债务重组收益均属于营业外收入范畴，不能作为计算业务招待费的基数。

企业发生的与生产经营活动有关的业务招待费支出，按照发生额的 60% 扣除，但最高不得超过当年销售（营业）收入的 5‰。

第一标准为发生额的 60% = 30×60% = 18（万元）。

第二标准为当年销售（营业）收入的 5‰ = 2700×5‰ = 13.5（万元）。

13.25 万元＜18 万元，因此，本年度可在企业所得税税前列支的业务招待费金额为 13.5 万元。

（8）广告费和业务宣传费。企业发生的符合条件的广告费和业务宣传费支出，除国务院财政、税务主管部门另有规定外，不超过当年销售（营业）收入 15% 的部分，准予扣除；超过部分，准予结转以后纳税年度扣除。

【情境实例 5-5】

1. 工作任务要求

计算甲公司本年度可在企业所得税税前扣除的广告费和业务宣传费的合计额。

2. 情境实例设计

甲公司为我国一家居民企业，本年度实现的商品销售收入为 1 000 万元，发生现金折扣为 50 万元，接受捐赠收入为 50 万元，转让无形资产所有权收入为 10 万元。甲公司当年实际发生的广告费为 125 万元、业务宣传费为 65 万元。

3. 任务实施过程

销售商品涉及现金折扣，应按照扣除现金折扣前的金额确定销售收入。

企业发生的符合条件的广告费和业务宣传费支出，除国务院财政、税务主管部门另有规定外，不超过当年销售（营业）收入 15% 的部分，准予扣除；超过部分，准予结转以后纳税年度扣除。

1 000×15% = 150（万元）＜125+65 = 190（万元），因此本年度可在企业所得税税前扣除广告费和业务宣传费的合计额为 150 万元。

（9）环境保护专项资金。企业依照法律、行政法规有关规定提取的用于环境保护、生态恢复等方面的专项资金，准予扣除。专项资金提取后改变用途的，不得扣除。

（10）租赁费。企业根据生产经营活动的需要租入固定资产支付的租赁费，按照下列方法扣除。

① 以经营租赁方式租入固定资产发生的租赁费支出，按照租赁期限均匀扣除。

所谓经营租赁，是指所有权不转移的租赁。

如果交易合同或协议中规定租赁期限跨年度且租金提前一次性支付的，出租人可对上述已确认的收入，在租赁期内，分期均匀计入相关年度收入。

② 以融资租赁方式租入固定资产发生的租赁费支出，按照规定构成融资租入固定资产价值的部分应当提取折旧费，分期扣除。

所谓融资租赁，是指实质上转移了与资产所有权有关的全部风险和报酬的租赁。

（11）劳动保护费。企业发生的合理的劳动保护支出，准予扣除。

（12）公益性捐赠支出。公益性捐赠是指企业通过公益性社会团体或县级以上（含县级）人民政府及其部门，用于《中华人民共和国公益事业捐赠法》规定的公益事业的捐赠。企业发生的公益性捐赠支出，在年度利润总额 12% 以内的部分，准予在计算应纳税所得额时扣除；超过年度利润总额 12% 的部分，准予结转以后三年内在计算应纳税所得额时扣除。年度利润总额，是指企业依照国家统一会计制度的规定计算的年度会计利润。

企业发生的公益性捐赠支出未在当年税前扣除的部分，准予向以后年度结转扣除，但结转年限自捐赠发生年度的次年起计算最长不得超过三年。企业在对公益性捐赠支出计算扣除时，应先扣除以前年度结转的捐赠支出，再扣除当年发生的捐赠支出。

在 2021 年及以后年度汇算清缴中，企业在非货币性资产捐赠过程中发生的运费、保险费、人工费用等相关支出，凡纳入国家机关、公益性社会组织开具的公益捐赠票据记载的数额中的，作为公益性捐赠支出按照规定在税前扣除；上述费用未纳入公益性捐赠票据记载的数额中的，作为企业相关费用按照规定在税前扣除。

【情境实例 5-6】

1. 工作任务要求

计算甲公司本年度在企业所得税税前准予扣除的捐赠额。

2. 情境实例设计

甲公司为我国一家居民企业，本年度实现利润总额为 150 万元，通过慈善机构捐赠贫困地区 10 万元，直接捐给某学校的 6 万元，且无以前年度结转的公益性捐赠支出。

3. 任务实施过程

公益性捐赠，是指企业通过公益性社会组织或者县级以上人民政府及其部门，用于符合法律规定的慈善活动、公益事业的捐赠。纳税人直接向受赠人的捐赠不允许扣除。甲公司直接捐给某学校的 6 万元不得在企业所得税税前扣除。

公益性捐赠支出企业所得税税前扣除限额 = $150 \times 12\% = 18$（万元），公益性捐赠支出 10 万元没有超过扣除限额，准予全额扣除。

因此，甲公司本年度在企业所得税税前准予扣除的捐赠额为 10 万元。

（13）有关资产的费用。企业转让各类固定资产发生的费用，允许扣除。企业按规定计算的固定资产折旧费、无形资产和递延资产的摊销费，准予扣除。

（14）总机构分摊的费用。非居民企业在中国境内设立的机构、场所，就其中国境外总机构发生的与该机构、场所生产经营有关的费用，能够提供总机构出具的费用汇集范围、定额、分配依据和方法等证明文件，并合理分摊的，准予扣除。

（15）资产损失。企业当期发生的固定资产和流动资产盘亏、毁损净损失，由其提供清查盘存资料，经主管税务机关审核后，准予扣除；企业因存货盘亏、毁损、报废、被盗等原因不得从增值税销项税额中抵扣的进项税额，应视同企业财产损失，可以与存货损失一起在计算应纳税所得额时扣除。

（16）手续费及佣金支出。

① 企业发生的与生产经营有关的手续费及佣金支出，不超过以下规定计算限额以内的部分，准予扣除；超过部分，不得扣除。

保险企业：自 2019 年 1 月 1 日起，保险企业发生与其经营活动有关的手续费及佣金支出，不超过当年全部保费收入扣除退保金等后余额的 18%（含本数）的部分，在计算应纳税所得额时准予扣除；超过部分，允许结转以后年度扣除。

其他企业：其他企业按与具有合法经营资格中介服务机构或个人（不含交易双方及其雇员、代理人和代表人等）所签订服务协议或合同确认的收入金额的 5% 计算限额。

② 企业应与具有合法经营资格中介服务企业或个人签订代办协议或合同，并按国家有关规定支付手续费及佣金。除委托个人代理外，企业以现金等非转账方式支付的手续费及佣金不得在税前扣除。企业为发行权益性证券支付给有关证券承销机构的手续费及佣金不得在税前扣除。

③ 企业不得将手续费及佣金支出计入回扣、业务提成、返利、进场费等费用。

④ 企业已计入固定资产、无形资产等相关资产的手续费及佣金支出，应当通过折旧、摊销等方式分期扣除，不得在发生当期直接扣除。

⑤ 企业支付的手续费及佣金不得直接冲减服务协议或合同金额，并如实入账。

⑥ 企业应当如实向当地主管税务机关提供当年手续费及佣金计算分配表和其他相关资料，并依法取得合法真实凭证。

（17）党组织工作经费。

① 国有企业（包括国有独资、全资和国有资本绝对控股、相对控股企业）纳入管理费用的党组织工作经费，实际支出不超过职工年度工资薪金总额 1% 的部分，可以据实在企业所得税前扣除。

② 非公有制企业党组织工作经费纳入企业管理费列支，不超过职工年度工资薪金总额 1% 的部分，可以据实在企业所得税前扣除。

（18）依照有关法律、行政法规和国家有关税法规定准予扣除的其他项目，如会员费、合理的会议费、差旅费、违约金、诉讼费用等。

五、不得扣除的项目的确定

在计算应纳税所得额时，下列支出不得扣除。

（1）向投资者支付的股息、红利等权益性投资收益款项。

（2）企业所得税税款。

（3）税收滞纳金，是指纳税人违反税收法规，被税务机关处以的滞纳金。

（4）罚金、罚款和被没收财物的损失，是指纳税人违反国家有关法律、法规规定，被有关部门处以的罚款，以及被司法机关处以的罚金和被没收财物的损失。

（5）超过规定标准的捐赠支出。

（6）赞助支出，是指企业发生的与生产经营活动无关的各种非广告性质支出。

（7）未经核定的准备金支出，是指不符合国务院财政、税务主管部门规定的各项资产减值准备、风险准备等准备金支出。

（8）企业之间支付的管理费、企业内营业机构之间支付的租金和特许权使用费，以及非银行企业内营业机构之间支付的利息，不得扣除。

（9）企业以其取得的不征税收入用于支出所形成的费用或资产（包括对资产计提的折旧、摊销）不得在税前扣除，但企业取得的各项免税收入所对应的各项成本费用，除另有规定者外，可以在计算企业应纳税所得额时扣除。

（10）与取得收入无关的其他支出。

六、亏损弥补

亏损是指企业依照《企业所得税法》的规定，将每一纳税年度的收入总额减除不征税收入、免税收入和各项扣除后小于零的数额。企业某一纳税年度发生的亏损可以用下一年度的所得弥补，下一年度的所得不足以弥补的，可以逐年延续弥补，但最长不得超过5年。企业在汇总计算缴纳所得税时，其境外营业机构的亏损不得抵减境内营业机构的盈利。

自2018年1月1日起，当年具备高新技术企业或科技型中小企业资格（以下统称资格）的企业，其具备资格年度之前5个年度发生的尚未弥补完的亏损，准予结转以后年度弥补，最长结转年限由5年延长至10年。

【情境实例5-7】

1. 工作任务要求

计算甲公司连续7年应缴纳的企业所得税。

2. 情境实例设计

甲公司①为我国一家居民企业，一直执行5年亏损弥补规定，且20×0年首次出现亏损。经税务机关审定的甲公司连续7年应纳税所得额（未弥补亏损）情况如表5-1所示。

表5-1　经税务机关审定的甲公司连续7年应纳税所得额（未弥补亏损）情况

单位：万元

年　　度	20×1	20×2	20×3	20×4	20×5	20×6	20×7
应纳税所得额情况	−100	10	−20	30	20	30	150

3. 任务实施过程

关于20×1年的亏损，要用20×2年至20×6年的所得弥补，尽管期间20×3年亏损，也要占用5年抵亏期的一个抵扣年度，且先亏先补，20×3年的亏损需在20×1年的亏损问题解决之后才能考虑。到了20×6年，20×1年的亏损未弥补完但已到5年抵亏期满，还有10万元亏损不得在所得税前弥补。

20×3年之后的20×4年至20×6年的所得，已被用于弥补20×1年的亏损，20×3年的亏损只能用20×7年所得弥补，在弥补20×3年亏损后，20×7年还有应纳税所得额=150−20=130（万元），需要计算缴纳企业所得税，应纳企业所得税=130×25%=32.5（万元）。

---

① 除非特别说明，否则本书例题中的企业均不符合小型微利企业的条件。

任务三　资产的税务处理

【任务引例】

　　甲公司的厂房建成后尚未办理竣工结算,有部分工程款尚未支付,发票也尚未到账,但该厂房已投入使用,请问甲公司能否对该厂房计提折旧?

　　资产是由于资本投资而形成的财产,对于资本性支出,以及无形资产受让、开办、开发费用,不允许作为成本、费用从纳税人的收入总额中作一次性扣除,只能采取分次计提折旧或分次摊销的方式予以扣除。即纳税人经营活动中使用的固定资产的折旧费用、无形资产和长期待摊费用的摊销费用可以扣除。税法规定,纳入税务处理范围的资产形式主要有固定资产、生物资产、无形资产、长期待摊费用、投资资产、存货等,均以历史成本为计税基础。历史成本是指企业取得该项资产时实际发生的支出。企业持有各项资产期间资产增值或减值,除国务院财政、税务主管部门规定可以确认损益外,不得调整该资产的计税基础。

一、固定资产的税务处理

　　固定资产是指企业为生产产品、提供劳务、出租或经营管理而持有的、使用时间超过12个月的非货币性资产,包括房屋、建筑物、机器、机械、运输工具,以及其他与生产经营活动有关的设备、器具、工具等。

　　1. 固定资产的计税基础

　　(1)外购的固定资产,以购买价款和支付的相关税费,以及直接归属于使该资产达到预定用途发生的其他支出为计税基础。

　　(2)自行建造的固定资产,以竣工结算前发生的支出为计税基础。

　　(3)融资租入的固定资产,以租赁合同约定的付款总额和承租人在签订租赁合同过程中发生的相关费用为计税基础,租赁合同未约定付款总额的,以该资产的公允价值和承租人在签订租赁合同过程中发生的相关费用为计税基础。

　　(4)盘盈的固定资产,以同类固定资产的重置完全价值为计税基础。

　　(5)通过捐赠、投资、非货币性资产交换、债务重组等方式取得的固定资产,以该资产的公允价值和支付的相关税费为计税基础。

　　(6)改建的固定资产,除已足额提取折旧的固定资产和租入的固定资产以外的其他固定资产,以改建过程中发生的改建支出增加计税基础。

　　2. 固定资产折旧的范围

　　在计算应纳税所得额时,企业按照规定计算的固定资产折旧,准予扣除。下列固定资产不得计算折旧扣除。

　　(1)房屋、建筑物以外未投入使用的固定资产。

　　(2)以经营租赁方式租入的固定资产。

　　(3)以融资租赁方式租出的固定资产。

　　(4)已足额提取折旧仍继续使用的固定资产。

（5）与经营活动无关的固定资产。

（6）单独估价作为固定资产入账的土地。

（7）其他不得计算折旧扣除的固定资产。

3. 固定资产折旧的计提方法

（1）企业应当自固定资产投入使用月份的次月起计算折旧；停止使用的固定资产，应当自停止使用月份的次月起停止计算折旧。

（2）企业应当根据固定资产的性质和使用情况，合理确定固定资产的预计净残值。固定资产的预计净残值一经确定，不得变更。

（3）固定资产按照直线法计算的折旧，准予扣除。

【任务引例解析】

答　《中华人民共和国企业所得税法实施条例》（以下简称《企业所得税实施条例》）规定，企业应当自固定资产投入使用月份的次月起计算折旧。《国家税务总局关于贯彻落实企业所得税法若干税收问题的通知》（国税函〔2010〕79 号）规定，企业固定资产投入使用后，由于工程款项尚未结清未取得全额发票的，可暂按合同规定的金额计入固定资产计税基础计提折旧，待发票取得后进行调整。但该项调整应在固定资产投入使用后 12 个月内进行。

4. 固定资产折旧的计提年限

除国务院财政、税务主管部门另有规定外，固定资产计算折旧的最低年限如下。

（1）房屋、建筑物为 20 年。

（2）飞机、火车、轮船、机器、机械和其他生产设备为 10 年。

（3）与生产经营活动有关的器具、工具、家具等为 5 年。

（4）飞机、火车、轮船以外的运输工具为 4 年。

（5）电子设备为 3 年。

从事开采石油、天然气等矿产资源的企业，在开始商业性生产前发生的费用和有关固定资产的折耗、折旧方法，由国务院财政、税务主管部门另行规定。

【情境实例 5-8】

1. 工作任务要求

计算甲公司购买的机器本年度在计算应纳税所得额时准予扣除的折旧额。

2. 情境实例设计

甲公司是我国一家居民企业，为增值税一般纳税人。本年 3 月 10 日甲公司为其生产部门购进一台大型机器，取得增值税专用发票，注明价款 2 000 万元、税额 260 万元。假定该机器预计净残值率为 5%，甲公司按照机器的最低折旧年限采用直线法计提折旧。

3. 任务实施过程

机器折旧年限最低为 10 年。由于本年 3 月 10 日购买，因此从本年 4 月起开始计提折旧，本年度共计提 9 个月的折旧。

该机器账面成本=2 000（万元）

本年度在计算应纳税所得额时准予扣除的折旧额 $=2\,000\times[(1-5\%)/(10\times12)]\times9=$ 142.5（万元）

二、生物资产的税务处理

生物资产是指有生命的动物和植物。生物资产分为消耗性生物资产、生产性生物资产和公益性生物资产。在上述3类生物资产中，只有生产性生物资产可以计提折旧。消耗性生物资产是指为出售而持有的或者在将来收获为农产品的生物资产，包括生长中的农田作物、蔬菜、用材林，以及存栏待售的牲畜等。生产性生物资产是指为产出农产品、提供劳务或出租等目的而持有的生物资产，包括经济林、薪炭林、产畜和役畜等。公益性生物资产是指以防护、环境保护为主要目的的生物资产，包括防风固沙林、水土保持林和水源涵养林等。

1. 生物资产的计税基础

生产性生物资产按照以下方法确定计税基础。

（1）外购的生产性生物资产，以购买价款和支付的相关税费为计税基础。

（2）通过捐赠、投资、非货币性资产交换、债务重组等方式取得的生产性生物资产，以该资产的公允价值和支付的相关税费为计税基础。

2. 生物资产的折旧方法和折旧年限

生产性生物资产按照直线法计算的折旧，准予扣除。企业应当自生产性生物资产投入使用月份的次月起计算折旧；停止使用的生产性生物资产，应当自停止使用月份的次月起停止计算折旧。

企业应当根据生产性生物资产的性质和使用情况，合理确定生产性生物资产的预计净残值。生产性生物资产的预计净残值一经确定，不得变更。

生产性生物资产计算折旧的最低年限如下。

（1）林木类生产性生物资产为10年。

（2）畜类生产性生物资产为3年。

三、无形资产的税务处理

无形资产是指企业长期使用、但没有实物形态的资产，包括专利权、商标权、著作权、土地使用权、非专利技术、商誉等。

1. 无形资产的计税基础

无形资产按照以下方法确定计税基础。

（1）外购的无形资产，以购买价款和支付的相关税费，以及直接归属于使该资产达到预定用途发生的其他支出为计税基础。

（2）自行开发的无形资产，以开发过程中该资产符合资本化条件后至达到预定用途前发生的支出为计税基础。

（3）通过捐赠、投资、非货币性资产交换、债务重组等方式取得的无形资产，以该资产的公允价值和支付的相关税费为计税基础。

2. 无形资产摊销的范围

在计算应纳税所得额时，企业按照规定计算的无形资产摊销费用，准予扣除。

下列无形资产不得计算摊销费用扣除。

（1）自行开发的支出已在计算应纳税所得额时扣除的无形资产。

（2）自创商誉。

（3）与经营活动无关的无形资产。

（4）其他不得计算摊销费用扣除的无形资产。

3. 无形资产的摊销方法及年限

无形资产的摊销采取直线法计算。无形资产的摊销年限不得低于 10 年。作为投资或受让的无形资产，有关法律规定或合同约定了使用年限的，可以按照规定或约定的使用年限分期摊销。外购商誉的支出，在企业整体转让或清算时，准予扣除。

四、长期待摊费用的税务处理

长期待摊费用是指企业发生的应在 1 个年度以上或几个年度进行摊销的费用。在计算应纳税所得额时，企业发生的下列支出作为长期待摊费用，按照规定摊销的，准予扣除。

（1）已足额提取折旧的固定资产的改建支出。

（2）租入固定资产的改建支出。

（3）固定资产的大修理支出。

（4）其他应当作为长期待摊费用的支出。

企业的固定资产修理支出（非固定资产大修理支出）可在发生当期直接扣除。固定资产的大修理支出，则要按照固定资产尚可使用年限分期摊销。

固定资产的改建支出是指改变房屋或建筑物结构、延长使用年限等发生的支出。已足额提取折旧的固定资产的改建支出，按照固定资产预计尚可使用年限分期摊销；租入固定资产的改建支出，按照合同约定的剩余租赁期限分期摊销；改建的固定资产延长使用年限的，除已足额提取折旧的固定资产、租入固定资产的改建支出外，其他的固定资产发生改建支出，均应适当延长折旧年限。

大修理支出按照固定资产尚可使用年限分期摊销。

《企业所得税法》所指固定资产的大修理支出，是指同时符合下列条件的支出。

① 修理支出达到取得固定资产时的计税基础 50% 以上。

② 修理后固定资产的使用年限延长 2 年以上。

其他应当作为长期待摊费用的支出，自支出发生月份的次月起，分期摊销，摊销年限不得低于 3 年。

五、存货的税务处理

存货是指企业持有以备出售的产品或商品、处在生产过程中的在产品、在生产或提供劳务过程中耗用的材料和物料等。

1. 存货的计税基础

存货按照以下方法确定成本。

（1）通过支付现金方式取得的存货，以购买价款和支付的相关税费为成本。

（2）通过支付现金以外的方式取得的存货，以该存货的公允价值和支付的相关税费为成本。

（3）生产性生物资产收获的农产品，以产出或采收过程中发生的材料费、人工费和分摊的间接费用等必要支出为成本。

2. 存货的成本计算方法

企业使用或销售的存货的成本计算方法，可以在先进先出法、加权平均法、个别计价法中选用一种。计价方法一经选用，不得随意变更。

企业转让以上资产，在计算企业应纳税所得额时，资产的净值允许扣除。其中，资产的净值是指有关资产、财产的计税基础减除已经按照规定扣除的折旧、折耗、摊销、准备金等后的余额。

除国务院财政、税务主管部门另有规定外，企业在重组过程中，均应当在交易发生时确认有关资产的转让所得或损失，相关资产应当按照交易价格重新确定计税基础。

六、投资资产的税务处理

投资资产是指企业对外进行权益性投资和债权性投资而形成的资产。

1. 投资资产的成本

投资资产按以下方法确定投资成本。

（1）通过支付现金方式取得的投资资产，以购买价款为成本。

（2）通过支付现金以外的方式取得的投资资产，以该资产的公允价值和支付的相关税费为成本。

2. 投资资产成本的扣除方法

企业对外投资期间，投资资产的成本在计算应纳税所得额时不得扣除，企业在转让或处置投资资产时，投资资产的成本准予扣除。

3. 投资企业撤回或减少投资的税务处理

自2011年7月1日起，投资企业从被投资企业撤回或减少投资，其取得的资产中，相当于初始出资的部分，应确认为投资收回；相当于被投资企业累计未分配利润和累计盈余公积按减少实收资本比例计算的部分，应确认为股息所得；其余部分确认为投资资产转让所得。

被投资企业发生的经营亏损，由被投资企业按规定结转弥补；投资企业不得调整降低其投资成本，也不得将其确认为投资损失。

在2021年度及以后年度汇算清缴中，企业购买的文物、艺术品用于收藏、展示、保值增值的，作为投资资产进行税务处理。文物、艺术品资产在持有期间，计提的折旧、摊销费用，不得税前扣除。

任务四 企业重组的所得税处理

【任务引例】

甲公司的企业重组采用特殊性税务处理，请问是否需要事前备案？

一、企业重组的认知

企业重组是指企业在日常经营活动以外发生的法律结构或经济结构重大改变的交易，包括企业法律形式改变、债务重组、股权收购、资产收购、合并和分立等。

（1）企业法律形式改变是指企业注册名称、住所，以及企业组织形式等的简单改变，但符合《财政部　国家税务总局关于企业重组业务所得税处理若干问题的通知》（财税〔2009〕59号）规定其他重组的类型除外。

（2）债务重组是指在债务人发生财务困难的情况下，债权人按照其与债务人达成的书面协议或法院裁定书，就其债务人的债务做出让步的事项。

（3）股权收购是指一家企业（以下称为收购企业）购买另一家企业（以下称为被收购企业）的股权，以实现对被收购企业控制的交易。收购企业支付对价的形式包括股权支付、非股权支付或两者的组合。

（4）资产收购是指一家企业（以下称为受让企业）购买另一家企业（以下称为转让企业）实质经营性资产的交易。受让企业支付对价的形式包括股权支付、非股权支付或两者的组合。

（5）合并是指一家或多家企业（以下称为被合并企业）将其全部资产和负债转让给另一家现存或新设企业（以下称为合并企业），被合并企业股东换取合并企业的股权或非股权支付，实现两个或两个以上企业的依法合并。

（6）分立是指一家企业（以下称为被分立企业）将部分或全部资产分离转让给现存或新设的企业（以下称为分立企业），被分立企业股东换取分立企业的股权或非股权支付，实现企业的依法分立。

上面所说的股权支付，是指企业重组中购买、换取资产的一方支付的对价中，以本企业或其控股企业的股权、股份作为支付的形式；非股权支付，是指以本企业的现金、银行存款、应收款项、本企业或其控股企业股权和股份以外的有价证券、存货、固定资产、其他资产及承担债务等作为支付的形式。

二、企业重组的一般性税务处理

（1）企业由法人转变为个人独资企业、合伙企业等非法人组织，或者将登记注册地转移至中华人民共和国境外（包括港澳台地区），应视同企业进行清算、分配，股东重新投资成立新企业。企业的全部资产及股东投资的计税基础均应以公允价值为基础确定。

企业发生其他法律形式简单改变的，可直接变更税务登记，除另有规定外，有关企业所得税纳税事项（包括亏损结转、税收优惠等权益和义务）由变更后企业承继，但因住所发生变化而不符合税收优惠条件的除外。

（2）企业债务重组，相关交易应按以下规定处理。

① 以非货币资产清偿债务，应当分解为转让（销售）相关非货币性资产、按非货币性资产公允价值清偿债务两项业务，确认相关资产的所得或损失。

② 发生债权转股权的，应当分解为债务清偿和股权投资两项业务，确认有关债务清偿所得或损失。

③ 债务人应当按照支付的债务清偿额低于债务计税基础的差额，确认债务重组所得；债权人应当按照收到的债务清偿额低于债权计税基础的差额，确认债务重组损失。

④ 债务人的相关所得税纳税事项原则上保持不变。

【情境实例5-9】

1. 工作任务要求

（1）计算甲公司下列该项重组业务的应纳企业所得税。

（2）计算乙公司下列该项重组业务的债务重组损失。

2. 情境实例设计

甲公司为我国一家居民企业，本年5月与乙公司达成债务重组协议，甲公司以一批库存商品抵偿所欠乙公司一年前发生的债务28.6万元，该批库存商品的账面成本为16万元，市场不含税销售价为20万元，甲公司向乙公司开具增值税专用发票。该批商品适用的增值税税率为13%，甲公司适用25%的企业所得税税率。假定城市维护建设税、教育费附加和地方教育附加不予考虑。

3. 任务实施过程

（1）甲公司以非货币资产清偿债务，应当分解为转让（销售）相关非货币性资产、按非货币性资产公允价值清偿债务两项业务的两项所得，此处简称销售货物所得和清偿债务所得：

销售货物所得=20-16=4（万元）

清偿债务所得=28.6-20×（1+13%）=6（万元）

因该重组事项一共应确认应纳税所得额=20-16+6=10（万元）

10万元包含两方面的所得：此项债务重组利得6万元和货物销售所得4万元。

甲企业应纳企业所得税=10×25%=2.5（万元）

（2）乙企业的债务重组损失=28.6-20-20×13%=6（万元）

（3）企业股权收购、资产收购重组交易，相关交易应按以下规定处理：

① 被收购方应确认股权、资产转让所得或损失；

② 收购方取得股权或资产的计税基础应以公允价值为基础确定；

③ 被收购企业的相关所得税事项原则上保持不变。

【情境实例5-10】

1. 工作任务要求

对甲公司（受让方/收购方）、乙公司（转让方/被收购方）的下列业务进行相关税务处理。

2. 情境实例设计

甲公司和乙公司均为我国居民企业。本年1月，甲公司以500万元的银行存款购买取得乙公司的部分经营性资产。甲公司购买乙公司该部分经营性资产的账面价值为420万元，计税基础为460万元，公允价值为500万元。

3. 任务实施过程

一般性税务处理方法的涉税处理如下。

（1）乙公司（转让方/被收购方）的税务处理。

乙公司应确认资产转让所得=500-460=40（万元）

（2）甲公司（受让方/收购方）的税务处理。

甲公司购买该经营性资产后，应以该资产的公允价值500万元为基础确定计税基础。

（4）企业合并，当事各方应按下列规定处理。

① 合并企业应按公允价值确定接受被合并企业各项资产和负债的计税基础。

② 被合并企业及其股东都应按清算进行所得税处理。

③ 被合并企业的亏损不得在合并企业结转弥补。

（5）企业分立，当事各方应按下列规定处理。

① 被分立企业对分立出去资产应按公允价值确认资产转让所得或损失。

② 分立企业应按公允价值确认接受资产的计税基础。

③ 被分立企业继续存在时，其股东取得的对价应视同被分立企业分配进行处理。

④ 被分立企业不再继续存在时，被分立企业及其股东都应按清算进行所得税处理。

⑤ 企业分立相关企业的亏损不得相互结转弥补。

三、企业重组的特殊性税务处理

（1）企业重组同时符合下列条件的，适用特殊性税务处理规定。

① 具有合理的商业目的，且不以减少、免除或推迟缴纳税款为主要目的。

② 被收购、合并或分立部分的资产或股权比例符合下述第（2）项规定的比例。

③ 企业重组后的连续 12 个月内不改变重组资产原来的实质性经营活动。

④ 重组交易对价中涉及股权支付金额符合下述第（2）项规定的比例。

⑤ 企业重组中取得股权支付的原主要股东，在重组后连续 12 个月内，不得转让所取得的股权。

（2）企业重组符合上述 5 个条件的，交易各方对其交易中的股权支付部分，可以按以下规定进行特殊性税务处理。

① 企业债务重组确认的应纳税所得额占该企业当年应纳税所得额 50% 以上，可以在 5 个纳税年度的期间内，均匀计入各年度的应纳税所得额。

企业发生债权转股权业务，对债务清偿和股权投资两项业务暂不确认有关债务清偿所得或损失，股权投资的计税基础以原债权的计税基础确定。企业的其他相关所得税事项保持不变。

② 股权收购，收购企业购买的股权不低于被收购企业全部股权的 50%，且收购企业在该股权收购发生时的股权支付金额不低于其交易支付总额的 85%，可以选择按以下规定处理。

a）被收购企业的股东取得收购企业股权的计税基础，以被收购股权的原有计税基础确定。

b）收购企业取得被收购企业股权的计税基础，以被收购股权的原有计税基础确定。

c）收购企业、被收购企业的原有各项资产与负债的计税基础和其他相关所得税事项保持不变。

③ 资产收购，受让企业收购的资产不低于转让企业全部资产的 50%，且受让企业在该资产收购发生时的股权支付金额不低于其交易支付总额的 85%，可以选择按以下规定处理。

a）转让企业取得受让企业股权的计税基础，以被转让资产的原有计税基础确定。

b）受让企业取得转让企业资产的计税基础，以被转让资产的原有计税基础确定。

④ 企业合并，企业股东在该企业合并发生时取得的股权支付金额不低于其交易支

付总额的85%，以及同一控制下且不需要支付对价的企业合并，可以选择按以下规定处理。

a）合并企业接受被合并企业资产和负债的计税基础，以被合并企业的原有计税基础确定。

b）被合并企业合并前的相关所得税事项由合并企业承继。

c）可由合并企业弥补的被合并企业亏损的限额=被合并企业净资产公允价值×截至合并业务发生当年年末国家发行的最长期限的国债利率。

d）被合并企业股东取得合并企业股权的计税基础，以其原持有的被合并企业股权的计税基础确定。

【情境实例5-11】

1. 工作任务要求

计算可由合并企业弥补被合并企业的亏损。

2. 情境实例设计

甲公司为我国一家生产摩托车的居民企业。本年3月6日，甲公司合并乙股份公司，乙股份公司全部资产公允价值为5 700万元，全部负债为3 200万元，未超过弥补年度的亏损额为620万元。合并时甲公司给乙股份公司的股权支付额为2 300万元、银行存款200万元。由于2 300/（2 300+200）=92%>85%，因此，该合并业务符合企业重组特殊性税务处理的条件且选择此方法执行（假定当年国家发行的最长期限的国债年利率为6%）。

3. 任务实施过程

可由合并企业弥补的被合并企业亏损的限额=被合并企业净资产公允价值×截至合并业务发生当年年末国家发行的最长期限的国债利率=（5 700-3 200）×6%=150（万元）。

由于620万元>150万元，因此，可由合并企业弥补被合并企业的亏损为150万元。

⑤ 企业分立，被分立企业所有股东按原持股比例取得分立企业的股权，分立企业和被分立企业均不改变原来的实质经营活动，且被分立企业股东在该企业分立发生时取得的股权支付金额不低于其交易支付总额的85%，可以选择按以下规定处理。

a）分立企业接受被分立企业资产和负债的计税基础，以被分立企业的原有计税基础确定。

b）被分立企业已分立出去资产相应的所得税事项由分立企业继承。

c）被分立企业未超过法定弥补期限的亏损额可按分立资产占全部资产的比例进行分配，由分立企业继续弥补。

d）被分立企业的股东取得分立企业的股权（以下简称"新股"），如需部分或全部放弃原持有的被分立企业的股权（以下简称"旧股"），"新股"的计税基础应以放弃"旧股"的计税基础确定。如不需放弃"旧股"，则其取得"新股"的计税基础可从以下两种方法中选择确定：直接将"新股"的计税基础确定为零；或者以被分立企业分立出去的净资产占被分立企业全部净资产的比例先调减原持有的"旧股"的计税基础，再将调减的计税基础平均分配到"新股"上。

⑥ 重组交易各方按上述第①～⑤项规定对交易中股权支付暂不确认有关资产的转让所得或损失的，其非股权支付仍应在交易当期确认相应的资产转让所得或损失，并调整相应资产的计税基础。

非股权支付对应的资产转让所得或损失 =（被转让资产的公允价值 - 被转让资产的计税基础）×（非股权支付金额/被转让资产的公允价值）

【任务引例解析】

答　根据《国家税务总局关于企业重组业务企业所得税征收管理若干问题的公告》（国家税务总局公告 2015 年第 48 号）和《国家税务总局关于发布修订后的〈企业所得税优惠政策事项办理办法〉的公告》（国家税务总局公告 2018 年第 23 号）的规定，自 2015 年 1 月 1 日起，企业重组适用特殊性税务处理的，不需备案，但进行重组年度企业所得税纳税申报时，需填报企业重组所得税特殊性税务处理报告表及附表和申报资料。

【情境实例 5-12】

1. 工作任务要求

计算甲公司下列业务的应纳税所得额及应纳企业所得税。

2. 情境实例设计

甲公司为我国一家居民企业，共有股权 1 000 万股，为了将来有更好的发展，先将 80% 的股权让乙公司收购，然后成为乙公司的子公司。假定收购日甲公司每股资产的计税基础为 7 元，每股资产的公允价值为 9 元。在收购对价中乙公司以股权形式支付 6 480 万元，以银行存款支付 720 万元。

3. 任务实施过程

（1）从股权收购比重和股权支付金额占交易额的比重看是否适用于特殊税务处理。

股权收购比重为 80%，大于规定的 50%。

股权支付金额占交易额的比重 =［6 480/（6 480+720）］×100% =90% >85%

适用企业重组的特殊性税务处理方法。

（2）公允价值中的高于原计税基础的增加值 =1 000×80%×（9-7）=1 600（万元）

（3）非股权支付比例 =［720/（6 480+720）］×100% =10%

（4）甲公司取得股权支付额对应的所得不确认损益，但是非股权支付额对应的收益应确认资产转让所得（应纳税所得额）=1 600×10% =160（万元）。

（5）甲公司应纳企业所得税 =160×25% =40（万元）

（3）企业发生涉及中国境内与境外（包括港澳台地区）之间的股权和资产收购交易时，除应符合本任务"三、企业重组的特殊性税务处理"中第（1）项规定的条件外，还应同时符合下列条件，才可选择适用特殊性税务处理规定。

① 非居民企业向其 100% 直接控股的另一非居民企业转让其拥有的居民企业股权，没有因此造成以后该项股权转让所得预提税负担变化，且转让方非居民企业向主管税务机关书面承诺在 3 年（含 3 年）内不转让其拥有受让方非居民企业的股权。

② 非居民企业向与其具有 100% 直接控股关系的居民企业转让其拥有的另一居民企业股权。

③ 居民企业以其拥有的资产或股权向其 100% 直接控股的非居民企业进行投资。

④ 财政部、国家税务总局核准的其他情形。

（4）在企业吸收合并中，合并后的存续企业性质及适用税收优惠的条件未发生改变的，可以继续享受合并前该企业剩余期限的税收优惠，其优惠金额按存续企业合并前一年的应纳税所得额（亏损计为零）计算。

在企业存续分立中，分立后的存续企业性质及适用税收优惠的条件未发生改变的，可以继续享受分立前该企业剩余期限的税收优惠，其优惠金额按该企业分立前一年的应纳税所得额（亏损计为零）乘以分立后存续企业资产占分立前该企业全部资产的比例计算。

（5）企业在重组发生前后连续12个月内，分步对其资产、股权进行交易，应根据实质重于形式原则将上述交易作为一项企业重组交易进行处理。

（6）企业发生符合规定的特殊性重组条件并选择特殊性税务处理的，当事各方应在该重组业务完成当年企业所得税年度申报时，向主管税务机关提交书面备案资料，证明其符合各类特殊性重组规定的条件。企业未按规定书面备案的一律不得按特殊重组业务进行税务处理。

任务五　企业所得税的计算

【任务引例】

甲公司为一家高新技术企业，依照《企业所得税法》享受15%的优惠税率，请问其取得的境外所得在进行境外所得税税额抵免限额计算中是适用25%的税率还是适用15%的税率？

一、居民企业及在中国境内设立机构、场所的，且取得所得与该机构、场所有实际联系的非居民企业应纳税额的计算

居民企业及在中国境内设立机构、场所的，且取得所得与该机构、场所有实际联系的非居民企业应纳所得税税额等于应纳税所得额乘以适用税率，基本计算公式为：

$$应纳税额=应纳税所得额×适用税率-减免税额-抵免税额$$

根据计算公式可以看出，应纳税额的多少，取决于应纳税所得额和适用税率两个因素。

我们在本项目的任务二中已经学过，应纳税所得额的计算一般有直接计算法和间接计算法两种方法。实务中一般采用间接计算法。

【情境实例5-13】

1. 工作任务要求

计算甲企业本年度实际应缴纳的企业所得税。

2. 情境实例设计

甲企业为我国一家居民企业，不符合小型微利企业条件，本年发生经营业务如下。

（1）取得产品销售收入4 000万元。

（2）发生产品销售成本2 600万元。

（3）发生销售费用770万元（其中广告费和业务宣传费共计650万元）；管理费用480万元（其中业务招待费25万元）；财务费用60万元。

（4）发生销售税金 160 万元（包括增值税 120 万元）。

（5）取得营业外收入 80 万元，营业外支出 50 万元（包括通过公益性社会团体向贫困山区捐款 30 万元，支付税收滞纳金 6 万元）。

（6）计入成本、费用中的实发工资总额 200 万元、拨缴职工工会经费 5 万元、发生职工福利费 31 万元、发生职工教育经费 7 万元。

3. 任务实施过程

（1）会计利润总额 =4 000+80-2 600-770-480-60-（160-120）-50=80（万元）。

（2）广告费和业务宣传费应调增应纳税所得额 =650-4 000×15%=650-600=50（万元）。

（3）由于 4 000×5‰=20（万元）>25×60%=15（万元），因此业务招待费应调增应纳税所得额 =25-25×60%=25-15=10（万元）。

（4）公益性捐赠支出应调增应纳税所得额 =30-80×12%=30-9.6=20.4（万元）。

（5）税收滞纳金不得税前扣除，应调增应纳税所得额 6 万元。

（6）工会经费应调增应纳税所得额 =5-200×2%=5-4=1（万元）。

（7）职工福利费应调增应纳税所得额 =31-200×14%=31-28=3（万元）。

（8）职工教育经费应调增应纳税所得额 =7-200×2.5%=7-5=2（万元）。

（9）应纳税所得额 =80+50+10+20.4+6+1+3+2=172.4（万元）。

（10）本年应纳企业所得税 =172.4×25%=43.1（万元）。

二、境外所得抵扣税额的计算

企业取得的下列所得已在境外缴纳的所得税税额，可以从其当期应纳税额中抵免，抵免限额为该项所得依照《企业所得税法》规定计算的应纳税额；超过抵免限额的部分，可以在以后 5 个年度内，用每年度抵免限额抵免当年应抵税额后的余额进行抵补。

（1）居民企业来源于中国境外的应税所得。

（2）非居民企业在中国境内设立机构、场所，取得发生在中国境外但与该机构、场所有实际联系的应税所得。

外国企业在境外实际缴纳的所得税税额中，属于居民企业从其直接或间接控制的外国企业分得的来源于中国境外的股息、红利等权益性投资收益负担的部分，可以作为该居民企业的可抵免境外所得税税额，在《企业所得税法》规定的抵免限额内抵免。

直接控制是指居民企业直接持有外国企业 20% 以上股份。

间接控制是指居民企业以间接持股方式持有外国企业 20% 以上股份，具体认定办法由国务院财政、税务主管部门另行制定。

已在境外缴纳的所得税税额是指企业来源于中国境外的所得，依照中国境外税收法律及相关规定应当缴纳并已经实际缴纳的企业所得税性质的税款。

抵免限额是指企业来源于中国境外的所得，依照《企业所得税法》及其实施条例的规定计算的应纳税额。2016 年 12 月 31 日之前，除国务院财政、税务主管部门另有规定外，该抵免限额应当分国（地区）不分项计算，其计算公式如下。

抵免限额 = 中国境内、境外所得依照《企业所得税法》及其实施条例的
规定计算的应纳税总额×来源于某国（地区）的
应纳税所得额/中国境内、境外应纳税所得总额

该公式可以简化为：

抵免限额=来源于某国的(税前)应纳税所得额×我国法定税率

自 2017 年 1 月 1 日起，企业可以选择按国（地区）别分别计算［即"分国（地区）不分项"］，或者不按国（地区）别汇总计算［即"不分国（地区）不分项"］其来源于境外的应纳税所得额，并按照上述公式中规定的税率，分别计算其可抵免境外所得税税额和抵免限额。上述方式一经选择，5 年内不得改变。企业选择采用不同于以前年度的方式（以下简称新方式）计算可抵免境外所得税税额和抵免限额时，对该企业以前年度按照财税〔2009〕125 号文件规定没有抵免完的余额，可在税法规定结转的剩余年限内，按新方式计算的抵免限额中继续结转抵免。

【任务引例解析】

答　《财政部　国家税务总局关于企业境外所得税收抵免有关问题的通知》（财税〔2009〕125 号）规定，企业应按照《企业所得税法》及其实施条例和本通知的有关规定分国（地区）别计算境外税额的抵免限额。某国（地区）所得税抵免限额=中国境内、境外所得依照《企业所得税法》及其实施条例的规定计算的应纳税总额×来源于某国（地区）的应纳税所得额/中国境内、境外应纳税所得总额。据以计算上述公式中"中国境内、境外所得依照《企业所得税法》及其实施条例的规定计算的应纳税总额"的税率，除国务院财政、税务主管部门另有规定外，应为《企业所得税法》第四条第一款规定的税率。

《国家税务总局关于发布〈企业境外所得税收抵免操作指南〉的公告》（国家税务总局公告 2010 年第 1 号）规定，中国境内外所得依照《企业所得税法》及其实施条例的规定计算的应纳税总额的税率是 25%，即使企业境内所得按税收法规规定享受企业所得税优惠的（例如高新技术企业享受 15% 的企业所得税税率优惠），在进行境外所得税额抵免限额计算中的中国境内、外所得应纳税总额所适用的税率也应为 25%。

【情境实例 5-14】

1. 工作任务要求

计算甲企业汇总时在我国应缴纳的企业所得税税额。

2. 情境实例设计

甲企业为我国一家居民企业，本年度境内应纳税所得额为 200 万元，适用 25% 的企业所得税税率。另外，该企业分别在 A、B 两国设有分支机构（我国与 A、B 两国已经缔结避免双重税协定），在 A 国的分支机构的应纳税所得额为 100 万元，A 国税率为 20%；在 B 国的分支机构的应纳税所得额为 60 万元，B 国税率为 30%。假设该企业在 A、B 两国所得按我国税法计算的应纳税所得额和按 A、B 两国税法计算的应纳税所得额一致，两个分支机构在 A、B 两国分别缴纳了 20 万元和 18 万元的企业所得税。甲企业选择"分国（地区）不分项"的方法来计算其来源于境外的应纳税所得额。

3. 任务实施过程

（1）甲企业按我国税法计算的境内、境外所得的应纳税额为：

应纳税额=（200+100+60）×25%=90（万元）

（2）A、B两国的扣除限额如下。

A国扣除限额=90×[100/（200+100+60）]=25（万元）或=100×25%=25（万元）

B国扣除限额=90×[60/（200+100+60）]=15（万元）或=60×25%=15（万元）

在A国缴纳的所得税为20万元，低于扣除限额25万元，可全额扣除。

在B国缴纳的所得税为18万元，高于扣除限额15万元，其超过扣除限额的部分3万元当年不能扣除。

（3）汇总时，在我国应缴纳的所得税=90-20-15=55（万元）。

三、居民企业核定征收应纳税额的计算

为了加强企业所得税的征收管理，对部分中小企业采取核定征收的办法计算其应纳税额。

1. 确定所得税核定征收的范围

居民企业纳税人具有下列情形之一的，核定征收企业所得税。

（1）依照法律、行政法规的规定可以不设置账簿的。

（2）依照法律、行政法规的规定应当设置但未设置账簿的。

（3）擅自销毁账簿或拒不提供纳税资料的。

（4）虽设置账簿，但账目混乱，或者成本资料、收入凭证、费用凭证残缺不全，难以查账的。

（5）发生纳税义务，未按照规定的期限办理纳税申报，经税务机关责令限期申报，逾期仍不申报的。

（6）申报的计税依据明显偏低，又无正当理由的。

特殊行业、特殊类型的纳税人和一定规模以上的纳税人不适用以上规定。上述特定纳税人由国家税务总局另行明确。

2. 核定征收办法的有关规定

（1）纳税人具有下列情形之一的，核定其应税所得率。

① 能正确核算（查实）收入总额，但不能正确核算（查实）成本费用总额的。

② 能正确核算（查实）成本费用总额，但不能正确核算（查实）收入总额的。

③ 通过合理方法，能计算和推定纳税人收入总额或成本费用总额的。

（2）纳税人不属于以上情形的，核定其应纳所得税税额。

（3）税务机关采用下列方法核定征收企业所得税。

① 参照当地同类行业或类似行业中经营规模和收入水平相近的纳税人的税负水平核定。

② 按照应税收入额或成本费用支出额定率核定。

③ 按照耗用的原材料、燃料、动力等推算或测算核定。

④ 按照其他合理方法核定。

采用一种方法不足以正确核定应纳税所得额或应纳税额的，可以同时采用两种以上的方法核定。采用两种以上方法测算的应纳税额不一致时，可按测算的应纳税额从高核定。

（4）采用应税所得率方式核定征收企业所得税的，应纳所得税税额计算公式为：

$$应纳税额=应纳税所得额×适用税率$$

$$应纳税所得额=应税收入额×应税所得率$$

$$=成本（费用）支出额/（1-应税所得率）×应税所得率$$

应税所得率如表 5-2 所示。

表 5-2　应税所得率表

行　业	应税所得率/%
农、林、牧、渔业	3～10
制造业	5～15
批发和零售贸易业	4～15
交通运输业	7～15
建筑业	8～20
饮食业	8～25
娱乐业	15～30
其他行业	10～30

四、在中国境内未设立机构、场所的，或者虽设立机构、场所但取得的所得与其所设机构、场所没有实际联系的非居民企业应纳税额的计算

对于在中国境内未设立机构、场所的，或者虽设立机构、场所但取得的所得与其所设机构、场所没有实际联系的非居民企业的所得，其来源于中国境内的所得按照下列方法计算应纳税所得额。

（1）股息、红利等权益性投资收益和利息、租金、特许权使用费所得，以收入全额为应纳税所得额。

（2）转让财产所得，以收入全额减除财产净值后的余额为应纳税所得额。

（3）其他所得，参照前两项规定的办法计算应纳税所得额。

财产净值是指财产的计税基础减除已经按照规定扣除的折旧、折耗、摊销、准备金等后的余额。

对于在中国境内未设立机构、场所的，或者虽设立机构、场所但取得的所得与其所设机构、场所没有实际联系的非居民企业的应纳税额计算公式为：

$$应纳税额 = 年应纳税所得额 \times 税率（减按 10\%）$$

【情境实例 5-15】

1. 工作任务要求

计算甲企业本年度在中国境内应缴纳的企业所得税税额。

2. 情境实例设计

英国的甲企业在中国境内未设立机构、场所，但在本年度从中国境内取得了下列所得：股息 50 万元、利息 40 万元、特许权使用费 90 万元，同时，甲企业转让了其在中国境内的财产，转让收入为 180 万元，该财产的净值为 140 万元。

3. 任务实施过程

甲企业取得的股息、利息和特许权使用费的应纳税所得额 = 50 + 40 + 90 = 180（万元）

甲企业取得财产转让所得的应纳税所得额 = 180 - 140 = 40（万元）

甲企业在 2017 年度应纳所得税税额 =（180 + 40）× 10% = 22（万元）

五、非居民企业核定征收应纳税额的计算

非居民企业因会计账簿不健全，资料残缺难以查账，或者其他原因不能准确计算并据实申报其应纳税所得额的，税务机关有权采取以下方法核定其应纳税所得额。

（1）按收入总额核定应纳税所得额，适用于能够正确核算收入或通过合理方法推定收入总额，但不能正确核算成本费用的非居民企业。其计算公式为：

$$应纳税所得额 = 收入总额 \times 经税务机关核定的利润率$$

（2）按成本费用核定应纳税所得额，适用于能够正确核算成本费用，但不能正确核算收入总额的非居民企业。其计算公式为：

$$应纳税所得额 = 成本费用总额 / (1 - 经税务机关核定的利润率) \times$$
$$经税务机关核定的利润率$$

（3）按经费支出换算收入核定应纳税所得额，适用于能够正确核算经费支出总额，但不能正确核算收入总额和成本费用的非居民企业。其计算公式为：

$$应纳税所得额 = 经费支出总额 / (1 - 核定利润率) \times$$
$$核定利润率$$

（4）税务机关可以按照以下标准确定非居民企业的利润率。

① 从事承包工程作业、设计和咨询劳务的，利润率为 15%～30%。

② 从事管理服务的，利润率为 30%～50%。

③ 从事其他劳务或劳务以外经营活动的，利润率不低于 15%。

税务机关有根据认为非居民企业的实际利润率明显高于上述标准的，可以按照比上述标准更高的利润率核定其应纳税所得额。

（5）非居民企业与中国居民企业签订机器设备或货物销售合同，同时提供设备安装、装配、技术培训、指导、监督服务等劳务，其销售货物合同中未列明提供上述劳务服务收费金额，或者计价不合理的，主管税务机关可以根据实际情况，参照相同或相近业务的计价标准核定劳务收入。无参照标准的，以不低于销售货物合同总价款的 10% 为原则，确定非居民企业的劳务收入。

（6）非居民企业为中国境内客户提供劳务取得的收入，凡其提供的服务全部发生在中国境内的，均应全额在中国境内申报缴纳企业所得税。凡其提供的服务同时发生在中国境内外的，均应以劳务发生地为原则划分其境内外收入，并就其在中国境内取得的劳务收入申报缴纳企业所得税。税务机关对其境内外收入划分的合理性和真实性有疑义的，可以要求非居民企业提供真实有效的证明，并根据工作量、工作时间、成本费用等因素合理划分其境内外收入；如非居民企业不能提供真实有效的证明，税务机关可视同其提供的服务全部发生在中国境内，确定其劳务收入并据以征收企业所得税。

（7）采取核定征收方式征收企业所得税的非居民企业，在中国境内从事适用不同核定利润率的经营活动，并取得应税所得的，应分别核算并适用相应的利润率计算缴纳企业所得税；凡不能分别核算的，均应从高适用利润率，计算缴纳企业所得税。

（8）拟采取核定征收方式的非居民企业应填写"非居民企业所得税征收方式鉴定表"，报送主管税务机关。主管税务机关应对企业报送的"非居民企业所得税征收方式鉴定表"的适用行业及所适用的利润率进行审核，并签注意见。

对经审核不符合核定征收条件的非居民企业，主管税务机关应自收到企业提交的"非居民企业所得税征收方式鉴定表"后15个工作日内向其下达"税务事项通知书"，将鉴定结果告知企业。非居民企业未在上述期限内收到"税务事项通知书"的，其征收方式视同已被认可。

（9）税务机关发现非居民企业采用核定征收方式计算申报的应纳税所得额不真实，或者明显与其承担的功能风险不相匹配的，有权予以调整。

任务六　特别纳税调整

【任务引例】

甲公司同时从事金融业务和非金融业务，其实际支付给关联方的利息支出，没有按照合理方法分开计算，请问甲公司如何计算准予税前扣除的利息支出？

一、调整范围

企业与其关联方之间的业务往来，不符合独立交易原则而减少企业或其关联方应纳税收入或所得额的，税务机关有权按照合理方法调整。

1. 关联方

关联方是指与企业有下列关联关系之一的企业、其他组织或个人。

（1）在资金、经营、购销等方面存在直接或间接的控制关系。

（2）直接或间接地同为第三者控制。

（3）在利益上具有相关联的其他关系。

2. 关联企业之间关联业务的税务处理

（1）企业与其关联方共同开发、受让无形资产，或者共同提供、接受劳务发生的成本，在计算应纳税所得额时应当按照独立交易原则进行分摊。

（2）企业与其关联方分摊成本时，应当按照成本与预期收益相配比的原则进行分摊，并在税务机关规定的期限内，按照税务机关的要求报送有关资料。

（3）企业与其关联方分摊成本时违反以上第（1）、（2）项规定的，其自行分摊的成本不得在计算应纳税所得额时扣除。

（4）企业可以向税务机关提出与其关联方之间业务往来的定价原则和计算方法，税务机关与企业协商、确认后，达成预约定价安排。

预约定价安排是指企业就其未来年度关联交易的定价原则和计算方法，向税务机关提出申请，与税务机关按照独立交易原则协商、确认后达成的协议。

（5）企业向税务机关报送年度企业所得税纳税申报表时，应当就其与关联方之间的业务往来，附送年度关联业务往来报告表。

税务机关在进行关联业务调查时，企业及其关联方，以及与关联业务调查有关的其他企业应当按照规定提供相关资料。相关资料是指下述资料。

① 与关联业务往来有关的价格、费用的制定标准、计算方法和说明等同期资料。

② 关联业务往来所涉及的财产、财产使用权、劳务等的再销售（转让）价格，或者最终

销售（转让）价格的相关资料。

③ 与关联业务调查有关的其他企业应当提供的与被调查企业可比的产品价格、定价方式及利润水平等资料。

④ 其他与关联业务往来有关的资料。

（6）由居民企业，或者由居民企业和中国居民控制的设立在实际税负明显低于25%的税率水平的国家（地区）的企业，并非由于合理的经营需要而对利润不作分配或减少分配的，上述利润中应归属于该居民企业的部分，应当计入该居民企业的当期收入。所指控制包括以下方面。

① 居民企业或中国居民直接或者间接单一持有外国企业10%以上有表决权股份，且由其共同持有该外国企业50%以上股份。

② 居民企业，或者居民企业和中国居民持股比例没有达到第①项规定的标准，但在股份、资金、经营、购销等方面对该外国企业构成实质控制。

③ 上述所指的实际税负明显偏低是指实际税负明显低于《企业所得税法》规定的25%税率的50%。

（7）对资本弱化的行为的控制。

① 企业接受的投资类别。企业从其关联方接受的债权性投资是指企业直接或间接从关联方获得的，需要偿还本金和支付利息，或者需要以其他具有支付利息性质的方式予以补偿的融资。企业间接从关联方获得的债权性投资，包括关联方通过无关联第三方提供的债权性投资；无关联第三方提供的、由关联方担保且负有连带责任的债权性投资；其他间接从关联方获得的具有负债实质的债权性投资。

企业的权益性投资是指企业接受的不需要偿还本金和支付利息，投资人对企业净资产拥有所有权的投资。

② 接受的债权性投资的利息支出。企业实际支付给关联方的利息支出，如果能够按照《企业所得税法》及其实施条例的有关规定提供相关资料，并证明相关交易活动符合独立交易原则的；或者该企业的实际税负不高于境内关联方的，其实际支付给境内关联方的利息支出，在计算应纳税所得额时准予扣除。除此之外，企业在计算应纳税所得额时，实际支付给关联方的利息支出，不超过规定比例（接受关联方债权性投资与权益性投资的比例为：金融企业为5∶1；其他企业为2∶1）和《企业所得税法》及其实施条例有关规定计算的部分，准予扣除；超过部分，不得在发生当期和以后年度扣除。

企业实际支付给关联方的利息支出，除另有规定外，其接受关联方债权性投资与其权益性投资比例为：金融企业为5∶1；其他企业为2∶1。企业同时从事金融业务和非金融业务，其实际支付给关联方的利息支出，应按照合理方法分开计算；没有按照合理方法分开计算的，一律按上述"其他企业"的比例（即2∶1）计算准予税前扣除的利息支出。

【任务引例解析】

答 《财政部 国家税务总局关于企业关联方利息支出税前扣除标准有关税收政策问题的通知》（财税〔2008〕121号）规定，一、在计算应纳税所得额时，企业实际支付给关联方的利息支出，不超过以下规定比例和《企业所得税法》及其实施条例有关规定计算的部分，准予扣除，超过的部分不得在发生当期和以后年度扣除。企业实际支付给关联方的利息支出，除符合本通知第二条规定外，其接受关联方债权性投资与其权益性投资比例为：（一）金融企业，为5∶1；（二）其他企业，为2∶1。二、企业如果能够按照《企业所得税法》及其实施条例的有关规定提供相关资料，并证明相关交易活动符合独立交易原则的；或者该企业的实际税负不高于境内关联方的，其实际支付给境内关联方的利息支出，在计算应纳税所得额时准予扣除。三、企业同时从事金融业务和非金融业务，其实际支付给关联方的利息支出，应按照合理方法分开计算；没有按照合理方法分开计算的，一律按本通知第一条有关其他企业的比例计算准予税前扣除的利息支出。四、企业自关联方取得的不符合规定的利息收入应按照有关规定缴纳企业所得税。

---

③ 债权性投资的利息收入。企业自关联方取得的不符合规定的利息收入应按照有关规定缴纳企业所得税。

（8）对母子公司间提供服务支付费用有关企业所得税的处理。

① 母公司为其子公司提供各种服务而发生的费用，应按照独立企业之间公平交易原则确定服务的价格，作为企业正常的劳务费用进行税务处理。

母子公司未按照独立企业之间的业务往来收取价款的，税务机关有权予以调整。

② 母公司向其子公司提供各项服务，双方应签订服务合同或协议，明确规定提供服务的内容、收费标准及金额等，凡按上述合同或协议规定所发生的服务费，母公司应作为营业收入申报纳税；子公司作为成本费用在税前扣除。

③ 母公司向其多个子公司提供同类项服务，其收取的服务费可以采取分项签订合同或协议收取；也可以采取服务分摊协议的方式，即由母公司与各子公司签订服务费用分摊合同或协议，以母公司为其子公司提供服务所发生的实际费用并附加一定比例利润作为向子公司收取的总服务费，在各服务受益子公司（包括盈利企业、亏损企业和享受减免税企业）之间按《企业所得税法》第四十一条第二款规定合理分摊。

④ 母公司以管理费形式向子公司提取费用，子公司因此支付给母公司的管理费，不得在税前扣除。

⑤ 子公司申报税前扣除向母公司支付的服务费用，应向主管税务机关提供给母公司签订的服务合同或协议等与税前扣除该项费用相关的材料。不能提供相关材料的，支付的服务费用不得税前扣除。

二、调整方法

税法规定对关联企业所得不实的，调整方法如下。

（1）可比非受控价格法。这是指按照没有关联关系的交易各方进行相同或类似业务往来的价格进行定价的方法。

（2）再销售价格法。这是指按照从关联方购进商品再销售给没有关联关系的交易方的价格，减除相同或类似业务的销售毛利进行定价的方法。

（3）成本加成法。这是指按照成本加合理的费用和利润进行定价的方法。

（4）交易净利润法。这是指按照没有关联关系的交易各方进行相同或类似业务往来取得的净利润水平确定利润的方法。

（5）利润分割法。这是指将企业与其关联方的合并利润或亏损在各方之间采用合理标准进行分配的方法。

(6)其他符合独立交易原则的方法。

【情境实例5-16】

1. 工作任务要求

计算甲公司下列业务应缴纳的企业所得税。

2. 情境实例设计

甲公司为我国一家居民企业,本年7月申报以30万元从境外关联公司购入一批产品,又将这批产品以25万元转售给无关联公司。税务机关可按其转售给无关联公司的价格减除合理的销售毛利,来调整该公司与关联公司的交易价格。假定该公司合理的销售毛利率为20%。

3. 任务实施过程

甲公司转售此批产品的合理进货价格=25×(1-20%)=20(万元)。

税务机关可按这一价格调整该公司与关联公司的进货价格。

应纳企业所得税=(25-20)×25%=1.25(万元)。

三、核定征收

企业不提供与其关联方之间业务往来资料,或者提供虚假、不完整资料,未能真实反映其关联业务往来情况的,税务机关有权依法核定其应纳税所得额。核定方法有以下4种。

(1)参照同类或类似企业的利润率水平核定。

(2)按照企业成本加合理的费用和利润的方法核定。

(3)按照关联企业集团整体利润的合理比例核定。

(4)按照其他合理方法核定。

四、加收利息和追溯时限

企业实施其他不具有合理商业目的的安排而减少其应纳税收入或所得额的,税务机关有权按照合理方法调整。不具有合理商业目的,是指以减少、免除或推迟缴纳税款为主要目的。

1. 特别纳税调整的加收利息规定

税务机关根据企业所得税法律制度的规定做出的纳税调整决定,应在补征税款的基础上,自每一调整年度次年6月1日起至补缴税款之日止的期限,按日加收利息。所称利息,应当按照税款所属纳税年度中国人民银行公布的与补税期间同期的人民币贷款基准利率加5个百分点计算。

特别纳税调整加收的利息,不得在计算应纳税所得额时扣除。

2. 特别纳税调整的追溯

企业与其关联方之间的业务往来,不符合独立交易原则,或者企业实施其他不具有合理商业目的的安排的,税务机关有权在该业务发生的纳税年度起10年内,进行纳税调整。

【情境实战5-1——企业所得税应纳税额的计算】

1. 工作任务要求

(1)计算山东力润兴达有限公司2021年度的会计利润。

(2)计算山东力润兴达有限公司2021年第四季度预缴企业所得税时应补(退)企业所

得税税额。

（3）计算山东力润兴达有限公司2021年度的境外所得，纳税调整增加额，纳税调整减少额，免税、减计收入及加计扣除额。

（4）计算山东力润兴达有限公司2021年度的应纳税所得额。

（5）计算山东力润兴达有限公司2021年度的实际应纳所得税税额。

（6）计算山东力润兴达有限公司2021年度应补（退）的企业所得税税额。

2. 情境实战设计

山东力润兴达有限公司为我国一家居民企业，是一家制造业企业，其纳税人识别号为99870572089059510J，企业从业人数每个季度均为400人，资产总额每个季度均为8 000万元，所属行业为工业企业，办税员：李珍。2021年度境内经营业务如下：

（1）取得销售收入3 000万元。

（2）发生销售成本1 500万元。

（3）发生销售费用700万元（其中广告费500万元、职工薪酬50万元、资产折旧摊销费50万元、办公费50万元、差旅费50万元），管理费用600万元〔其中业务招待费20万元、职工薪酬50万元、资产折旧摊销费100万元、办公费200万元、差旅费180万元、用于X产品新技术的研究开发费用共计50万元（其中研发活动直接消耗的材料、燃料和动力费用18万元，直接从事研发活动的本企业在职人员费用16万元，专门用于研发活动的折旧费、维护费、运行维护费3万元，有关无形资产摊销费5万元，中间试验和产品试制的有关费用、样品、样机及一般测试手段购置费5万元，研发成果论证、评审、验收、鉴定费用2万元，设计、制定、资料和翻译费1万元）〕，财务费用50万元（均为利息支出）。

（4）发生各种税金200万元（含增值税150万元）。

（5）发生固定资产处置净损益（收益）100万元，发生无形资产处置净损益（损失）2万元。

（6）营业外支出78万元（含通过公益性社会团体向C市D希望小学捐款2万元，支付税收滞纳金76万元）。

（7）2021年7月取得直接投资于其他居民企业连续12个月以上的权益性投资收益为40万元（已在被投资方所在地按15%的税率缴纳了企业所得税）。

（8）计入成本、费用中的实发工资总额150万元，拨缴职工工会经费3万元，支出职工福利费25万元，职工教育经费14.25万元。

（9）山东力润兴达有限公司在A、B两国设有分支机构，在A国机构的税后所得为35万元，A国所得税税率为30%；B国机构的税后所得为32万元，B国所得税税率为20%。在A、B两国已分别缴纳所得税15万元、8万元。假设A、B两国的应税所得额的计算与我国税法相同。山东力润兴达有限公司选择"分国（地区）不分项"的方法来计算其来源于境外的应纳税所得额。

山东力润兴达有限公司2021年度无以前年度亏损（2016年至2020年均无亏损），2021年度前三个季度已经预缴企业所得税34.25万元。2021年第四季度营业收入为800万元，营业成本为400万元，利润总额为50万元。另外，该公司为员工缴纳各类基本社会保障性缴款60万元，未缴纳补充养老和医疗保险，为员工缴纳住房公积金40万元，未超过当地政府规定标准。2022年1月12日对2021年第四季度预缴企业所得税进行纳税申报。2022年3

月 30 日进行企业所得税年度纳税申报（企业所得税汇算清缴）。另外，根据规定，"企业 10月份预缴申报第 3 季度（按季预缴）或 9 月份（按月预缴）企业所得税时，可以自主选择就当年前三季度研发费用享受加计扣除优惠政策。对 10 月份预缴申报期未选择享受研发费用加计扣除优惠政策的，可以在办理当年度企业所得税汇算清缴时统一享受。"山东力润兴达有限公司选择 2022 年办理 2021 年度企业所得税汇算清缴时统一享受研发费用加计扣除优惠政策。

3. 实战操作步骤

第一步：计算山东力润兴达有限公司 2021 年度的会计利润。

2021 年度会计利润（"A200000 中华人民共和国企业所得税月（季）度预缴纳税申报表（A 类）"的第 3 行；"A100000 中华人民共和国企业所得税年度纳税申报表（A 类）"的第 13 行）= 3 000-1 500-700-600-50-（200-150）+100-80+40+35+32=227（万元）。

第二步：计算 2021 年第四季度预缴企业所得税时应补（退）企业所得税税额。

截至 2021 年 12 月 31 日该公司全年符合条件的居民企业之间的股息、红利等权益性投资收益额=40（万元）。

截至 2021 年 12 月 31 日该公司全年免税收入、减计收入、加计扣除（"A200000 中华人民共和国企业所得税月（季）度预缴纳税申报表（A 类）"的第 7 行）= 40（万元）。

截至 2021 年 12 月 31 日该公司全年实际利润额（"A200000 中华人民共和国企业所得税月（季）度预缴纳税申报表（A 类）"的第 10 行）= 227-40=187（万元）。

截至 2021 年 12 月 31 日该公司全年应纳（预缴）企业所得税（"A200000 中华人民共和国企业所得税月（季）度预缴纳税申报表（A 类）"的第 12 行）= 187×25%=46.75（万元）。

2021 年第四季度预缴企业所得税时应补（退）企业所得税（"A200000 中华人民共和国企业所得税月（季）度预缴纳税申报表（A 类）"的第 16 行）= 46.75-34.25=12.5（万元）。

第三步：计算山东力润兴达有限公司 2021 年度的境外所得，纳税调整增加额，纳税调整减少额，免税、减计收入及加计扣除额。

（1）境外税后所得额（"A100000 中华人民共和国企业所得税年度纳税申报表（A 类）"的第 14 行）= 35+32=67（万元）。

（2）纳税调整增加额（"A100000 中华人民共和国企业所得税年度纳税申报表（A 类）"的第 15 行）：

① 广告费和业务宣传费的扣除限额= 3 000×15%=450（万元）。

由于 500 万元>450 万元，因此，广告费和业务宣传费应调增所得额= 500-450=50（万元）。

② 业务招待费的扣除限额= 3 000×5‰=15（万元）。

业务招待费发生额的 60%= 20×60%=12（万元）。

由于 15 万元>12 万元，因此，业务招待费应调增所得额= 20-12=8（万元）。

③ 公益性捐赠支出的扣除限额= 227×12%=27.24（万元）。

由于 2 万元<27.24 万元，因此，公益性捐赠支出无需进行纳税调整。

④ 支付的税收滞纳金应调增所得额= 76（万元）。

⑤ 职工福利费的扣除限额= 150×14%=21（万元）。

由于 25 万元>21 万元，因此，职工福利费应调增所得额= 25-21=4（万元）。

⑥ 职工教育经费的扣除限额= 150×8%=12（万元）。

由于14.25万元>12万元，因此，职工教育经费应调增所得额=14.25-12=2.25（万元）。

纳税调整增加额合计=50+8+76+4+2.25=140.25（万元）。

（3）纳税调整减少额（"A100000中华人民共和国企业所得税年度纳税申报表（A类）"的第16行）=0。

（4）免税、减计收入及加计扣除额（"A100000中华人民共和国企业所得税年度纳税申报表（A类）"的第17行）：

① 符合条件的居民企业之间的股息、红利等权益性投资收益额=40（万元）。

② 开发新技术、新产品、新工艺发生的研究开发费用加计扣除额=50×100%=50（万元）。

（税法依据：企业开展研发活动中实际发生的研发费用，未形成无形资产计入当期损益的，在按规定据实扣除的基础上，在2018年1月1日至2023年12月31日期间，再按照实际发生额的75%在税前加计扣除；形成无形资产的，在上述期间按照无形资产成本的175%在税前摊销。制造业企业开展研发活动中实际发生的研发费用，未形成无形资产计入当期损益的，在按规定据实扣除的基础上，自2021年1月1日起，再按照实际发生额的100%在税前加计扣除；形成无形资产的，自2021年1月1日起，按照无形资产成本的200%在税前摊销。）

免税、减计收入及加计扣除额=40+50=90（万元）。

第四步：计算山东力润兴达有限公司2021年度的应纳税所得额。

应纳税所得额（"A100000中华人民共和国企业所得税年度纳税申报表（A类）"的第23行）=227-67+140.25-90=210.25（万元）。

第五步：计算山东力润兴达有限公司2021年度的实际应纳所得税税额。

境内所得应纳所得税（"A100000中华人民共和国企业所得税年度纳税申报表（A类）"的第25行）=210.25×25%=52.5625（万元）。

境外所得换算为含税收入的所得：

A国的所得=35/（1-30%）=50（万元）。

B国的所得=32/（1-20%）=40（万元）。

境外所得应纳所得税（"A100000中华人民共和国企业所得税年度纳税申报表（A类）"的第29行）=（50+40）×25%=22.5（万元）。

A国的抵扣限额=50×25%=12.5（万元）。

B国的抵扣限额=40×25%=10（万元）。

在A国实际缴纳企业所得税15万元，高于抵扣限额，只能抵扣12.5万元，超过限额的2.5万元当年不得抵扣。

在B国实际缴纳企业所得税8万元，低于抵扣限额10万元，可全额抵扣。

境外所得抵免企业所得税（"A100000中华人民共和国企业所得税年度纳税申报表（A类）"的第30行）=12.5+8=20.5（万元）。

境外所得应补缴的企业所得税=22.5-20.5=2（万元）。

实际应纳企业所得税（"A100000中华人民共和国企业所得税年度纳税申报表（A类）"的第31行）=52.5625+22.5-20.5=52.5625+2=54.5625（万元）。

第六步：计算山东力润兴达有限公司2021年度应补（退）的企业所得税税额。

山东力润兴达有限公司2021年度应补缴企业所得税（"A100000中华人民共和国企业所得税年度纳税申报表（A类）"的第33行）=52.5625+2-46.75=54.5625-46.75=7.8125（万元）。

任务七　企业所得税的纳税申报

【任务引例】

甲公司设有不具有法人资格的营业机构。请问对于是否汇总纳税的问题，企业所得税与增值税的纳税方式一样吗？

一、企业所得税的征收管理

1. 纳税期限

企业所得税按年计征，分月或分季预缴，年终汇算清缴，多退少补。

企业所得税的纳税年度，自公历1月1日起至12月31日止。企业在一个纳税年度的中间开业，或者由于合并、关闭等原因终止经营活动，使该纳税年度的实际经营期不足12个月的，应当以其实际经营期为一个纳税年度。企业清算时，应当以清算期间作为一个纳税年度。

按月或按季预缴的，应当自月份或者季度终了之日起15日内，向税务机关报送预缴企业所得税纳税申报表，预缴税款。

自年度终了之日起5个月内，向税务机关报送年度企业所得税纳税申报表，并汇算清缴，结清应缴所得税款。

企业在年度中间终止经营活动的，应当自实际经营终止之日起60日内，向税务机关办理当期企业所得税汇算清缴。企业应当在办理注销登记前，就其清算所得向税务机关申报并依法缴纳企业所得税。

2. 纳税地点

除税收法规、行政法规另有规定外，居民企业以企业登记注册地为纳税地点；但登记注册地在境外的，以实际管理机构所在地为纳税地点。企业登记注册地是指企业依照国家有关规定登记注册的住所地。除国务院另有规定外，企业之间不得合并缴纳企业所得税。

居民企业在中国境内设立不具有法人资格的营业机构的，应当汇总计算并缴纳企业所得税。企业汇总计算并缴纳所得税时，应当统一核算应纳税所得额。

【任务引例解析】

答　不一样。

对于企业所得税，居民企业在中国境内设立不具有法人资格的营业机构的，应当汇总计算并缴纳企业所得税。企业汇总计算并缴纳所得税时，应当统一核算应纳税所得额。

对于增值税，总机构和分支机构不在同一县（市）的，应当分别向各自所在地主管税务机关申报纳税；经国务院财政、税务主管部门或其授权的财政、税务机关批准，可以由总机构汇总向总机构所在地的主管税务机关申报纳税。

非居民企业在中国境内设立机构、场所的，应当就其所设机构、场所取得的来源于中国境内的所得，以及发生在中国境外但是与其所设机构、场所有实际联系的所得，以机构、场所所在地为纳税地点。非居民企业在中国境内设立两个或两个以上的机构、场所的，经税务机关审核批准，可以选择由其主要机构、场所汇总缴纳企业所得税。非居民企业在中国未设立机构、场所的，或者虽然设立机构、场所但取得的所得与其所设机构、场所没有实际联系的，以扣缴义务人所在地为纳税地点。

3. 纳税申报的其他要求

企业在报送企业所得税纳税申报表时，应当按照规定附送财务会计报告和其他有关资料。

依照《企业所得税法》缴纳的企业所得税，以人民币计算。所得以人民币以外的货币计算的，应当折合成人民币计算并缴纳税款。

企业在纳税年度内无论盈利或亏损，都应当依照《企业所得税法》第五十四条规定的期限，向税务机关报送预缴企业所得税纳税申报表、年度企业所得税纳税申报表、财务会计报告和税务机关规定应当报送的其他有关资料。

二、企业所得税的纳税申报实务操作

（一）企业所得税的预缴纳税申报实务操作

实行查账征收企业所得税的居民纳税人在月（季）度预缴企业所得税时，应填报"A200000中华人民共和国企业所得税月（季）度预缴纳税申报表（A类）"（表5-3）及其附表（略）；实行核定征收管理办法缴纳企业所得税的纳税人在月（季）度申报缴纳企业所得税时，应填报"中华人民共和国企业所得税月（季）度预缴和年度纳税申报表（B类）"（略）。

表5-3　A200000中华人民共和国企业所得税月（季）度预缴纳税申报表（A类）

税款所属期间：2021年10月01日至2021年12月31日

纳税人识别号（统一社会信用代码）：99870572089059510J

纳税人名称：山东力润兴达有限公司　　　　　　　　　　　　金额单位：元（列至角分）

优惠及附报事项有关信息									
项目	一季度		二季度		三季度		四季度		季度平均值
	季初	季末	季初	季末	季初	季末	季初	季末	
从业人数（人）	400	400	400	400	400	400	400	400	400
资产总额（万元）	8 000	8 000	8 000	8 000	8 000	8 000	8 000	8 000	8 000
国家限制或禁止行业		□是 ☑否			小型微利企业				□是 ☑否
附报事项名称									金额或选项
事项1	（填写特定事项名称）								略
事项2	（填写特定事项名称）								略
预缴税款计算									本年累计
1	营业收入								30 000 000.00
2	营业成本								15 000 000.00
3	利润总额								2 270 000.00
4	加：特定业务计算的应纳税所得额								
5	减：不征税收入								

续表

	预缴税款计算	本年累计
6	减：资产加速折旧、摊销（扣除）调减额（填写 A201020）	
7	减：免税收入、减计收入、加计扣除（7.1+7.2+…）	400 000.00
7.1	符合条件的居民企业之间的股息、红利等权益性投资收益免征企业所得税	400 000.00
7.2	（填写优惠事项名称）	
8	减：所得减免（8.1+8.2+…）	
8.1	（填写优惠事项名称）	
8.2	（填写优惠事项名称）	
9	减：弥补以前年度亏损	
10	实际利润额（3+4-5-6-7-8-9）\ 按照上一纳税年度应纳税所得额平均额确定的应纳税所得额	1 870 000.00
11	税率（25%）	25%
12	应纳所得税额（10×11）	467 500.00
13	减：减免所得税额（13.1+13.2+…）	
13.1	（填写优惠事项名称）	
13.2	（填写优惠事项名称）	
14	减：本年实际已缴纳所得税额	342 500.00
15	减：特定业务预缴（征）所得税额	
16	本期应补（退）所得税额（12-13-14-15）\ 税务机关确定的本期应纳所得税额	125 000.00

汇总纳税企业总分机构税款计算

17	总机构	总机构本期分摊应补（退）所得税额（18+19+20）	
18		其中：总机构分摊应补（退）所得税额（16×总机构分摊比例____%）	
19		财政集中分配应补（退）所得税额（16×财政集中分配比例____%）	
20		总机构具有主体生产经营职能的部门分摊所得税额（16×全部分支机构分摊比例____%×总机构具有主体生产经营职能部门分摊比例____%）	
21	分支机构	分支机构本期分摊比例	
22		分支机构本期分摊应补（退）所得税额	

实际缴纳企业所得税计算

23	减：民族自治地区企业所得税地方分享部分：□免征　□减征：减征幅度____%	本年累计应减免金额［（12-13-15）×40%×减征幅度］
24	实际应补（退）所得税额	

实际缴纳企业所得税计算

谨声明：本纳税申报表是根据国家税收法律法规及相关规定填报的，是真实的、可靠的、完整的。

　　　　　　　　　　　　　　　纳税人（签章）：山东力润兴达有限公司　2022 年 01 月 12 日

经办人：李珍 经办人身份证：略 代理机构签章： 代理机构统一社会信用代码：	受理人： 受理税务机关（章）： 受理日期：　年　月　日

（二）企业所得税的年度汇算清缴纳税申报实务操作

实行查账征收企业所得税的居民纳税人在年度企业所得税汇算清缴时，应填写"A100000 中华人民共和国企业所得税年度纳税申报表（A 类）"的附表（表 5-4 至表 5-11）及"A100000 中华人民共和国企业所得税年度纳税申报表（A 类）"（表 5-12）。

表 5-4　A101010 一般企业收入明细表

金额单位：元（列至角分）

行次	项目	金额
1	一、营业收入（2+9）	30 000 000.00
2	（一）主营业务收入（3+5+6+7+8）	30 000 000.00
3	1. 销售商品收入	30 000 000.00
4	其中：非货币性资产交换收入	
5	2. 提供劳务收入	
6	3. 建造合同收入	
7	4. 让渡资产使用权收入	
8	5. 其他	
9	（二）其他业务收入（10+12+13+14+15）	
10	1. 销售材料收入	
11	其中：非货币性资产交换收入	
12	2. 出租固定资产收入	
13	3. 出租无形资产收入	
14	4. 出租包装物和商品收入	
15	5. 其他	
16	二、营业外收入（17+18+19+20+21+22+23+24+25+26）	1 000 000.00
17	（一）非流动资产处置利得	1 000 000.00
18	（二）非货币性资产交换利得	
19	（三）债务重组利得	
20	（四）政府补助利得	
21	（五）盘盈利得	
22	（六）捐赠利得	
23	（七）罚没利得	
24	（八）确实无法偿付的应付款项	
25	（九）汇兑收益	
26	（十）其他	

表5-5　A102010 一般企业成本支出明细表

金额单位：元（列至角分）

行次	项目	金额
1	一、营业成本（2+9）	15 000 000.00
2	（一）主营业务成本（3+5+6+7+8）	15 000 000.00
3	1. 销售商品成本	15 000 000.00
4	其中：非货币性资产交换成本	
5	2. 提供劳务成本	
6	3. 建造合同成本	
7	4. 让渡资产使用权成本	
8	5. 其他	
9	（二）其他业务成本（10+12+13+14+15）	
10	1. 材料销售成本	
11	其中：非货币性资产交换成本	
12	2. 出租固定资产成本	
13	3. 出租无形资产成本	
14	4. 包装物出租成本	
15	5. 其他	
16	二、营业外支出（17+18+19+20+21+22+23+24+25+26）	800 000.00
17	（一）非流动资产处置损失	20 000.00
18	（二）非货币性资产交换损失	
19	（三）债务重组损失	
20	（四）非常损失	
21	（五）捐赠支出	20 000.00
22	（六）赞助支出	
23	（七）罚没支出	760 000.00
24	（八）坏账损失	
25	（九）无法收回的债券股权投资损失	
26	（十）其他	

表5-6　A105000 纳税调整项目明细表　金额单位：元（列至角分）

行次	项目	账载金额	税收金额	调增金额	调减金额
		1	2	3	4
1	一、收入类调整项目（2+3+4+5+6+7+8+10+11）	*	*		
2	（一）视同销售收入（填写 A105010）	*			*

行次	项目	账载金额	税收金额	调增金额	调减金额
		1	2	3	4
3	（二）未按权责发生制原则确认的收入（填写 A105020）				
4	（三）投资收益（填写 A105030）				
5	（四）按权益法核算长期股权投资对初始投资成本调整确认收益	*	*	*	
6	（五）交易性金融资产初始投资调整	*	*		*
7	（六）公允价值变动净损益		*		
8	（七）不征税收入	*	*		
9	其中：专项用途财政性资金（填写 A105040）	*	*		
10	（八）销售折扣、折让和退回				
11	（九）其他				
12	二、扣除类调整项目（13+14+15+16+17+18+19+20+21+22+23+24+26+27+28+29+30）	*	*	1 402 500.00	
13	（一）视同销售成本（填写 A105010）	*		*	
14	（二）职工薪酬（填写 A105050）	2 922 500.00	2 860 000.00	62 500.00	
15	（三）业务招待费支出	200 000.00	120 000.00	80 000.00	*
16	（四）广告费和业务宣传费支出（填写 A105060）	*	*	500 000.00	
17	（五）捐赠支出（填写 A105070）	20 000.00	20 000.00		*
18	（六）利息支出	500 000.00	500 000.00		
19	（七）罚金、罚款和被没收财物的损失		*		*
20	（八）税收滞纳金、加收利息	760 000.00	*	760 000.00	
21	（九）赞助支出		*		*
22	（十）与未实现融资收益相关在当期确认的财务费用				
23	（十一）佣金和手续费支出				*
24	（十二）不征税收入用于支出所形成的费用	*	*		*
25	其中：专项用途财政性资金用于支出所形成的费用（填写 A105040）	*	*		*
26	（十三）跨期扣除项目				
27	（十四）与取得收入无关的支出		*		*
28	（十五）境外所得分摊的共同支出	*	*		*
29	（十六）党组织工作经费				

续表

行次	项目	账载金额	税收金额	调增金额	调减金额
		1	2	3	4
30	（十七）其他				
31	三、资产类调整项目（32+33+34+35）	*	*		
32	（一）资产折旧、摊销（填写 A105080）				
32	（二）资产减值准备金		*		
34	（三）资产损失（填写 A105090）				
35	（四）其他				
36	四、特殊事项调整项目（37+38+39+40+41+42+43）	*	*		
37	（一）企业重组及递延纳税事项（填写 A105100）				
38	（二）政策性搬迁（填写 A105110）	*	*		
39	（三）特殊行业准备金（填写 A105120）				
40	（四）房地产开发企业特定业务计算的纳税调整额（填写 A105010）	*			
41	（五）有限合伙企业法人合伙人应分得的应纳税所得额				
42	（六）发行永续债利息支出	*	*		
43	（七）其他	*	*		
44	五、特别纳税调整应税所得	*	*		
45	六、其他	*	*		
46	合计（1+12+31+36+44+45）	*	*	1 402 500.00	

表 5-7　A105050 职工薪酬支出及纳税调整明细表

金额单位：元（列至角分）

行次	项目	账载金额	实际发生额	税收规定扣除率	以前年度累计结转扣除额	税收金额	纳税调整金额	累计结转以后年度扣除额
		1	2	3	4	5	6 (1-5)	7 (1+4-5)
1	一、工资薪金支出	1 500 000.00	1 500 000.00	*	*	1 500 000.00		*
2	其中：股权激励			*	*			*
3	二、职工福利费支出	250 000.00	250 000.00	0.14	*	210 000.00	40 000.00	*
4	三、职工教育经费支出	142 500.00	142 500.00	*		120 000.00	22 500.00	22 500.00
5	其中：按税收规定比例扣除的职工教育经费	142 500.00	142 500.00	0.08		120 000.00	22 500.00	22 500.00

续表

行次	项目	账载金额	实际发生额	税收规定扣除率	以前年度累计结转扣除额	税收金额	纳税调整金额	累计结转以后年度扣除额
		1	2	3	4	5	6 (1-5)	7 (1+4-5)
6	按税收规定全额扣除的职工培训费用			1.00	*			*
7	四、工会经费支出	30 000.00	30 000.00	0.02	*	30 000.00		*
8	五、各类基本社会保障性缴款	600 000.00	600 000.00	*	*	600 000.00		*
9	六、住房公积金	400 000.00	400 000.00	*	*	400 000.00		*
10	七、补充养老保险				*			*
11	八、补充医疗保险				*			*
12	九、其他			*				
13	合计 (1+3+4+7+8+9+10+11+12)	2 922 500.00	2 922 500.00	*		2 860 000.00	62 500.00	22 500.00

表 5-8 A105060 广告费和业务宣传费等跨年度纳税调整明细表

金额单位：元（列至角分）

行次	项目	广告费和业务宣传费	保险企业手续费及佣金支出
		1	2
1	一、本年支出	5 000 000.00	
2	减：不允许扣除的支出		
3	二、本年符合条件的支出 (1-2)	5 000 000.00	
4	三、本年计算扣除限额的基数	30 000 000.00	
5	乘：税收规定扣除率	0.15	
6	四、本企业计算的扣除限额 (4×5)	4 500 000.00	
7	五、本年结转以后年度扣除额 (3>6, 本行=3-6; 3≤6, 本行=0)	500 000.00	
8	加：以前年度累计结转扣除额		
9	减：本年扣除的以前年度结转额 [3>6, 本行=0; 3≤6, 本行=8 与 (6-3) 孰小值]		
10	六、按照分摊协议归集至其他关联方的金额 (10≤3 与 6 孰小值)		*
11	按照分摊协议从其他关联方归集至本企业的金额		*
12	七、本年支出纳税调整金额 (3>6, 本行=2+3-6+10-11; 3≤6, 本行=2+10-11-9)	500 000.00	
13	八、累计结转以后年度扣除额 (7+8-9)	500 000.00	

表 5-9　105070 捐赠支出及纳税调整明细表

行次	项目	账载金额	以前年度结转可扣除的捐赠额	按税收规定计算的扣除限额	税收金额	纳税调增金额	纳税调减金额	可结转以后年度扣除的捐赠额
		1	2	3	4	5	6	7
1	一、非公益性捐赠		*	*	*		*	*
2	二、限额扣除的公益性捐赠（3+4+5+6）	20 000.00		272 400.00	20 000.00			
3	前三年度（2018 年）	*		*	*	*		*
4	前二年度（2019 年）	*		*	*	*		
5	前一年度（2020 年）	*		*	*	*		
6	本年（2021 年）	20 000.00	*	272 400.00	20 000.00		*	
7	三、全额扣除的公益性捐赠		*	*		*	*	*
8	1.		*	*		*	*	*
9	2.		*	*		*	*	*
10	3.		*	*		*	*	*
11	合计（1+2+7）	20 000.00		272 400.00	20 000.00			
附列资料	2015 年度至本年发生的公益性扶贫捐赠合计金额	20 000.00	*		20 000.00	*		*

表 5-10　A107010 免税、减计收入及加计扣除优惠明细表

金额单位：元（列至角分）

行次	项目	金额
1	一、免税收入（2+3+6+7+8+9+10+11+12+13+14+15+16）	400 000.00
2	（一）国债利息收入免征企业所得税	
3	（二）符合条件的居民企业之间的股息、红利等权益性投资收益免征企业所得税（填写 A107011）	400 000.00
4	其中：内地居民企业通过沪港通投资且连续持有 H 股满 12 个月取得的股息红利所得免征企业所得税（填写 A107011）	400 000.00
5	内地居民企业通过深港通投资且连续持有 H 股满 12 个月取得的股息红利所得免征企业所得税（填写 A107011）	
6	（三）符合条件的非营利组织的收入免征企业所得税	
7	（四）符合条件的非营利组织（科技企业孵化器）的收入免征企业所得税	
8	（五）符合条件的非营利组织（国家大学科技园）的收入免征企业所得税	

续表

行次	项目	金额
9	（六）中国清洁发展机制基金取得的收入免征企业所得税	
10	（七）投资者从证券投资基金分配中取得的收入免征企业所得税	
11	（八）取得的地方政府债券利息收入免征企业所得税	
12	（九）中国保险保障基金有限责任公司取得的保险保障基金等收入免征企业所得税	
13	（十）中国奥委会取得北京冬奥组委支付的收入免征企业所得税	
14	（十一）中国残奥委会取得北京冬奥组委分期支付的收入免征企业所得税	
15	（十二）其他 1	
16	（十三）其他 2	
17	二、减计收入（18+19+23+24）	
18	（一）综合利用资源生产产品取得的收入在计算应纳税所得额时减计收入	
19	（二）金融、保险等机构取得的涉农利息、保费减计收入（20+21+22）	
20	1. 金融机构取得的涉农贷款利息收入在计算应纳税所得额时减计收入	
21	2. 保险机构取得的涉农保费收入在计算应纳税所得额时减计收入	
22	3. 小额贷款公司取得的农户小额贷款利息收入在计算应纳税所得额时减计收入	
23	（三）取得铁路债券利息收入减半征收企业所得税	
24	（四）其他	
25	三、加计扣除（26+27+28+29+30）	500 000.00
26	（一）开发新技术、新产品、新工艺发生的研究开发费用加计扣除（填写 A107012）	500 000.00
27	（二）科技型中小企业开发新技术、新产品、新工艺发生的研究开发费用加计扣除（填写 A107012）	
28	（三）企业为获得创新性、创意性、突破性的产品进行创意设计活动而发生的相关费用加计扣除	
29	（四）安置残疾人员所支付的工资加计扣除	
30	（五）其他	
31	合计（1+17+25）	900 000.00

表 5-11 A108000 境外所得税收抵免明细表

金额单位：元（列至角分）

行次	国家（地区） 1	境外税前所得额 2	境外所得纳税调整后所得 3	弥补境外以前年度亏损 4	境外应纳税所得额 5(3-4)	抵减境内亏损 6	抵减境内亏损后境外应纳税所得额 7(5-6)	税率 8	境外所得应纳税额 9(7×8)	境外所得可抵免税额 10	境外所得税额抵免限额 11	本年可抵免境外所得税额 12	未超过境外所得税抵免限额的余额 13(11-12)	本年可抵免以前年度未抵免境外所得税额 14	按简易办法计算 按低于12.5%的实际税率计算的抵免额 15	按简易办法计算 按12.5%计算的抵免额 16	按简易办法计算 按25%计算的抵免额 17	按简易办法计算 小计 18(15+16+17)	境外所得抵免所得税额合计 19(12+14+18)
1	A 国	500 000.00	500 000.00		500 000.00		500 000.00	25%	125 000.00	150 000.00	125 000.00	125 000.00							125 000.00
2	B 国	400 000.00	400 000.00		400 000.00		400 000.00	25%	100 000.00	80 000.00	100 000.00	80 000.00	20 000.00						80 000.00
3																			
4																			
5																			
6																			
7																			
8																			
9																			
10	合计	900 000.00	900 000.00		900 000.00		900 000.00	25%	225 000.00	230 000.00	225 000.00	205 000.00	20 000.00						205 000.00

表 5-12 A100000 中华人民共和国企业所得税年度纳税申报表（A 类）

税款所属期间：2021 年 01 月 01 日至 2021 年 12 月 31 日

纳税人名称：山东力润兴达有限公司（公章）

纳税人识别号：9987057208905951OJ

金额单位：元（列至角分）

行次	类别	项目	金额
1	利润总额计算	一、营业收入（填写 A101010 \ 101020 \ 103000）	30 000 000.00
2		减：营业成本（填写 A102010 \ 102020 \ 103000）	15 000 000.00
3		减：税金及附加	500 000.00
4		减：销售费用（填写 A104000）	7 000 000.00
5		减：管理费用（填写 A104000）	6 000 000.00
6		减：财务费用（填写 A104000）	500 000.00
7		减：资产减值损失	
8		加：公允价值变动收益	
9		加：投资收益	1 070 000.00
10		二、营业利润（1-2-3-4-5-6-7+8+9）①	3 050 000.00
11		加：营业外收入（填写 A101010 \ 101020 \ 103000）	
12		减：营业外支出（填写 A102010 \ 102020 \ 103000）	780 000.00
13		三、利润总额（10+11-12）	2 270 000.00
14	应纳税所得额计算	减：境外所得（填写 A108010）	670 000.00
15		加：纳税调整增加额（填写 A105000）	1 402 500.00
16		减：纳税调整减少额（填写 A105000）	
17		减：免税、减计收入及加计扣除（填写 A107010）	900 000.00
18		加：境外应税所得抵减境内亏损（填写 A108000）	
19		四、纳税调整后所得（13-14+15-16-17+18）	2 102 500.00
20		减：所得减免（填写 A107020）	
21		减：弥补以前年度亏损（填写 A106000）	
22		减：抵扣应纳税所得额（填写 A107030）	
23		五、应纳税所得额（19-20-21-22）	2 102 500.00
24	应纳税额计算	税率（25%）	0.25
25		六、应纳所得税额（23×24）	525 625.00
26		减：减免所得税额（填写 A107040）	
27		减：抵免所得税额（填写 A107050）	
28		七、应纳税额（25-26-27）	525 625.00

----

① 第 10 行"营业利润"填报纳税人当期的营业利润，根据上述项目计算填报。已执行《财政部关于修订印发 2019 年度一般企业财务报表格式的通知》（财会〔2019〕6 号）和《财政部关于修订印发 2018 年度金融企业财务报表格式的通知》（财会〔2018〕36 号）的纳税人，根据"利润表"对应项目填列，不执行本行计算规则。"利润表"中的营业利润 = 3 000-1 500-50-700-600-50+100-2+40+35+32 = 305（万元）。另外，发生固定资产处置净损益（收益）100 万元，不再计入营业外收入，而计入资产处置收益；发生无形资产处置净损益（损失）2 万元，不再计入营业外支出，而计入资产处置损失。

续表

行次	类别	项目	金额
29	应纳税额计算	加：境外所得应纳所得税额（填写 A108000）	225 000.00
30		减：境外所得抵免所得税额（填写 A108000）	205 000.00
31		八、实际应纳所得税额（28+29-30）	545 625.00
32		减：本年累计实际已缴纳的所得税额	467 500.00
33		九、本年应补（退）所得税额（31-32）	78 125.00
34		其中：总机构分摊本年应补（退）所得税额（填写 A109000）	
35		财政集中分配本年应补（退）所得税额（填写 A109000）	
36		总机构主体生产经营部门分摊本年应补（退）所得税额（填写 A109000）	

【情境实战 5-2——企业所得税的纳税申报】

1. 工作任务要求

（1）山东力润兴达有限公司 2022 年 1 月 12 日对 2021 年第四季度的预缴企业所得税进行纳税申报，填写 2021 年第四季度的"A200000 中华人民共和国企业所得税月（季）度预缴纳税申报表"及其附表。

（2）山东力润兴达有限公司 2022 年 3 月 30 日进行企业所得税年度纳税申报（企业所得税汇算清缴），填写 2021 年度的"A100000 中华人民共和国企业所得税年度纳税申报表（A类）"及其附表。

2. 情境实战设计

接【情境实战 5-1——企业所得税应纳税额的计算】。

3. 实战操作步骤

（1）2022 年 1 月 12 日对 2021 年第四季度预缴企业所得税进行纳税申报，填写 2021 年第四季度的"A200000 中华人民共和国企业所得税月（季）度预缴纳税申报表（A 类）"及其附表。

填写"A200000 中华人民共和国企业所得税月（季）度预缴纳税申报表（A 类）"（表 5-3）及其附表（略）。

（2）2022 年 3 月 30 日进行企业所得税年度纳税申报（企业所得税汇算清缴），填写 2021 年度的"A100000 中华人民共和国企业所得税年度纳税申报表（A 类）"及其附表。

第一步：填写"A101010 一般企业收入明细表"（表 5-4）、"A102010 一般企业成本支出明细表"（表 5-5）、"A105000 纳税调整项目明细表"（表 5-6）、"A105050 职工薪酬支出及纳税调整明细表"（表 5-7）、"A105060 广告费和业务宣传费等跨年度纳税调整明细表"（表 5-8）、"105070 捐赠支出及纳税调整明细表"（表 5-9）、"A107010 免税、减计收入及加计扣除优惠明细表"（表 5-10）、"A108000 境外所得税收抵免明细表"（表 5-11）等"A100000 中华人民共和国企业所得税年度纳税申报表（A 类）"的附表。

第二步：填写（自动生成）"A100000 中华人民共和国企业所得税年度纳税申报表（A 类）"（表 5-12）。

■ 技能训练

一、单项选择题

1. 下列各项中，不属于企业所得税纳税人的是（　　）。

A. 在境外成立但实际管理机构在中国境内的企业

B. 在中国境内成立的外商独资企业

C. 在中国境内成立的个人独资企业

D. 在中国境内未设立机构、场所，但有来源于中国境内所得的企业

2. 甲公司是一家居民企业，为增值税一般纳税人，本年 1 月因管理不善导致外购一批价值 60 万元（不含增值税）的材料霉烂。甲公司在购入该批材料的当期取得了增值税专用发票，该批外购材料适用的增值税税率为 13%。保险公司审理后同意赔付 10 万元，则甲公司该业务在企业所得税税前可以扣除的损失金额为（　　）万元。

A. 60　　　　　　B. 50　　　　　　C. 57.8　　　　　　D. 67.8

3. 甲公司本年度销售收入为 136 000 元，发生广告费和业务宣传费 25 000 元，甲公司当年可以在企业所得税税前扣除的广告费和业务宣传费为（　　）元。

A. 15 000　　　　B. 19 040　　　　C. 25 000　　　　D. 20 400

4. 企业应当自年度终了之日起一定时间内向税务机关报送年度企业所得税纳税申报表，并汇算清缴税款，结清应激所得税款。该时间是（　　）。

A. 45 日内　　　　B. 3 个月内　　　　C. 4 个月内　　　　D. 5 个月内

5. 在中国设立机构、场所且取得的所得与机构、场所有实际联系的非居民企业适用的企业所得税税率是（　　）。

A. 10%　　　　　B. 20%　　　　　C. 25%　　　　　D. 33%

6. 制造业企业开展研发活动中实际发生的研发费用，未形成无形资产计入当期损益的，在按规定据实扣除的基础上，自 2021 年 1 月 1 日起，再按照实际发生额的（　　）在税前加计扣除。

A. 50%　　　　　B. 75%　　　　　C. 100%　　　　　D. 200%

7. 特别纳税调整加收的利息，应当按照税款所属纳税年度中国人民银行公布的与补税期间同期的人民币贷款基准利率加（　　）个百分点计算。

A. 2　　　　　　B. 3　　　　　　C. 5　　　　　　D. 10

8. 企业缴纳的下列税种中，在计算企业所得税应纳税所得额时，不准从收入总额中扣除的是（　　）。

A. 增值税　　　　　　　　　　B. 城市维护建设税

C. 消费税　　　　　　　　　　D. 土地增值税

9. 企业发生的公益性捐赠支出，在年度（　　）12% 以内的部分，准予在计算应纳税所得额时扣除；超过年度（　　）12% 的部分，准予结转以后三年内在计算应纳税所得额时扣除。

A. 收入总额　　　　　　　　　B. 利润总额

C. 纳税调整后所得　　　　　　D. 应纳税所得额

10. 企业的下列收入中，属于不征税收入范围的是（　　）。

A. 财政拨款　　　　　　　　　B. 租金收入

　　C. 产品销售收入　　　　　　　　　　　D. 国债利息收入

二、多项选择题

1. 企业下列项目的所得中，减半征收企业所得税的有（　　　）。

　　A. 海水养殖　　　　　　　　　　　　　B. 内陆养殖

　　C. 牲畜饲养　　　　　　　　　　　　　D. 家禽饲养

2. 下列支出中，在计算应纳税所得额时不得扣除的有（　　　）。

　　A. 向投资者支付的股息、红利等权益性投资收益款项

　　B. 企业所得税税款

　　C. 税收滞纳金

　　D. 购买方因不履行买卖合同而支付给销售方的违约金

3. 企业的固定资产由于技术进步等原因，确实需要加速折旧的，可以采用的加速折旧方法有（　　　）。

　　A. 年数总和法

　　B. 当年一次折旧法

　　C. 双倍余额递减法

　　D. 缩短折旧年限，但最低折旧年限不得低于法定折旧年限的50%

4. 下列关于收入确认的表述中，正确的有（　　　）。

　　A. 企业以非货币形式取得的收入，应当按照公允价值确定收入额

　　B. 以分期收款方式销售货物的，按照合同约定的收款日期确认收入的实现

　　C. 采取产品分成方式取得收入的，按照企业分得产品的日期确认收入的实现，其收入额按照产品的公允价值确定

　　D. 接受捐赠收入，按照承诺捐赠资产的日期确定收入

5. 下列关于企业所得税纳税地点的表述中，正确的有（　　　）。

　　A. 非居民企业在中国设立机构、场所的，均以机构、场所所在地为纳税地点

　　B. 居民企业登记注册地在境外的，以实际管理机构所在地为纳税地点

　　C. 非居民企业在中国境内设立两个机构、场所的，分别缴纳企业所得税

　　D. 非居民企业在中国未设立机构、场所的，以扣缴义务人所在地为纳税地点

6. 企业实际发生的与取得收入有关的、合理的支出，包括（　　　）和其他支出，准予在计算应纳税所得额时扣除。

　　A. 成本　　　　　　B. 税金　　　　　　C. 费用　　　　　　D. 损失

7. 关联方是指与企业有下列（　　　）关联关系之一的企业、其他组织或者个人。

　　A. 在资金、经营、购销等方面存在直接的控制关系

　　B. 直接或者间接地同为第三者控制

　　C. 在利益上具有相关联的其他关系

　　D. 在资金、经营、购销等方面存在间接的控制关系

三、判断题

1. 企业的不征税收入用于支出所形成的资产，其计算的折旧、摊销应在计算应纳税所得额时扣除。　　　　　　　　　　　　　　　　　　　　　　　　　　　　　　（　　　）

2. 符合条件的技术转让所得，免征企业所得税。　　　　　　　　　　　　（　　　）

3. 非居民企业在中国境内未设立机构、场所的，或者虽设立机构、场所但取得的所得与其所设机构、场所没有实际联系的，应当就其来源于中国境内的所得缴纳企业所得税。

（　　）

4. 自 2018 年 1 月 1 日起，对经认定的技术先进型服务企业（服务贸易类），减按 15%的税率征收企业所得税。

（　　）

5. 对国家需要重点扶持的高新技术企业减按 20%的税率征收企业所得税。（　　）

6. 不动产转让所得，按照转让不动产的企业或者机构、场所所在地确定所得来源地。

（　　）

四、实务题

1. 甲公司为一家居民企业，本年商品销售收入为 2 800 万元，发生的现金折扣为 50 万元，接受捐赠收入为 50 万元，转让无形资产所有权收入为 10 万元。甲公司当年实际发生的业务招待费为 15 万元、广告费为 420 万元、业务宣传费为 40 万元。

要求：计算本年甲公司可在企业所得税税前扣除的业务招待费、广告费、业务宣传费的合计额。

2. 甲软件生产企业为一家居民企业，本年实际发生工资支出 180 万元、职工福利费支出 38 万元、职工教育经费 40 万元（其中，职工培训费用支出 10 万元）。

要求：甲软件生产企业本年计算应纳税所得额时应调增的应纳税所得额。

3. 甲公司是我国境内一家生产设备的居民企业，为增值税一般纳税人，本年全年主营业务收入为 5 000 万元，其他业务收入为 1 200 万元，营业外收入为 500 万元，主营业务成本为 3 000 万元，其他业务成本为 1 000 万元，营业外支出为 300 万元，税金及附加为 260 万元，销售费用为 1 200 万元，管理费用为 800 万元，财务费用为 120 万元，投资收益为 1 000 万元。当年发生的部分具体业务如下。

（1）将 1 台自产的设备通过市政府捐赠给受灾地区。"营业外支出"中已经列支该设备的成本及对应的销项税额合计 93 万元。该设备市场不含税售价为 100 万元，成本为 80 万元。

（2）当年合理据实发放的职工工资 680 万元（其中包括残疾人员工资 50 万元），发生职工福利费 120 万元，拨缴工会经费 20 万元并取得专用收据，发生职工教育经费支出 15 万元。

（3）发生广告费和业务宣传费支出 900 万元，发生业务招待费支出 260 万元，新产品研发费用支出 80 万元（未形成无形资产计入当期损益）。

（4）年初从关联企业（非金融企业）借款 800 万元，支付全年的利息费用 90 万元，已知关联企业对该居民企业的权益性投资额为 480 万元，金融企业同期同类贷款年利率为 5.8%。

（5）取得国债利息收入 100 万元，企业债券利息收入 80 万元。

（6）因违反经济合同向乙企业支付违约金 10 万元，支付给交通管理部门罚款 10 万元，均已在"营业外支出"中列支。

（7）企业购置并实际使用了相关优惠目录规定的安全生产专用设备，设备购置价款为 300 万元，进项税额为 39 万元并已作进项税额抵扣。

已知：企业所得税税率为 25%。

要求：

（1）计算业务（1）应调整的应纳税所得额；

（2）计算业务（2）应调整的应纳税所得额；

（3）计算业务（3）应调整的应纳税所得额；

（4）计算业务（4）应调整的应纳税所得额；

（5）计算业务（5）应调整的应纳税所得额；

（6）计算业务（6）应调整的应纳税所得额；

（7）计算甲公司本年应纳的企业所得税。

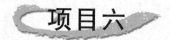
项目六

个人所得税纳税申报实务

■ 学习目标

（1）会界定个人所得税纳税人，会判断哪些业务应当缴纳个人所得税，会选择个人所得税适用税率，能充分运用个人所得税优惠政策。

（2）能根据相关业务资料计算工资、薪金所得，劳务报酬所得，稿酬所得，特许权使用费所得（统称为综合所得）的应纳税额，经营所得的应纳税额，财产租赁所得的应纳税额，财产转让所得的应纳税额，利息、股息、红利所得和偶然所得的应纳税额，以及个人所得税几种特殊情况的应纳税额。

（3）能根据相关业务资料填写"个人所得税扣缴申报表"及其附表，并能进行个人所得税的代扣代缴纳税申报；能根据相关业务资料填写"个人所得税年度自行纳税申报表（A表）（仅取得境内综合所得年度汇算适用）"，并能进行个人所得税的自行纳税申报。

任务一　个人所得税的认知

【任务引例】

如何区分劳务报酬所得与工资、薪金所得？

一、个人所得税纳税人和扣缴义务人的确定

1. 个人所得税的纳税人

个人所得税是对个人取得的各项应税所得所征收的一种所得税。个人所得税的纳税人具体包括中国公民（含香港、澳门、台湾同胞）、个体工商户、个人独资企业投资者和合伙企业自然人合伙人等。

在我国，依据住所和居住时间两个标准，将个人所得税的纳税人分为居民个人和非居民个人两大类，各自承担不同的纳税义务。

1）居民个人

在中国境内有住所，或者无住所而一个纳税年度内在中国境内居住累计满 183 天的个人，为居民个人。居民个人从中国境内和境外取得的所得，依照《中华人民共和国个人所得税法》（以下简称《个人所得税法》）的规定缴纳个人所得税。

在中国境内有住所，是指因户籍、家庭、经济利益关系而在中国境内习惯性居住；从中国境内和境外取得的所得，分别是指来源于中国境内的所得和来源于中国境外的所得。

除国务院财政、税务主管部门另有规定外，下列所得，不论支付地点是否在中国境内，

均为来源于中国境内的所得：

（1）因任职、受雇、履约等在中国境内提供劳务取得的所得；

（2）将财产出租给承租人在中国境内使用而取得的所得；

（3）许可各种特许权在中国境内使用而取得的所得；

（4）转让中国境内的不动产等财产或者在中国境内转让其他财产取得的所得；

（5）从中国境内企业、事业单位、其他组织以及居民个人取得的利息、股息、红利所得。

2）非居民个人

在中国境内无住所又不居住，或者无住所而一个纳税年度内在中国境内居住累计不满183天的个人，为非居民个人。非居民个人从中国境内取得的所得，依照个人所得税法规定缴纳个人所得税。

上述纳税年度，自公历1月1日起至12月31日止。

在中国境内无住所的个人，在中国境内居住累计满183天的年度连续不满六年的，经向主管税务机关备案，其来源于中国境外且由境外单位或者个人支付的所得，免予缴纳个人所得税；在中国境内居住累计满183天的任一年度中有一次离境超过30天的，其在中国境内居住累计满183天的年度的连续年限重新起算。

在中国境内无住所的个人，在一个纳税年度内在中国境内居住累计不超过90天的，其来源于中国境内的所得，由境外雇主支付并且不由该雇主在中国境内的机构、场所负担的部分，免予缴纳个人所得税。

在中国境内无住所的个人（无住所个人）居住时间的判定标准规定如下：无住所个人一个纳税年度在中国境内累计居住满183天的，如果此前六年在中国境内每年累计居住天数都满183天而且没有任何一年单次离境超过30天，该纳税年度来源于中国境内、境外所得应当缴纳个人所得税；如果此前六年的任一年在中国境内累计居住天数不满183天或者单次离境超过30天，该纳税年度来源于中国境外且由境外单位或者个人支付的所得，免予缴纳个人所得税。这里的"此前六年"，是指该纳税年度的前一年至前六年的连续六个年度，此前六年的起始年度自2019年（含）以后年度开始计算。无住所个人一个纳税年度内在中国境内累计居住天数，按照个人在中国境内累计停留的天数计算。在中国境内停留的当天满24小时的，计入中国境内居住天数，在中国境内停留的当天不足24小时的，不计入中国境内居住天数。

2. 个人所得税的扣缴义务人

个人所得税以支付所得的单位或者个人为扣缴义务人。纳税人有中国公民身份号码的，以中国公民身份号码为纳税人识别号；纳税人没有中国公民身份号码的，由税务机关赋予其纳税人识别号。扣缴义务人扣缴税款时，纳税人应当向扣缴义务人提供纳税人识别号，扣缴义务人应当按照国家规定办理全员全额扣缴申报，并向纳税人提供其个人所得和已扣缴税款等信息。扣缴义务人在向纳税人支付各项应纳税所得时，必须履行代扣代缴税款的义务。

二、个人所得税征税对象的确定

个人所得税的征税对象是个人取得的应税所得。个人所得的形式，包括现金、实物、有价证券和其他形式的经济利益。所得为实物的，应当按照取得的凭证上所注明的价格计算应纳税所得额；无凭证的实物或者凭证上所注明的价格明显偏低的，参照市场价格核定应纳税所得额。所得为有价证券的，根据票面价格和市场价格核定应纳税所得额。所得为其他形式的经济利益的，参照市场价格核定应纳税所得额。

1. 工资、薪金所得

工资、薪金所得，是指个人因任职或者受雇而取得的工资、薪金、奖金、年终加薪、劳动分红、津贴、补贴以及与任职或者受雇有关的其他所得。

"年终加薪、劳动分红"不分种类和取得情况，一律按工资、薪金所得征税。

不属于工资、薪金性质的"补贴、津贴"，不征收个人所得税，具体包括：① 独生子女补贴；② 执行公务员工资制度未纳入基本工资总额的补贴、津贴差额和家属成员的副食补贴；③ 托儿补助费；④ 差旅费津贴、误餐补助。

退休人员再任职取得的收入，在减除按税法规定的费用扣除标准后，按"工资、薪金所得"项目缴纳个人所得税。

离退休人员除按规定领取离退休工资或养老金外，另从原任职单位取得的各类补贴、奖金、实物，不属于免税项目，应按"工资、薪金所得"应税项目的规定缴纳个人所得税。

对商品营销活动中，企业对营销业绩突出的雇员以培训班、研讨会、工作考察等名义组织旅游活动，通过免收差旅费、旅游费对个人实行的营销业绩奖励（包括实物、有价证券等），应根据所发生费用的金额并入营销人员当期的工资、薪金所得，按照"工资、薪金"所得项目征收个人所得税。

2. 劳务报酬所得

劳务报酬所得，是指个人从事劳务取得的所得，包括从事设计、装潢、安装、制图、化验、测试、医疗、法律、会计、咨询、讲学、翻译、审稿、书画、雕刻、影视、录音、录像、演出、表演、广告、展览、技术服务、介绍服务、经纪服务、代办服务以及其他劳务取得的所得。

个人担任董事职务所取得的董事费收入，属于劳务报酬性质，按"劳务报酬所得"项目征税。

劳务报酬所得一般属于个人独立从事自由职业取得的所得或属于独立个人劳动所得。

【任务引例解析】

答 区分劳务报酬所得和工资、薪金所得，主要看是否存在雇佣与被雇佣的关系。对于工资、薪金所得，单位与个人存在雇佣与被雇佣的关系；而对于劳务报酬所得，单位与个人不存在雇佣与被雇佣的关系。

在校学生因参与勤工俭学活动（包括参与学校组织的勤工俭学活动）而取得属于《个人所得税法》规定的应税所得项目的所得，应依法缴纳个人所得税。

对商品营销活动中，企业和单位对营销业绩突出的非雇员以培训班、研讨会、工作考察等名义组织旅游活动，通过免收差旅费、旅游费对个人实行的营销业绩奖励（包括实物、有价证券等），应根据所发生费用的全额作为该营销人员当期的劳务收入，按照"劳务报酬所得"项目征收个人所得税，并由提供上述费用的企业和单位代扣代缴。

3. 稿酬所得

稿酬所得，是指个人因其作品以图书、报刊等形式出版、发表而取得的所得。作品包括文学作品、书画作品、摄影作品及其他作品。作者去世后，财产继承人取得的遗作稿酬，也应征收个人所得税。

4. 特许权使用费所得

特许权使用费所得，是指个人提供专利权、商标权、著作权、非专利技术以及其他特许权的使用权取得的所得。提供著作权的使用权取得的所得，不包括稿酬所得。

对于作者将自己的文字作品手稿原件或复印件公开拍卖（竞价）取得的所得，属于提供著作权的使用所得，应按"特许权使用费所得"项目征收个人所得税。

个人取得特许权的经济赔偿收入，应按"特许权使用费所得"项目缴纳个人所得税，税款由支付赔偿的单位或个人代扣代缴。

从 2005 年 5 月 1 日起，编剧从电视剧的制作单位取得的剧本使用费，不再区分剧本的使用方是否为其任职单位，统一按"特许权使用费所得"项目征收个人所得税。

一般情况下，无形资产使用权的转让按特许权使用费所得征税，但土地使用权、股权例外，土地使用权、股权的转让按财产转让所得征税。作者将自己的文字作品手稿原件或复印件公开拍卖取得的所得，按特许权使用费所得计税。

5. 经营所得

经营所得，是指：①个体工商户从事生产、经营活动取得的所得，个人独资企业投资人、合伙企业的个人合伙人来源于境内注册的个人独资企业、合伙企业生产、经营的所得；②个人依法从事办学、医疗、咨询以及其他有偿服务活动取得的所得；③个人对企业、事业单位承包经营、承租经营以及转包、转租取得的所得；④个人从事其他生产、经营活动取得的所得。

个体工商户、个人独资企业和合伙企业或个人从事种植业、养殖业、饲养业、捕捞业取得的所得，暂不征收个人所得税。

个体工商户和从事生产经营的个人，取得与生产、经营活动无关的其他各项应税所得，应分别按照有关规定，计算征收个人所得税。

出租车归属为个人的，属于"经营所得"，包括：从事个体出租车运营的出租车驾驶员取得的收入；出租车属个人所有，但挂靠出租汽车经营单位或企事业单位，驾驶员向挂靠单位缴纳管理费的；或出租汽车经营单位将出租车所有权转移给驾驶员的，出租车驾驶员从事客货运营取得的收入。

出租汽车经营单位对出租车驾驶员采取单车承包或承租方式运营，出租车驾驶员从事客运取得的收入，按"工资、薪金所得"项目征税。

6. 财产租赁所得

财产租赁所得，是指个人出租不动产、机器设备、车船以及其他财产取得的所得。

7. 财产转让所得

财产转让所得，是指个人转让有价证券、股权、合伙企业中的财产份额、不动产、机器设备、车船以及其他财产取得的所得。转让境内上市公司股票净所得暂免个人所得税，但2010 年 1 月 1 日起，对个人转让上市公司限售股征收个人所得税。转让境外上市公司股票所得按照财产转让所得缴纳个人所得税。

个人通过招标、竞拍或其他方式购置债权以后，通过相关司法或行政程序主张债权而取得的所得，应按照财产转让所得项目缴纳个人所得税。个人通过网络收购玩家的虚拟货币，加价后向他人出售取得的收入，属于个人所得税应税所得，应按照财产转让所得项目计算缴纳个人所得税。个人以非货币性资产投资，属于个人转让非货币性资产和投资同时发生。对个人转让非货币性资产的所得，应按照财产转让所得项目依法计算缴纳个人所得税。

8. 利息、股息、红利所得

利息、股息、红利所得，是指个人拥有债权、股权等而取得的利息、股息、红利所得。

个人取得国债利息、国家发行的金融债券利息、教育储蓄存款利息，均免征个人所得税。

储蓄存款在 1999 年 10 月 31 日前孳生的利息，不征收个人所得税；储蓄存款在 1999 年 11 月 1 日至 2007 年 8 月 14 日孳生的利息，按照 20% 的税率征收个人所得税；储蓄存款在 2007 年 8 月 15 日至 2008 年 10 月 8 日孳生的利息，按照 5% 的税率征收个人所得税；储蓄存款在 2008 年 10 月 9 日后（含 10 月 9 日）孳生的利息，暂免征收个人所得税。

自 2015 年 9 月 8 日起，个人从公开发行和转让市场取得的上市公司股票，持股期限超过 1 年的，股息红利所得暂免征收个人所得税。个人从公开发行和转让市场取得的上市公司股票，持股期限在 1 个月以内（含 1 个月）的，其股息红利所得全额计入应纳税所得额；持股期限在 1 个月以上至 1 年（含 1 年）的，暂减按 50% 计入应纳税所得额；上述所得统一适用 20% 的税率计征个人所得税。

9. 偶然所得

偶然所得，是指个人得奖、中奖、中彩以及其他偶然性质的所得。

三、个人所得税税率的判定

个人所得税分别按不同个人所得项目，规定了超额累进税率和比例税率两种形式。

1. 工资、薪金所得，劳务报酬所得，稿酬所得，特许权使用费所得个人所得税的预扣率（预扣预缴）

（1）居民个人工资、薪金所得预扣预缴个人所得税的预扣率

居民个人工资、薪金所得预扣预缴个人所得税的预扣率表，如表 6-1 所示。

表 6-1 居民个人工资、薪金所得预扣预缴个人所得税的预扣率表

级数	累计预扣预缴应纳税所得额	预扣率/%	速算扣除数/元
1	不超过 36 000 元的部分	3	0
2	超过 36 000 元至 144 000 元的部分	10	2 520
3	超过 144 000 元至 300 000 元的部分	20	16 920
4	超过 300 000 元至 420 000 元的部分	25	31 920
5	超过 420 000 元至 660 000 元的部分	30	52 920
6	超过 660 000 元至 960 000 元的部分	35	85 920
7	超过 960 000 元的部分	45	181 920

（2）居民个人劳务报酬所得预扣预缴个人所得税的预扣率

居民个人劳务报酬所得预扣预缴个人所得税的预扣率表，如表 6-2 所示。

表6-2 居民个人劳务报酬所得预扣预缴个人所得税的预扣率表

级数	预扣预缴应纳税所得额	预扣率/%	速算扣除数/元
1	不超过 20 000 元的部分	20	0
2	超过 20 000 元至 50 000 元的部分	30	2 000
3	超过 50 000 元的部分	40	7 000

（3）居民个人稿酬所得、特许权使用费所得预扣预缴个人所得税的预扣率

居民个人稿酬所得、特许权使用费所得适用20%的比例预扣率。

2. 工资、薪金所得，劳务报酬所得，稿酬所得，特许权使用费所得个人所得税的适用税率（非预扣预缴）

（1）居民个人综合所得个人所得税的适用税率（按年汇算清缴）

工资、薪金所得，劳务报酬所得，稿酬所得，特许权使用费所得统称为综合所得。综合所得，适用3%至45%的七级超额累进税率。居民个人综合所得个人所得税的税率表（按年），如表6-3所示。

表6-3 居民个人综合所得个人所得税的税率表（按年）

级数	全年应纳税所得额	税率/%	速算扣除数/元
1	不超过 36 000 元的部分	3	0
2	超过 36 000 元至 144 000 元的部分	10	2 520
3	超过 144 000 元至 300 000 元的部分	20	16 920
4	超过 300 000 元至 420 000 元的部分	25	31 920
5	超过 420 000 元至 660 000 元的部分	30	52 920
6	超过 660 000 元至 960 000 元的部分	35	85 920
7	超过 960 000 元的部分	45	181 920

（注：表6-3所称全年应纳税所得额是指依照个人所得税法第六条的规定，居民个人取得综合所得以每一纳税年度收入额减除费用60 000元以及专项扣除、专项附加扣除和依法确定的其他扣除后的余额。）

（2）非居民个人工资、薪金所得，劳务报酬所得，稿酬所得，特许权使用费所得个人所得税的适用税率

非居民个人工资、薪金所得，劳务报酬所得，稿酬所得，特许权使用费所得个人所得税的适用税率，如表6-4[①]所示（依照表6-3按月换算后）。

表6-4 非居民个人工资、薪金所得，劳务报酬所得，稿酬所得，特许权使用费所得个人所得税的税率

级数	应纳税所得额	税率/%	速算扣除数/元
1	不超过 3 000 元的部分	3	0
2	超过 3 000 元至 12 000 元的部分	10	210
3	超过 12 000 元至 25 000 元的部分	20	1 410

---

① 居民个人取得全年一次性奖金，在2023年12月31日前，可以选择不并入当年综合所得，以全年一次性奖金收入除以12个月得到的数额，按照按月换算后的综合所得税率表（简称月度税率表）（见表6-4），确定适用税率和速算扣除数，单独计算纳税。

续表

级数	应纳税所得额	税率/%	速算扣除数/元
4	超过 25 000 元至 35 000 元的部分	25	2 660
5	超过 35 000 元至 55 000 元的部分	30	4 410
6	超过 55 000 元至 80 000 元的部分	35	7 160
7	超过 80 000 元的部分	45	15 160

3. 经营所得的适用税率

经营所得，适用 5% 至 35% 的五级超额累进税率。经营所得个人所得税的税率表，如表 6-5 所示。

表 6-5　经营所得个人所得税的税率表

级数	全年应纳税所得额	税率/%	速算扣除数/元
1	不超过 30 000 元的部分	5	0
2	超过 30 000 元至 90 000 元的部分	10	1 500
3	超过 90 000 元至 300 000 元的部分	20	10 500
4	超过 300 000 元至 500 000 元的部分	30	40 500
5	超过 500 000 元的部分	35	65 500

4. 财产租赁所得，财产转让所得，利息、股息、红利所得和偶然所得的适用税率

财产租赁所得，财产转让所得，利息、股息、红利所得和偶然所得，适用比例税率，税率为 20%。另外，为了配合国家住房制度改革，支持住房租赁市场的健康发展，从 2008 年 3 月 1 日起，对个人出租住房取得的所得暂减按 10% 的税率征收个人所得税。

四、个人所得税优惠政策的运用

1. 法定免税项目

（1）省级人民政府、国务院部委和中国人民解放军以上单位，以及外国组织、国际组织颁发的科学、教育、技术、文化、卫生、体育、环境保护等方面的奖金。

（2）国债和国家发行的金融债券的利息。

（3）按照国家统一规定发给的补贴、津贴。

（4）福利费、抚恤金、救济金。

（5）保险赔款。

（6）军人的转业费、复员费、退役金。

（7）按照国家统一规定发给干部、职工的安家费、退职费、基本养老金或者退休费、离休费、离休生活补助费。

（8）依照有关法律规定应予免税的各国驻华使馆、领事馆的外交代表、领事官员和其他人员的所得。

（9）中国政府参加的国际公约、签订的协议中规定免税的所得。

（10）国务院规定的其他免税所得。

2. 减税项目

有下列情形之一的，可以减征个人所得税，具体幅度和期限，由省、自治区、直辖市人民政府规定，并报同级人民代表大会常务委员会备案：

（1）残疾、孤老人员和烈属的所得。

对残疾人个人取得的"劳动所得"才能适用减税规定，具体所得项目为：工资、薪金所得，劳务报酬所得，稿酬所得，特许权使用费所得和经营所得。

（2）因自然灾害遭受重大损失的。

国务院可以规定其他减税情形，报全国人民代表大会常务委员会备案。

3. 其他免税和暂免征税项目

（1）外籍个人以非现金形式或实报实销形式取得的住房补贴、伙食补贴、搬迁费、洗衣费。

（2）外籍个人按合理标准取得的境内、境外出差补贴。

（3）外籍个人取得的语言训练费、子女教育费等，经当地税务机关审核批准为合理的部分。

2019年1月1日至2023年12月31日期间，外籍个人符合居民个人条件的，可以选择享受个人所得税专项附加扣除，也可以选择按照相关法律文件规定，享受住房补贴、语言训练费、子女教育费等津补贴免税优惠政策，但不得同时享受。外籍个人一经选择，在一个纳税年度内不得变更。

（4）外籍个人从外商投资企业取得的股息、红利所得。

（5）个人在上海、深圳证券交易所转让从上市公司公开发行和转让市场取得的股票，转让所得暂不征收个人所得税。

（6）自2018年11月1日（含）起，对个人转让全国中小企业股份转让系统（新三板）挂牌公司非原始股取得的所得，暂免征收个人所得税。非原始股是指个人在新三板挂牌公司挂牌后取得的股票，以及由上述股票率生的送、转股。

（7）个人举报、协查各种违法、犯罪行为而获得的奖金。

（8）个人转让自用达5年以上，并且是唯一的家庭生活用房取得的所得。

（9）对个人购买福利彩票、赈灾彩票、体育彩票，一次中奖收入在1万元以下的（含1万元），暂免征收个人所得税；超过1万元的，全额征收个人所得税。

（10）达到离休、退休年龄，但确因工作需要，适当延长离休、退休年龄的高级专家（指享受国家发放的政府特殊津贴的专家、学者），其在延长离休、退休期间的工资、薪金所得，视同离休、退休工资，免征个人所得税。

（11）对国有企业职工，因企业依法被宣告破产，从破产企业取得的一次性安置费收入，免予征收个人所得税。

（12）职工与用人单位解除劳动关系取得的一次性补偿收入（包括用人单位发放的经济补偿金、生活补助费和其他补助费用），在当地上年职工年平均工资3倍数额以内的部分，可免征个人所得税；超过该标准的一次性补偿收入，应按照国家有关规定征收个人所得税。

（13）城镇企业、事业单位及其职工个人按照《失业保险条例》规定的比例，实际缴付的失业保险费，均不计入职工个人当期的工资、薪金收入，免予征收个人所得税。城镇企业、事业单位和职工个人超过上述规定的比例缴付失业保险费的将其超过规定比例缴付的部分计入职工个人当期的工资、薪金收入，依法计征个人所得税。

（14）企业和个人按照国家或地方政府规定的比例，提取并向指定金融机构实际缴付的住房公积金、医疗保险金、基本养老保险金，免予征收个人所得税。

（15）个人领取原提存的住房公积金、医疗保险金、基本养老保险金，以及具备《失业保险条例》中规定条件的失业人员领取的失业保险金，免予征收个人所得税。

（16）个人取得的教育储蓄存款利息所得和按照国家或省级人民政府规定的比例缴付的住房公积金、医疗保险金、基本养老保险金、失业保险金存入银行个人账户所取得的利息所得，免予征收个人所得税。

（17）自 2008 年 10 月 9 日（含）起，对储蓄存款利息所得暂免征收个人所得税。

（18）自 2019 年 7 月 1 日起至 2024 年 6 月 30 日，个人持有全国中小企业股份转让系统挂牌公司的股票，持股期限超过 1 年的，对股息红利所得暂免征收个人所得税。

（19）对被拆迁人按照国家有关城镇房屋拆迁管理办法规定的标准取得的拆迁补偿款，免征个人所得税。

（20）自 2009 年 5 月 25 日（含）起，以下情形的房屋产权无偿赠与，对当事双方不征收个人所得税：

① 房屋产权所有人将房屋产权无偿赠与配偶、父母、子女、祖父母、外祖父母、孙子女、外孙子女、兄弟姐妹；

② 房屋产权所有人将房屋产权无偿赠与对其承担直接抚养或者赡养义务的抚养人或者赡养人；

③ 房屋产权所有人死亡，依法取得房屋产权的法定继承人、遗嘱继承人或者受遗赠人。

（21）个体工商户、个人独资企业和合伙企业或个人从事种植业、养殖业、饲养业、捕捞业取得的所得。

（22）企业在销售商品（产品）和提供服务过程中向个人赠送礼品，属于下列情形之一的，不征收个人所得税。

① 企业通过价格折扣、折让方式向个人销售商品（产品）和提供服务；

② 企业在向个人销售商品（产品）和提供服务的同时给予赠品，如通信企业对个人购买手机赠话费、入网费，或者购话费赠手机等；

③ 企业对累积消费达到一定额度的个人按消费积分反馈礼品。

（23）自 2019 年 1 月 1 日起至 2023 年 12 月 31 日，广东省、深圳市按内地与香港个人所得税税负差额，对在大湾区工作的境外（含港澳台，下同）高端人才和紧缺人才给予补贴，该补贴免征个人所得税。

在大湾区工作的境外高端人才和紧缺人才的认定和补贴办法，按照广东省、深圳市的有关规定执行。本通知适用范围包括广东省广州市、深圳市、珠海市、佛山市、惠州市、东莞市、中山市、江门市和肇庆市等大湾区珠三角九市。

（24）自 2020 年 1 月 1 日至 2024 年 12 月 31 日，对在海南自由贸易港工作的高端人才和紧缺人才，其个人所得税实际税负超过 15% 的部分，予以免征。

享受上述优惠政策的所得包括来源于海南自由贸易港的综合所得（包括工资薪金、劳务报酬、稿酬、特许权使用费四项所得）、经营所得以及经海南省认定的人才补贴性所得。纳税人在海南省办理个人所得税年度汇算清缴时享受上述优惠政策。

（25）自 2019 年 1 月 1 日起至 2023 年 12 月 31 日，一个纳税年度内在船航行时间累计满 183 天的远洋船员，其取得的工资薪金收入减按 50% 计入应纳税所得额，依法缴纳个人所得税。

远洋船员是指在海事管理部门依法登记注册的国际航行船舶船员和在渔业管理部门依法登记注册的远洋渔业船员。

在船航行时间是指远洋船员在国际航行或作业船舶和远洋渔业船舶上的工作天数。一个纳税年度内的在船航行时间为一个纳税年度内在船航行时间的累计天数。

远洋船员可选择在当年预扣预缴税款或者次年个人所得税汇算清缴时享受上述优惠政策。

（26）自 2021 年 1 月 1 日起至 2022 年 12 月 31 日，对个体工商户经营所得年应纳税所得额不超过 100 万元的部分，在现行优惠政策基础上，再减半征收个人所得税。个体工商户不区分征收方式，均可享受。

（27）对法律援助人员按照《中华人民共和国法律援助法》规定获得的法律援助补贴，免征增值税和个人所得税。

（28）法律援助机构向法律援助人员支付法律援助补贴时，应当为获得补贴的法律援助人员办理个人所得税劳务报酬所得免税申报。

税收法律、行政法规、部门规章和规范性文件中未明确规定纳税人享受减免税必须经税务机关审批，且纳税人取得的所得完全符合减免税条件的，无须经主管税务机关审核，纳税人可自行享受减免税。

税收法律、行政法规、部门规章和规范性文件中明确规定纳税人享受减免税必须经税务机关审批的，或者纳税人无法准确判断其取得的所得是否应享受个人所得税减免的，必须经主管税务机关按照有关规定审核或批准后，方可减免个人所得税。

任务二 个人所得税的计算

【任务引例】

赡养岳父岳母或公婆的费用是否可以享受个人所得税附加扣除？

一、居民个人综合所得应纳税额的计算

1. 居民个人综合所得预扣预缴个人所得税的计算

扣缴义务人向居民个人支付工资、薪金所得，劳务报酬所得，稿酬所得，特许权使用费所得时，按以下方法预扣预缴个人所得税，并向主管税务机关报送"个人所得税扣缴申报表"。年度预扣预缴税额与年度应纳税额不一致的，由居民个人于次年 3 月 1 日至 6 月 30 日向主管税务机关办理综合所得年度汇算清缴，税款多退少补。

1）扣缴义务人向居民个人支付工资、薪金所得预扣预缴个人所得税的计算

（1）扣缴义务人向居民个人支付工资、薪金所得预扣预缴个人所得税的基本规定。

扣缴义务人向居民个人支付工资、薪金所得时，应当按照累计预扣法计算预扣税款，并按月办理全员全额扣缴申报。

具体计算公式如下：

本期应预扣预缴税额＝（累计预扣预缴应纳税所得额×预扣率－速算扣除数）－

累计减免税额－累计已预扣预缴税额

累计预扣预缴应纳税所得额＝累计收入－累计免税收入－累计减除费用－累计专项扣除－

累计专项附加扣除－累计依法确定的其他扣除

其中：累计减除费用，按照 5 000 元/月乘以纳税人当年截至本月在本单位的任职受雇月份数计算。

对一个纳税年度内首次取得工资、薪金所得的居民个人，扣缴义务人在预扣预缴个人所得税时，可按照 5 000 元/月乘以纳税人当年截至本月月份数计算累计减除费用。首次取得工资、薪金所得的居民个人，是指自纳税年度首月起至新入职时，未取得工资、薪金所得或者未按照累计预扣法预扣预缴过连续性劳务报酬所得个人所得税的居民个人。

专项扣除，包括居民个人按照国家规定的范围和标准缴纳的基本养老保险、基本医疗保险、失业保险等社会保险费和住房公积金等；专项附加扣除，包括子女教育、继续教育、大病医疗、住房贷款利息或者住房租金、赡养老人、3 岁以下婴幼儿照护等支出，具体范围、标准和实施步骤由国务院确定，并报全国人民代表大会常务委员会备案。

自 2020 年 7 月 1 日起，对一个纳税年度内首次取得工资、薪金所得的居民个人，扣缴义务人在预扣预缴个人所得税时，可按照 5 000 元/月乘以纳税人当年截至本月月份数计算累计减除费用。首次取得工资、薪金所得的居民个人，是指自纳税年度首月起至新入职时，未取得工资、薪金所得或者未按照累计预扣法预扣预缴过连续性劳务报酬所得个人所得税的居民个人。正在接受全日制学历教育的学生因实习取得劳务报酬所得的，扣缴义务人预扣预缴个人所得税时，可按照《国家税务总局关于发布〈个人所得税扣缴申报管理办法（试行）〉的公告》规定的累计预扣法计算并预扣预缴税款。

自 2021 年 1 月 1 日起，对上一完整纳税年度内每月均在同一单位预扣预缴工资、薪金所得个人所得税且全年工资、薪金收入不超过 6 万元的居民个人，扣缴义务人在预扣预缴本年度工资、薪金所得个人所得税时，累计减除费用自 1 月份起直接按照全年 6 万元计算扣除。即，在纳税人累计收入不超过 6 万元的月份，暂不预扣预缴个人所得税；在其累计收入超过 6 万元的当月及年内后续月份，再预扣预缴个人所得税。扣缴义务人应当按规定办理全员全额扣缴申报，并在"个人所得税扣缴申报表"相应纳税人的备注栏注明"上年各月均有申报且全年收入不超过 6 万元"字样。对按照累计预扣法预扣预缴劳务报酬所得个人所得税的居民个人，扣缴义务人比照上述规定执行。

上述公式中，计算居民个人工资、薪金所得预扣预缴税额的预扣率、速算扣除数，按照表 6-1 执行。

享受子女教育、继续教育、住房贷款利息或者住房租金、赡养老人、3 岁以下婴幼儿照护专项附加扣除的纳税人，自符合条件开始，可以向支付工资、薪金所得的扣缴义务人提供上述专项附加扣除有关信息，由扣缴义务人在预扣预缴税款时，按其在本单位本年可享受的累计扣除额办理扣除；也可以在次年 3 月 1 日至 6 月 30 日内，向汇缴地主管税务机关办理汇算清缴申报时扣除。享受大病医疗专项附加扣除的纳税人，由其在次年 3 月 1 日至 6 月 30 日内，自行向汇缴地主管税务机关办理汇算清缴申报时扣除。

纳税人选择在扣缴义务人发放工资、薪金所得时享受专项附加扣除的，首次享受时应当填写并向扣缴义务人报送"扣除信息表"；纳税年度中间相关信息发生变化的，纳税人应当更新"扣除信息表"相应栏次，并及时报送给扣缴义务人。更换工作单位的纳税人，需要由新任职、受雇扣缴义务人办理专项附加扣除的，应当在入职的当月，填写并向扣缴义务人报送"扣除信息表"。纳税人次年需要由扣缴义务人继续办理专项附加扣除的，应当于每年12月份对次年享受专项附加扣除的内容进行确认，并报送至扣缴义务人。纳税人未及时确认的，扣缴义务人于次年1月起暂停扣除，待纳税人确认后再行办理专项附加扣除。扣缴义务人应当将纳税人报送的专项附加扣除信息，在次月办理扣缴申报时一并报送至主管税务机关。纳税人选择在汇算清缴申报时享受专项附加扣除的，应当填写并向汇缴地主管税务机关报送"扣除信息表"。

纳税人同时从两处以上取得工资、薪金所得，并由扣缴义务人减除专项附加扣除的，对同一专项附加扣除项目，在一个纳税年度内只能选择从一处取得的所得中减除。民个人向扣缴义务人提供有关信息并依法要求办理专项附加扣除的，扣缴义务人应当按照规定在工资、薪金所得按月预扣预缴税款时予以扣除，不得拒绝。居民个人未取得工资、薪金所得，仅取得劳务报酬所得、稿酬所得、特许权使用费所得需要享受专项附加扣除的，应当在次年3月1日至6月30日内，自行向汇缴地主管税务机关报送"扣除信息表"，并在办理汇算清缴申报时扣除。一个纳税年度内，纳税人在扣缴义务人预扣预缴税款环节未享受或未足额享受专项附加扣除的，可以在当年内向支付工资、薪金的扣缴义务人申请在剩余月份发放工资、薪金时补充扣除，也可以在次年3月1日至6月30日，向汇缴地主管税务机关办理汇算清缴时申报扣除。扣缴义务人办理工资、薪金所得预扣预缴税款时，应当根据纳税人报送的"个人所得税专项附加扣除信息表"为纳税人办理专项附加扣除。纳税人年度中间更换工作单位的，在原单位任职、受雇期间已享受的专项附加扣除金额，不得在新任职、受雇单位扣除。原扣缴义务人应当自纳税人离职不再发放工资薪金所得的当月起，停止为其办理专项附加扣除。

（2）个人所得税专项附加扣除的基本规定。

① 子女教育。

纳税人的子女接受全日制学历教育的相关支出，按照每个子女每月1 000元的标准定额扣除。

学历教育包括义务教育（小学、初中教育）、高中阶段教育（普通高中、中等职业、技工教育）、高等教育（大学专科、大学本科、硕士研究生、博士研究生教育）。

年满3岁至小学入学前处于学前教育阶段的子女，按上述规定执行。

父母可以选择由其中一方按扣除标准的100%扣除，也可以选择由双方分别按扣除标准的50%扣除，具体扣除方式在一个纳税年度内不能变更。

纳税人需要留存备查的资料包括：子女在境外接受教育的，应当留存境外学校录取通知书、留学签证等境外教育佐证资料。

计算时间认定：学前教育阶段，为子女年满3周岁当月至小学入学前一月。学历教育，为子女接受全日制学历教育入学的当月至全日制学历教育结束的当月。学历教育的期间，包含因病或其他非主观原因休学但学籍继续保留的休学期间，以及施教机构按规定组织实施的寒暑假等假期。

② 继续教育。

纳税人在中国境内接受学历（学位）继续教育的支出，在学历（学位）教育期间按照每月400元定额扣除。同一学历（学位）继续教育的扣除期限不能超过48个月。纳税人接受技能人员职业资格继续教育、专业技术人员职业资格继续教育的支出，在取得相关证书的当年，按照 3 600 元定额扣除。

个人接受本科及以下学历（学位）继续教育，符合《个人所得税专项附加扣除暂行办法》规定扣除条件的，可以选择由其父母扣除，也可以选择由本人扣除。

纳税人需要留存备查的资料包括：纳税人接受技能人员职业资格继续教育、专业技术人员职业资格继续教育的，应当留存职业资格相关证书等资料。

计算时间认定：学历（学位）继续教育，为在中国境内接受学历（学位）继续教育入学的当月至学历（学位）继续教育结束的当月，同一学历（学位）继续教育的扣除期限最长不得超过 48 个月。学历（学位）继续教育的期间，包含因病或其他非主观原因休学但学籍继续保留的休学期间，以及施教机构按规定组织实施的寒暑假等假期。技能人员职业资格继续教育、专业技术人员职业资格继续教育，为取得相关证书的当年。

③ 大病医疗。

在一个纳税年度内，纳税人发生的与基本医保相关的医药费用支出，扣除医保报销后个人负担（指医保目录范围内的自付部分）累计超过 15 000 元的部分，由纳税人在办理年度汇算清缴时，在 80 000 元限额内据实扣除。

纳税人发生的医药费用支出可以选择由本人或者其配偶扣除；未成年子女发生的医药费用支出可以选择由其父母一方扣除。

纳税人及其配偶、未成年子女发生的医药费用支出，按《个人所得税专项附加扣除暂行办法》第十一条的规定分别计算扣除额。

纳税人需要留存备查的资料包括：大病患者医药服务收费及医保报销相关票据原件或复印件，或者医疗保障部门出具的纳税年度医药费用清单等资料。

计算时间认定：为医疗保障信息系统记录的医药费用实际支出的当年。

④ 住房贷款利息。

纳税人本人或者配偶单独或者共同使用商业银行或者住房公积金个人住房贷款为本人或者其配偶购买中国境内住房，发生的首套住房贷款利息支出，在实际发生贷款利息的年度，按照每月 1 000 元的标准定额扣除，扣除期限最长不超过 240 个月。纳税人只能享受一次首套住房贷款的利息扣除。

首套住房贷款是指购买住房享受首套住房贷款利率的住房贷款。

经夫妻双方约定，可以选择由其中一方扣除，具体扣除方式在一个纳税年度内不能变更。

夫妻双方婚前分别购买住房发生的首套住房贷款，其贷款利息支出，婚后可以选择其中一套购买的住房，由购买方按扣除标准的 100% 扣除，也可以由夫妻双方对各自购买的住房分别按扣除标准的 50% 扣除，具体扣除方式在一个纳税年度内不能变更。

纳税人需要留存备查的资料包括：住房贷款合同、贷款还款支出凭证等资料。

计算时间认定：为贷款合同约定开始还款的当月至贷款全部归还或贷款合同终止的当月，扣除期限最长不得超过 240 个月。

⑤住房租金。

纳税人在主要工作城市没有自有住房而发生的住房租金支出，可以按照以下标准定额扣除：

a）直辖市、省会（首府）城市、计划单列市以及国务院确定的其他城市，扣除标准为每月 1 500 元。

b）除 a 所列城市以外，市辖区户籍人口超过 100 万人的城市，扣除标准为每月 1 100 元；市辖区户籍人口不超过 100 万人的城市，扣除标准为每月 800 元。

纳税人的配偶在纳税人的主要工作城市有自有住房的，视同纳税人在主要工作城市有自有住房。

市辖区户籍人口，以国家统计局公布的数据为准。

主要工作城市是指纳税人任职受雇的直辖市、计划单列市、副省级城市、地级市（地区、州、盟）全部行政区域范围；纳税人无任职受雇单位的，为受理其综合所得汇算清缴的税务机关所在城市。

夫妻双方主要工作城市相同的，只能由一方扣除住房租金支出。

住房租金支出由签订租赁住房合同的承租人扣除。

纳税人及其配偶在一个纳税年度内不能同时分别享受住房贷款利息和住房租金专项附加扣除。

纳税人需要留存备查的资料包括：住房租赁合同或协议等资料。

计算时间认定：为租赁合同（协议）约定的房屋租赁期开始的当月至租赁期结束的当月。提前终止合同（协议）的，以实际租赁期限为准。

⑥ 赡养老人。

纳税人赡养 1 位及以上被赡养人的赡养支出，统一按照以下标准定额扣除：

a）纳税人为独生子女的，按照每月 2 000 元的标准定额扣除。

b）纳税人为非独生子女的，由其与兄弟姐妹分摊每月 2 000 元的扣除额度，每人分摊的额度不能超过每月 1 000 元。可以由赡养人均摊或者约定分摊，也可以由被赡养人指定分摊。约定或者指定分摊的须签订书面分摊协议，指定分摊优先于约定分摊。具体分摊方式和额度在一个纳税年度内不能变更。

被赡养人是指年满 60 岁的父母，以及子女均已去世的年满 60 岁的祖父母、外祖父母。

纳税人需要留存备查的资料包括：约定或指定分摊的书面分摊协议等资料。

计算时间认定：为被赡养人年满 60 周岁的当月至赡养义务终止的年末。

⑦ 3 岁以下婴幼儿照护。

纳税人照护 3 岁以下婴幼儿子女的相关支出，按照每个婴幼儿每月 1 000 元的标准定额扣除。

父母可以选择由其中一方按扣除标准的 100% 扣除，也可以选择由双方分别按扣除标准的 50% 扣除，具体扣除方式在一个纳税年度内不能变更。

纳税人享受 3 岁以下婴幼儿照护专项附加扣除，应当填报配偶及子女的姓名、身份证件类型（如居民身份证、子女出生医学证明等）及号码以及本人与配偶之间扣除分配比例等信息。

纳税人需要留存备查的资料包括：子女的出生医学证明等资料。

计算时间认定：为婴幼儿出生的当月至年满 3 周岁的前一个月。

【任务引例解析】

答 《个人所得税专项附加扣除暂行办法》规定，本办法所称被赡养人是指年满 60 岁的父母，以及子女均已去世的年满 60 岁的祖父母、外祖父母。因此，赡养岳父岳母或公婆的费用不可以享受个人所得税专项附加扣除。

【情境实例6-1】

1. 工作任务要求

计算张某本年每月工资、薪金所得应由甲公司预扣预缴的个人所得税。

2. 情境实例设计

我国居民个人张某为独生子女,就职于我国的甲公司。本年每月税前工资、薪金收入为30 000元,每月减除费用为5 000元。张某个人每月负担的基本养老保险为2 400元、基本医疗保险为600元、失业保险为150元、住房公积金为2 400元,"三险一金"合计为5 550元。① 张某赡养老人每月专项附加扣除金额为2 000元。张某没有其他专项附加扣除和依法确定的其他扣除。张某在上一完整纳税年度内全年工资、薪金收入超过6万元。居民个人工资、薪金所得预扣预缴个人所得税的预扣率表,如表6-1所示。

3. 任务实施过程

张某1月工资、薪金所得应由甲公司预扣预缴的个人所得税=(30 000-5 000-5 550-2 000)×3%=17 450×3%=523.5(元);

张某2月工资、薪金所得应由甲公司预扣预缴的个人所得税=(30 000×2-5 000×2-5 550×2-2 000×2)×3%-523.5=34 900×3%-523.5=1 047-523.5=523.5(元);

张某3月工资、薪金所得应由甲公司预扣预缴的个人所得税=(30 000×3-5 000×3-5 550×3-2 000×3)×10%-2 520-523.5-523.5=52 350×10%-2 520-523.5-523.5=1 668(元);

张某4月工资、薪金所得应由甲公司预扣预缴的个人所得税=(30 000×4-5 000×4-5 550×4-2 000×4)×10%-2 520-523.5-523.5-1 668=69 800×10%-2 520-523.5-523.5-1 668=1 745(元);

张某5月工资、薪金所得应由甲公司预扣预缴的个人所得税=(30 000×5-5 000×5-5 550×5-2 000×5)×10%-2 520-523.5-523.5-1 668-1 745=87 250×10%-2 520-523.5-523.5-1 668-1 745=1 745(元);

张某6月工资、薪金所得应由甲公司预扣预缴的个人所得税=(30 000×6-5 000×6-5 550×6-2 000×6)×10%-2 520-523.5-523.5-1 668-1 745-1 745=104 700×10%-2 520-523.5-523.5-1 668-1 745-1 745=1 745(元);

张某7月工资、薪金所得应由甲公司预扣预缴的个人所得税=(30 000×7-5 000×7-5 550×7-2 000×7)×10%-2 520-523.5-523.5-1 668-1 745-1 745-1 745=122 150×10%-2 520-523.5-523.5-1 668-1 745-1 745-1 745=1 745(元);

张某8月工资、薪金所得应由甲公司预扣预缴的个人所得税=(30 000×8-5 000×8-5 550×8-2 000×8)×10%-2 520-523.5-523.5-1 668-1 745-1 745-1 745-1 745=139 600×10%-2 520-523.5-523.5-1 668-1 745-1 745-1 745-1 745=1 745(元);

张某9月工资、薪金所得应由甲公司预扣预缴的个人所得税=(30 000×9-5 000×9-5 550×9-2 000×9)×20%-16 920-523.5-523.5-1 668-1 745-1 745-1 745-1 745-1 745=157 050×20%-16 920-523.5-523.5-1 668-1 745-1 745-1 745-1 745-1 745=3 050(元);

① 该"三险一金"数据是理论数据,没有考虑实务中"三险一金"的缴费基数不能超过上年度本市职工平均工资的300%,下同。

张某 10 月工资、薪金所得应由甲公司预扣预缴的个人所得税 = (30 000×10-5 000×10-5 550×10-2 000×10)×20%-1 6920-523.5-523.5-1 668-1 745-1 745-1 745-1 745-1 745-3 050 = 174 500×20%-16 920-523.5-523.5-1 668-1 745-1 745-1 745-1 745-1 745-3 050 = 3 490 (元);

张某 11 月工资、薪金所得应由甲公司预扣预缴的个人所得税 = (30 000×11-5 000×11-5 550×11-2 000×11)×20%-16 920-523.5-523.5-1 668-1 745-1 745-1 745-1 745-1 745-3 050-3 490 = 191 950×20%-16 920-523.5-523.5-1 668-1 745-1 745-1 745-1 745-1 745-3 050-3 490 = 3 490 (元);

张某 12 月工资、薪金所得应由甲公司预扣预缴的个人所得税 = (30 000×12-5 000×12-5 550×12-2 000×12)×20%-16 920-523.5-523.5-1 668-1 745-1 745-1 745-1 745-1 745-3 050-3 490-3 490 = 209 400×20%-16 920-523.5-523.5-1 668-1 745-1 745-1 745-1 745-1 745-3 050-3 490-3 490 = 3 490 (元)。

张某本年工资、薪金所得应由甲公司预扣预缴的个人所得税合计 = 523.5+523.5+1 668+1 745+1 745+1 745+1 745+1 745+3 050+3 490+3 490+3 490 = 24 960 (元)。

2) 扣缴义务人向居民个人支付劳务报酬所得、稿酬所得、特许权使用费所得预扣预缴个人所得税的计算

扣缴义务人向居民个人支付劳务报酬所得、稿酬所得、特许权使用费所得,按次或者按月预扣预缴个人所得税。

具体预扣预缴方法如下。

劳务报酬所得、稿酬所得、特许权使用费所得以收入减除费用后的余额为收入额。其中,稿酬所得的收入额减按 70% 计算。

劳务报酬所得、稿酬所得、特许权使用费所得每次收入不超过 4 000 元的,减除费用按800 元计算;每次收入 4 000 元以上的,减除费用按 20% 计算。

劳务报酬所得、稿酬所得、特许权使用费所得,属于一次性收入的,以取得该项收入为一次;属于同一项目连续性收入的,以一个月内取得的收入为一次。

劳务报酬所得、稿酬所得、特许权使用费所得,以每次收入额为预扣预缴应纳税所得额。劳务报酬所得适用 20% 至 40% 的超额累进预扣率 (表6-2),稿酬所得、特许权使用费所得适用 20% 的比例预扣率。

劳务报酬所得应预扣预缴税额 = 预扣预缴应纳税所得额×预扣率-速算扣除数

稿酬所得、特许权使用费所得应预扣预缴税额 = 预扣预缴应纳税所得额×20%

保险营销员、证券经纪人取得的佣金收入,属于劳务报酬所得,以不含增值税的收入减除 20% 的费用后的余额为收入额,收入额减去展业成本以及附加税费后,并入当年综合所得,计算缴纳个人所得税。保险营销员、证券经纪人展业成本按照收入额的 25% 计算。扣缴义务人向保险营销员、证券经纪人支付佣金收入时,应按照《个人所得税扣缴申报管理办法 (试行)》(国家税务总局公告 2018 年第 61 号) 规定的累计预扣法计算预扣税款。

【情境实例 6-2】

1. 工作任务要求

(1) 计算张某劳务报酬所得应由乙公司预扣预缴的个人所得税。

(2) 计算张某稿酬所得应由丙出版社预扣预缴的个人所得税。

（3）计算张某特许权使用费所得应由丁公司预扣预缴的个人所得税。

2. 情境实例设计

居民个人张某本年 3 月从兼职单位乙公司取得一次性劳务报酬收入共计 60 000 元，本年 6 月从丙出版社取得一次性稿酬收入共计 18 000 元，本年 10 月转让给丁公司专利权取得一次性特许权使用费收入共计 2 500 元。上述收入均为税前收入，且均来源于中国境内。假设不考虑增值税等因素。居民个人劳务报酬所得预扣预缴个人所得税的预扣率表，如表 6-2 所示。

3. 任务实施过程

（1）张某劳务报酬所得的应纳税所得额＝60 000×（1-20%）＝48 000（元）

张某劳务报酬所得应由乙公司预扣预缴的个人所得税＝48 000×30%-2 000＝12 400（元）

（2）张某稿酬所得应由丙出版社预扣预缴的个人所得税＝18 000×（1-20%）×70%×20%＝2 016（元）

（3）张某特许权使用费所得应由丁公司预扣预缴的个人所得税＝（2 500-800）×20%＝340（元）

2. 居民个人综合所得汇算清缴个人所得税的计算

自 2019 年 1 月 1 日起，居民个人的综合所得（工资、薪金所得，劳务报酬所得，稿酬所得，特许权使用费所得），以每一纳税年度的收入额减除费用 60 000 元以及专项扣除、专项附加扣除和依法确定的其他扣除后的余额，为应纳税所得额。各项所得的计算，以人民币为单位。所得为人民币以外的货币的，按照人民币汇率中间价折合成人民币缴纳税款。

居民个人的综合所得适用七级超额累进税率，其应纳税额的计算公式为：

应纳税额＝年应纳税所得额×适用税率-速算扣除数

＝（每一纳税年度的收入额-60 000-专项扣除、专项附加扣除和依法确定的其他扣除）×适用税率-速算扣除数＝［工资、薪金收入额+劳务报酬收入×（1-20%）+稿酬收入×（1-20%）×70%+特许权使用费收入×（1-20%）-60 000-专项扣除、专项附加扣除和依法确定的其他扣除］×适用税率-速算扣除数

劳务报酬所得、稿酬所得、特许权使用费所得以收入减除 20% 的费用后的余额为收入额。稿酬所得的收入额减按 70% 计算。

专项扣除，包括居民个人按照国家规定的范围和标准缴纳的基本养老保险、基本医疗保险、失业保险等社会保险费和住房公积金等；专项附加扣除，包括子女教育、继续教育、大病医疗、住房贷款利息或者住房租金、赡养老人、3 岁以下婴幼儿照护等支出，具体范围、标准和实施步骤由国务院确定，并报全国人民代表大会常务委员会备案。其他扣除，包括个人缴付符合国家规定的企业年金、职业年金，个人购买符合国家规定的商业健康保险、税收递延型商业养老保险的支出及国务院规定可以扣除的其他项目。

专项扣除、专项附加扣除和依法确定的其他扣除，以居民个人一个纳税年度的应纳税所得额为限额；一个纳税年度扣除不完的，不结转以后年度扣除。

居民个人取得综合所得，按年计算个人所得税；有扣缴义务人的，由扣缴义务人按月或者按次预扣预缴税款；需要办理汇算清缴的，应当在取得所得的次年 3 月 1 日至 6 月 30 日内办理汇算清缴。预扣预缴办法由国务院税务主管部门制定。

【情境实例6-3】

1. 工作任务要求

计算张某次年3月1日至6月30日内汇算清缴应补缴（或申请退回）的个人所得税。

2. 情境实例设计

接【情境实例6-1】、【情境实例6-2】居民个人张某次年3月1日至6月30日办理汇算清缴。居民个人综合所得个人所得税的税率表（按年），如表6-3所示。

3. 任务实施过程

本年张某综合所得的应纳税所得额=30 000×12+60 000×（1-20%）+18 000×（1-20%）×70%+2 500×（1-20%）-60 000-5 550×12-2 000×12=269 480（元）

本年张某综合所得的应纳个人所得税=269 480×20%-16 920=36 976（元）

由于本年各相关单位已经预扣代缴了个人所得税共计=24 960+12 400+2016+340=39 716（元），因此次年3月1日至6月30日内汇算清缴时，张某应申请退回个人所得税=39 716-36 976=2 740（元）

二、非居民个人工资、薪金所得，劳务报酬所得，稿酬所得，特许权使用费所得应纳税额的计算

扣缴义务人向非居民个人支付工资、薪金所得，劳务报酬所得，稿酬所得和特许权使用费所得时，应当按以下方法按月或者按次代扣代缴个人所得税：

非居民个人的工资、薪金所得，以每月收入额减除费用5 000元后的余额为应纳税所得额；劳务报酬所得、稿酬所得、特许权使用费所得，以每次收入额为应纳税所得额，适用按月换算后的非居民个人月度税率表（表6-4）计算应纳税额。其中，劳务报酬所得、稿酬所得、特许权使用费所得以收入减除20%的费用后的余额为收入额。稿酬所得的收入额减按70%计算。

非居民个人工资、薪金所得，劳务报酬所得，稿酬所得，特许权使用费所得应纳税额=应纳税所得额×税率-速算扣除数。

（1）非居民个人的工资、薪金所得适用七级超额累进税率，其应纳税额的计算公式为：

应纳税额=月应纳税所得额×适用税率-速算扣除数=（每月工资、薪金收入额-5 000）×适用税率-速算扣除数

（2）非居民个人的劳务报酬所得适用七级超额累进税率，其应纳税额的计算公式为：

应纳税额=应纳税所得额×适用税率-速算扣除数

=每次收入额×适用税率-速算扣除数

=劳务报酬收入×（1-20%）×适用税率-速算扣除数

（3）非居民个人的稿酬所得适用七级超额累进税率，其应纳税额的计算公式为：

应纳税额=应纳税所得额×适用税率-速算扣除数

=每次收入额×适用税率-速算扣除数

=稿酬收入×（1-20%）×70%×适用税率-速算扣除数

（4）非居民个人的特许权使用费所得适用七级超额累进税率，其应纳税额的计算公式为：

$$应纳税额 = 应纳税所得额 \times 适用税率 - 速算扣除数$$
$$= 每次收入额 \times 适用税率 - 速算扣除数$$
$$= 特许权使用费收入 \times (1-20\%) \times 适用税率 - 速算扣除数$$

非居民个人取得工资、薪金所得，劳务报酬所得，稿酬所得，特许权使用费所得，有扣缴义务人的，由扣缴义务人按月或者按次代扣代缴税款，不办理汇算清缴。

【情境实例6-4】

1. 工作任务要求

计算汤姆本年1月应缴纳的个人所得税。

2. 情境实例设计

本年1月，非居民个人汤姆从任职单位（中国的甲公司）取得工资、薪金收入15 000元；从中国的乙公司一次性取得劳务报酬收入26 000元；从中国的丙出版社一次性取得稿酬收入18 000元；从中国的丁公司一次性取得特许权使用费收入2 700元。上述收入均为税前收入，均来源于中国境内，且不享受免税优惠政策。假设不考虑增值税等因素。非居民个人工资、薪金所得，劳务报酬所得，稿酬所得，特许权使用费所得个人所得税的适用税率，如表6-4所示。

3. 任务实施过程

汤姆本年1月工资、薪金所得的应纳税所得额 = 15 000 - 5 000 = 10 000（元）

汤姆本年1月工资、薪金所得应纳（甲公司应代扣代缴）个人所得税 = 10 000 × 10% - 210 = 790（元）

汤姆本年1月劳务报酬所得的应纳税所得额 = 26 000 × (1-20%) = 20 800（元）

汤姆本年1月劳务报酬所得应纳（乙公司应代扣代缴）个人所得税 = 20 800 × 20% - 1 410 = 2 750（元）

汤姆本年1月稿酬所得的应纳税所得额 = 18 000 × (1-20%) × 70% = 10 080（元）

汤姆本年1月稿酬所得应纳（丙出版社应代扣代缴）个人所得税 = 10 080 × 10% - 210 = 798（元）

汤姆本年1月特许权使用费所得的应纳税所得额 = 2 700 × (1-20%) = 2 160（元）

汤姆本年1月特许权使用费所得应纳（丁公司应代扣代缴）个人所得税 = 2 160 × 3% = 64.8（元）

汤姆本年1月应纳（支付所得的单位应代扣代缴）个人所得税合计 = 790 + 2 750 + 798 + 64.8 = 4 402.8（元）

三、经营所得应纳税额的计算

经营所得，以每一纳税年度的收入总额减除成本、费用以及损失后的余额，为应纳税所得额。

经营所得个人所得税的计算公式为：

$$应纳税额 = 应纳税所得额 \times 适用税率 - 速算扣除数$$
$$= (全年收入总额 - 成本、费用、损失) \times 适用税率 - 速算扣除数$$

成本、费用，是指生产、经营活动中发生的各项直接支出和分配计入成本的间接费用以及销售费用、管理费用、财务费用；所称损失，是指生产、经营活动中发生的固定资产和存货的盘亏、毁损、报废损失，转让财产损失，坏账损失，自然灾害等不可抗力因素造成的损失以及其他损失。

取得经营所得的个人，没有综合所得的，计算其每一纳税年度的应纳税所得额时，应当减除费用6万元、专项扣除、专项附加扣除以及依法确定的其他扣除。专项附加扣除在办理汇算清缴时减除。

从事生产、经营活动，未提供完整、准确的纳税资料，不能正确计算应纳税所得额的，由主管税务机关核定应纳税所得额或者应纳税额。

纳税人取得经营所得，按年计算个人所得税，由纳税人在月度或者季度终了后15日内向税务机关报送纳税申报表，并预缴税款；在取得所得的次年3月31日前办理汇算清缴。

四、财产租赁所得应纳税额的计算

1. 应纳税所得额的计算

财产租赁所得，以一个月内取得的收入为一次。财产租赁所得，每次收入不超过4 000元的，减除费用800元；4 000元以上的，减除20%的费用，其余额为应纳税所得额。其计算公式如下：

（1）每次（月）收入不超过4 000元的：

应纳税所得额=每次（月）收入额-准予扣除项目-修缮费用（800元为限）-800元

（2）每次（月）收入超过4 000元的：

应纳税所得额=[每次（月）收入额-准予扣除项目-修缮费用（800元为限）]×（1-20%）

个人出租财产取得的财产租赁收入，在计算缴纳个人所得税时，应依次扣除以下费用：

① 准予扣除项目：主要指财产租赁过程中缴纳的税费；

② 由纳税人负担的该出租财产实际开支的修缮费用。修缮费的扣除以每次800元为限。一次扣除不完的，准予在下一次继续扣除，直到扣完为止；

③ 税法规定的费用扣除标准（即定额减除费用800元或定率减除20%的费用）。

个人出租房屋的个人所得税应税收入不含增值税，计算房屋出租所得可扣除的税费不包括本次出租缴纳的增值税。个人转租房屋的，其向房屋出租方支付的租金及增值税额，在计算转租所得时予以扣除。免征增值税的，确定计税依据时，租金收入不扣减增值税额。

2. 应纳税额的计算

财产租赁所得适用20%的比例税率，但对个人出租住房取得的所得暂减按10%的税率征收个人所得税。其应纳税额的计算公式如下：

（1）每次（月）收入不超过4 000元的：

应纳税额=应纳税所得额×适用税率（20%或10%）

或

应纳税额=[每次（月）收入额-准予扣除项目-修缮费用（800元为限）-800元]×

适用税率（20%或10%）

（2）每次（月）收入超过4 000元的：

应纳税额=应纳税所得额×适用税率（20%或10%）

或

$$应纳税额 = [每次(月)收入额-准予扣除项目-修缮费用(800\ 元为限)] \times$$
$$(1-20\%) \times 适用税率(20\% 或 10\%)$$

【情境实例6-5】

1. 工作任务要求

计算本年1月李某应缴纳的个人所得税税额。

2. 情境实例设计

李某本年1月开始将其原居住的房屋租给张某用于居住，每月收取租金3 600元，租金按月支付，本年1月发生修缮费用为1 000元，相关税费为120元。

3. 任务实施过程

修缮费的扣除以每次800元为限，一次扣除不完的，准予在下次继续扣除，直到扣完为止。对个人出租住房取得的所得暂减按10%的税率征收个人所得税。

$$应纳个人所得税 = [(3\ 600-120-800)-800] \times 10\% = 188\ (元)$$

五、财产转让所得应纳税额的计算

1. 应纳税所得额的计算

1）一般情况下财产转让所得应纳税所得额的计算

财产转让所得，以转让财产的收入额减除财产原值和合理费用后的余额，为应纳税所得额。其计算公式为：

$$应纳税所得额 = 收入总额-财产原值-合理费用$$

财产原值，按照下列方法确定：

（1）有价证券，为买入价以及买入时按照规定交纳的有关费用；

（2）建筑物，为建造费或者购进价格以及其他有关费用；

（3）土地使用权，为取得土地使用权所支付的金额、开发土地的费用以及其他有关费用；

（4）机器设备、车船，为购进价格、运输费、安装费以及其他有关费用。

其他财产，参照上述规定的方法确定财产原值。

纳税人未提供完整、准确的财产原值凭证，不能按照本条第一款规定的方法确定财产原值的，由主管税务机关核定财产原值。

合理费用，是指卖出财产时按照规定支付的有关税费。

财产转让所得，按照一次转让财产的收入额减除财产原值和合理费用后的余额计算纳税。

个人转让房屋的个人所得税应税收入不含增值税，其取得房屋时所支付价款中包含的增值税计入财产原值，计算转让所得时可扣除的税费不包括本次转让缴纳的增值税。免征增值税的，确定计税依据时，转让房地产取得的收入不扣减增值税额。

财产转让所得同样采取按次计征的方式，以一件财产的所有权一次转让取得的收入为一次。

2）个人无偿受赠房屋有关个人所得税的计算

以下情形的房屋产权无偿赠与，对当事双方不征收个人所得税：

（1）房屋产权所有人将房屋产权无偿赠与配偶、父母、子女、祖父母、外祖父母、孙子女、外孙子女、兄弟姐妹；

（2）房屋产权所有人将房屋产权无偿赠与对其承担直接抚养或者赡养义务的抚养人或者赡养人；

（3）房屋产权所有人死亡，依法取得房屋产权的法定继承人、遗嘱继承人或者受遗赠人。

除上述情形以外，房屋产权所有人将房屋产权无偿赠与他人的，受赠人因无偿受赠房屋取得的受赠所得，按照经国务院财政部门确定征税的其他所得项目缴纳个人所得税，税率为20%。

对受赠人无偿受赠房屋计征个人所得税时，其应纳税所得额为房地产赠与合同上标明的赠与房屋价值减除赠与过程中受赠人支付的相关税费后的余额。赠与合同标明的房屋价值明显低于市场价格或房地产赠与合同未标明赠与房屋价值的，税务机关可依据受赠房屋的市场评估价格或采取其他合理方式确定受赠人的应纳税所得额。

受赠人转让受赠房屋的，以其转让受赠房屋的收入减除原捐赠人取得该房屋的实际购置成本以及赠与和转让过程中受赠人支付的相关税费后的余额，为受赠人的应纳税所得额，依法计征个人所得税。受赠人转让受赠房屋价格明显偏低且无正当理由的，税务机关可以依据该房屋的市场评估价格或其他合理方式确定的价格核定其转让收入。

2. 应纳税额的计算

财产转让所得应纳税额的计算公式为：

$$应纳税额 = 应纳税所得额 \times 适用税率$$
$$= （收入总额 - 财产原值 - 合理税费）\times 20\%$$

【情境实例6-6】

1. 工作任务要求

计算刘某转让其私有住房应缴纳的个人所得税税额。

2. 情境实例设计

刘某于本年1月转让私有住房一套，取得转让收入800 000元。该套住房购进时的原价为650 000元，转让时支付有关税费为50 000元。

3. 任务实施过程

应纳个人所得税 = （800 000 - 650 000 - 50 000）×20% = 20 000（元）

六、利息、股息、红利所得和偶然所得应纳税额的计算

利息、股息、红利所得和偶然所得个人所得税按次征收。利息、股息、红利所得，以支付利息、股息、红利时取得的收入为一次。偶然所得，以每次取得该项收入为一次。利息、股息、红利所得和偶然所得的应纳税所得额即为每次收入额。利息、股息、红利所得和偶然所得应纳税额的计算公式为：

$$应纳税额 = 应纳税所得额 \times 适用税率 = 每次收入额 \times 20\%$$

【情境实例6-7】

1. 工作任务要求

计算刘某中奖收入的应纳个人所得税。

2. 情境实例设计

刘某本年 3 月在甲公司举行的有奖销售活动中获得奖金 29 000 元，领奖时发生交通费 200 元、食宿费 400 元（均由刘某承担）。在颁奖现场刘某直接向某大学图书馆捐款 1 000 元。偶然所得适用的个人所得税税率为 20%。

3. 任务实施过程

偶然所得按收入全额计征个人所得税，不扣除任何费用；非公益性的直接捐赠在个人所得税税前不得扣除。

应纳个人所得税 = 29 000×20% = 5 800（元）

七、个人所得税几种特殊情况应纳税额的计算

1. 全年一次性奖金及其他奖金应纳税额的计算

根据《财政部　税务总局关于延续实施全年一次性奖金等个人所得税优惠政策的公告》（财政部　税务总局公告 2021 年第 42 号）等文件的规定，居民个人取得全年一次性奖金，符合《国家税务总局关于调整个人取得全年一次性奖金等计算征收个人所得税方法问题的通知》（国税发〔2005〕9 号）规定的，在 2023 年 12 月 31 日前，不并入当年综合所得，以全年一次性奖金收入除以 12 个月得到的数额，按照按月换算后的综合所得税率表（简称月度税率表）（表6-4），确定适用税率和速算扣除数，单独计算纳税。计算公式为：

应纳税额 = 全年一次性奖金收入×适用税率 - 速算扣除数

居民个人取得全年一次性奖金，也可以选择并入当年综合所得计算纳税。

雇员取得除全年一次性奖金以外的其他各种名目奖金，如半年奖、季度奖、加班奖、先进奖、考勤奖等，一律与当月工资、薪金收入合并，按税法规定缴纳个人所得税。

【情境实例 6-8】

1. 工作任务要求

计算王某本年 12 月全年一次性奖金应缴纳的个人所得税。

2. 情境实例设计

中国居民个人王某本年 12 月取得全年一次性奖金 63 600 元（税前奖金）。王某选择该全年一次性奖金不并入当年综合所得计算缴纳个人所得税。按月换算后的综合所得税率表如表6-4 所示。

3. 任务实施过程

63 600/12 = 5 300（元）

查表可知适用税率 10%，速算扣除数为 210。

王某本年 12 月全年一次性奖金应纳个人所得税 = 63 600×10% - 210 = 6 150（元）

2. 公益慈善事业的捐赠支出的扣除

自 2019 年 1 月 1 日起，公益慈善事业捐赠有关个人所得税政策规定如下：

（1）个人通过中华人民共和国境内公益性社会组织、县级以上人民政府及其部门等国家机关，向教育、扶贫、济困等公益慈善事业的捐赠（以下简称公益捐赠），发生的公益捐赠支出，可以按照个人所得税法有关规定在计算应纳税所得额时扣除。

境内公益性社会组织，包括依法设立或登记并按规定条件和程序取得公益性捐赠税前扣除资格的慈善组织、其他社会组织和群众团体。

（2）个人发生的公益捐赠支出金额，按照以下规定确定：

① 捐赠货币性资产的，按照实际捐赠金额确定；

② 捐赠股权、房产的，按照个人持有股权、房产的财产原值确定；

③ 捐赠除股权、房产以外的其他非货币性资产的，按照非货币性资产的市场价格确定。

（3）居民个人按照以下规定扣除公益捐赠支出：

① 居民个人发生的公益捐赠支出可以在财产租赁所得、财产转让所得、利息股息红利所得、偶然所得（以下统称分类所得）、综合所得或者经营所得中扣除。在当期一个所得项目扣除不完的公益捐赠支出，可以按规定在其他所得项目中继续扣除；

② 居民个人发生的公益捐赠支出，在综合所得、经营所得中扣除的，扣除限额分别为当年综合所得、当年经营所得应纳税所得额的30%；在分类所得中扣除的，扣除限额为当月分类所得应纳税所得额的30%；

③ 居民个人根据各项所得的收入、公益捐赠支出、适用税率等情况，自行决定在综合所得、分类所得、经营所得中扣除的公益捐赠支出的顺序。

（4）居民个人在综合所得中扣除公益捐赠支出的，应按照以下规定处理：

① 居民个人取得工资薪金所得的，可以选择在预扣预缴时扣除，也可以选择在年度汇算清缴时扣除。

居民个人选择在预扣预缴时扣除的，应按照累计预扣法计算扣除限额，其捐赠当月的扣除限额为截至当月累计应纳税所得额的30%（全额扣除的从其规定，下同）。个人从两处以上取得工资薪金所得，选择其中一处扣除，选择后当年不得变更。

② 居民个人取得劳务报酬所得、稿酬所得、特许权使用费所得的，预扣预缴时不扣除公益捐赠支出，统一在汇算清缴时扣除。

③ 居民个人取得全年一次性奖金、股权激励等所得，且按规定采取不并入综合所得而单独计税方式处理的，公益捐赠支出扣除比照上述分类所得的扣除规定处理。

（5）居民个人发生的公益捐赠支出，可在捐赠当月取得的分类所得中扣除。当月分类所得应扣除未扣除的公益捐赠支出，可以按照以下规定追补扣除：

① 扣缴义务人已经代扣但尚未解缴税款的，居民个人可以向扣缴义务人提出追补扣除申请，退还已扣税款。

② 扣缴义务人已经代扣且解缴税款的，居民个人可以在公益捐赠之日起90日内提请扣缴义务人向征收税款的税务机关办理更正申报追补扣除，税务机关和扣缴义务人应当予以办理。

③ 居民个人自行申报纳税的，可以在公益捐赠之日起90日内向主管税务机关办理更正申报追补扣除。

居民个人捐赠当月有多项多次分类所得的，应先在其中一项一次分类所得中扣除。已经在分类所得中扣除的公益捐赠支出，不再调整到其他所得中扣除。

（6）在经营所得中扣除公益捐赠支出，应按以下规定处理：

① 个体工商户发生的公益捐赠支出，在其经营所得中扣除。

② 个人独资企业、合伙企业发生的公益捐赠支出，其个人投资者应当按照捐赠年度合伙企业的分配比例（个人独资企业分配比例为100%），计算归属于每一个人投资者的公益捐赠支出，个人投资者应将其归属的个人独资企业、合伙企业公益捐赠支出和本人需要在经

营所得扣除的其他公益捐赠支出合并，在其经营所得中扣除。

③ 在经营所得中扣除公益捐赠支出的，可以选择在预缴税款时扣除，也可以选择在汇算清缴时扣除。

④ 经营所得采取核定征收方式的，不扣除公益捐赠支出。

（7）非居民个人发生的公益捐赠支出，未超过其在公益捐赠支出发生的当月应纳税所得额 30% 的部分，可以从其应纳税所得额中扣除。扣除不完的公益捐赠支出，可以在经营所得中继续扣除。

非居民个人按规定可以在应纳税所得额中扣除公益捐赠支出而未实际扣除的，可按照上述第 5 条规定追补扣除。

（8）国务院规定对公益捐赠全额税前扣除的，按照规定执行。个人同时发生按 30% 扣除和全额扣除的公益捐赠支出，自行选择扣除次序。

（9）公益性社会组织、国家机关在接受个人捐赠时，应当按照规定开具捐赠票据；个人索取捐赠票据的，应予以开具。

个人发生公益捐赠时不能及时取得捐赠票据的，可以暂时凭公益捐赠银行支付凭证扣除，并向扣缴义务人提供公益捐赠银行支付凭证复印件。个人应在捐赠之日起 90 日内向扣缴义务人补充提供捐赠票据，如果个人未按规定提供捐赠票据的，扣缴义务人应在 30 日内向主管税务机关报告。

机关、企事业单位统一组织员工开展公益捐赠的，纳税人可以凭汇总开具的捐赠票据和员工明细单扣除。

（10）个人通过扣缴义务人享受公益捐赠扣除政策，应当告知扣缴义务人符合条件可扣除的公益捐赠支出金额，并提供捐赠票据的复印件，其中捐赠股权、房产的还应出示财产原值证明。扣缴义务人应当按照规定在预扣预缴、代扣代缴税款时予扣除，并将公益捐赠扣除金额告知纳税人。

个人自行办理或扣缴义务人为个人办理公益捐赠扣除的，应当在申报时一并报送"个人所得税公益慈善事业捐赠扣除明细表"（略）。个人应留存捐赠票据，留存期限为 5 年。

【情境实例 6-9】

1. 工作任务要求

计算张某当月应缴纳的个人所得税税额。

2. 情境实例设计

中国居民张某本年 1 月取得福利彩票中奖所得 150 000 元，当场拿出 60 000 元通过国家机关对贫困地区进行捐赠。

3. 任务实施过程

（1）计算应纳税所得额：

未扣除捐赠前的应纳税所得额 = 150 000 元

（2）计算捐赠扣除限额，确定扣除额：

捐赠扣除限额 = 150 000×30% = 45 000 （元）

60 000 元 > 45 000 元，只能扣除 45 000 元。

（3）计算应纳税额：

扣除允许扣除的捐赠后的应纳税所得额 = 150 000−45 000 = 105 000 （元），适用 20% 的税率。

应纳个人所得税 = 105 000×20% = 21 000（元）

3. 境外所得已纳税款抵免的计算

下列所得，为来源于中国境外的所得：

（1）因任职、受雇、履约等在中国境外提供劳务取得的所得；

（2）中国境外企业以及其他组织支付且负担的稿酬所得；

（3）许可各种特许权在中国境外使用而取得的所得；

（4）在中国境外从事生产、经营活动而取得的与生产、经营活动相关的所得；

（5）从中国境外企业、其他组织以及非居民个人取得的利息、股息、红利所得；

（6）将财产出租给承租人在中国境外使用而取得的所得；

（7）转让中国境外的不动产、转让对中国境外企业以及其他组织投资形成的股票、股权以及其他权益性资产（以下简称权益性资产）或者在中国境外转让其他财产取得的所得。但转让对中国境外企业以及其他组织投资形成的权益性资产，该权益性资产被转让前三年（连续 36 个公历月份）内的任一时间，被投资企业或其他组织的资产公允价值 50% 以上直接或间接来自位于中国境内的不动产的，取得的所得为来源于中国境内的所得；

（8）中国境外企业、其他组织以及非居民个人支付且负担的偶然所得；

（9）财政部、税务总局另有规定的，按照相关规定执行。

居民个人从中国境外取得的所得，可以从其应纳税额中抵免已在境外缴纳的个人所得税税额，但抵免额不得超过该纳税人境外所得依照《个人所得税法》规定计算的应纳税额。

已在境外缴纳的个人所得税税额，是指居民个人来源于中国境外的所得，依照该所得来源国家（地区）的法律应当缴纳并且实际已经缴纳的所得税税额。

居民个人从中国境内和境外取得的综合所得、经营所得，应当分别合并计算应纳税额；从中国境内和境外取得的其他所得，应当分别单独计算应纳税额。

纳税人境外所得依照个人所得税法规定计算的应纳税额，是居民个人抵免已在境外缴纳的综合所得、经营所得以及其他所得的所得税税额的限额（以下简称抵免限额）。除国务院财政、税务主管部门另有规定外，来源于中国境外一个国家（地区）的综合所得抵免限额、经营所得抵免限额以及其他所得抵免限额之和，为来源于该国家（地区）所得的抵免限额。

居民个人在中国境外一个国家（地区）实际已经缴纳的个人所得税税额，低于依照以上规定计算出的来源于该国家（地区）所得的抵免限额的，应当在中国缴纳差额部分的税款；超过来源于该国家（地区）所得的抵免限额的，其超过部分不得在本纳税年度的应纳税额中抵免，但是可以在以后纳税年度来源于该国家（地区）所得的抵免限额的余额中补扣。补扣期限最长不得超过五年。

居民个人申请抵免已在境外缴纳的个人所得税税额，应当提供境外税务机关出具的税款所属年度的有关纳税凭证。

【情境实例 6-10】

1. 工作任务要求

计算张某在 A 国取得的彩票收入在我国应当补缴的个人所得税。

2. 情境实例设计

中国居民个人张某在本年度从 A 国取得彩票收入 100 000 元。张某在 A 国已经缴纳个人所得税 15 000 元。张某在 A 国没有其他收入。

3. 任务实施过程

张某偶然所得个人所得税扣除限额(按照中国税法规定应纳个人所得税税额)= 100 000× 20% = 20 000 (元),则张某在我国应补缴个人所得税 = 20 000 - 15 000 = 5 000 (元)。

八、个人所得税的纳税调整

有下列情形之一的,税务机关有权按照合理方法进行纳税调整:

(1) 个人与其关联方之间的业务往来不符合独立交易原则而减少本人或者其关联方应纳税额,且无正当理由;

(2) 居民个人控制的,或者居民个人和居民企业共同控制的设立在实际税负明显偏低的国家(地区)的企业,无合理经营需要,对应当归属于居民个人的利润不作分配或者减少分配;

(3) 个人实施其他不具有合理商业目的的安排而获取不当税收利益。

税务机关依照以上规定作出纳税调整,需要补征税款的,应当补征税款,并依法加收利息。

上述利息,应当按照税款所属纳税申报期最后一日中国人民银行公布的与补税期间同期的人民币贷款基准利率计算,自税款纳税申报期满次日起至补缴税款期限届满之日止按日加收。纳税人在补缴税款期限届满前补缴税款的,利息加收至补缴税款之日。

九、个人所得税的信息管理规定

公安、人民银行、金融监督管理等相关部门应当协助税务机关确认纳税人的身份、金融账户信息。教育、卫生、医疗保障、民政、人力资源社会保障、住房城乡建设、公安、人民银行、金融监督管理等相关部门应当向税务机关提供纳税人子女教育、继续教育、大病医疗、住房贷款利息、住房租金、赡养老人、3 岁以下婴幼儿照护等专项附加扣除信息。

个人转让不动产的,税务机关应当根据不动产登记等相关信息核验应缴的个人所得税,登记机构办理转移登记时,应当查验与该不动产转让相关的个人所得税的完税凭证。个人转让股权办理变更登记的,市场主体登记机关应当查验与该股权交易相关的个人所得税的完税凭证。

有关部门依法将纳税人、扣缴义务人遵守本法的情况纳入信用信息系统,并实施联合激励或者惩戒。

【情境实战 6-1——预扣预缴个人所得税的计算】

1. 工作任务要求

计算山东和云精锐有限公司 2022 年 1 月应代扣(预扣)的个人所得税税额。

2. 情境实战设计

2022 年 2 月 15 日,山东和云精锐有限公司(纳税人识别号为:91370722900987654M)对 2022 年 1 月发放的工资进行个人所得税全员全额扣缴申报,该公司有 6 名员工,三险一金的计提基数为个人的上年度月平均工资、薪金额(与本年度每月税前工资、薪金收入相等),养老保险、医疗保险、失业保险、住房公积金的计提比例分别为 8%、2%、0.5%、8%,且该公司的所有员工的三险一金均未超过标准,都可税前扣除。该公司的 6 名员工依法确定的其他扣除均为0。

其中：

（1）孙丽（法定代表人，公民身份号码：370702197802280000）每月税前工资、薪金收入75 000元，三险一金的计提基数为75 000元，个人负担的养老保险、医疗保险、失业保险、住房公积金分别为6 000元、1 500元、375元、6 000元，子女教育专项附加扣除额为2 000元，赡养老人专项附加扣除额为2 000元；

（2）刘玉（财务负责人，公民身份号码：370702197902130141）每月税前工资、薪金收入42 000元，三险一金的计提基数为42 000元，个人负担的养老保险、医疗保险、失业保险、住房公积金分别为3 360元、840元、210元、3 360元，子女教育专项附加扣除额为1 000元，赡养老人专项附加扣除额为2 000元；

（3）王强（经理，公民身份号码：370702198002150325）每月税前工资、薪金收入36 000元，三险一金的计提基数为36 000元，个人负担的养老保险、医疗保险、失业保险、住房公积金分别为2 880元、720元、180元、2 880元，子女教育专项附加扣除额为1 000元，住房贷款利息专项附加扣除额为1 000元，赡养老人专项附加扣除额为2 000元；

（4）吴波（记账会计兼办税员，公民身份号码：370702198202190045）每月税前工资、薪金收入10 000元，三险一金的计提基数为10 000元，个人负担的养老保险、医疗保险、失业保险、住房公积金分别为800元、200元、50元、800元，子女教育专项附加扣除额为1 000元，住房贷款利息专项附加扣除额为1 000元，赡养老人专项附加扣除额为1 000元；

（5）徐升（销售人员，公民身份号码：370702198502130458）每月税前工资、薪金收入8 000元，三险一金的计提基数为8 000元，个人负担的养老保险、医疗保险、失业保险、住房公积金分别为640元、160元、40元、640元，住房贷款利息专项附加扣除额为1 000元；

（6）赵平（采购人员，公民身份号码：370702198602130123）每月税前工资、薪金收入5 600元，三险一金的计提基数为5 600元，个人负担的养老保险、医疗保险、失业保险、住房公积金分别为448元、112元、28元、448元，住房贷款利息专项附加扣除额为1 000元。

3. 实战操作步骤

居民个人的综合所得，以每一纳税年度的收入额减除费用60 000元以及专项扣除、专项附加扣除和依法确定的其他扣除后的余额，为应纳税所得额。

居民个人取得综合所得，按年计算个人所得税；有扣缴义务人的，由扣缴义务人按月或者按次预扣预缴税款；需要办理汇算清缴的，应当在取得所得的次年3月1日至6月30日内办理汇算清缴。预扣预缴办法由国务院税务主管部门制定。

第一步：计算孙丽应纳个人所得税〔由山东和云精锐有限公司代扣（预扣）个人所得税〕。

孙丽2022年1月工资、薪金所得的应纳税所得额＝75 000－5 000－（6 000＋1 500＋375＋6 000）－（2 000＋2 000）＝75 000－5 000－13 875－4 000＝52 125（元）

孙丽2022年1月工资、薪金所得的应纳个人所得税（由山东和云精锐有限公司代扣（预扣）个人所得税）＝52 125×10%－2 520＝2 692.5（元）

第二步：计算刘玉应纳个人所得税〔由山东和云精锐有限公司代扣（预扣）个人所得税〕。

刘玉2022年1月工资、薪金所得的应纳税所得额＝42 000－5 000－（3 360＋840＋210＋

3 360)－(1 000＋2 000)＝42 000－5 000－7 770－3 000＝26 230（元）

刘玉 2022 年 1 月工资、薪金所得的应纳个人所得税〔由山东和云精锐有限公司代扣（预扣）个人所得税〕＝26 230×3%＝786.9（元）

第三步：计算王强应纳个人所得税（由山东和云精锐有限公司代扣（预扣）个人所得税）。

王强 2022 年 1 月工资、薪金所得的应纳税所得额＝36 000－5 000－（2 880＋720＋180＋2 880）－（1 000＋1 000＋2 000）＝36 000－5 000－6 660－4 000＝20 340（元）

王强 2022 年 1 月工资、薪金所得的应纳个人所得税〔由山东和云精锐有限公司代扣（预扣）个人所得税〕＝20 340×3%＝610.2（元）

第四步：计算吴波应纳个人所得税〔由山东和云精锐有限公司代扣（预扣）个人所得税〕。

吴波 2022 年 1 月工资、薪金所得的应纳税所得额＝10 000－5 000－（800＋200＋50＋800）－（1 000＋1 000＋1 000）＝10 000－5 000－1 850－3 000＝150（元）

吴波 2022 年 1 月工资、薪金所得的应纳个人所得税〔由山东和云精锐有限公司代扣（预扣）个人所得税〕＝150×3%＝4.5（元）

第五步：计算徐升应纳个人所得税〔由山东和云精锐有限公司代扣（预扣）个人所得税〕。

徐升 2022 年 1 月工资、薪金所得的应纳税所得额＝8 000－5 000－（640＋160＋40＋640）－1 000＝8 000－5 000－1 480－1 000＝520（元）

徐升 2022 年 1 月工资、薪金所得的应纳个人所得税〔由山东和云精锐有限公司代扣（预扣）个人所得税〕＝520×3%＝15.6（元）

第六步：计算赵平应纳个人所得税〔由山东和云精锐有限公司代扣（预扣）个人所得税〕。

赵平 2022 年 1 月工资、薪金所得的应纳税所得额＝5 600－5 000－（448＋112＋28＋448）－1 000＝5 600－5 000－1 036－1 000＝－1 436（元）

因此，赵平不需要缴纳个人所得税〔不需要由山东和云精锐有限公司代扣（预扣）个人所得税〕。

2022 年 1 月山东和云精锐有限公司代扣（预扣）的个人所得税合计＝2 692.5＋786.9＋610.2＋4.5＋15.6＝4 109.7（元）

2022 年 1 月山东和云精锐有限公司代扣的三险一金合计＝13 875＋7 770＋6 660＋1 850＋1 480＋1 036＝32 671（元）

任务三　个人所得税的纳税申报及扣缴

【任务引例】

张某取得了中奖所得，发奖方未扣缴个人所得税。请问张某需要对个人所得税自行申报和缴纳吗？

一、个人所得税的代扣代缴（含预扣预缴）实务

1. 个人所得税的扣缴义务人

我国实行个人所得税代扣代缴和个人自行申报纳税相结合的征收管理制度。个人所得税采取代扣代缴办法，有利于控制税源，保证税收收入，简化征纳手续，加强个人所得税管理。税法规定，个人所得税以支付所得的单位或者个人为扣缴义务人。纳税人有中国公民身份号码的，以中国公民身份号码为纳税人识别号；纳税人没有中国公民身份号码的，由税务机关赋予其纳税人识别号。扣缴义务人扣缴税款时，纳税人应当向扣缴义务人提供纳税人识别号扣缴义务人应当按照国家规定办理全员全额扣缴申报，并向纳税人提供其个人所得和已扣缴税款等信息。扣缴义务人在向纳税人支付各项应纳税所得时，必须履行代扣代缴税款的义务。扣缴义务人对纳税人的应扣未扣税款应由纳税人予以补缴。

对扣缴义务人按照所扣缴的税款，税务机关应付给 2% 的手续费。不包括税务机关、司法机关等查补或者责令补扣的税款。

扣缴义务人应当按照纳税人提供的信息计算税款、办理扣缴申报，不得擅自更改纳税人提供的信息。

扣缴义务人发现纳税人提供的信息与实际情况不符的，可以要求纳税人修改。纳税人拒绝修改的，扣缴义务人应当报告税务机关，税务机关应当及时处理。

纳税人发现扣缴义务人提供或者扣缴申报的个人信息、支付所得、扣缴税款等信息与实际情况不符的，有权要求扣缴义务人修改。扣缴义务人拒绝修改的，纳税人应当报告税务机关，税务机关应当及时处理。

纳税人需要享受税收协定待遇的，应当在取得应税所得时主动向扣缴义务人提出，并提交相关信息、资料，扣缴义务人代扣代缴税款时按照享受税收协定待遇有关办法办理。

扣缴义务人依法履行代扣代缴义务，纳税人不得拒绝。纳税人拒绝的，扣缴义务人应当及时报告税务机关。

扣缴义务人有未按照规定向税务机关报送资料和信息、未按照纳税人提供信息虚报虚扣专项附加扣除、应扣未扣税款、不缴或少缴已扣税款、借用或冒用他人身份等行为的，依照《税收征收管理法》等相关法律、行政法规处理。

2. 个人所得税代扣代缴的范围

居民个人取得综合所得，按年计算个人所得税；有扣缴义务人的，由扣缴义务人按月或者按次预扣预缴税款；需要办理汇算清缴的，应当在取得所得的次年 3 月 1 日至 6 月 30 日办理汇算清缴。预扣预缴办法由国务院税务主管部门制定。

居民个人向扣缴义务人提供专项附加扣除信息的，扣缴义务人按月预扣预缴税款时应当按照规定予以扣除，不得拒绝。

非居民个人取得工资、薪金所得，劳务报酬所得，稿酬所得和特许权使用费所得，有扣缴义务人的，由扣缴义务人按月或者按次代扣代缴税款，不办理汇算清缴。

纳税人取得利息、股息、红利所得，财产租赁所得，财产转让所得和偶然所得，按月或者按次计算个人所得税，有扣缴义务人的，由扣缴义务人按月或者按次代扣代缴税款。

扣缴义务人向个人支付应纳税所得（包括现金、实物和有价证券）时，不论纳税人是否属于本单位人员，均应代扣代缴其应纳的个人所得税税款。

扣缴义务人首次向纳税人支付所得时，应当按照纳税人提供的纳税人识别号等基础信息，填写"个人所得税基础信息表（A表）"，并于次月扣缴申报时向税务机关报送。

扣缴义务人对纳税人向其报告的相关基础信息变化情况，应当于次月扣缴申报时向税务机关报送。

全员全额扣缴申报，是指扣缴义务人在代扣税款的次月15日内，向主管税务机关报送其支付所得的所有个人的有关信息、支付所得数额、扣除事项和数额、扣缴税款的具体数额和总额以及其他相关涉税信息资料。实行个人所得税全员全额扣缴申报的应税所得包括：①工资、薪金所得；②劳务报酬所得；③稿酬所得；④特许权使用费所得：⑤利息、股息、红利所得；⑥财产租赁所得；⑦财产转让所得；⑧偶然所得。

纳税人、扣缴义务人应当按照规定保存与专项附加扣除相关的资料。税务机关可以对纳税人提供的专项附加扣除信息进行抽查，具体办法由国务院税务主管部门另行规定。税务机关发现纳税人提供虚假信息的，应当责令改正并通知扣缴义务人；情节严重的，有关部门应当依法予以处理，纳入信用信息系统并实施联合惩戒。

3. 个人所得税的代扣代缴期限

扣缴义务人每月或者每次预扣、代扣的税款，应当在次月15日内缴入国库，并向税务机关报送"个人所得税扣缴申报表"。

支付工资、薪金所得的扣缴义务人应当于年度终了后两个月内，向纳税人提供其个人所得和已扣缴税款等信息。纳税人年度中间需要提供上述信息的，扣缴义务人应当提供。

纳税人取得除工资、薪金所得以外的其他所得，扣缴义务人应当在扣缴税款后，及时向纳税人提供其个人所得和已扣缴税款等信息。

4. 个人所得税代扣代缴（含预扣预缴）实务操作

扣缴义务人代扣代缴个人所得税时，应当填报"个人所得税基础信息表"（表6-6）、"个人所得税扣缴申报表"（表6-7）。

【情境实战6-2——预扣预缴个人所得税的纳税申报】

1. 工作任务要求

山东和云精锐有限公司2022年2月15日对2022年1月的个人所得税进行纳税申报，填写"个人所得税基础信息表（A表）"和"个人所得税扣缴申报表"。

2. 情境实战设计

接【情境实战6-1——预扣预缴个人所得税的计算】。

3. 实战操作步骤

第一步：填写"个人所得税基础信息表（A表）"（表6-6）。

第二步：填写"个人所得税扣缴申报表"（表6-7）。

二、个人所得税自行申报实务

1. 个人所得税自行申报的范围

1）纳税人应当依法办理纳税申报的情形

有下列情形之一的，纳税人应当依法办理纳税申报：

（1）取得综合所得需要办理汇算清缴；

（2）取得应税所得没有扣缴义务人；

表6-6 个人所得税基础信息表（A表）
（适用于扣缴义务人填报）

扣缴义务人名称：山东和云精锐有限公司

扣缴义务人纳税人识别号（统一社会信用代码）：91370722900987654M

序号	纳税人识别号	*纳税人姓名	*身份证件类型	*身份证件号码	*出生日期	*国籍/地区	职务类型	职务	学历	任职受雇从业日期	离职日期	手机号码	户籍所在地	经常居住地	联系地址	电子邮箱	开户银行	银行账号	投资额（元）	投资比例	是否残疾孤老烈属	残疾/烈属证号	*出生地	*性别	首次入境时间	*预计离境时间	*涉税事由	备注
1	2	3	4	5	6	7	8	9	10	11	12	13	14	15	16	17	18	19	20	21	22	23	24	25	26	27	28	29
1	370702197802280000	孙丽	居民身份证	370702197802280000	19780228	中华人民共和国	雇员																					
2	370702197902130141	刘玉	居民身份证	370702197902130141	19790213	中华人民共和国	雇员																					
3	370702198002150325	王强	居民身份证	370702198002150325	19800215	中华人民共和国	雇员																					
4	370702198202190045	吴波	居民身份证	370702198202190045	19820219	中华人民共和国	雇员																					
5	370702198502130458	徐升	居民身份证	370702198502130458	19850213	中华人民共和国	雇员																					
6	370702198602130123	赵平	居民身份证	370702198602130123	19860213	中华人民共和国	雇员																					

谨声明：本表是根据国家税收法律法规及相关规定填报的，是真实的、可靠的、完整的。

经办人签字：吴波

经办人身份证件号码：3:370702198202190045

代理机构签章：

代理机构统一社会信用代码：

扣缴义务人（签章）：山东和云精锐有限公司　　2021年02月15日

受理人：

受理税务机关（章）：

受理日期：　　年　　月　　日

表6-7 个人所得税扣缴申报表

税款所属期：2022 年 01 月 01 日至 2022 年 01 月 31 日

扣缴义务人名称：山东和云精锐有限公司

扣缴义务人纳税人识别号（统一社会信用代码）：91370722900987654M

金额单位：元（列至角分）

序号	姓名	身份证件类型	身份证件号码	纳税人识别号	是否为非居民个人	所得项目	收入	费用	免税收入	减除费用	基本养老保险费	基本医疗保险费	失业保险费	住房公积金	年金	商业健康保险	税延养老保险	允许扣除的税费	其他扣除	允许扣除的财产原值	累计收入额	累计减除费用	累计专项扣除	子女教育	继续教育	住房贷款利息	住房租金	赡养老人	3岁以下婴幼儿照护	其他扣除	减按计税比例	准予扣除的捐赠额	应纳税所得额	税率/预扣率	速算扣除数	应纳税额	减免税额	已缴税额	应补/退税额	备注
1	2	3	4	5	6	7	8	9	10	11	12	13	14	15	16	17	18	19	20	21	22	23	24	25	26	27	28	29	30	31	32	33	34	35	36	37	38	39	40	41
1	孙丽	居民身份证	370702197802280000	370702197802280000	居民	工资、薪金所得	75 000			5 000	6 000	1 500	375	6 000							75 000	5 000	13 875	2 000				2 000					52 125	10%	2 520	2 692.5			2 692.5	
2	刘云	居民身份证	370702197902130141	370702197902130141	居民	工资、薪金所得	42 000			5 000	3 360	840	210	3 360							42 000	5 000	7 770	1 000		1 000		2 000					26 230	3%		786.9			786.9	
3	王强	居民身份证	370702198002150325	370702198002150325	居民	工资、薪金所得	36 000			5 000	2 880	720	180	2 880							36 000	5 000	6 660	1 000		1 000		2 000					20 340	3%		610.2			610.2	
4	吴波	居民身份证	370702198202190045	370702198202190045	居民	工资、薪金所得	10 000			5 000	800	200	50	800							10 000	5 000	1 850	1 000		1 000		1 000					150	3%		4.5			4.5	
5	徐升	居民身份证	370702198502130458	370702198502130458	居民	工资、薪金所得	8 000			5 000	640	160	40	640							8 000	5 000	1 480			1 000							520	3%		15.6			15.6	
6	赵平	居民身份证	370702198602130123	370702198602130123	居民	工资、薪金所得	5 600			5 000	448	112	28	448							5 600	5 000	1 036										0			0			0	
合计							176 600			30 000	14 128	3 532	883	14 128							176 600	30 000	32 671	5 000		4 000		7 000					99 365			4 109.7			4 109.7	

谨声明：本表是根据国家税收法律法规及相关规定填报的，是真实的、可靠的、完整的。

经办人签字：吴波

经办人身份证件号码：370702198202190045

代理机构签章：

代理机构统一社会信用代码：

扣缴义务人（签章）：山东和云精锐有限公司　　　2022 年 02 月 15 日

受理人：

受理税务机关（章）：

受理日期：　　年　　月　　日

国家税务总局监制

（3）取得应税所得，扣缴义务人未扣缴税款；

（4）取得境外所得；

（5）因移居境外注销中国户籍；

（6）非居民个人在中国境内从两处以上取得工资、薪金所得；

（7）国务院规定的其他情形。

2）取得综合所得需要办理汇算清缴的情形

2019年1月1日至2023年12月31日居民个人取得的综合所得，年度综合所得收入不超过12万元且需要汇算清缴补税的，或者年度汇算清缴补税金额不超过400元的，居民个人可免于办理个人所得税综合所得汇算清缴。居民个人取得综合所得时存在扣缴义务人未依法预扣预缴税款的情形除外。

3）其他规定

纳税人申请退税，应当提供其在中国境内开设的银行账户，并在汇算清缴地就地办理税款退库。

纳税人办理综合所得汇算清缴，应当准备与收入、专项扣除、专项附加扣除、依法确定的其他扣除、捐赠、享受税收优惠等相关的资料，并按规定留存备查或报送。

纳税人申请退税时提供的汇算清缴信息有错误的，税务机关应当告知其更正；纳税人更正的，税务机关应当及时办理退税。

扣缴义务人未将扣缴的税款解缴入库的，不影响纳税人按照规定申请退税，税务机关应当凭纳税人提供的有关资料办理退税。

纳税人可以委托扣缴义务人或者其他单位和个人办理汇算清缴。

2. 个人所得税自行申报的期限

居民个人取得综合所得，按年计算个人所得税；有扣缴义务人的，由扣缴义务人按月或者按次预扣预缴税款；需要办理汇算清缴的，应当在取得所得的次年3月1日至6月30日内办理汇算清缴。预扣预缴办法由国务院税务主管部门制定。

纳税人取得经营所得，按年计算个人所得税，由纳税人在月度或者季度终了后15日内向税务机关报送纳税申报表，并预缴税款；在取得所得的次年3月31日前办理汇算清缴。

纳税人取得应税所得没有扣缴义务人的，应当在取得所得的次月15日内向税务机关报送纳税申报表，并缴纳税款。

纳税人取得应税所得，扣缴义务人未扣缴税款的，纳税人应当在取得所得的次年6月30日前，缴纳税款；税务机关通知限期缴纳的，纳税人应当按照期限缴纳税款。

【任务引例解析】

答　《个人所得税法》第十条规定，取得应税所得，扣缴义务人未扣缴税款，纳税人应当依法办理纳税申报。《个人所得税法》第十三条规定，纳税人取得应税所得，扣缴义务人未扣缴税款的，纳税人应当在取得所得的次年6月30日前，缴纳税款；税务机关通知限期缴纳的，纳税人应当按照期限缴纳税款。因此张某需要自行办理纳税申报。

居民个人从中国境外取得所得的，应当在取得所得的次年3月1日至6月30日内申报纳税。

非居民个人在中国境内从两处以上取得工资、薪金所得的，应当在取得所得的次月 15 日内申报纳税。

纳税人因移居境外注销中国户籍的，应当在注销中国户籍前办理税款清算。

纳税人办理汇算清缴退税或者扣缴义务人为纳税人办理汇算清缴退税的，税务机关审核后，按照国库管理的有关规定办理退税。

纳税人可以采用远程办税端、邮寄等方式申报，也可以直接到主管税务机关申报。

3. 个人所得税自行申报的地点

（1）需要办理汇算清缴的纳税人，应当在取得所得的次年 3 月 1 日至 6 月 30 日内，向任职、受雇单位所在地主管税务机关办理纳税申报，并报送"个人所得税年度自行纳税申报表"。

（2）纳税人有两处以上任职、受雇单位的，选择向其中一处任职、受雇单位所在地主管税务机关办理纳税申报。

（3）纳税人没有任职、受雇单位的，向户籍所在地或经常居住地主管税务机关办理纳税申报。

（4）纳税人取得经营所得，按年计算个人所得税，由纳税人在月度或季度终了后 15 日内，向经营管理所在地主管税务机关办理预缴纳税申报，并报送"个人所得税经营所得纳税申报表（A 表）"。在取得所得的次年 3 月 31 日前，向经营管理所在地主管税务机关办理汇算清缴，并报送"个人所得税经营所得纳税申报表（B 表）"；从两处以上取得经营所得的，选择向其中一处经营管理所在地主管税务机关办理年度汇总申报，并报送"个人所得税经营所得纳税申报表（C 表）"。

（5）纳税人取得应税所得，扣缴义务人未扣缴税款的，应当区别以下情形办理纳税申报：

① 居民个人取得综合所得的，按照上述第（1）、（2）、（3）项办理。

② 非居民个人取得工资、薪金所得，劳务报酬所得，稿酬所得，特许权使用费所得的，应当在取得所得的次年 6 月 30 日前，向扣缴义务人所在地主管税务机关办理纳税申报，并报送"个人所得税自行纳税申报表（A 表）"。有两个以上扣缴义务人均未扣缴税款的，选择向其中一处扣缴义务人所在地主管税务机关办理纳税申报。

非居民个人在次年 6 月 30 日前离境（临时离境除外）的，应当在离境前办理纳税申报。

③ 纳税人取得利息、股息、红利所得，财产租赁所得，财产转让所得和偶然所得的，应当在取得所得的次年 6 月 30 日前，按相关规定向主管税务机关办理纳税申报，并报送"个人所得税自行纳税申报表（A 表）"。

税务机关通知限期缴纳的，纳税人应当按照期限缴纳税款。

（6）居民个人从中国境外取得所得的，应当在取得所得的次年 3 月 1 日至 6 月 30 日，向中国境内任职、受雇单位所在地主管税务机关办理纳税申报；在中国境内没有任职、受雇单位的，向户籍所在地或中国境内经常居住地主管税务机关办理纳税申报；户籍所在地与中国境内经常居住地不一致的，选择其中一地主管税务机关办理纳税申报；在中国境内没有户籍的，向中国境内经常居住地主管税务机关办理纳税申报。

（7）纳税人因移居境外注销中国户籍的，应当在申请注销中国户籍前，向户籍所在地主管税务机关办理纳税申报，进行税款清算。

① 纳税人在注销户籍年度取得综合所得的，应当在注销户籍前，办理当年综合所得的汇算清缴，并报送"个人所得税年度自行纳税申报表"。尚未办理上一年度综合所得汇算清缴的，应当在办理注销户籍纳税申报时一并办理。

② 纳税人在注销户籍年度取得经营所得的，应当在注销户籍前，办理当年经营所得的汇算清缴，并报送"个人所得税经营所得纳税申报表（B 表）"。从两处以上取得经营所得的，还应当一并报送"个人所得税经营所得纳税申报表（C 表）"。尚未办理上一年度经营所得汇算清缴的，应当在办理注销户籍纳税申报时一并办理。

③ 纳税人在注销户籍当年取得利息、股息、红利所得，财产租赁所得，财产转让所得和偶然所得的，应当在注销户籍前，申报当年上述所得的完税情况，并报送"个人所得税自行纳税申报表（A 表）"。

④ 纳税人有未缴或者少缴税款的，应当在注销户籍前，结清欠缴或未缴的税款。纳税人存在分期缴税且未缴纳完毕的，应当在注销户籍前，结清尚未缴纳的税款。

⑤ 纳税人办理注销户籍纳税申报时，需要办理专项附加扣除、依法确定的其他扣除的，应当向税务机关报送"个人所得税专项附加扣除信息表""商业健康保险税前扣除情况明细表""个人税收递延型商业养老保险税前扣除情况明细表"等。

（8）非居民个人在中国境内从两处以上取得工资、薪金所得的，应当在取得所得的次月 15 日内，向其中一处任职、受雇单位所在地主管税务机关办理纳税申报，并报送"个人所得税自行纳税申报表（A 表）"。

需要注意的是，残疾、孤老人员和烈属取得综合所得办理汇算清缴时，汇算清缴地与预扣预缴地规定不一致的，用预扣预缴地规定计算的减免税额与用汇算清缴地规定计算的减免税额相比较，按照孰高值确定减免税额。

4. 个人所得税自行申报实务操作

纳税人自行申报个人所得税时，根据不同的情况应当分别填报"个人所得税自行纳税申报表（A 表）"（略）、"个人所得税年度自行纳税申报表（A 表）（仅取得境内综合所得年度汇算适用）"（表 6-8）、"个人所得税经营所得纳税申报表"（略）等申报表。

表 6-8　个人所得税年度自行纳税申报表（A 表）

（仅取得境内综合所得年度汇算适用）

税款所属期：2021 年 01 月 01 日至 2021 年 12 月 31 日

纳税人姓名：张明

纳税人识别号：280×××××××××××××　　　　　　　　　　　　金额单位：元（列至角分）

基本情况					
手机号码	131×××××××	电子邮箱	×××@ 163. com	邮政编码	250001
联系地址	山东省（区、市）济南市市中区（县）西关街道（乡、镇）青年路 22 号				
纳税地点（单选）					
1. 有任职受雇单位的，需选本项并填写"任职受雇单位信息"：			☑ 任职受雇单位所在地		
任职受雇单位信息	名称	山东衡飞达诚有限公司			
	纳税人识别号	91370890900984123P			

续表

纳税地点（单选）		
2. 没有任职受雇单位的，可以从本栏次选择一地：	□ 户籍所在地	□ 经常居住地
户籍所在地/经常居住地	_____省（区、市）_____市_____区（县）_____街道（乡、镇）_____	

申报类型（单选）

☑首次申报	☑更正申报

综合所得个人所得税计算

项目	行次	金额
一、收入合计（2+3+4+5）	1	210 000.00
（一）工资、薪金	2	120 000.00
（二）劳务报酬	3	40 000.00
（三）稿酬	4	30 000.00
（四）特许权使用费	5	20 000.00
二、费用合计〔(3+4+5)×20%〕	6	18 000.00
三、免税收入合计（8+9）	7	7 200.00
（一）稿酬所得免税部分〔4×(1-20%)×30%〕	8	7 200.00
（二）其他免税收入（附报"个人所得税减免税事项报告表"）	9	
四、减除费用	10	60 000.00
五、专项扣除合计（12+13+14+15）	11	22 200.00
（一）基本养老保险费	12	9 600.00
（二）基本医疗保险费	13	2 400.00
（三）失业保险费	14	600.00
（四）住房公积金	15	9 600.00
六、专项附加扣除合计（附报"个人所得税专项附加扣除信息表"）（17+18+19+20+21+22）	16	48 000.00
（一）子女教育	17	24000.00
（二）继续教育	18	
（三）大病医疗	19	
（四）住房贷款利息	20	
（五）住房租金	21	
（六）赡养老人	22	24 000.00
七、其他扣除合计（24+25+26+27+28）	23	
（一）年金	24	
（二）商业健康保险（附报"商业健康保险税前扣除情况明细表"）	25	
（三）税延养老保险（附报"个人税收递延型商业养老保险税前扣除情况明细表"）	26	
（四）允许扣除的税费	27	
（五）其他	28	

续表

综合所得个人所得税计算		
项目	行次	金额
八、准予扣除的捐赠额（附报"个人所得税公益慈善事业捐赠扣除明细表"）	29	
九、应纳税所得额 （1－6－7－10－11－16－23－29）	30	54 600.00
十、税率（%）	31	10%
十一、速算扣除数	32	2 520.00
十二、应纳税额（33×31－32）	33	2 940.00
全年一次性奖金个人所得税计算 （无住所居民个人预判为非居民个人取得的数月奖金，选择按全年一次性奖金计税的填写本部分）		
一、全年一次性奖金收入	34	
二、准予扣除的捐赠额（附报"个人所得税公益慈善事业捐赠扣除明细表"）	35	
三、税率（%）	36	
四、速算扣除数	37	
五、应纳税额〔（34－35）×36－37〕	38	
税额调整		
一、综合所得收入调整额（需在"备注"栏说明调整具体原因、计算方式等）	39	
二、应纳税额调整额	40	
应补/退个人所得税计算		
一、应纳税额合计（33＋38＋40）	41	2 940.00
二、减免税额（附报"个人所得税减免税事项报告表"）	42	
三、已缴税额	43	6 000.00
四、应补/退税额（41－42－43）	44	－3 060.00
无住所个人附报信息		
纳税年度内在中国境内居住天数	已在中国境内居住年数	

退税申请
（应补/退税额小于 0 的填写本部分）

☑ 申请退税（需填写"开户银行名称""开户银行省份""银行账号"）		□ 放弃退税	
开户银行名称	中国工商银行	开户银行省份	山东省
银行账号	955××××××××××××		

备注

谨声明：本表是根据国家税收法律法规及相关规定填报的，本人对填报内容（附带资料）的真实性、可靠性、完整性负责。

纳税人签字：张明　2022 年 03 月 10 日

经办人签字：张明 经办人身份证件类型：身份证 经办人身份证件号码：280××××××××××××××× 代理机构签章： 代理机构统一社会信用代码：	受理人： 受理税务机关（章）： 受理日期：　　年　月　日

【情境实战 6-3——自行申报个人所得税的计算】

1. 工作任务要求

（1）计算张明 2021 年综合所得的应纳税所得额。

（2）计算张明 2021 年综合所得的应纳个人所得税。

（3）计算张明某 2021 年综合所得汇算清缴时应补缴或者申请退回的个人所得税。

2. 情境实战设计

居民个人张明为中国境内山东衡飞达诚有限公司（纳税人识别号为：91370890900984123P）的员工，手机号为：131×××××××，电子邮箱为：×××@163.com，邮政编码为：250001，联系地址为：山东省济南市市中区西关街道青年路 22 号，开户银行名称：中国工商银行，开户银行省份：山东省，银行账号：955××××××××××××，身份证上载明的"公民身份号码"为：280×××××××××××××，2021 年取得的收入情况如下：

（1）每月取得中国境内山东衡飞达诚有限公司支付的税前工资、薪金收入 10 000 元。三险一金的计提基数为 10 000 元，每月个人负担的养老保险、医疗保险、失业保险、住房公积金分别为 800 元、200 元、50 元、800 元，每月子女教育专项附加扣除额为 2 000 元，每月赡养老人专项附加扣除额为 2 000 元。

（2）为中国境内乙公司提供咨询全年取得税前劳务报酬收入共计 40 000 元。

（3）出版小说一部，全年取得中国境内丙出版社支付的税前稿酬收入共计 30 000 元。

（4）全年取得中国境内丁公司支付的税前特许权使用费收入共计 20 000 元。

甲公司、乙公司、丙出版社、丁公司已经为张明预缴（代扣代缴）了个人所得税共计 6 000 元。

3. 实战操作步骤

第一步：计算张明 2021 年综合所得的应纳税所得额。

2021 年综合所得的应纳税所得额 = 10 000×12+40 000×（1−20%）+30 000×（1−20%）×70%+20 000×（1−20%）−60 000−800×12−200×12−50×12−800×12−2 000×12−2 000×12 = 54 600（元）

第二步：计算张明 2021 年综合所得的应纳个人所得税。

2021 年综合所得的应纳个人所得税 = 54 600×10%−2 520 = 2 940（元）

第三步：计算张明 2021 年综合所得汇算清缴时应补缴或者申请退回的个人所得税。

2021 年综合所得的应申请退回个人所得税 = 6 000−2 940 = 3 060（元）

【情境实战 6-4——个人所得税的自行申报】

1. 工作任务要求

张明 2022 年 3 月 10 日对 2022 年度的综合所得的个人所得税进行汇算清缴，填写"个人所得税年度自行纳税申报表（A 表）（仅取得境内综合所得年度汇算适用）"。

2. 情境实战设计

接【情境实战 6-3——自行申报个人所得税的计算】。

3. 实战操作步骤

填写"个人所得税年度自行纳税申报表（A 表）（仅取得境内综合所得年度汇算适用）"（表 6-8）。

■ 技能训练

一、单项选择题

1. 根据个人所得税法律制度的规定，下列各项中，属于居民个人的是（　　）。

　　A. 在中国境内有住所的个人

　　B. 在中国境内无住所又不居住的个人

　　C. 在中国境内无住所而一个纳税年度在中国境内居住累计满 365 天的个人

　　D. 在中国境内无住所而一个纳税年度在中国境内居住累计不满 365 天的个人

2. 房屋产权所有人将房屋产权无偿赠与他人的，受赠人因无偿受赠房屋取得的受赠收入，适用的个人所得税应纳税所得项目是（　　）。

　　A. 财产转让所得

　　B. 财产租赁所得

　　C. 偶然所得

　　D. 其他所得

3. 王某任职于国内甲设计公司，本年 1 月在乙大学授课一次，取得劳务报酬所得 3 700 元，自行承担交通费 300 元。已知劳务报酬所得预扣预缴个人所得税时，每次收入不超过 4 000 元的，减除费用按 800 元计算，适用的个人所得税预扣率为 20%。计算王某本月该笔劳务报酬所得应当由乙大学预扣预缴个人所得税的下列算式中，正确的是（　　）。

　　A.（3 700−300−800）×20% = 520（元）

　　B.（3 700−300）×20% = 680（元）

　　C.（3 700−800）×20% = 580（元）

　　D. 3 700×20% = 740（元）

4. 本年 1 月，张某出租商铺取得不含增值税租金收入 7 000 元，租赁过程中缴纳的可以税前扣除的相关税费 600 元，支付商铺修缮费 1 000 元。已知财产租赁所得个人所得税税率为 20%，每次收入在 4 000 元以上的，减除 20% 的费用。张某当月出租商铺应纳个人所得税的下列计算中，正确的是（　　）。

　　A.（7 000−600−800）×20% = 1 120（元）

　　B.（7 000−600−900）×20% = 1 100（元）

　　C.（7 000−600−800）×（1−20%）×20% = 896（元）

　　D.（7 000−600−900）×（1−20%）×20% = 880（元）

5. 下列各项中，应当缴纳个人所得税的是（　　）。

　　A. 企业向个人提供服务的同时给予赠品

　　B. 个人转让自用达 2 年以上且是唯一的家庭生活用房

　　C. 国家发行的金融债券利息

　　D. 房屋产权所有人将房屋产权无偿赠与外祖父

6. 根据个人所得税法律制度的规定，税务机关对扣缴义务人按照所扣缴的税款，付给一定比例的手续费。该比例为（　　）。

　　A. 1%　　　　　B. 2%　　　　　C. 3%　　　　　D. 5%

7. 根据个人所得税法律制度的规定，纳税人取得经营所得，应当在取得所得的次年一定日期前办理汇算清缴。该日期为（　　）。

　　A. 3 月 31 日　　　　B. 4 月 30 日　　　　C. 5 月 31 日　　　　D. 6 月 30 日

二、多项选择题

1. 下列各项中，不征收个人所得税的有（　　）。

    A. 企业通过价格折扣、折让方式向个人销售商品（产品）和提供服务

    B. 企业在向个人销售商品（产品）和提供服务的同时给予赠品

    C. 企业对累计消费达到一定额度的个人按消费积分反馈礼品

    D. 企业对累计消费达到一定额度的顾客，给予额外抽奖机会，个人的获奖所得

2. 下列各项中，属于综合所得的有（　　）。

    A. 财产转让所得

    B. 劳务报酬所得

    C. 稿酬所得

    D. 特许权使用费所得

3. 计算居民个人的综合所得的应纳税所得额中的专项附加扣除，包括（　　）。

    A. 子女教育支出

    B. 大病医疗支出

    C. 继续教育支出

    D. 住房贷款利息或者住房租金

4. 自 2019 年 1 月 1 日起，居民个人的综合所得，以每一纳税年度的收入额减除费用 60 000 元以及专项扣除、专项附加扣除和依法确定的其他扣除后的余额，为应纳税所得额。下列各项中，属于专项扣除的有（　　）。

    A. 居民个人按照国家规定的范围和标准缴纳的基本养老保险

    B. 居民个人按照国家规定的范围和标准缴纳的基本医疗保险

    C. 居民个人按照国家规定的范围和标准缴纳的工伤保险

    D. 居民个人所任职的单位为其按照国家规定的范围和标准缴纳的住房公积金

5. 下列关于子女教育个人所得税专项附加扣除的说法中，正确的有（　　）。

    A. 纳税人的子女接受全日制学历教育的相关支出，按照每个子女每月 1 000 元的标准定额扣除

    B. 纳税人的子女接受全日制学历教育的相关支出，按照每个子女每月 2 000 元的标准定额扣除

    C. 父母可以选择由其中一方按扣除标准的 100% 扣除，也可以选择由双方分别按扣除标准的 50% 扣除，具体扣除方式在一个纳税年度内不能变更

    D. 父母只能选择由双方分别按扣除标准的 50% 扣除

三、判断题

1. 个人所得税的专项附加扣除，一个纳税年度扣除不完，可以结转以后年度扣除。

    （　　）

2. 财产租赁所得按年计征个人所得税。（　　）

3. 根据个人所得税法律制度的规定，残疾、孤老人员和烈属的所得属于减税项目。

    （　　）

4. 非居民个人在中国境内从两处以上取得工资、薪金所得的，应当在取得所得的次月 15 日内申报纳税。（　　）

5. 扣缴义务人每月或者每次预扣、代扣的税款，应当在次月 10 日内缴入国库，并向税务机关报送扣缴个人所得税申报表。（　　）

四、业务题

1. 我国居民个人张某为独生子女，就职于我国的甲公司。本年每月税前工资、薪金收

入为 15 000 元，每月减除费用 5 000 元。张某个人每月负担的基本养老保险 1 200 元、基本医疗保险 300 元、失业保险 75 元、住房公积金 1 200 元，三险一金合计 2 775 元。子女教育每月专项附加扣除额为 2 000 元，赡养老人每月专项附加扣除金额为 2 000 元。张某没有其他专项附加扣除和依法确定的其他扣除。张某本年 3 月从兼职单位乙公司取得一次性劳务报酬收入 65 000 元；本年 6 月从丙出版社取得一次性稿酬收入 3 600 元；本年 10 月转让给丁公司专利权取得一次性特许权使用费收入 5 000 元。上述收入均为税前收入，且均来源于中国境内。假设不考虑增值税因素。本年各相关单位已预扣代缴个人所得税共计 16 342 元。居民个人张某次年 5 月 15 日内办理上年度个人所得税汇算清缴。居民个人综合所得个人所得税的税率表（按年）如表 6-3 所示。

要求：计算张某汇算清缴过程中应补缴（或申请退回）的个人所得税。

2. 本年 1 月，非居民个人汤姆从任职单位取得税前工资、薪金收入 38000 元。上述收入来源于中国境内，且不享受免税优惠政策。非居民个人工资、薪金所得，劳务报酬所得，稿酬所得，特许权使用费所得个人所得税的适用税率如表 6-4 所示。

要求：计算汤姆本年 1 月应由任职单位代扣代缴的个人所得税。

3. 王某于本年 1 月将其三年前购买的原价为 150 万元（含增值税）的住宅，以 230 万元（免增值税）的价格卖给李某。售房过程中张某按规定支付交易费等相关税费 2 万元。

要求：计算王某的应纳个人所得税。

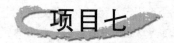

项目七

其他税种纳税申报实务（上）

■ 学习目标

（1）能判定哪些业务应缴纳城市维护建设税、教育费附加和地方教育附加，能根据相关业务资料计算城市维护建设税、教育费附加和地方教育附加，能根据相关业务资料填写"增值税及附加税费预缴表附列资料（附加税费情况表）""增值税及附加税费预缴表""增值税及附加税费申报表附列资料（五）（附加税费情况表）""增值税及附加税费申报表（一般纳税人适用）""增值税及附加税费申报表（小规模纳税人适用）附列资料（二）（附加税费情况表）""增值税及附加税费申报表（小规模纳税人适用）""消费税附加税费计算表""消费税及附加税费申报表"，并能进行城市维护建设税、教育费附加和地方教育附加的税费申报。

（2）能判定哪些业务应缴纳土地增值税，能根据相关业务资料计算土地增值税，能根据相关业务资料填写"土地增值税税源明细表""财产和行为税纳税申报表"等申报表，并能进行土地增值税的纳税申报。

（3）能判定哪些业务应缴纳资源税，能根据相关业务资料计算资源税，能根据相关业务资料填写"资源税税源明细表""财产和行为税纳税申报表"等申报表，并能进行资源税的纳税申报。

（4）能判定哪些业务应缴纳城镇土地使用税，能根据相关业务资料计算城镇土地使用税，能根据相关业务资料填写"城镇土地使用税 房产税税源明细表""财产和行为税纳税申报表"等申报表，并能进行城镇土地使用税的纳税申报。

（5）能判定哪些业务应缴纳房产税，能根据相关业务资料计算房产税，能根据相关业务资料填写"城镇土地使用税 房产税税源明细表""财产和行为税纳税申报表"等申报表，并能进行房产税的纳税申报。

任务一　城市维护建设税、教育费附加和地方教育附加税费申报实务[①]

【任务引例】

甲公司为增值税一般纳税人，本年1月出口货物退还了60万元的增值税，请问甲公司是否可以要求同时退还城市维护建设税、教育费附加和地方教育附加？

[①] 本任务中的"城市维护建设税"部分主要根据2021年9月1日起施行的《中华人民共和国城市维护建设税法》编写。

一、城市维护建设税、教育费附加和地方教育附加的认知

1. 城市维护建设税、教育费附加和地方教育附加纳税（费）人和扣缴义务人的确定

1）城市维护建设税、教育费附加和地方教育附加的纳税（费）人

城市维护建设税（简称"城建税"）、教育费附加和地方教育附加的纳税（费）人，是指在我国境内缴纳增值税、消费税（简称"两税"）的单位和个人。

单位包括国有企业、集体企业、私营企业、股份制企业、其他企业和行政单位、事业单位、军事单位、社会团体、其他单位；个人包括个体工商户以及其他个人。

自 2010 年 12 月 1 日起，对外商投资企业、外国企业及外籍个人征收城市维护建设税、教育费附加和地方教育附加。

2）城市维护建设税、教育费附加和地方教育附加的扣缴义务人

代扣代缴、代收代缴增值税、消费税的单位和个人，同时也是城市维护建设税、教育费附加和地方教育附加的代扣代缴、代收代缴义务人。

代扣代缴，不含因境外单位和个人向境内销售劳务、服务、无形资产代扣代缴增值税情形。

2. 城市维护建设税、教育费附加和地方教育附加征税（费）对象的确定

城市维护建设税、教育费附加和地方教育附加以纳税人依法实际缴纳的增值税、消费税税额为计税（费）依据，随增值税、消费税同时征收，其本身没有特定的征税（费）对象，其征管方法也完全比照增值税、消费税的有关规定办理。

城市维护建设税、教育费附加和地方教育附加的征税（费）范围没有覆盖到进口环节，也就是说，对进口货物或者境外单位和个人向境内销售劳务、服务、无形资产缴纳的增值税、消费税税额，不征收城市维护建设税、教育费附加和地方教育附加。

二、城市维护建设税、教育费附加和地方教育附加的计算

1. 城市维护建设税、教育费附加和地方教育附加计税（费）依据的确定

城市维护建设税、教育费附加和地方教育附加的计税（费）依据，是指纳税人依法实际缴纳的增值税、消费税税额。

具体来说，依法实际缴纳的增值税、消费税税额，是指纳税人依照增值税、消费税相关法律法规和税收政策规定计算的应当缴纳的增值税、消费税税额（不含因进口货物或境外单位和个人向境内销售劳务、服务、无形资产缴纳的增值税、消费税税额），加上增值税免抵税额，扣除直接减免的增值税、消费税税额和期末留抵退税退还的增值税税额后的金额。

增值税免抵税额，是指出口货物、劳务或者跨境销售服务、无形资产增值税免抵税额。

直接减免的增值税、消费税税额，是指依照增值税、消费税相关法律法规和税收政策规定，直接减征或免征的增值税、消费税税额，不包括实行先征后返、先征后退、即征即退办法退还的增值税、消费税税额。

纳税人自收到留抵退税额之日起，应当在下一个税费申报期从城市维护建设税、教育费附加和地方教育附加计税（费）依据中扣除。留抵退税额仅允许在按照增值税一般计税方法确定的城市维护建设税、教育费附加和地方教育附加计税（费）依据中扣除。当期未扣除完的余额，在以后税费申报期按规定继续扣除。

对于增值税小规模纳税人更正、查补此前按照一般计税方法确定的城市维护建设税、教育费附加和地方教育附加计税（费）依据，允许扣除尚未扣除完的留抵退税额。

对增值税免抵税额征收的城市维护建设税、教育费附加和地方教育附加，纳税人应在税务机关核准免抵税额的下一个税费申报期内向主管税务机关申报缴纳。

纳税人违反增值税、消费税有关税法而加收的滞纳金和罚款，是税务机关对纳税人违法行为的经济制裁，不作为城市维护建设税、教育费附加和地方教育附加的计税（费）依据，但纳税人在被查补增值税、消费税和被处以罚款时，应同时对其偷（逃）漏的城市维护建设税、教育费附加和地方教育附加进行补税（费）、征收滞纳金和罚款。

城市维护建设税、教育费附加和地方教育附加以纳税人依法实际缴纳的增值税、消费税税额为计税（费）依据，随增值税、消费税同时征收，如果要免征或者减征增值税（出口货物、劳务或者跨境销售服务、无形资产增值税免抵税额除外）、消费税，也就要同时免征或者减征城市维护建设税、教育费附加和地方教育附加。

2. 城市维护建设税税率、教育费附加和地方教育附加征收率的判定

1）城市维护建设税的税率

城市维护建设税采用比例税率。按纳税人所在地的不同，设置三档差别比例税率，如表7-1所示。

表7-1　城市维护建设税税率表

纳税人所在地	税率
市区	7%
县城、镇	5%
市区、县城、镇以外的其他地区	1%

城市维护建设税纳税人按所在地在市区、县城、镇和不在上述区域适用不同税率。市区、县城、镇按照行政区划确定。行政区划变更的，自变更完成当月起适用新行政区划对应的城市维护建设税税率，纳税人在变更完成当月的下一个纳税申报期按新税率申报缴纳。

城市维护建设税的适用税率，应当按照纳税人所在地的规定税率执行。但是，对下列两种情况，可按缴纳增值税、消费税所在地的规定税率就地缴纳城市维护建设税：

（1）由受托方代扣代缴、代收代缴增值税、消费税的单位和个人，其代扣代缴、代收代缴的城市维护建设税按受托方所在地适用税率执行；

（2）流动经营等无固定纳税地点的单位和个人，在经营地缴纳增值税、消费税的，其城市维护建设税的缴纳按经营地适用税率执行。

2）教育费附加和地方教育附加的征收率

现行教育费附加征收率为3%。地方教育附加的征收率统一为2%。

3. 城市维护建设税、教育费附加和地方教育附加优惠政策的运用

城市维护建设税、教育费附加和地方教育附加原则上不单独减免，但因城市维护建设税、教育费附加和地方教育附加又具有附加税（费）性质，当主税（增值税、消费税）发生税收减免时，城市维护建设税、教育费附加和地方教育附加相应发生税费减免。城市维护建设税、教育费附加和地方教育附加的税费减免具体有以下几种情况。

（1）城市维护建设税、教育费附加和地方教育附加按减免后实际缴纳的增值税、消费税税额计征，即随增值税、消费税的减免而减免（出口货物、劳务或者跨境销售服务、无形资产增值税免抵税额除外）。

（2）对由于减免增值税、消费税而发生退税的，可同时退还已征收的城市维护建设税、教育费附加和地方教育附加。但对出口货物、劳务和跨境销售服务、无形资产以及因优惠政策退还增值税、消费税的，不退还已缴纳的城市维护建设税、教育费附加和地方教育附加。

（3）因纳税人多缴发生的增值税、消费税退税，同时退还已缴纳的城市维护建设税、教育费附加和地方教育附加。对增值税、消费税实行先征后返、先征后退、即征即退办法的，除另有规定外，对随增值税、消费税附征的城市维护建设税、教育费附加和地方教育附加，一律不退（返）还。

（4）对国家重大水利工程建设基金免征城市维护建设税、教育费附加和地方教育附加。

另外，由省、自治区、直辖市人民政府根据本地区实际情况，以及宏观调控需要确定，自 2019 年 1 月 1 日至 2021 年 12 月 31 日，对增值税小规模纳税人可以在 50% 的税额幅度内减征资源税、城市维护建设税、房产税、城镇土地使用税、印花税（不含证券交易印花税）、耕地占用税和教育费附加、地方教育附加。增值税小规模纳税人已依法享受资源税、城市维护建设税、房产税、城镇土地使用税、印花税、耕地占用税、教育费附加、地方教育附加其他优惠政策的，可叠加享受上述优惠政策。缴纳资源税、城市维护建设税、房产税、城镇土地使用税、印花税、耕地占用税、教育费附加和地方教育附加的增值税一般纳税人按规定转登记为小规模纳税人的，自成为小规模纳税人的当月起适用减征优惠。增值税小规模纳税人按规定登记为一般纳税人的，自一般纳税人生效之日起不再适用减征优惠；增值税年应税销售额超过小规模纳税人标准应当登记为一般纳税人而未登记，经税务机关通知，逾期仍不办理登记的，自逾期次月起不再适用减征优惠。纳税人自行申报享受减征优惠，不需要额外提交资料。纳税人符合条件但未及时申报享受减征优惠的，可依法申请退税或者抵减以后纳税期的应纳税款。截至 2019 年 2 月 25 日，我国 31 个省、自治区、直辖市均已发文明确，小微企业"六税两费"按 50% 幅度顶格减征。大连、青岛、宁波、厦门、深圳 5 个计划单列市按照本省规定执行。自 2022 年 1 月 1 日至 2024 年 12 月 31 日，由省、自治区、直辖市人民政府根据本地区实际情况，以及宏观调控需要确定，对增值税小规模纳税人、小型微利企业和个体工商户可以在 50% 的税额幅度内减征资源税、城市维护建设税、房产税、城镇土地使用税、印花税（不含证券交易印花税）、耕地占用税和教育费附加、地方教育附加。

【任务引例解析】

答 《财政部关于城市维护建设税几个具体业务问题的补充规定》（财税字第〔1985〕143 号）规定，对出口产品退还消费税、增值税的，不退还已纳的城市维护建设税。《财政部关于征收教育费附加几个具体问题的通知》（财税字〔1986〕第 120 号）规定，对出口产品退还消费税、增值税的，不退还已征的教育费附加。因此，甲公司不可以要求同时退还城市维护建设税和教育费附加。

4. 城市维护建设税、教育费附加和地方教育附加应纳税（费）额的计算

城市维护建设税、教育费附加和地方教育附加应纳税（费）额的计算公式分别为：

应纳城市维护建设税＝纳税人依法实际缴纳的增值税、消费税税额×适用税率

应纳教育费附加＝纳税人依法实际缴纳的增值税、消费税税额×征收率（3%）

应纳地方教育附加＝纳税人依法实际缴纳的增值税、消费税税额×征收率（2%）

三、城市维护建设税、教育费附加和地方教育附加的税费申报

1. 城市维护建设税、教育费附加和地方教育附加的征收管理

1）城市维护建设税、教育费附加和地方教育附加的纳税（费）义务发生时间

城市维护建设税、教育费附加和地方教育附加的纳税（费）义务发生时间与增值税、消费税的纳税义务发生时间一致，分别与增值税、消费税同时缴纳；城市维护建设税、教育费附加和地方教育附加的扣缴义务人为负有增值税、消费税扣缴义务的单位和个人，在扣缴增值税、消费税的同时扣缴城市维护建设税、教育费附加和地方教育附加。

同时缴纳是指在缴纳增值税、消费税时，应当在增值税、消费税同一缴纳地点、同一缴纳期限内，一并缴纳对应的城市维护建设税、教育费附加和地方教育附加。采用委托代征、代扣代缴、代收代缴、预缴、补缴等方式缴纳增值税、消费税的，应当同时缴纳城市维护建设税、教育费附加和地方教育附加。代扣代缴，不含因境外单位和个人向境内销售劳务、服务、无形资产代扣代缴增值税情形。

2）城市维护建设税、教育费附加和地方教育附加的纳税（费）期限

城市维护建设税、教育费附加和地方教育附加的纳税（费）期限与增值税、消费税的纳税期限一致。增值税、消费税的纳税期限分别为 1 日、3 日、5 日、10 日、15 日、1 个月或者 1 个季度；纳税人的具体纳税期限，由税务机关根据纳税人应纳税额的大小分别核定；不能按照固定期限纳税的，可以按次纳税。

扣缴义务人解缴税（费）款的期限，依照上述规定执行。

3）城市维护建设税、教育费附加和地方教育附加的纳税（费）地点

纳税人缴纳增值税、消费税的地点，就是该纳税人实际缴纳城市维护建设税、教育费附加和地方教育附加的地点。但是下列情况除外：

（1）代扣代缴、代收代缴增值税、消费税的单位和个人，同时也是城市维护建设税、教育费附加和地方教育附加的代扣代缴、代收代缴义务人，其城市维护建设税、教育费附加和地方教育附加的纳税（费）地点在代扣代收地。

（2）跨省开采的油田，下属生产单位与核算单位不在一个省内的，其生产的原油，在油井所在地缴纳增值税，其应纳税款由核算单位按照各油井的产量和规定税率，计算汇拨各油井所在地缴纳。因此，各油井应纳的城市维护建设税、教育费附加和地方教育附加，应由核算单位计算，随同增值税一并汇拨油井所在地，由油井在缴纳增值税的同时，一并缴纳城市维护建设税、教育费附加和地方教育附加。

（3）对流动经营等无固定纳税地点的单位和个人，城市维护建设税应随同增值税、消费税在经营地按适用税率缴纳，教育费附加和地方教育附加应随同增值税、消费税在经营地缴纳。

（4）纳税人跨地区提供建筑服务、销售和出租不动产的，应在建筑服务发生地、不动产所在地预缴增值税时，以预缴增值税税额为计税依据，并按预缴增值税所在地的城市维护建设税适用税率、教育费附加征收率和地方教育附加征收率就地计算缴纳城市维护建设税、教育费附加和地方教育附加。

预缴增值税的纳税人在其机构所在地申报缴纳增值税时，以其实际缴纳的增值税税额为计税依据，并按机构所在地的城市维护建设税适用税率、教育费附加征收率和地方教育附加征收率就地计算缴纳城市维护建设税、教育费附加和地方教育附加。

2. 城市维护建设税、教育费附加和地方教育附加的税费申报实务操作

纳税人对城市维护建设税、教育费附加和地方教育附加进行税费申报时，应当根据不同的情形分别填报"增值税及附加税费预缴表附列资料（附加税费情况表）"（略）、"增值税及附加税费预缴表"（略）、增值税及附加税费申报表附列资料（五）（附加税费情况表）"（表2-4）、"增值税及附加税费申报表（一般纳税人适用）"（表2-5）、"增值税及附加税费申报表（小规模纳税人适用）附列资料（二）（附加税费情况表）"（表2-6）、"增值税及附加税费申报表（小规模纳税人适用）"（表2-8）、"消费税附加税费计算表"（表3-5）及"消费税及附加税费申报表"（表3-6）。

【情境实战7-1——增值税一般纳税人城市维护建设税、教育费附加和地方教育附加的计算和税费申报】

1. 工作任务要求

（1）计算河北鲁达豪得贸易有限公司2022年1月应缴纳的城市维护建设税、教育费附加和地方教育附加。

（2）河北鲁达豪得贸易有限公司2022年2月10日对城市维护建设税、教育费附加和地方教育附加进行税费申报，填写"增值税及附加税费申报表附列资料（五）（附加税费情况表）"以及"增值税及附加税费申报表（一般纳税人适用）"的第39-41栏次。

2. 情境实战设计

接【情境实战2-1——一般纳税人增值税应纳税额的计算】和【情境实战2-2——一般纳税人增值税的纳税申报】。

3. 实战操作步骤

第一步：计算河北鲁达豪得贸易有限公司2022年1月的应纳城市维护建设税、教育费附加和地方教育附加。

应纳城市维护建设税 = 263 500×7% = 18 445（元）

应纳教育费附加 = 263 500×3% = 7 905（元）

应纳地方教育附加 = 263 500×2% = 5 270（元）

第二步：对城市维护建设税、教育费附加和地方教育附加进行税费申报。

河北鲁达豪得贸易有限公司2022年2月10日对2022年1月的城市维护建设税、教育费附加和地方教育附加进行税费申报，填写"增值税及附加税费申报表附列资料（五）（附加税费情况表）"（表2-4）及"增值税及附加税费申报表（一般纳税人适用）"（表2-5）的第39~41栏次。

【情境实战7-2——增值税小规模纳税人城市维护建设税、教育费附加和地方教育附加的计算和税费申报】

1. 工作任务要求

（1）计算厦门洪运祥达贸易有限公司2022年第1季度应缴纳的城市维护建设税、教育费附加和地方教育附加。

（2）厦门洪运祥达贸易有限公司 2022 年 4 月 10 日对城市维护建设税、教育费附加和地方教育附加进行税费申报，填写"增值税及附加税费申报表（小规模纳税人适用）附列资料（二）（附加税费情况表）"以及"增值税及附加税费申报表（小规模纳税人适用）"的第 23～25 栏次。

2. 情境实战设计

接【情境实例 2-24】。

3. 实战操作步骤

第一步：计算厦门洪运祥达贸易有限公司 2022 年第 1 季度的应纳城市维护建设税、教育费附加和地方教育附加。

应纳城市维护建设税 = 5 800×7% = 406（元）

应纳教育费附加 = 5 800×3% = 174（元）

应纳地方教育附加 = 5 800×2% = 116（元）

作为增值税小规模纳税人城市维护建设税减征额 = 406×50% = 203（元）

作为增值税小规模纳税人教育费附加减征额 = 174×50% = 87（元）

作为增值税小规模纳税人地方教育附加减征额 = 116×50% = 58（元）

本期应补（退）城市维护建设税 = 406－203 = 203（元）

本期应补（退）教育费附加 = 174－87 = 87（元）

本期应补（退）地方教育附加 = 116－58 = 58（元）

第二步：对城市维护建设税、教育费附加和地方教育附加进行税费申报。

厦门洪运祥达贸易有限公司 2022 年 4 月 10 日对 2022 年第 1 季度的城市维护建设税、教育费附加和地方教育附加进行税费申报，填写"增值税及附加税费申报表（小规模纳税人适用）附列资料（二）（附加税费情况表）"（表 2-6）及"增值税及附加税费申报表（小规模纳税人适用）"（表 2-8）的第 23～25 栏次。

【情境实战 7-3——消费税纳税人城市维护建设税、教育费附加和地方教育附加的计算和税费申报】

1. 工作任务要求

（1）计算山东恒运立达卷烟有限公司 2022 年 1 月应缴纳的城市维护建设税、教育费附加和地方教育附加。

（2）山东恒运立达卷烟有限公司 2022 年 2 月 10 日对城市维护建设税、教育费附加和地方教育附加进行税费申报，填写"消费税附加税费计算表"以及"消费税及附加税费申报表等申报表"的第 15～17 栏次。

2. 情境实战设计

接【情境实战 3-1——消费税应纳税额的计算】和【情境实战 3-2——消费税的纳税申报】。

3. 实战操作步骤

第一步：计算山东恒运立达卷烟有限公司 2022 年 1 月的应纳城市维护建设税、教育费附加和地方教育附加。

应纳城市维护建设税 = 1 345 000×7% = 94 150（元）

应纳教育费附加 = 1 345 000×3% = 40 350（元）

应纳地方教育附加 = 1 345 000×2% = 26 900（元）

第二步：对城市维护建设税、教育费附加和地方教育附加进行税费申报。

山东恒运立达卷烟有限公司2022年2月10日对2022年1月的城市维护建设税、教育费附加和地方教育附加进行税费申报，填写"消费税附加税费计算表"（表3-5）及"消费税及附加税费申报表等申报表"（表3-6）的第15～17栏次。

任务二　土地增值税纳税申报实务

【任务引例】

甲公司为一家房地产开发企业，转让地下车位使用权，与业主签订合同约定使用年限为20年，使用费一次性收取。请问甲公司针对该业务是否应当缴纳土地增值税？

一、土地增值税的认知

1. 土地增值税纳税人的确定

土地增值税的纳税人是转让国有土地使用权、地上建筑物及其附着物（简称房地产）并取得收入的单位和个人。单位包括各类企业、事业单位、国家机关和社会团体及其他组织，个人包括个体经营者和其他个人。

2. 土地增值税征税范围的确定

1）土地增值税征税范围的基本规定

（1）土地增值税对转让国有土地使用权的行为征税，对出让国有土地的行为不征税。

转让国有土地使用权，是指土地使用者通过向国家支付土地出让金等形式取得国有土地使用权后，将国有土地使用权再转让的行为，是国有土地使用权的二级市场上的转让行为。

土地增值税征税范围不包括国有土地使用权出让。国有土地出让，是指土地使用者为得到国有土地使用权而向国家支付土地出让金，国家以土地所有者的身份将土地使用权在一定期限内让与土地使用者的行为。因为土地使用权的出让方是国家，出让收入在性质上相当于政府凭借其拥有的国有土地所有权而在土地一级市场上收取的租金，所以，政府出让土地的行为及取得的收入不属于土地增值税的征税范围。

（2）土地增值税既对转让国有土地使用权的行为征税，也对地上的建筑物及其附着物连同国有土地使用权一并转让的行为征税。

地上的建筑物，是指建于土地上的一切建筑物，包括地上地下的各种附属设施。附着物，是指附着于土地上的不能移动，一经移动即遭损坏的物品。

（3）土地增值税只对有偿转让的房地产征税，对以继承、赠与等方式无偿转让的房地产，不予征税。

转让国有土地使用权、地上的建筑物及其附着物并取得收入，是指以出售或者其他方式有偿转让房地产的行为，不包括以继承、赠与方式无偿转让房地产的行为。不征土地增值税的房地产赠与行为包括以下两种情况：①房产所有人、土地使用权所有人将房屋产权、土地使用权赠与直系亲属或承担直接赡养义务人的行为。②房产所有人、土地使用权所有人通过中国境内非营利的社会团体、国家机关将房屋产权、土地使用权赠与教育、民政和其他社会福利、公益事业的行为。社会团体是指中国青少年发展基金会、希望工程基金会、宋庆龄基金会、减灾委员会、中国红十字会、中国残疾人联合会、全国老年基金会、老区促进会，以及经民政部门批准成立的其他非营利的公益性组织。

2）土地增值税征税范围的特殊规定

（1）房地产开发企业开发的房地产转为自用或出租。

房地产开发企业将开发的部分房地产转为企业自用或用于出租等商业用途时，如果产权未发生转移，不征收土地增值税。

（2）房地产的交换。

由于房地产交换既发生了房产产权、土地使用权的转移，交换双方又取得了实物形态的收入，因此属于土地增值税的征税范围。但对个人之间互换自有居住用房地产的，经当地税务机关核实，可以免征土地增值税。

（3）合作建房。

对于一方出地，另一方出资金，双方合作建房，建成后按比例分房自用的，暂免征收土地增值税；建成后转让的，应征收土地增值税。

（4）房地产的出租。

房地产出租，出租人虽取得了收入，但没有发生房产产权、土地使用权的转让，因此不属于土地增值税的征税范围。

（5）房地产的抵押和抵债。

房产的产权、土地使用权在抵押期间并没有发生权属的变更，因此，对房地产的抵押，在抵押期间不征收土地增值税。待抵押期满后，视该房地产是否转移占有而确定是否征收土地增值税。

对于以房地产抵债而发生房地产权属转让的，应列入土地增值税的征税范围。

（6）房地产的代建行为。

房地产的代建行为，是指房地产开发公司代客户进行房地产的开发，开发完成后向客户收取代建收入的行为。对于房地产开发公司而言，代建行为虽然取得了收入，但没有发生房地产权属的转移，其收入属于劳务收入性质，因此不属于土地增值税的征税范围。

（7）房地产的评估增值。

国有企业在清产核资时对房地产进行重新评估而产生的评估增值，因其既没有发生房地产权属的转移，房产产权、土地使用权人也未取得收入，因此不属于土地增值税的征税范围。

（8）土地使用者处置土地使用权。

土地使用者转让、抵押或置换土地，无论其是否取得了该土地的使用权属证书，无论其在转让、抵押或置换土地过程中是否与对方当事人办理了土地使用权属证书变更登记手续，只要土地使用者享有占有、使用、收益或处分该土地的权利，且有合同等证据表明其实质转让、抵押或置换了土地并取得了相应的经济利益，土地使用者及其对方当事人就应按依照税法规定缴纳土地增值税和契税等。

3）与企业改制重组有关的土地增值税征税范围的规定

（1）企业按照《中华人民共和国公司法》有关规定整体改制，包括非公司制企业改制为有限责任公司或股份有限公司，有限责任公司变更为股份有限公司，股份有限公司变更为有限责任公司，对改制前的企业将国有土地使用权、地上的建筑物及其附着物（以下称房地产）转移、变更到改制后的企业，暂不征土地增值税。整体改制是指不改变原企业的投资主体，并承继原企业权利、义务的行为。

（2）按照法律规定或者合同约定，两个或两个以上企业合并为一个企业，且原企业投资主体存续的，对原企业将房地产转移、变更到合并后的企业，暂不征土地增值税。

（3）按照法律规定或者合同约定，企业分设为两个或两个以上与原企业投资主体相同的企业，对原企业将房地产转移、变更到分立后的企业，暂不征土地增值税。

（4）单位、个人在改制重组时以房地产作价入股进行投资，对其将房地产转移、变更到被投资的企业，暂不征土地增值税。

（5）上述改制重组有关土地增值税政策不适用于房地产转移任意一方为房地产开发企业的情形。

（6）改制重组后再转让房地产，需要申报缴纳土地增值。

（7）上述政策的执行期限为2021年1月1日至2023年12月31日。

二、土地增值税的计算

1. 土地增值税计税依据的确定

土地增值税的计税依据是纳税人转让房地产所取得的土地增值额。而土地增值额为纳税人转让房地产所取得的收入减除《中华人民共和国土地增值税暂行条例》（以下简称《土地增值税暂行条例》）规定扣除项目金额后的余额。

1）应税收入的确定

纳税人转让房地产取得的应税收入，包括转让房地产取得的全部价款及有关的经济利益，从形式上看包括货币收入、实物收入和其他收入。非货币收入要折合货币金额计入收入总额。

营业税改征增值税后，土地增值税纳税人转让房地产取得的收入为不含增值税收入。适用增值税一般计税方法的纳税人，其转让房地产的土地增值税应税收入不含增值税销项税额；适用简易计税方法的纳税人，其转让房地产的土地增值税应税收入不含增值税应纳税额。免征增值税的，确定计税依据时，转让房地产取得的收入不扣减增值税额。

为方便纳税人，简化土地增值税预征税款计算，房地产开发企业采取预收款方式销售自行开发的房地产项目的，可按照以下方法计算土地增值税预征计征依据：

土地增值税预征的计征依据 = 预收款 - 应预缴增值税税款

房地产开发企业在营改增后进行房地产开发项目土地增值税清算时，按以下方法确定应税收入：

土地增值税应税收入 = 营改增前转让房地产取得的收入 +

营改增后转让房地产取得的不含增值税收入

【任务引例解析】

答 《土地增值税暂行条例》规定，转让国有土地使用权、地上的建筑物及其附着物（以下简称转让房地产）并取得收入的单位和个人，为土地增值税的纳税义务人（以下简称纳税人），应当依照本条例缴纳土地增值税。土地增值税是对出售或者其他方式有偿转让国有土地使用权、地上的建筑物及其附着物的行为所征收的税。转让应当以办理相应产权为标志，产权未发生转移就不构成转让。转让地下车位使用权实质上为出租（而非"转让"）地下车位的行为，因此不缴纳土地增值税，地下车位成本在计算土地增值税时也不得扣除。转让地下车位使用权的行为只需按照"不动产经营租赁"以9%的税率计算缴纳增值税。

2）纳税人从转让收入中减除的扣除项目

纳税人从转让收入中减除的扣除项目包括以下方面的内容。

（1）取得土地使用权所支付的金额（适用新建房转让和存量房地产转让），包括地价款和取得土地使用权时按国家规定缴纳的费用。

（2）房地产开发成本（适用新建房转让），包括土地征用及拆迁补偿费、前期工程费、建筑安装工程费、基础设施费、公共配套设施费、开发间接费用。

（3）房地产开发费用（适用新建房转让），包括与房地产开发项目有关的销售费用、管理费用、财务费用。房地产开发费用的计算方法如下。

① 纳税人能按转让房地产项目分摊利息支出并能提供金融机构贷款证明的，最多允许扣除的房地产开发费用＝利息＋（取得土地使用权所支付的金额＋房地产开发成本）×5%以内。

② 纳税人不能按转让房地产项目分摊利息支出或不能提供金融机构贷款证明的（也包含全部使用自有资金的无借款的情况），最多允许扣除的房地产开发费用＝（取得土地使用权所支付的金额＋房地产开发成本）×10%以内。

③ 房地产开发企业既向金融机构借款，又有其他借款的，其房地产开发费用计算扣除时不能同时适用上述①、②项所述两种办法。

（4）与转让房地产有关的税金（适用新建房转让和存量房地产转让）。

营改增后，与转让房地产有关的税金包括城市维护建设税、印花税（非房地产开发企业的印花税可以在此扣除；房地产开发企业由于印花税包含在管理费用中且通过管理费用扣除，故不能在此重复扣除）。教育费附加视同税金扣除。营改增后，计算土地增值税增值额的扣除项目中"与转让房地产有关的税金"不包括增值税。土地增值税扣除项目涉及的增值税进项税额，允许在销项税额中计算抵扣的，不计入扣除项目，不允许在销项税额中计算抵扣的，可以计入扣除项目。

营改增后，房地产开发企业实际缴纳的城市维护建设税、教育费附加，凡能够按清算项目准确计算的，允许据实扣除。凡不能按清算项目准确计算的，则按该清算项目预缴增值税时实际缴纳的城市维护建设税、教育费附加扣除。其他转让房地产行为的城市维护建设税、教育费附加扣除比照上述规定执行。

房地产开发企业在营改增后进行房地产开发项目土地增值税清算时，按以下方法确定与转让房地产有关的税金：

与转让房地产有关的税金＝营改增前实际缴纳的营业税、城市维护建设税、教育费附加＋营改增后允许扣除的城市维护建设税、教育费附加

（5）财政部规定的其他扣除项目（适用新建房转让）。

从事房地产开发的纳税人可加计扣除＝（取得土地使用权所支付的金额＋房地产开发成本）×20%

需要注意的是，加计扣除20%仅对房地产开发企业有效，非房地产开发企业不享受此项政策；取得土地使用权后未经开发就转让的，不得加计扣除。

（6）旧房及建筑物的评估价格（适用存量房地产转让）。税法规定，转让旧房的，应按房屋及建筑物的评估价格、取得土地使用权所支付的地价款和按国家统一规定缴纳的有关费用，以及在转让环节缴纳的税金作为扣除项目金额计征土地增值税。

①"旧房及建筑物的评估价格"是指转让已使用过的房屋及建筑物时，由政府批准设立的房地产评估机构评定的重置成本价乘以成新度折扣率后的价格。评估价格须经当地税务机关确认。

$$评估价格＝重置成本价×成新度折扣率$$

纳税人转让旧房及建筑物，凡不能取得评估价格，但能提供购房发票的，经当地税务部门确认，根据取得土地使用权所支付的金额、新建房及配套设施的成本、费用，或者旧房及建筑物的评估价格，可按发票所载金额并从购买年度起至转让年度止每年加计5%计算扣除。计算扣除项目时"每年"按购房发票所载日期起至售房发票开具之日止，每满12个月计1年；超过1年，未满12个月但超过6个月的，可以视同为1年。

营改增后，纳税人转让旧房及建筑物，凡不能取得评估价格，但能提供购房发票的，《土地增值税暂行条例》第六条第一、三项规定的扣除项目的金额按照下列方法计算：

a）提供的购房凭据为营改增前取得的营业税发票的，按照发票所载金额（不扣减营业税）并从购买年度起至转让年度止每年加计5%计算。

b）提供的购房凭据为营改增后取得的增值税普通发票的，按照发票所载价税合计金额从购买年度起至转让年度止每年加计5%计算。

c）提供的购房发票为营改增后取得的增值税专用发票的，按照发票所载不含增值税金额加上不允许抵扣的增值税进项税额之和，并从购买年度起至转让年度止每年加计5%计算。

对纳税人购房时缴纳的契税，凡能提供契税完税凭证的，准予作为"与转让房地产有关的税金"予以扣除，但不作为加计5%的基数。

对于转让旧房及建筑物，既没有评估价格，又不能提供购房发票的，税务机关可以根据《税收征收管理法》第三十五条的规定，实行核定征收。

② 对取得土地使用权时未支付地价款或不能提供已支付的地价款凭据的，不允许扣除取得土地使用权时所支付的金额。

2. 土地增值税的税率

土地增值税采用四级超率累进税率。与超额累进税率相比，超额累进税率累进依据为绝对数；超率累进税率累进依据为相对数，本税种的累进依据为增值额与扣除项目金额之间的比率。土地增值税税率表如表7-2所示。

表7-2 土地增值税税率表

级数	增值额与扣除项目金额之间的比率	税率/%	速算扣除系数/%
1	不超过50%的部分	30	0
2	超过50%至100%的部分	40	5
3	超过100%至200%的部分	50	15
4	超过200%的部分	60	35

3. 土地增值税优惠政策的运用

（1）建造普通标准住宅出售，增值额未超过扣除项目金额20%的免税。

普通标准住宅与其他住宅的具体划分界限，在2005年5月31日以前由各省、自治区、直辖市人民政府规定。自 2005 年 6 月 1 日起，普通标准住宅应同时满足：住宅小区建筑容积率在 1.0 以上；单套建筑面积在 120 平方米以下；实际成交价格低于同级别土地上住房平均交易价格 1.2 倍以下。各省、自治区、直辖市要根据实际情况，制定本地区享受优惠政策住房具体标准。允许单套建筑面积和价格标准适当浮动，但向上浮动的比例不得超过上述标准的 20%。

（2）因国家建设需要依法征用、收回的房地产，免征土地增值税。

（3）因城市实施规划、国家建设的需要而搬迁，由纳税人自行转让原房地产的，免征土地增值税。

（4）从 2008 年 11 月 1 日起，对个人销售住房暂免征收土地增值税。

4. 土地增值税应纳税额的计算

计算土地增值税的步骤和公式如下。

第一步，计算转让房地产应税收入总额。

第二步，计算扣除项目金额。

第三步，用转让房地产应税收入总额减除扣除项目金额计算增值额。

$$增值额＝转让房地产应税收入－规定扣除项目金额$$

第四步，计算增值额与扣除项目金额之间的比例，以确定适用税率和速算扣除系数。

第五步，计算应纳税额，其计算公式为：

$$应纳税额＝增值额×税率－扣除项目金额×速算扣除系数$$

5. 房地产开发企业土地增值税的清算

1）土地增值税的清算单位

土地增值税以国家有关部门审批的房地产开发项目为单位进行清算，对于分期开发的项目，以分期项目为单位清算。

开发项目中同时包含普通住宅和非普通住宅的，应分别计算增值额。

2）土地增值税的清算条件

（1）符合下列情形之一的，纳税人应进行土地增值税的清算。

① 房地产开发项目全部竣工、完成销售的。

② 整体转让未竣工决算房地产开发项目的。

③ 直接转让土地使用权的。

（2）符合下列情形之一的，主管税务机关可要求纳税人进行土地增值税清算。

① 已竣工验收的房地产开发项目，已转让的房地产建筑面积占整个项目可售建筑面积的比例在 85% 以上，或者该比例虽未超过 85%，但剩余的可售建筑面积已经出租或自用的。

② 取得销售（预售）许可证满 3 年仍未销售完毕的。

③ 纳税人申请注销税务登记但未办理土地增值税清算手续的。

④ 省税务机关规定的其他情况。

3）非直接销售和自用房地产的收入确定

（1）房地产开发企业将开发产品用于职工福利、奖励、对外投资、分配给股东或投资人、抵偿债务、换取其他单位和个人的非货币性资产等，发生所有权转移时应视同销售房地产，其收入按下列方法和顺序确认。

① 按本企业在同一地区、同一年度销售的同类房地产的平均价格确定。

② 由主管税务机关参照当地当年、同类房地产的市场价格或评估价值确定。

（2）房地产开发企业将开发的部分房地产转为企业自用或用于出租等商业用途时，如果产权未发生转移，不征收土地增值税，在税款清算时不列收入，不扣除相应的成本和费用。

（3）土地增值税清算时，已全额开具商品房销售发票的，按照发票所载金额确认收入；未开具发票或未全额开具发票的，以交易双方签订的销售合同所载的售房金额及其他收益确认收入。销售合同所载商品房面积与有关部门实际测量面积不一致，在清算前已发生补、退房款的，应在计算土地增值税时予以调整。

4）土地增值税的核定征收

房地产开发企业有下列情形之一的，税务机关可以参照与其开发规模和收入水平相近的当地企业的土地增值税税负情况，按不低于预征率的征收率核定征收土地增值税。

（1）依照法律、行政法规的规定应当设置但未设置账簿的。

（2）擅自销毁账簿或拒不提供纳税资料的。

（3）虽设置账簿，但账目混乱或成本资料、收入凭证、费用凭证残缺不全，难以确定转让收入或扣除项目金额的。

（4）符合土地增值税清算条件，未按照规定的期限办理清算手续，经税务机关责令限期清算，逾期仍不清算的。

（5）申报的计税依据明显偏低，又无正当理由的。

核定征收必须严格依照税收法律、法规规定的条件进行，任何单位和个人不得擅自扩大核定征收范围，严禁在清算中出现"以核定为主、一核了之""求快图省"的做法。凡擅自将核定征收作为本地区土地增值税清算主要方式的，必须立即纠正。对确需核定征收的，要严格按照税收法律、法规的要求，从严、从高确定核定征收率。为了规范核定工作，核定征收率原则上不得低于5%，各省级税务机关要结合本地实际，区分不同房地产类型制定核定征收率。

5）清算后再转让房地产的处理

在土地增值税清算时未转让的房地产，清算后销售或有偿转让的，纳税人应按规定进行土地增值税的纳税申报，扣除项目金额按清算时的单位建筑面积成本费用乘以销售或转让面积计算。

清算时的扣除项目总金额＝单位建筑面积成本费用×清算的总建筑面积

6）土地增值税清算后应补缴的土地增值税是否加收滞纳金的问题处理

纳税人按规定预缴土地增值税后，清算补缴的土地增值税，在主管税务机关规定的期限内补缴的，不加收滞纳金。

三、土地增值税的纳税申报

1. 土地增值税的征收管理

1）土地增值税的纳税期限

土地增值税的纳税人应在转让房地产合同签订后的7日内，到房地产所在地主管税务机关办理纳税申报，并向税务机关提交房屋及建筑物产权、土地使用权证书，土地转让、房产买卖合同，房地产评估报告及其他与转让房地产有关的资料。纳税人因经常发生房地产转让而难以在每次转让后申报的，经税务机关审核同意后，可以定期进行纳税申报，具体期限由税务机关根据情况确定。

2）土地增值税的纳税地点

土地增值税的纳税人应向房地产所在地主管税务机关办理纳税申报，并在税务机关核定的期限内缴纳土地增值税。

这里所说的"房地产所在地"，是指房地产的坐落地。纳税人转让的房地产坐落在两个或两个以上地区的，应按房地产所在地分别申报纳税。

在实际工作中，纳税地点的确定又可分为以下两种情况。

（1）纳税人是法人的。当转让的房地产坐落地与其机构所在地或经营所在地一致时，则在办理税务登记的原管辖税务机关申报纳税即可；如果转让的房地产坐落地与其机构所在地或经营所在地不一致，则应在房地产坐落地所管辖的税务机关申报纳税。

（2）纳税人是自然人的。当转让的房地产坐落地与其居住所在地一致时，则在住所所在地税务机关申报纳税；当转让的房地产坐落地与其居住所在地不一致时，在办理过户手续所在地的税务机关申报纳税。

2. 土地增值税的纳税申报实务操作

纳税人对土地增值税进行纳税申报时，应当填报"土地增值税税源明细表"（表7-3）、"财产和行为税减免税明细申报附表"（略）、"财产和行为税纳税申报表"（表7-4）[①]。

表7-3 土地增值税税源明细表（节选）[②]

税款所属期限：自 2022 年 03 月 01 日至 2022 年 03 月 31 日
纳税人识别号（统一社会信用代码）：91370709864789123P
纳税人名称：山东和力铸成铁矿有限公司　　　　金额单位：元（列至角分）　　　面积单位：平方米

土地增值税申报计算及减免信息
申报类型：
1. 从事房地产开发的纳税人预缴适用 □
2. 从事房地产开发的纳税人清算适用 □
3. 从事房地产开发的纳税人按核定征收方式清算适用 □
4. 纳税人整体转让在建工程适用□
5. 从事房地产开发的纳税人清算后尾盘销售适用 □
6. 转让旧房及建筑物的纳税人适用☑
7. 转让旧房及建筑物的纳税人核定征收适用 □

---

① "财产和行为税纳税申报表"适用于申报城镇土地使用税、房产税、契税、耕地占用税、土地增值税、印花税、车船税、烟叶税、环境保护税、资源税。本表根据各税种税源明细表自动生成，申报前需填写税源明细表。本表包含一张附表"财产和行为税减免税明细申报附表"。

② 土地增值税税源明细表原表的内容较多，涉及不同情形土地增值税的缴纳，为了研究需要，此处为节选后的土地增值税税源明细表。土地增值税税源明细表原表可以通过国家税务总局网址（http：//www.chinatax.gov.cn/chinatax/n810341/n810825/c101434/c5163487/content.html）下载，也可以扫描下面的二维码进行下载。

续表

<table>
<tr><td colspan="5" style="text-align:center">土地增值税申报计算及减免信息</td></tr>
<tr><td>项目名称</td><td colspan="2">略</td><td>项目编码</td><td>略</td></tr>
<tr><td>项目地址</td><td colspan="4">略</td></tr>
<tr><td>项目总可售面积</td><td colspan="2">略</td><td>自用和出租面积</td><td>略</td></tr>
<tr><td>已售面积</td><td>略</td><td>其中：普通住宅已售面积　略</td><td>其中：非普通住宅已售面积　略</td><td>其中：其他类型房地产已售面积　略</td></tr>
<tr><td>清算时已售面积</td><td>略</td><td colspan="3">清算后剩余可售面积　　　略</td></tr>
</table>

申报类型	项目	序号	金额
	一、转让房地产收入总额	1＝2＋3＋4	114 285 714.29
	1. 货币收入	2	114 285 714.29
	2. 实物收入	3	
	3. 其他收入	4	
	二、扣除项目金额合计	（1）5＝6＋7＋10＋15 （2）5＝11＋12＋14＋15	88 637 142.86
	（1）提供评估价格		
	1. 取得土地使用权所支付的金额	6	40 000 000.00
	2. 旧房及建筑物的评估价格	7＝8×9	48 000 000.00
	其中：旧房及建筑物的重置成本价	8	80 000 000.00
	成新度折扣率	9	60%
6. 转让旧房及建筑物的纳税人适用 7. 转让旧房及建筑物的纳税人核定征收适用	3. 评估费用	10	120 000.00
	（2）提供购房发票		
	1. 购房发票金额	11	
	2. 发票加计扣除金额	12＝11×5%×13	
	其中：房产实际持有年数	13	
	3. 购房契税	14	
	4. 与转让房地产有关的税金等	15＝16＋17＋18＋19	517 142.86
	其中：营业税	16	
	城市维护建设税	17	285 714.29
	印花税	18	60 000.00
	教育费附加	19	171 428.57
	三、增值额	20＝1－5	25 648 571.43
	四、增值额与扣除项目金额之比（%）	21＝20÷5	28.94%
	五、适用税率（核定征收率）（%）	22	30%
	六、速算扣除系数（%）	23	0
	七、减免税额	24＝26＋28＋30	

续表

申报类型	项目		序号	金额
6. 转让旧房及建筑物的纳税人适用 7. 转让旧房及建筑物的纳税人核定征收适用	其中：减免税（1）	减免性质代码和项目名称（1）	25	
		减免税额（1）	26	
	减免税（2）	减免性质代码和项目名称（2）	27	
		减免税额（2）	28	
	减免税（3）	减免性质代码和项目名称（3）	29	
		减免税额（3）	30	

表 7-4 财产和行为税纳税申报表

纳税人识别号（统一社会信用代码）：91370709864789123P

纳税人名称：山东和力铸成铁矿有限公司　　　　　　　　　　　　金额单位：元（列至角分）

序号	税种	税目	税款所属期起	税款所属期止	计税依据	税率	应纳税额	减免税额	已缴税额	应补（退）税额
1	土地增值税		2022年03月31日	2022年03月31日	25 648 571.43	30%	7 694 571.42	0.00	0.00	7 694 571.42
2	资源税	黑色金属*铁	2022年03月01日	2022年03月31日	4 000 000.00	2%	40 000.00	0.00	0.00	80 000.00
3	城镇土地使用税		2022年01月01日	2022年03月31日	4 000.00	8.00	32 000.00	0.00	0.00	32 000.00
4	房产税		2022年01月01日	2022年03月31日	8 750 000.00	1.2%	105 000.00	0.00	0.00	105000.00
5	耕地占用税		2022年04月01日	2022年04月01日	20 000.00	50.00	1 000 000.00	0.00	0.00	1 000 000.00
6	契税		2022年04月05日	2022年04月05日	10 000 000.00	3%	300 000.00	0.00	0.00	300 000.00
7	车船税	乘用车	2022年04月01日	2022年12月31日	0.833 33	360.00	300.00			300.00
8	印花税	买卖合同	2022年03月01日	2022年03月31日	4 200 000.00	0.3‰	1 260.00	0.00	0.00	1 260.00
9	印花税	土地使用权、房屋等建筑物和构筑物所有权转让书据	2022年03月01日	2022年03月31日	120 000 000.00	0.5‰	60 000.00	0.00	0.00	60 000.00
10	合计	—	—	—	—	—	9 233 131.42	0.00	0.00	9 233 131.42

　　声明：此表是根据国家税收法律法规及相关规定填写的，本人（单位）对填报内容（及附带资料）的真实性、可靠性、完整性负责。

纳税人（签章）：山东和力铸成铁矿有限公司　2022 年 04 月 05 日

经办人：李玲 经办人身份证号：略 代理机构签章： 代理机构统一社会信用代码：	受理人： 受理税务机关（章）： 受理日期：　年　月　日

【情境实战7-4——土地增值税的计算和纳税申报】

1. 工作任务要求

（1）计算山东和力铸成铁矿有限公司2022年3月下列业务的应纳增值税和应纳土地增值税。

（2）山东和力铸成铁矿有限公司2022年4月5日对土地增值税进行纳税申报，填写"土地增值税税源明细表""财产和行为税纳税申报表"。

2. 情境实战设计

山东和力铸成铁矿有限公司的纳税人识别号为91370709864789123P，法定代表人为张明，办税员为李玲，注册地址和生产经营地址均为山东省济南市开发区幸福街道胜利路777号，开户银行为中国工商银行济南胜利路支行，账号为33010220009011517788，电话号码为0531-888777××。山东和力铸成铁矿有限公司2022年3月底转让其自建的位于县城的一栋办公楼，取得含增值税销售收入120 000 000元（作为产权转移书据的商品房销售合同中价税未分别列明）。山东和力铸成铁矿有限公司与购买方于2022年3月31日签订商品房销售合同。2011年建造该办公楼时，取得土地使用权所支付的金额为40 000 000元（能够提供取得土地使用权支付金额的凭据），发生建造成本40 000 000元。该办公楼转让时已经计提折旧32 000 000元。转让时经政府批准的房地产评估机构评估后，确定该办公楼的重置成本价为80 000 000元，成新度折扣率为60%。产权转移书据印花税税率为0.5‰，山东和力铸成铁矿有限公司支付给房地产评估机构的评估费用为120 000元。山东和力铸成铁矿有限公司选择简易计税方法缴纳增值税。假设当地规定地方教育附加不视同"与转让房地产有关的税金"，且不可以在计算土地增值税时允许扣除。山东和力铸成铁矿有限公司2022年4月5日对土地增值税进行纳税申报。

3. 实战操作步骤

第一步：根据经济业务计算应纳土地增值税。

（1）计算应纳增值税。

一般纳税人转让其2016年4月30日前自建的不动产，可以选择适用简易计税方法计税，以取得的全部价款和价外费用为销售额，按照5%的征收率计算应纳税额。纳税人应按照上述计税方法向不动产所在地主管税务机关预缴税款，向机构所在地主管税务机关申报纳税。

应预缴增值税=[120 000 000/（1+5%）]×5%＝5 714 285.71（元）

应纳增值税＝应预缴增值税＝5 714 285.71（元）

（2）计算应纳土地增值税。

营改增后，土地增值税纳税人转让房地产取得的收入为不含增值税收入。

转让房地产的收入（不含增值税收入）＝120 000 000/（1+5%）＝114 285 714.29（元）

取得土地使用权所支付的金额＝40 000 000（元）

办公楼的评估价格＝80 000 000×60%＝48 000 000（元）

支付的评估费用＝120 000（元）

应纳城市维护建设税＝5 714 285.71×5%＝285 714.29（元）

应纳教育费附加＝5 714 285.71×3%＝171 428.57（元）

应税产权转移书据印花税的计税依据，为产权转移书据所列的金额，不包括列明的增值税税款。计算土地增值税时可扣除的印花税＝120 000 000×0.5‰＝60 000（元）

与转让房地产有关的税金等 = 285 714.29+171 428.57+60 000 = 517 142.86（元）

计算土地增值税时允许扣除项目金额的合计数 = 40 000 000+48 000 000+120 000+517 142.86 = 88 637 142.86（元）

转让办公楼的增值额 = 114 285 714.29-88 637 142.86 = 25 648 571.43（元）

增值率 =（25 648 571.43/88 637 142.86）×100% = 28.94%

适用税率为30%，速算扣除系数为0。

应纳土地增值税 = 25 648 571.43×30% = 7 694 571.42（元）

第二步：对土地增值税进行纳税申报。

填写"土地增值税税源明细表"（表7-3）、"财产和行为税纳税申报表"（表7-4）。

任务三　资源税纳税申报实务

【任务引例】

甲公司是一家生产建材产品的企业，请问我公司在收购资源税应税矿产品时有代扣代缴资源税的义务吗？

一、资源税的认知

1. 资源税纳税人的确定

资源税的纳税人是指在中华人民共和国领域和中华人民共和国管辖的其他海域开发应税资源（产品）的单位和个人。

对资源税纳税义务人的理解，应注意以下两点：

（1）资源税规定仅对在中国领域及管辖海域从事应税产品开采或生产的单位和个人征收，进口的相关产品不征收资源税；

（2）资源税纳税义务人不仅包括符合规定的中国企业和个人，还包括外商投资企业和外国企业。

【任务引例解析】

答　根据《国家税务总局关于公布取消一批税务证明事项以及废止和修改部分规章规范性文件的决定》（国家税务总局令第48号）的规定，废止《中华人民共和国资源税代扣代缴管理办法》（国税发〔1998〕49号文件印发，国家税务总局令第44号修改）。根据《关于〈国家税务总局关于公布取消一批税务证明事项以及废止和修改部分规章规范性文件的决定〉的解读》，废止《中华人民共和国资源税代扣代缴管理办法》（国税发〔1998〕49号文件印发，国家税务总局令第44号修改），涉及《国家税务总局关于取消一批税务证明事项的决定》（国家税务总局令第46号）取消的"资源税管理证明"。该证明取消后，资源税实行纳税人自主申报，不再采用代扣代缴的征管方式。因此资源税由在中华人民共和国领域和中华人民共和国管辖的其他海域开发应税资源的单位和个人自行缴纳，甲公司没有代扣代缴的义务。

2. 资源税征税范围的确定

应税资源的具体范围，由《中华人民共和国资源税法》（以下简称《资源税法》）所附"资源税税目税率表"确定。我国目前资源税的征税范围仅涉及矿产品和盐两大类，具体包括：

（1）能源矿产，包括：原油；天然气、页岩气、天然气水合物；煤；煤成（层）气；铀、钍；油页岩、油砂、天然沥青、石煤；地热。

（2）金属矿产，包括：黑色金属和有色金属。

（3）非金属矿产，包括：矿物类、岩石类和宝玉石类。

（4）水气矿产，包括：二氧化碳气、硫化氢气、氦气、氡气；矿泉水。

（5）盐，包括：钠盐、钾盐、镁盐、锂盐；天然卤水；海盐。

纳税人开采或者生产应税产品自用的，应当依照《资源税法》规定缴纳资源税；但是，自用于连续生产应税产品的，不缴纳资源税。

资源税对应税产品的生产者或开采者征收，并且于其销售或自用时一次性征收，批发、零售等环节不征收资源税。

自 2016 年 7 月 1 日起在河北省开展水资源税改革试点，采取水资源费改税方式，将地表水和地下水纳入征税范围，实行从量定额计征。自 2017 年 12 月 1 日起，在北京、天津、山西、内蒙古、山东、河南、四川、陕西、宁夏等 9 个省（自治区、直辖市）扩大水资源税改革试点。国务院根据国民经济和社会发展需要，依照《资源税法》的原则，对取用地表水或者地下水的单位和个人试点征收水资源税。征收水资源税的，停止征收水资源费。水资源税根据当地水资源状况、取用水类型和经济发展等情况实行差别税率。

中外合作开采陆上、海上石油资源的企业依法缴纳资源税。2011 年 11 月 1 日前已依法订立中外合作开采陆上、海上石油资源合同的，在该合同有效期内，继续依照国家有关规定缴纳矿区使用费，不缴纳资源税；合同期满后，依法缴纳资源税。

3. 资源税税目的确定

资源税的税目、税率，依照"资源税税目税率表"（表 7-5）执行。

二、资源税的计算

1. 资源税计税依据的确定

资源税按照"资源税税目税率表"实行从价计征或者从量计征。

"资源税税目税率表"中规定可以选择实行从价计征或者从量计征的，具体计征方式由省、自治区、直辖市人民政府提出，报同级人民代表大会常务委员会决定，并报全国人民代表大会常务委员会和国务院备案。

实行从价计征的，应纳税额按照应税资源产品（以下称应税产品）的销售额乘以具体适用税率计算。实行从量计征的，应纳税额按照应税产品的销售数量乘以具体适用税率计算。

应税产品为矿产品的，包括原矿和选矿产品。

1）资源税从价计征计税依据的确定

资源税从价计征的计税依据为应税产品的销售额。

（1）关于销售额的认定。

资源税应税产品（简称应税产品）的销售额，按照纳税人销售应税产品向购买方收取的全部价款确定，不包括增值税税款。

计入销售额中的相关运杂费用，凡取得增值税发票或者其他合法有效凭据的，准予从销售额中扣除。相关运杂费用是指应税产品从坑口或者洗选（加工）地到车站、码头或者购买方指定地点的运输费用、建设基金以及随运销产生的装卸、仓储、港杂费用。

纳税人扣减的运杂费用明显偏高导致应税产品价格偏低且无正当理由的，主管税务机关可以合理调整计税价格。

（2）原矿销售额与精矿销售额的换算或折算。

为公平原矿与精矿之间的税负，对同一种应税产品，征税对象为精矿的，纳税人销售原矿时，应将原矿销售额换算为精矿销售额缴纳资源税；征税对象为原矿的，纳税人销售自采原矿加工的精矿，应将精矿销售额折算为原矿销售额缴纳资源税。换算比或折算率原则上应通过原矿售价、精矿售价和选矿比计算，也可通过原矿销售额、加工环节平均成本和利润计算。

金矿以标准金锭为征税对象，纳税人销售金原矿、金精矿的，应比照上述规定将其销售额换算为金锭销售额缴纳资源税。

换算比或折算率应按简便可行、公平合理的原则，由省级财税部门确定，并报财政部、国家税务总局备案。

纳税人将其开采的原矿加工为精矿销售的，按精矿销售额（不含增值税）和适用税率计算缴纳资源税。纳税人开采并销售原矿的，将原矿销售额（不含增值税）换算为精矿销售额计算缴纳资源税。精矿销售额不包括从洗选厂到车站、码头或用户指定运达地点的运输费用。

纳税人销售（或者视同销售）其自采原矿的，可采用成本法或市场法将原矿销售额换算为精矿销售额计算缴纳资源税。其中成本法的计算公式为：

精矿销售额=原矿销售额+原矿加工为精矿的成本×（1+成本利润率）

市场法公式为：

精矿销售额=原矿销售额×换算比

换算比=同类精矿单位价格/（原矿单位价格×选矿比）

选矿比=加工精矿耗用的原矿数量/精矿数量

原矿销售额不包括从矿区到车站、码头或用户指定运达地点的运输费用。

纳税人以自采原矿（经过采矿过程采出后未进行选矿或者加工的矿石）直接销售，或者自用于应当缴纳资源税情形的，按照原矿计征资源税。

纳税人以自采原矿洗选加工为选矿产品（通过破碎、切割、洗选、筛分、磨矿、分级、提纯、脱水、干燥等过程形成的产品，包括富集的精矿和研磨成粉、粒级成型、切割成型的原矿加工品）销售，或者将选矿产品自用于应当缴纳资源税情形的，按照选矿产品计征资源税，在原矿移送环节不缴纳资源税。对于无法区分原生岩石矿种的粒级成型砂石颗粒，按照砂石税目征收资源税。

2）资源税从量计征计税依据的确定

资源税从量计征的计税依据为从量计征的应税产品的销售数量。销售数量的具体规定为：

（1）销售数量，包括纳税人开采或者生产应税产品的实际销售数量和自用于应当缴纳资源税情形的应税产品数量。

（2）纳税人不能准确提供应税产品销售数量的，以应税产品的产量或者主管税务机关确定的折算比换算成的数量为计征资源税的销售数量。

原矿和精矿的销售额或者销售数量应当分别核算，未分别核算的，从高确定计税销售额或者销售数量。

2. 资源税税率的判定

资源税税目税率表如表7-5所示。

表7-5　资源税税目税率表

税目			征税对象	税率
能源矿产	原油		原矿	6%
	天然气、页岩气、天然气水合物		原矿	6%
	煤		原矿或者选矿	2%～10%
	煤成（层）气		原矿	1%～2%
	铀、钍		原矿	4%
	油页岩、油砂、天然沥青、石煤		原矿或者选矿	1%～4%
	地热		原矿	1%～20%或者每立方米1～30元
金属矿产	黑色金属	铁、锰、铬、钒、钛	原矿或者选矿	1%～9%
	有色金属	铜、铅、锌、锡、镍、锑、镁、钴、铋、汞	原矿或者选矿	2%～9%
		铝土矿	原矿或者选矿	2%～9%
		钨	选矿	6.5%
		钼	选矿	8%
		金、银	原矿或者选矿	2%～6%
		铂、钯、钌、锇、铱、铑	原矿或者选矿	5%～10%
		轻稀土	选矿	7%～12%
		中重稀土	选矿	20%
		铍、锂、锆、锶、铷、铯、铌、钽、锗、镓、铟、铊、铪、铼、镉、硒、碲	原矿或者选矿	2%～10%
非金属矿产	矿物类	高岭土	原矿或者选矿	1%～6%
		石灰岩	原矿或者选矿	1%～6%或者每吨（或者每立方米）1～10元
		磷	原矿或者选矿	3%～8%
		石墨	原矿或者选矿	3%～12%
		萤石、硫铁矿、自然硫	原矿或者选矿	1%～8%
		天然石英砂、脉石英、粉石英、水晶、工业用金刚石、冰洲石、蓝晶石、硅线石（矽线石）、长石、滑石、刚玉、菱镁矿、颜料矿物、天然碱、芒硝、钠硝石、明矾石、砷、硼、碘、溴、膨润土、硅藻土、陶瓷土、耐火黏土、铁矾土、凹凸棒石黏土、海泡石黏土、伊利石黏土、累托石黏土	原矿或者选矿	1%～12%

续表

税目			征税对象	税率
非金属矿产	矿物类	叶蜡石、硅灰石、透辉石、珍珠岩、云母、沸石、重晶石、毒重石、方解石、蛭石、透闪石、工业用电气石、白垩、石棉、蓝石棉、红柱石、石榴子石、石膏	原矿或者选矿	2%～12%
		其他黏土（铸型用黏土、砖瓦用黏土、陶粒用黏土、水泥配料用黏土、水泥配料用红土、水泥配料用黄土、水泥配料用泥岩、保温材料用黏土）	原矿或者选矿	1%～5%或者每吨（或者每立方米）0.1～5 元
	岩石类	大理岩、花岗岩、白云岩、石英岩、砂岩、辉绿岩、安山岩、闪长岩、板岩、玄武岩、片麻岩、角闪岩、页岩、浮石、凝灰岩、黑曜岩、霞石正长岩、蛇纹岩、麦饭石、泥灰岩、含钾岩石、含钾砂页岩、天然油石、橄榄岩、松脂岩、粗面岩、辉长岩、辉石岩、正长岩、火山灰、火山渣、泥炭	原矿或者选矿	1%～10%
		砂石	原矿或者选矿	1%～5%或者每吨（或者每立方米）0.1～5 元
	宝玉石类	宝石、玉石、宝石级金刚石、玛瑙、黄玉、碧玺	原矿或者选矿	4%～20%
水气矿产	二氧化碳气、硫化氢气、氦气、氡气		原矿	2%～5%
	矿泉水		原矿	1%～20%或者每立方米 1～30 元
盐	钠盐、钾盐、镁盐、锂盐		选矿	3%～15%
	天然卤水		原矿	3%～15%或者每吨（或者每立方米）1～10 元
	海盐		原矿或者选矿	2%～5%

"资源税税目税率表"中规定实行幅度税率的，其具体适用税率由省、自治区、直辖市人民政府统筹考虑该应税资源的品位、开采条件以及对生态环境的影响等情况，在"资源税税目税率表"规定的税率幅度内提出，报同级人民代表大会常务委员会决定，并报全国人民代表大会常务委员会和国务院备案。"资源税税目税率表"中规定征税对象为原矿或者选矿的，应当分别确定具体适用税率。

3. 资源税优惠政策的运用

1）免征资源税

有下列情形之一的，免征资源税：

（1）开采原油以及在油田范围内运输原油过程中用于加热的原油、天然气；

（2）煤炭开采企业因安全生产需要抽采的煤成（层）气；

（3）青藏铁路公司及其所属单位运营期间自采自用的砂、石等材料。

2）减征资源税

有下列情形之一的，减征资源税：

（1）从低丰度油气田开采的原油、天然气，减征 20% 资源税；

（2）高含硫天然气、三次采油和从深水油气田开采的原油、天然气，减征30%资源税；

（3）稠油、高凝油减征40%资源税；

（4）从衰竭期矿山开采的矿产品，减征30%资源税。

（5）自2018年4月1日至2021年3月31日，对页岩气资源税减征30%；

（6）自2014年12月1日至2023年8月31日，对充填开采置换出来的煤炭，资源税减征50%。

根据国民经济和社会发展需要，国务院对有利于促进资源节约集约利用、保护环境等情形可以规定免征或者减征资源税，报全国人民代表大会常务委员会备案。

3）可以决定免征或者减征资源税

有下列情形之一的，省、自治区、直辖市可以决定免征或者减征资源税：

（1）纳税人开采或者生产应税产品过程中，因意外事故或者自然灾害等原因遭受重大损失；

（2）纳税人开采共伴生矿、低品位矿、尾矿。

这里的免征或减征资源税的具体办法，由省、自治区、直辖市人民政府提出，报同级人民代表大会常务委员会决定，并报全国人民代表大会常务委员会和国务院备案。

纳税人的免税、减税项目，应当单独核算销售额或者销售数量；未单独核算或者不能准确提供销售额或者销售数量的，不予免税或者减税。纳税人开采或者生产同一应税产品，其中既有享受减免税政策的，又有不享受减免税政策的，按照免税、减税项目的产量占比等方法分别核算确定免税、减税项目的销售额或者销售数量。纳税人开采或者生产同一应税产品同时符合两项或者两项以上减征资源税优惠政策的，除另有规定外，只能选择其中一项执行。

4）资源税应纳税额的计算

资源税的应纳税额，按照从价计征或者从量计征的办法，分别以应税产品的销售额乘以纳税人具体适用的比例税率或者以应税产品的销售数量乘以纳税人具体适用的定额税率计算。

纳税人开采或者生产不同税目应税产品的，应当分别核算不同税目应税产品的销售额或者销售数量；未分别核算或者不能准确提供不同税目应税产品的销售额或者销售数量的，从高适用税率。纳税人开采或者生产同一税目下适用不同税率应税产品的，应当分别核算不同税率应税产品的销售额或者销售数量；未分别核算或者不能准确提供不同税率应税产品的销售额或者销售数量的，从高适用税率。

（1）采用从价计征办法应纳税额的计算公式：

$$应纳税额 = 应税产品的销售额 \times 比例税率$$

（2）采用从量计征办法应纳税额的计算公式：

$$应纳税额 = 应税产品的销售数量 \times 定额税率$$

纳税人开采或者生产应税产品，自用于连续生产应税产品的，不缴纳资源税；自用于其他方面的，视同销售，缴纳资源税。纳税人自用应税产品应当缴纳资源税的情形，包括纳税人以应税产品用于非货币性资产交换、捐赠、偿债、赞助、集资、投资、广告、样品、职工福利、利润分配或者连续生产非应税产品等。

（3）纳税人申报的应税产品销售额明显偏低且无正当理由的，或者有自用应税产品行为而无销售额的，主管税务机关可以按下列方法和顺序确定其应税产品销售额：

① 按纳税人最近时期同类产品的平均销售价格确定。

② 按其他纳税人最近时期同类产品的平均销售价格确定。

③ 按后续加工非应税产品销售价格，减去后续加工环节的成本利润后确定。

④ 按应税产品组成计税价格确定。其计算公式为：

$$组成计税价格 = 成本 \times (1 + 成本利润率) / (1 - 资源税税率)$$

上式中，成本利润率由省、自治区、直辖市税务机关确定。

⑤ 按其他合理方法确定。

（4）原煤加工为洗选煤的资源税应纳税额的计算。

纳税人将其开采的原煤加工为洗选煤销售的，以洗选煤销售额乘以折算率作为应税煤炭销售额计算缴纳资源税。其计算公式为：

$$洗选煤应纳税额 = 洗选煤销售额 \times 洗选煤折算率 \times 适用税率$$

洗选煤销售额包括洗选副产品的销售额，不包括洗选煤从洗选煤厂到车站、码头等的运输费用。

折算率可通过洗选煤销售额扣除洗选环节成本、利润计算，也可通过洗选煤市场价格与其所用同类原煤市场价格的差额及综合回收率计算。折算率由省、自治区、直辖市财税部门或其授权地市级财税部门确定。具体来说，洗选煤折算率的公式有两种：

公式一：

$$洗选煤折算率 = [(洗选煤平均销售额 - 洗选环节平均成本 - 洗选环节平均利润) / 洗选煤平均销售额] \times 100\%$$

公式二：

$$洗选煤折算率 = [原煤平均销售额 / (洗选煤平均销售额 \times 综合回收率)] \times 100\%$$

其中，

$$综合回收率 = (洗选煤数量 / 入洗前原煤数量) \times 100\%$$

（5）已税产品的税务处理。

纳税人用已纳资源税的应税产品进一步加工应税产品销售的，不再缴纳资源税。纳税人外购应税产品与自采应税产品混合销售或者混合加工为应税产品销售的，在计算应税产品销售额或者销售数量时，准予扣减外购应税产品的购进金额或者购进数量；当期不足扣减的，可结转下期扣减。纳税人应当准确核算外购应税产品的购进金额或者购进数量，未准确核算的，一并计算缴纳资源税。

纳税人核算并扣减当期外购应税产品购进金额、购进数量，应当依据外购应税产品的增值税发票、海关进口增值税专用缴款书或者其他合法有效凭据。

纳税人以外购原矿与自采原矿混合为原矿销售的，或者以外购选矿产品与自产选矿产品混合为选矿产品销售的，在计算应税产品销售额或者销售数量时，直接扣减外购原矿或者外购选矿产品的购进金额或者购进数量。

纳税人以外购原矿与自采原矿混合洗选加工为选矿产品销售的，在计算应税产品销售额或者销售数量时，按照下列方法进行扣减：

$$准予扣减的外购应税产品购进金额（数量） = 外购原矿购进金额（数量） \times (本地区原矿适用税率 / 本地区选矿产品适用税率)$$

不能按照上述方法计算扣减的，按照主管税务机关确定的其他合理方法进行扣减。

（6）关联企业之间业务往来的税务处理。

纳税人与其关联企业之间的业务往来，应当按照独立企业之间的业务往来收取或者支付价款、费用。不按照独立企业之间的业务往来收取或者支付价款、费用，而减少其计税销售额的，税务机关可以按照《税收征收管理法》及其实施细则的有关规定进行合理调整。

三、资源税的纳税申报

1. 资源税的征收管理

1）资源税的纳税义务发生时间

资源税在应税产品的销售或自用环节计算缴纳。具体来说：

（1）纳税人销售应税产品采取分期收款结算方式的，其纳税义务发生时间为销售合同规定的收款日期的当日。

（2）纳税人销售应税产品采取预收货款结算方式的，其纳税义务发生时间为发出应税产品的当日。

（3）纳税人销售应税产品采取其他结算方式的，其纳税义务发生时间为收讫销售款项或者取得索取销售款项凭据的当日。

（4）纳税人自产自用应税产品的，其纳税义务发生时间为移送使用应税产品的当日。

（5）纳税人以自采原矿加工精矿产品的，在原矿移送使用时不缴纳资源税，在精矿销售或自用时缴纳资源税。

（6）纳税人以自采原矿加工金锭的，在金锭销售或自用时缴纳资源税。纳税人销售自采原矿或者自采原矿加工的金精矿、粗金，在原矿或者金精矿、粗金销售时缴纳资源税，在移送使用时不缴纳资源税。

（7）纳税人以应税产品投资、分配、抵债、赠与、以物易物等，视同销售，依照税法有关规定计算缴纳资源税。

2）资源税的纳税期限

资源税按月或者按季申报缴纳；不能按固定期限计算缴纳的，可以按次申报缴纳。

纳税人按月或者按季申报缴纳的，应当自月度或者季度终了之日起15日内，向税务机关办理纳税申报并缴纳税款；按次申报缴纳的，应当自纳税义务发生之日起15日内，向税务机关办理纳税申报并缴纳税款。

3）资源税的纳税地点

（1）纳税人应当在矿产品的开采地或者海盐的生产地的税务机关申报缴纳资源税。

（2）纳税人在本省、自治区、直辖市范围开采或者生产应税产品，其纳税地点需要调整的，由省级税务机关决定。

（3）纳税人跨省开采资源税应税产品，其下属生产单位与核算单位不在同一省、自治区、直辖市的，对其开采的矿产品一律在开采地纳税，其应纳税款由独立核算、自负盈亏的单位，按照开采地的实际销售（或者自用）额或数量及适用的税率计算划拨。

（4）海上开采的原油和天然气资源税由海洋石油税务管理机构征收管理。

2. 资源税的纳税申报实务操作

纳税人对资源税进行纳税申报时，应当填报"资源税税源明细表"（表7-6）、"财产和行为税减免税明细申报附表"（略）及"财产和行为税纳税申报表"（表7-4）。

税款所属期限：自 2022 年 03 月 01 日至 2022 年 03 月 31 日
纳税人识别号（统一社会信用代码）：91370709864789123P
纳税人名称：山东和力铸成铁矿有限公司

金额单位：元（列至角分）

表7-6 资源税税源明细表

申报计算明细

序号	税目	子目	计量单位	销售数量	准予扣减的外购应税产品购进数量	计税销售数量	销售额	准予扣除的运杂费	准予扣减的外购应税产品购进金额	计税销售额
	1	2	3	4	5	6=4-5	7	8	9	10=7-8-9
1	黑色金属 * 铁	原矿	吨	5 000.00		5 000.00	4 000 000.00	0.00	0.00	4 000 000.00
2										
合计							4 000 000.00			4 000 000.00

减免税计算明细

序号	税目	子目	减免性质代码和项目名称	计量单位	减免税销售数量	减免税销售额	适用税率	减征比例	本期减免税额
	1	2	3	4	5	6	7	8	9①=5×7×8
									9②=6×7×8
1									
2									
合计									

【情境实战7-5——资源税应纳税额的计算和纳税申报】

1. 工作任务要求

（1）计算山东和力铸成铁矿有限公司2022年3月下列业务的增值税销项税额和应纳资源税。

（2）山东和力铸成铁矿有限公司2021年4月5日对2022年3月的资源税进行纳税申报，填写"资源税税源明细表""财产和行为税纳税申报表"。

2. 情境实战设计

接【情境实战7-4——土地增值税的计算和纳税申报】，山东和力铸成铁矿有限公司2022年3月生产铁矿原矿6 000吨。当月对外销售铁矿原矿5 000吨，双方买卖合同（2022年3月20日签订）上记载每吨不含增值税售价为800元，合计不含增值税售价为4 000 000元。已售出的铁矿原矿的成本为3 000 000元。该批铁矿原矿已经发出，款项以银行存款收讫。该批铁矿原矿的资源税税率为2%。山东和力铸成铁矿有限公司2021年4月5日对2022年3月的资源税进行纳税申报。

3. 实战操作步骤

第一步：根据经济业务计算当期增值税销项税额和应纳资源税。

增值税销项税额＝5 000×800×13%＝4 000 000×13%＝520 000（元）

应纳资源税＝5 000×800×2%＝4 000 000×2%＝80 000（元）

第二步：对资源税进行纳税申报。

填写"资源税税源明细表"（表7-6）及"财产和行为税纳税申报表"（表7-4）。

任务四　城镇土地使用税纳税申报实务

【任务引例】

甲公司向村委租用村集体所有建设用地，但未办理土地使用权流转手续，请问甲公司是否应当缴纳城镇土地使用税？

一、城镇土地使用税的认知

1. 城镇土地使用税纳税人的确定

城镇土地使用税的纳税人是指在城市、县城、建制镇、工矿区范围内使用土地的单位和个人。单位包括国有企业、集体企业、私营企业、股份制企业、外商投资企业、外国企业及其他企业和事业单位、社会团体、国家机关、军队及其他单位。个人包括个体工商户及其他个人。

城镇土地使用税纳税人的具体规定如下。

（1）拥有土地使用权的单位和个人，为纳税人。

（2）拥有土地使用权的单位和个人不在土地所在地的，土地的代管人或实际使用人为纳税义务人。

（3）土地使用权未确定或权属纠纷未解决的，土地的实际使用人为纳税人。

（4）土地使用权共有的，共有各方均为纳税人，以共有各方实际使用土地的面积占总面积的比例，分别计算城镇土地使用税，由共有各方分别缴纳。

【任务引例解析】

答 《财政部 国家税务总局关于集体土地城镇土地使用税有关政策的通知》（财税〔2006〕56 号）规定，自 2006 年 5 月 1 日起，在城镇土地使用税征税范围内实际使用应税集体所有建设用地，但未办理土地使用权流转手续的，由实际使用集体土地的单位和个人按规定缴纳城镇土地使用税。因此，对甲公司租用的、未办理土地使用权流转手续的村集体所有建设用地，应由甲公司缴纳城镇土地使用税。

2. 城镇土地使用税征税范围的确定

城镇土地使用税的征税范围是税法规定的纳税区域内的土地。根据《中华人民共和国城镇土地使用税暂行条例》的规定，凡在城市、县城、建制镇、工矿区范围内的土地，无论是属于国家所有的土地，还是集体所有的土地，都属于城镇土地使用税的征税范围。建立在城市、县城、建制镇和工矿区以外的工矿企业则不需缴纳城镇土地使用税。

自 2009 年 1 月 1 日起，公园、名胜古迹内的索道公司经营用地，应按规定缴纳城镇土地使用税。

二、城镇土地使用税的计算

1. 城镇土地使用税计税依据的确定

城镇土地使用税以纳税人实际占用的土地面积为计税依据，土地面积计量标准为每平方米。即税务机关根据纳税人实际占用的土地面积，按照规定的税额计算应纳税额，向纳税人征收城镇土地使用税。

纳税人实际占用的土地面积按下列方法确定。

（1）由省、自治区、直辖市人民政府确定的单位组织测定土地面积的，以测定的面积为准。

（2）尚未组织测量，但纳税人持有政府部门核发的土地使用证书的，以证书确认的土地面积为准。

（3）尚未核发土地使用证书的，应由纳税人申报土地面积，据以纳税，待核发土地使用证以后再作调整。

2. 城镇土地使用税的税率

城镇土地使用税采用定额税率，即采用有幅度的差别税额，按大、中、小城市，以及县城、建制镇、工矿区分别规定每平方米城镇土地使用税年应纳税额。

城镇土地使用税税率如表 7-7 所示。

表 7-7 城镇土地使用税税率

级别	人口/人	每平方米税额/元
大城市	50 万以上	1.5～30
中等城市	20 万～50 万	1.2～24
小城市	20 万以下	0.9～18
县城、建制镇、工矿区		0.6～12

省、自治区、直辖市人民政府，应当在表 7-7 规定的税额幅度内，根据市政建设状况、经济繁荣程度等条件，确定所辖地区的适用税额幅度。经济落后地区，城镇土地使用税的适用税额标准可适当降低，但降低幅度不得超过上述规定最低税额的 30%。

3. 城镇土地使用税优惠政策的运用

1）城镇土地使用税减免的一般规定

（1）国家机关、人民团体、军队自用的土地（仅指这些单位的办公用地和公务用地），免征城镇土地使用税。

（2）由国家财政部门拨付事业经费的单位自用的土地，免征城镇土地使用税。

（3）宗教寺庙、公园、名胜古迹自用的土地，免征城镇土地使用税（公园、名胜古迹中附设的营业单位、影剧院、饮食部、茶社、照相馆、索道公司经营用地等均应按规定缴纳城镇土地使用税）。

（4）市政街道、广场、绿化地带等公共用地，免征城镇土地使用税。非社会性的公共用地如企业内的广场、道路、绿化等占用的土地，不能免税。

（5）直接用于农、林、牧、渔业的生产用地，免征城镇土地使用税。

（6）经批准开山填海整治的土地和改造的废弃土地，从使用的月份起免缴城镇土地使用税 5 年至 10 年。

（7）由财政部另行规定免税的能源、交通、水利用地和其他用地，免征城镇土地使用税。

（8）企业办的学校、医院、托儿所、幼儿园，其用地能与企业其他用地明确区分的，免征城镇土地使用税。

（9）对机场飞行区（包括跑道、滑行道、停机坪、安全带、夜航灯光区等）用地，场内外通信导航设施用地和飞行区四周排水防洪设施用地，免征城镇土地使用税。机场道路，区分为场内、场外道路，场外道路用地免征城镇土地使用税；场内道路用地依照规定征收城镇土地使用税。

（10）对盐场的盐滩、盐矿的矿井用地，暂免征收城镇土地使用税。

2）城镇土地使用税减免的特殊规定

（1）凡是缴纳了耕地占用税的，从批准征用之日起满 1 年后征收城镇土地使用税；征用非耕地因不需要缴纳耕地占用税，应从批准征用之次月起征收城镇土地使用税。

（2）对免税单位无偿使用纳税单位的土地（如公安、海关等单位使用铁路、民航等单位的土地），免征城镇土地使用税；对纳税单位无偿使用免税单位的土地，纳税单位应照章缴纳城镇土地使用税。

（3）房地产开发公司开发建造商品房的用地，除经批准开发建设经济适用房的用地外，对各类房地产开发用地一律不得减免城镇土地使用税。

（4）老年服务机构自用的土地，免征城镇土地使用税。

（5）对于各类危险品仓库、厂房所需的防火、防爆、防毒等安全防范用地，可由各省、自治区、直辖市地方税务局确定，暂免征收城镇土地使用税。

（6）自 2019 年 6 月 1 日至 2025 年 12 月 31 日，为社区提供养老、托育、家政等服务的机构自有或其通过承租、无偿使用等方式取得并用于提供社区养老、托育、家政服务的土地，免征城镇土地使用税。

（7）自 2019 年 1 月 1 日至 2023 年 12 月 31 日，对农产品批发市场、农贸市场（包括自有和承租）专门用于经营农产品的房产、土地，暂免征收城镇土地使用税。对同时经营其他产品的，按其他产品与农产品交易场地面积的比例确定征免城镇土地使用税。农产品批发市场、农贸市场的行政办公区、生活区，以及商业餐饮娱乐等非直接为农产品交易提供服务的房产、土地，应按规定征收城镇土地使用税。

（8）自 2019 年 1 月 1 日至 2023 年 12 月 31 日，对国家级、省级科技企业孵化器、大学科技园和国家备案众创空间自用以及无偿或通过出租等方式提供给在孵对象使用的房产、土地，免征城镇土地使用税。

4. 城镇土地使用税应纳税额的计算

城镇土地使用税应纳税额可以通过纳税人实际占用的土地面积乘以该土地所在地段的适用税率求得。其计算公式为：

$$全年应纳税额 = 实际占用应税土地面积 \times 适用税率$$

三、城镇土地使用税的纳税申报

1. 城镇土地使用税的征收管理

1）城镇土地使用税的纳税义务发生时间

（1）纳税人购置新建商品房，自房屋交付使用的次月起，缴纳城镇土地使用税。

（2）纳税人购置存量房，自办理房屋权属转移、变更登记手续，房地产权属登记机关签发房屋权属证书的次月起，缴纳城镇土地使用税。

（3）纳税人出租、出借房产（由房产所有人缴纳），自交付出租、出借房产的次月起，缴纳城镇土地使用税。

（4）以出让或转让方式有偿取得土地使用权的，应由受让方从合同约定交付土地时间的次月起缴纳城镇土地使用税；合同未约定交付时间的，由受让方从合同签订的次月起缴纳城镇土地使用税。

（5）纳税人新征用的耕地，自批准征用之日起满 1 年时开始缴纳城镇土地使用税。

（6）纳税人新征用的非耕地，自批准征用次月起缴纳城镇土地使用税。

需要注意的是，自 2009 年 1 月 1 日起，纳税人因土地的权利发生变化而依法终止城镇土地使用税纳税义务的，其应纳税款的计算应截至土地权利发生变化的当月末。

2）城镇土地使用税的纳税期限

城镇土地使用税适用按年计算、分期缴纳的征收方法，具体纳税期限由省、自治区、直辖市人民政府确定。

3）城镇土地使用税的纳税地点

城镇土地使用税在土地所在地缴纳。

纳税人使用的土地不属于同一省、自治区、直辖市管辖的，由纳税人分别向土地所在地的税务机关缴纳城镇土地使用税；在同一省、自治区、直辖市管辖范围内，纳税人跨地区使用的土地，其纳税地点由各省、自治区、直辖市地方税务局确定。

2. 城镇土地使用税的纳税申报实务操作

纳税人城镇土地使用税进行纳税申报时，应当填报"城镇土地使用税 房产税税源明细表"（表7-8）、"财产和行为税减免税明细申报附表"（略）及"财产和行为税纳税申报表"（表7-4）。

【情境实战7-6——城镇土地使用税应纳税额的计算和纳税申报】

1. 工作任务要求

（1）计算山东和力铸成铁矿有限公司2022年第1季度的应纳城镇土地使用税。

（2）山东和力铸成铁矿有限公司2022年4月5日对2022年第1季度的城镇土地使用税进行纳税申报，填写"城镇土地使用税 房产税税源明细表"中的"一、城镇土地使用税税源明细""财产和行为税纳税申报表"。

2. 情境实战设计

接【情境实战7-4——土地增值税的计算和纳税申报】，山东和力铸成铁矿有限公司生产经营用地的土地面积为16 000平方米，土地名称为A土地。山东和力铸成铁矿有限公司为土地使用权人。土地性质为国有土地。土地取得方式为转让。土地用途为工业用途。土地坐落地址为山东省济南市开发区幸福街道胜利路777号。土地所属主管税务所为山东省济南市开发区税务局。土地取得时间为2018年7月。该土地为一级土地，城镇土地使用税的单位税额为每平方米8元。按照当地规定，城镇土地使用税按年计算、每季度缴纳一次。山东和力铸成铁矿有限公司2022年4月5日对2022年第1季度的城镇土地使用税进行纳税申报。

3. 实战操作步骤

第一步：根据经济业务计算2022年第1季度的应纳城镇土地使用税。

2022年第1季度应纳城镇土地使用税＝16 000×8/4＝（16 000/4）×8＝4 000×8＝32 000（元）

第二步：对城镇土地使用税进行纳税申报。

填写"城镇土地使用税 房产税税源明细表"（表7-8）中的"一、城镇土地使用税税源明细""财产和行为税纳税申报表"（表7-4）。

表7-8 城镇土地使用税 房产税税源明细表

金额单位：元（列至角分）　　面积单位：平方米

纳税人识别号（统一社会信用代码）：91370709864789123P

纳税人名称：山东和力铸成铁矿有限公司

一、城镇土地使用税税源明细①

* 纳税人类型	土地使用权人口 集体土地使用人口 代管人口 无偿使用人口 实际使用人口（必选）	土地使用权人纳税人识别号（统一社会信用代码）	91370709864789123P	土地使用权人名称	山东和力铸成铁矿有限公司
* 土地编号	系统自动赋予编号	土地名称	A 土地	不动产权证号	略
不动产单元代码	略	宗地号	略	* 土地性质	国有☑ 集体口（必选）
* 土地取得方式	划拨口 出让口 转让☑ 租赁口 其他口（必选）	* 土地用途	工业☑ 商业口 居住口 综合口 房地产开发企业的开发用地口 其他口（必选）		
* 土地坐落地址（详细地址）	山东省（自治区、直辖市）济南市（区）开发县（区）幸福乡镇（街道）胜利路777号（必选）				
* 土地所属主管税务所（科、分局）	系统自动带出				
* 土地取得时间	2018年07月	变更类型	纳税义务终止 信息品质变更（土地面积变更口 权属转移口 土地等级变更口 其他口）（土地使用人变更口 其他口）	减免税变更口	变更时间 年 月
* 占用土地面积	16 000.00	地价	略	* 土地等级	一级	* 税额标准	8.00

减免税部分	序号	减免性质代码和项目名称	减免起止时间				减免税土地面积	月减免税金额
			减免起始时间		减免终止时间			
			减免起始月份		减免终止月份			
			年 月		年 月			
	1							
	2							
	3							

① 首次进行纳税申报的纳税人，需要填写全部土地的相关信息。此后办理纳税申报时，纳税人的土地及相关信息未发生变化的，可仅对已填报的信息进行确认；发生变化的，仅就变化的内容进行填写。

续表

二、房产税税源明细

（一）从价计征房产税明细①

*纳税人类型	产权所有人☑　经营管理人□　房屋代管人□　房屋承典人□　融资租赁承租人□　使用人□（必选）	所有权人纳税人识别号（统一社会信用代码）	91370709864789123P	所有权人名称　山东和力铸成铁矿有限公司
*房产编号	系统赋予编号　略	房产名称	A房产	
不动产权证号	略	不动产单元代码	略	
*房产坐落地址（详细地址）	山东省（自治区、直辖市）济南市（区）开发县（区）幸福乡镇（街道）胜利路777号（必填）			
*房产所属主管税务所（科、分局）	系统自动带出			
房屋所在土地编号	系统自动带出			
*房产取得时间	2018年07月	变更类型　略	纳税义务终止（权属转移□　其他□）信息项变更（房产原值变更□　出租房产原值变更□　减免税变更□　申报租金收入变更□　其他□）	变更时间　年　月
*建筑面积	50 000 000.00	其中：出租房产面积	0.00	
*房产原值	50 000 000.00	其中：出租房产原值	0.00	计税比例　70%

减免税部分

序号	减免性质代码和项目名称	减免起始时间		减免终止时间		减免税房产原值	月减免税金额
		减免起始月份		减免终止月份			
		年	月	年	月		
1							
2							
3							

---

① 首次进行纳税申报的纳税人，需要填写全部房产的相关信息，此后办理纳税申报时，纳税人的房产及相关信息未发生变化的，可仅对已填报的信息进行确认；发生变化的，仅逐变化的内容进行填写。

续表

二、房产税税源明细

（二）从租计征房产税明细

*房产编号		房产名称	
房产所属主管税务所（科、分局）			
承租方纳税人识别号（统一社会信用代码）		承租方名称	
*出租面积		*申报租金收入	
*申报租金所属租赁期起		*申报租金所属租赁期止	

减免税部分

| 序号 | 减免性质代码和项目名称 | 减免起止时间 | | 减免税租金收入 | 月减税金额 |
| | | 减免起始月份 | 减免终止月份 | | |
		年　　月	年　　月		
1					
2					
3					

任务五　房产税纳税申报实务

【任务引例】

甲公司与乙公司合作建房，在建工程的成本仅在甲公司账上反映，工程尚未竣工，产权证也没有办理。现甲公司和乙公司已分别将各自应分得的房产投入使用。请问房产税由哪方缴纳？

一、房产税的认知

1. 房产税纳税人的确定

房产税的纳税人是指在我国城市、县城、建制镇和工矿区（不包括农村）内拥有房屋产权的单位和个人，具体包括产权所有人、承典人、房产代管人或使用人。

（1）产权属于国家的，其经营管理的单位为纳税人。

（2）产权属于集体和个人的，集体单位和个人为纳税人。

（3）产权出典的，承典人为纳税人。

产权出典是指产权所有人为了某种需要，将自己的房屋在一定的期限内转让给他人使用，以押金形式换取一定数额的现金（或者实物），并立有某种合同（契约）的行为。在此，房屋所有人称为房屋"出典人"，支付现金（或者实物）的人称为房屋的"承典人"。

（4）产权所有人、承典人均不在房产所在地的，房产代管人或使用人为纳税人。

（5）产权未确定及租典（租赁、出典）纠纷未解决的，房产代管人或使用人为纳税人。

（6）纳税单位和个人无租使用房产管理部门、免税单位及纳税单位的房产，由使用人代为缴纳房产税。

（7）房地产开发企业建造的商品房，在出售前，不征收房产税，但对出售前房地产开发企业已使用或出租、出借的商品房应按规定征收房产税。

【任务引例解析】

答　《中华人民共和国房产税暂行条例》规定，房产税由产权所有人缴纳。产权所有人、承典人不在房产所在地的，或者产权未确定及租典纠纷未解决的，由房产代管人或者使用人缴纳。因此，甲企业和乙企业应当分别就自己使用部分的房产缴纳房产税。

2. 房产税征税范围的确定

房产税的征税对象是房产，即有屋面和围护结构（有墙或两边有柱），能够遮风避雨，可提供人们在其中生产、学习、工作、娱乐、居住或储藏物资的场所。

房产税的征税范围是城市、县城、建制镇和工矿区的房屋，不包括农村。

二、房产税的计算

1. 房产税计税依据的确定

1）房产税从价计征的计税依据

房产税从价计征的计税依据为按照房产原值一次减除 10%～30% 损耗后的余值（扣除比例由省、自治区、直辖市人民政府确定）。

对于房产原值的规定主要有以下方面。

（1）房产原值是指纳税人按照会计制度规定，在账簿"固定资产"科目中记载的房屋原价。因此，凡按会计制度规定在账簿中记载有房屋原价的，应以房屋原价按规定减除一定比例后作为房产余值计征房产税；没有记载房屋原价的，按照上述原则，并参照同类房屋确定房产原值，按规定计征房产税。

自 2009 年 1 月 1 日起，对依照房产原值计税的房产，无论是否记载在会计账簿"固定资产"科目中，均应按照房屋原价计算缴纳房产税。房屋原价应根据国家有关会计制度规定进行核算。对纳税人未按国家会计制度规定核算并记载的，应按规定予以调整或重新评估。

（2）房产原值应包括与房屋不可分割的各种附属设备或一般不单独计算价值的配套设施。其主要有暖气、卫生、通风、照明、煤气等设备；各种管线，如蒸汽、压缩空气、石油、给水排水等管道，以及电力、电信、电缆导线；电梯、升降机、过道、晒台等。属于房屋附属设备的水管、下水道、暖气管、煤气管等应从最近的探视井或三通管起，计算原值；电灯网、照明线从进线盒连接管起，计算原值。

（3）纳税人对原有房屋进行改建、扩施，要相应增加房屋的原值。

2）房产税从租计征的计税依据

房产税从租计征的计税依据为租金收入（包括实物收入和货币收入）。以劳务或其他形式抵付房租收入的，按当地同类房产租金水平确定。

营业税改征增值税后，房产出租的，计征房产税的租金收入不含增值税。免征增值税的，确定计税依据时，租金收入不扣减增值税额。

3）特殊业务房产税的计税依据

（1）对于投资联营的房产的计税规定。

① 对以房产投资联营、投资者参与投资利润分红、共担风险的，按房产余值作为计税依据计缴房产税。

② 对以房产投资收取固定收入、不承担经营风险的，实际上是以联营名义取得房屋租金，应以出租方取得的租金收入为计税依据计缴房产税。

（2）居民住宅区内业主共有的经营性房产的计税规定。从 2007 年 1 月 1 日起，对居民住宅区内业主共有的经营性房产，由实际经营（包括自营和出租）的代管人或使用人缴纳房产税。自营房产的，依照房产原值减除 10%～30% 后的余值计征，没有房产原值或不能将业主共有房产与其他房产的原值准确划分开的，由房产所在地税务机关参照同类房产核定房产原值；出租房产的，按照租金收入计征。

2. 房产税税率的判定

1）房产税从价计征税率的判定

房产税从价计征的年税率为 1.2%。

2）房产税从租计征税率的判定

房产税从租计征的税率为12%。

对个人出租住房，不区分用途，按4%的税率征收房产税；对企事业单位、社会团体以及其他组织按市场价格向个人出租用于居住的住房，减按4%的税率征收房产税。

自2021年10月1日起，对企事业单位、社会团体以及其他组织向个人、专业化规模化住房租赁企业出租住房的，减按4%的税率征收房产税。企事业单位、社会团体以及其他组织，对利用非居住存量土地和非居住存量房屋（含商业办公用房、工业厂房改造后出租用于居住的房屋）建设的保障性租赁住房，取得保障性租赁住房项目认定书后，向个人、专业化规模化住房租赁企业出租上述保障性租赁住房，比照适用上述房产税政策。其中，住房租赁企业，是指按规定向住房城乡建设部门进行开业报告或者备案的从事住房租赁经营业务的企业。专业化规模化住房租赁企业的标准为：企业在开业报告或者备案城市内持有或者经营租赁住房1000套（间）及以上或者建筑面积3万平方米及以上；各省、自治区、直辖市住房城乡建设部门会同同级财政、税务部门，可根据租赁市场发展情况，对本地区全部或者部分城市在50%的幅度内下调标准。

3. 房产税优惠政策的运用

房产税的税收优惠政策主要有以下7项。

（1）国家机关、人民团体、军队自用的房产免征房产税。但对出租房产，以及非自身业务使用的生产、营业用房，不属于免税范围。

（2）由国家财政部门拨付事业经费的单位（全额或差额预算管理的事业单位），本身业务范围内使用的房产免征房产税。对于其所属的附属工厂、商店、招待所等不属单位公务、业务的用房，应照章纳税。

（3）宗教寺庙、公园、名胜古迹自用的房产免征房产税。但宗教寺庙、公园、名胜古迹中附设的营业单位，如影剧院、饮食部、茶社、照相馆等所使用的房产及出租的房产，不属于免税范围，应照章纳税。

（4）个人所有非营业用的房产免征房产税。对个人拥有的营业用房或出租的房产，不属于免税房产，应照章纳税。

（5）中国人民银行（含国家外汇管理局）所属分支机构自用的房产，免征房产税。

（6）纳税人因房屋大修导致连续停用半年以上的，在房屋大修期间免征房产税，免征税额由纳税人在申报缴纳房产税时自行计算扣除，并在申报表附表或备注栏中作相应说明。

（7）在基建工地为基建工地服务的各种工棚、材料棚、休息棚和办公室，食堂、茶炉房、汽车房等临时性房屋，在施工期间，一律免征房产税。但工程结束后，施工企业将这种临时性房屋交还或估价转让给基建单位的，应从基建单位接收的次月起，照章纳税。

（8）自2019年1月1日至2023年12月31日，对农产品批发市场、农贸市场（包括自有和承租）专门用于经营农产品的房产、土地，暂免征收房产税。对同时经营其他产品的，按其他产品与农产品交易场地面积的比例确定征免房产税。农产品批发市场、农贸市场的行政办公区、生活区，以及商业餐饮娱乐等非直接为农产品交易提供服务的房产、土地，应按规定征收房产税。

（9）自2019年1月1日至2023年12月31日，对国家级、省级科技企业孵化器、大学科技园和国家备案众创空间自用以及无偿或通过出租等方式提供给在孵对象使用的房产、土地，免征房产税。

（10）经财政部批准免税的其他房产。

4. 房产税应纳税额的计算

（1）从价计征房产税应纳税额的计算公式：

应纳税额＝房产原值×（1-扣除比例）×年税率＝房产原值×（1-扣除比例）×1.2%

由此公式计算出来的房产税税额是年税额。

（2）从租计征房产税应纳税额的计算公式：

$$应纳税额＝租金收入×税率＝租金收入×12\%（或4\%）$$

三、房产税的纳税申报

1. 房产税的征收管理

1）房产税的纳税义务发生时间

（1）纳税人将原有房产用于生产经营，从生产经营之月起，缴纳房产税。

（2）纳税人自行新建房屋用于生产经营，从建成之日的次月起，缴纳房产税。

（3）纳税人委托施工企业建设的房屋，从办理验收手续的次月起，缴纳房产税。

（4）纳税人购置新建商品房，自房屋交付使用的次月起，缴纳房产税。

（5）纳税人购置存量房，自办理房屋权属转移、变更登记手续，房地产权属登记机关签发房屋权属证书的次月起，缴纳房产税。

（6）纳税人出租、出借房产，自交付出租、出借房产之次月起，缴纳房产税。

（7）房地产开发企业自用、出租、出借本企业建造的商品房，自房屋使用或交付之次月起，缴纳房产税。

（8）自2009年起，纳税人因房产的实物或权利状态发生变化而依法终止房产税的纳税义务的，其应纳税款的计算应截至房产的实物或权利发生变化的当月末。

2）房产税的纳税期限

房产税实行按年计算，分期缴纳的征收办法。具体纳税期限由省、自治区、直辖市人民政府规定。一般可采取按季或半年缴纳，按季缴纳的可在1月、4月、7月、10月缴纳；按半年缴纳的可在1月、7月缴纳；税额比较大的，可按月缴纳；个人出租房产的可按次缴纳。

3）房产税的纳税地点

房产税在房产所在地缴纳。对房产不在同一地方的纳税人，应按房产的坐落地点分别向房产所在地的税务机关缴纳。

2. 房产税的纳税申报实务操作

纳税人对房产税进行纳税申报时，应当填报"城镇土地使用税 房产税税源明细表"（表7-8）、"财产和行为税减免税明细申报附表"（略）及"财产和行为税纳税申报表"（表7-4）。

【情境实战7-7——房产税应纳税额的计算和纳税申报】

1. 工作任务要求

（1）计算山东和力铸成铁矿有限公司2022年第1季度的应纳房产税。

（2）山东和力铸成铁矿有限公司2022年4月5日对2022年第1季度的房产税进行纳税

申报，填写"城镇土地使用税 房产税税源明细表""财产和行为税纳税申报表"。

2. 情境实战设计

接【情境实战 7-4——土地增值税的计算和纳税申报】，山东和力铸成铁矿有限公司2022 年度拥有一栋房产，房产名称为 A 房产，房产原值为 50 000 000 元，全部自用。山东和力铸成铁矿有限公司为房产的产权所有人，房屋坐落地址为山东省济南市开发区幸福街道胜利路 777 号，房产用途为工业用途，房产取得时间为 2018 年 7 月。当地规定房产税计算余值的扣除比例为 30%。按照当地规定，房产税按年计算、每季度缴纳一次。山东和力铸成铁矿有限公司 2022 年 4 月 5 日对 2022 年第 1 季度的房产税进行纳税申报。

3. 实战操作步骤

第一步：根据经济业务计算 2022 年第 1 季度的应纳房产税。

2022 年第 1 季度应纳房产税 = 50 000 000×（1-30%）×1.2%/4 = 35 000 000×1.2%/4 =（35 000 000/4）×1.2% = 8 750 000×1.2% = 105 000（元）

第二步：对房产税进行纳税申报。

填写"城镇土地使用税 房产税税源明细表"（表 7-8）中的"二、房产税税源明细"及"财产和行为税纳税申报表"（表 7-4）。

■ 技能训练

一、单项选择题

1. 下列各项中，属于土地增值税征税范围的是（　　）。
   A. 企业之间的房产交换
   B. 企业将房产通过中国红十字会赠与福利院
   C. 父亲将房产赠与儿子
   D. 房屋出租

2. 下列情况中，免征房产税的有（　　）。
   A. 外贸出口企业仓库用房
   B. 个人无租使用免税单位的房屋用于经营
   C. 个人出租的房屋
   D. 个人自住的 200 平方米的别墅

3. 甲公司本年 2 月将境内开采的原油 200 吨先销售给其关联企业乙公司，然后由乙公司对外销售。甲公司销售给其关联企业乙公司原油的平均含增值税销售价格每吨 5 650 元，关联企业乙公司对外含增值税销售额每吨 6 780 元，当月全部销售。已知该原油适用的资源税税率为 6%，甲公司此业务应纳资源税（　　）元。
   A. 0　　　　　　　B. 60 000　　　　　　C. 66 000　　　　　　D. 72 000

4. 位于某镇的甲公司本年 1 月被查补增值税 45 000 元、房产税 15 000 元，被加收滞纳金 1 000 元，被处罚款 5 000 元。甲公司应补缴城市维护建设税、教育费附加和地方教育附加为（　　）元。
   A. 4 500　　　　　B. 5 400　　　　　　C. 4 600　　　　　　D. 5 100

5. 城镇土地使用税的纳税办法为（　　）。
   A. 按日计算，按期缴纳　　　　　　　　B. 按季计算，按期缴纳

C. 按年计算，分期缴纳　　　　　　　D. 按年计算，按期缴纳

二、多项选择题

1. 下列各项中，属于纳税人应进行土地增值税清算情形的有（　　）。

A. 直接转让土地使用权的

B. 房地产开发项目全部竣工、完成销售的

C. 整体转让未竣工决算房地产开发项目的

D. 纳税人申请注销税务登记但未办理土地增值税清算手续的

2. 下列各项中，免征房产税的有（　　）。

A. 企业内行政管理部门办公用房产

B. 个人所有非营业用的房产

C. 施工期间施工企业在基建工地搭建的临时办公用房屋

D. 因停工大修导致连续停用半年以上的，房屋处于大修期间

3. 教育费附加和地方教育附加以纳税人依法实际缴纳的（　　）税额为计征依据。

A. 增值税　　　　B. 消费税　　　　C. 关税　　　　D. 城市维护建设税

4. 下列说法中，正确的有（　　）。

A. 资源税纳税义务人不仅包括符合规定的中国企业和个人，还包括外商投资企业和外国企业

B. 纳税人开采或者生产应税产品自用于连续生产应税产品的，应当缴纳资源税

C. 纳税人的免税、减税项目，应当单独核算销售额或者销售数量；未单独核算或者不能准确提供销售额或者销售数量的，不予免税或者减税

D. 资源税对应税产品的生产者或开采者征收，并且于其销售或自用时一次性征收，批发、零售等环节不征收资源税

5. 下列各项中，可以成为城镇土地使用税纳税人的有（　　）。

A. 拥有土地使用权的单位或个人　　　B. 土地的实际使用人

C. 土地的代管人　　　　　　　　　　D. 共有土地使用权的各方

三、判断题

1. 城市维护建设税、教育费附加、地方教育附加与增值税、消费税税款同时缴纳。
（　　）

2. 纳税人销售应税产品采取预收货款结算方式的，资源税的纳税义务发生时间为发出应税产品的当日。
（　　）

3. 土地增值税的纳税人为自然人时，当转让的房地产坐落地与其居住所在地不一致时，在居住所在地的税务机关申报纳税。
（　　）

4. 张某将个人拥有产权的房屋出典给贾某，则贾某为该房屋房产税的纳税人。（　　）

5. 城镇土地使用税应纳税额可以通过纳税人实际占用的土地面积乘以该土地所在地段的适用税率求得。
（　　）

四、实务题

1. 甲公司本年实际占地面积 19 600 平方米，其中，办公楼占地面积 500 平方米，厂房仓库占地面积 11 600 平方米，厂区内铁路专用线、公路等用地 7 500 平方米，已知当地规定的城镇土地使用税每平方米年税额为 5 元。

要求：计算甲公司当年应缴纳的城镇土地使用税。

2. 甲公司本年年初拥有一栋房产，房产原值1 000万元，3月31日将其对外交付出租，租期1年，从4月1日起每月收取租金1万元（不含增值税）。已知从价计征房产税税率为1.2%，从租计征房产税税率为12%，当地省政府规定计算房产余值的减除比例为30%。

要求：计算甲公司本年上述房产应缴纳的房产税。

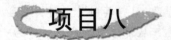

项目八

其他税种纳税申报实务（下）

■ 学习目标

（1）能判定哪些业务应缴纳耕地占用税，能根据相关业务资料计算耕地占用税，能根据相关业务资料填写"耕地占用税税源明细表""财产和行为税纳税申报表"等申报表，并能进行耕地占用税的纳税申报。

（2）能判定哪些业务应缴纳契税，能根据相关业务资料计算契税，能根据相关业务资料填写"契税税源明细表""财产和行为税纳税申报表"等申报表，并能进行契税的纳税申报。

（3）能判定哪些业务应缴纳车船税，能根据相关业务资料计算车船税，能根据相关业务资料填写"车船税税源明细表""财产和行为税纳税申报表"等申报表，并能进行车船税的纳税申报。

（4）能判定哪些业务应缴纳车辆购置税，能根据相关业务资料计算车辆购置税，能根据相关业务资料填写"车辆购置税纳税申报表"，并能进行车辆购置税的纳税申报。

（5）能判定哪些业务应缴纳印花税，能根据相关业务资料计算印花税，能根据相关业务资料填写"印花税税源明细表""财产和行为税纳税申报表"等申报表，并能进行印花税的纳税申报。

任务一　耕地占用税纳税申报实务

【任务引例】

甲公司占用耕地用于建设农田水利设施，请问是否应当缴纳耕地占用税？

一、耕地占用税的认知

1. 耕地占用税纳税人的确定

在我国境内占用耕地建设建筑物、构筑物或者从事非农业建设的单位和个人，为耕地占用税的纳税人。

2. 耕地占用税征税范围的确定

耕地占用税的征税范围包括纳税人为建设建筑物、构筑物或者从事非农业建设而占用的耕地。

耕地是指用于种植农作物的土地。

占用园地、林地、草地、农田水利用地、养殖水面、渔业水域滩涂以及其他农用地建设建筑物、构筑物或者从事非农业建设的，依照税法规定缴纳耕地占用税。但占用上述农用地建设直接为农业生产服务的生产设施的，不缴纳耕地占用税。

占用耕地建设农田水利设施的，不缴纳耕地占用税。

纳税人因建设项目施工或者地质勘查临时占用耕地，应当依照税法规定缴纳耕地占用税。纳税人在批准临时占用耕地期满之日起1年内依法复垦，恢复种植条件的，全额退还已经缴纳的耕地占用税。

因挖损、采矿塌陷、压占、污染等损毁耕地属于税法所称的非农业建设，应依照税法规定缴纳耕地占用税；自自然资源、农业农村等相关部门认定损毁耕地之日起3年内依法复垦或修复，恢复种植条件的，按规定办理退税。

【任务引例解析】

答 《中华人民共和国耕地占用税法》（以下简称《耕地占用税法》）规定，占用耕地建设农田水利设施的，不缴纳耕地占用税。因此，甲公司占用耕地用于建设农田水利设施，不缴纳耕地占用税。

二、耕地占用税的计算

1. 耕地占用税计税依据的确定

耕地占用税以纳税人实际占用耕地的面积为计税依据。

实际占用的耕地面积，包括经批准占用的耕地面积和未经批准占用的耕地面积。

2. 耕地占用税税率的判定

耕地占用税实行幅度地区差别定额税率，以县、自治县、不设区的市、市辖区为单位，按人均占有耕地面积分设4档定额。其具体规定如表8-1所示。

表8-1 耕地占用税税率表

级数	人均耕地面积	税率/（元/平方米）
1	1亩以下（含1亩）	10~50
2	1~2亩（含2亩）	8~40
3	2~3亩（含3亩）	6~30
4	3亩以上	5~25

《耕地占用税法》第四条第二款规定，各地区耕地占用税的适用税率，由省、自治区、直辖市人民政府根据人均耕地面积和经济发展等情况，在表8-1规定的税额幅度内提出，报同级人民代表大会常务委员会决定，并报全国人民代表大会常务委员会和国务院备案。各省、自治区、直辖市耕地占用税适用税率的平均水平，不得低于"各省、自治区、直辖市耕地占用税税率表"（表8-2）规定的税率。

表8-2 各省、自治区、直辖市耕地占用税税率表

省、自治区、直辖市	税率/（元/平方米）
上海	45

续表

省、自治区、直辖市	税率/（元/平方米）
北京	40
天津	35
江苏、浙江、福建、广东	30
辽宁、湖北、湖南	25
河北、安徽、江西、山东、河南、重庆、四川	22.5
广西、海南、贵州、云南、陕西	20
山西、吉林、黑龙江	17.5
内蒙古、西藏、甘肃、青海、宁夏、新疆	12.5

《耕地占用税法》第五条规定，在人均耕地低于 0.5 亩的地区，省、自治区、直辖市可以根据当地经济发展情况，适当提高耕地占用税的适用税率，但提高的部分不得超过《耕地占用税法》第四条第二款确定的适用税率的 50%。

占用基本农田的，应当按照《耕地占用税法》第四条第二款或者第五条确定的当地适用税率，加按 150% 征收。

占用园地、林地、草地、农田水利用地、养殖水面、渔业水域滩涂以及其他农用地建设建筑物、构筑物或者从事非农业建设的，适用税额可以适当低于本地区按照《耕地占用税法》第四条第二款确定的适用税率，但降低的部分不得超过 50%。具体适用税率由省、自治区、直辖市人民政府提出，报同级人民代表大会常务委员会决定，并报全国人民代表大会常务委员会和国务院备案。

3. 耕地占用税优惠政策的运用

（1）军事设施、学校、幼儿园、社会福利机构、医疗机构占用耕地，免征耕地占用税。

（2）铁路线路、公路线路、飞机场跑道、停机坪、港口、航道、水利工程占用耕地，减按 2 元/平方米的税率征收耕地占用税。

（3）农村居民在规定用地标准以内占用耕地新建自用住宅，按照当地适用税率减半征收耕地占用税；其中农村居民经批准搬迁，新建自用住宅占用耕地不超过原宅基地面积的部分，免征耕地占用税。

（4）农村烈士遗属、因公牺牲军人遗属、残疾军人以及符合农村最低生活保障条件的农村居民，在规定用地标准以内新建自用住宅，免征耕地占用税。

根据国民经济和社会发展的需要，国务院可以规定免征或者减征耕地占用税的其他情形，报全国人民代表大会常务委员会备案。

依照税法规定免征或者减征耕地占用税后，纳税人改变原占地用途，不再属于免征或者减征耕地占用税情形的，应当按照当地适用税率补缴耕地占用税。

4. 耕地占用税应纳税额的计算

耕地占用税以纳税人实际占用的耕地面积为计税依据，按照规定的适用税率一次性征收，应纳税额为纳税人实际占用的耕地面积乘适用税率。其计算公式为：

应纳税额＝实际占用的耕地面积×适用税率

式中，应税土地面积包括经批准占用面积和未经批准占用面积，以平方米为单位。当地适用税率是指省、自治区、直辖市人民代表大会常务委员会决定的应税土地所在地县级行政区的现行适用税率。

三、耕地占用税的纳税申报

1）耕地占用税的纳税义务发生时间

耕地占用税由税务机关负责征收。耕地占用税的纳税义务发生时间为纳税人收到自然资源主管部门办理占用耕地手续的书面通知的当日。

未经批准占用耕地的，耕地占用税纳税义务发生时间为自然资源主管部门认定的纳税人实际占用耕地的当日。

因挖损、采矿塌陷、压占、污染等损毁耕地的纳税义务发生时间为自然资源、农业农村等相关部门认定损毁耕地的当日。

纳税人改变原占地用途，需要补缴耕地占用税的，其纳税义务发生时间为改变用途的当日，具体为：经批准改变用途的，纳税义务发生时间为纳税人收到批准文件的当日；未经批准改变用途的，纳税义务发生时间为自然资源主管部门认定纳税人改变原占地用途的当日。

2）耕地占用税的纳税期限

纳税人应当自纳税义务发生之日起 30 日内申报缴纳耕地占用税。自然资源主管部门凭耕地占用税完税凭证或者免税凭证和其他有关文件发放建设用地批准书。

纳税人改变原占地用途，不再属于免征或减征情形的，应自改变用途之日起 30 日内申报补缴税款，补缴税款按改变用途的实际占用耕地面积和改变用途时当地适用税额计算。

3）耕地占用税的纳税地点

纳税人占用耕地或其他农用地，应当在耕地或其他农用地所在地申报纳税。

4）耕地占用税的纳税申报实务

纳税人对耕地占用税进行纳税申报时，应填报"耕地占用税税源明细表"（表 8-3）、"财产和行为税减免税明细申报附表"（略）及"财产和行为税纳税申报表"（表 7-4）。

【情境实战 8-1——耕地占用税应纳税额的计算和纳税申报】

1. 工作任务要求

（1）计算山东和力铸成铁矿有限公司 2022 年 4 月 5 日的应纳耕地占用税。

（2）山东和力铸成铁矿有限公司 2022 年 4 月 5 日对 2022 年 4 月 1 日新占用耕地的耕地占用税进行纳税申报，填写"耕地占用税税源明细表"和"财产和行为税纳税申报表"。

2. 情境实战设计

接【情境实战 7-4——土地增值税的计算和纳税申报】，山东和力铸成铁矿有限公司 2022 年 4 月 1 日新占用 20 000 平方米耕地（位于山东省济南市开发区幸福街道胜利路 888 号）用于工业建设，所占耕地适用的定额税率为 50 元/平方米。2022 年 4 月 5 日申报缴纳耕地占用税。

3. 实战操作步骤

第一步：根据经济业务计算 2022 年 4 月应缴纳的耕地占用税税额。

应纳耕地占用税 = 20 000×50 = 1 000 000（元）

第二步：对耕地占用税进行纳税申报。

填写"耕地占用税税源明细表"（表 8-3）及"财产和行为税纳税申报表"（表 7-4）。

表 8-3 耕地占用税税源明细表

纳税人识别号（统一社会信用代码）：91370709864221122Y

纳税人名称：山东和力铸成铁矿有限公司

金额单位：元（列至角分）　　面积单位：平方米

占地方式	1. 经批准按批次用□ 2. 经批准单独选址用☑ 3. 经批准临时占用□	项目（批次）名称	略	批准占地部门	略
		批准占地文号	略	经批准占地面积	20 000.00
		收到书面通知日期（或收到经批准改变原占地用途日期）	2022 年 04 月 01 日	批准时间	2022 年 04 月 01 日
4. 未批先占□		认定的实际占地日期（或认定的未经批准改变原占地用途日期）	年　月　日	认定的实际占地面积	
损毁耕地	挖损☑　采矿塌陷□ 压占□　污染□	认定的损毁耕地日期	2022 年 04 月 01 日	认定的损毁耕地面积	20 000.00
占地位置	山东省济南市开发区幸福街道胜利路 888 号	占地用途	工业建设	征收品目	耕地——基本农田	减免性质代码和项目名称	
税源编号				适用税额	50.00	计税面积	20 000.00	减免税面积	
系统自动生成									

任务二　契税纳税申报实务

【任务引例】

购房者在向房地产开发公司退房时，对已缴纳的契税是否可办理退税？

一、契税的认知

1. 契税纳税人的确定

在中华人民共和国境内转移土地、房屋权属，承受的单位和个人为契税的纳税人。土地、房屋权属是指土地使用权和房屋所有权。单位是指企业单位、事业单位、国家机关、军事单位和社会团体以及其他组织。个人是指个体经营者及其他个人，包括中国公民和外籍人员。

契税由土地、房屋权属的承受人缴纳。这里所说的承受，是指以受让、购买、受赠、互换等方式取得土地、房屋权属的行为。

2. 契税征税范围的确定

契税的征税范围如下：

（1）土地使用权出让；

（2）土地使用权转让（包括出售、赠与、互换）；

（3）房屋买卖、赠与、互换。

对于契税的征税范围，需要注意以下几点：

（1）土地使用权的转让不包括土地承包经营权和土地经营权的转移；

（2）土地、房屋权属的典当、分拆（分割）、出租、抵押等行为，不属于契税的征税范围；

（3）以作价投资（入股）、偿还债务、划转、奖励等方式转移土地、房屋权属的，应当缴纳契税（土地、房屋权属承受方应当缴纳契税）。

公司增资扩股中，对以土地、房屋权属作价入股或作为出资投入企业的，征收契税；企业破产清算期间，对非债权人承受破产企业土地、房屋权属的，征收契税。

二、契税的计算

1. 契税计税依据的确定

1）契税计税依据的基本规定

（1）只有一个价格的情况下契税的计税依据。

土地使用权出让、出售，房屋买卖，契税的计税依据为土地、房屋权属转移合同确定的成交价格，包括应交付的货币以及实物、其他经济利益对应的价款。

（2）无价格的情况下契税的计税依据。

土地使用权赠与、房屋赠与以及其他没有价格的转移土地、房屋权属行为，契税的计税依据为税务机关参照土地使用权出售、房屋买卖的市场价格依法核定的价格。

（3）需要核定的情况下契税的计税依据。

纳税人申报的成交价格、互换价格差额明显偏低且无正当理由的，由税务机关依照《税收征收管理法》的规定核定。税务机关依法核定计税价格，应参照市场价格，采用房地产价格评估等方法合理确定。

（4）补缴契税的情况下契税的计税依据。

以划拨方式取得的土地使用权，经批准转让房地产时，契税的计税依据为补缴的土地使用权出让费用或者土地收益。

2）契税计税依据的若干具体情形

（1）以划拨方式取得的土地使用权，经批准改为出让方式重新取得该土地使用权的，应由该土地使用权人以补缴的土地出让价款为计税依据缴纳契税。

（2）先以划拨方式取得土地使用权，后经批准转让房地产，划拨土地性质改为出让的，承受方应分别以补缴的土地出让价款和房地产权属转移合同确定的成交价格为计税依据缴纳契税。

（3）先以划拨方式取得土地使用权，后经批准转让房地产，划拨土地性质未发生改变的，承受方应以房地产权属转移合同确定的成交价格为计税依据缴纳契税。

（4）土地使用权及所附建筑物、构筑物等（包括在建的房屋、其他建筑物、构筑物和其他附着物）转让的，计税依据为承受方应交付的总价款。

（5）土地使用权出让的，计税依据包括土地出让金、土地补偿费、安置补助费、地上附着物和青苗补偿费、征收补偿费、城市基础设施配套费、实物配建房屋等应交付的货币以及实物、其他经济利益对应的价款。

（6）房屋附属设施（包括停车位、机动车库、非机动车库、顶层阁楼、储藏室及其他房屋附属设施）与房屋为同一不动产单元的，计税依据为承受方应交付的总价款，并适用与房屋相同的税率；房屋附属设施与房屋为不同不动产单元的，计税依据为转移合同确定的成交价格，并按当地确定的适用税率计税。

（7）承受已装修房屋的，应将包括装修费用在内的费用计入承受方应交付的总价款。

（8）土地使用权互换、房屋互换，互换价格相等的，互换双方计税依据为零；互换价格不相等的，以其差额为计税依据，由支付差额的一方缴纳契税。

（9）契税的计税依据不包括增值税。免征增值税的，确定计税依据时，成交价格不扣减增值税税额。

（10）以作价投资（入股）、偿还债务等应交付经济利益的方式转移土地、房屋权属的，参照土地使用权出让、出售或房屋买卖确定契税适用税率、计税依据等。以划转、奖励等没有价格的方式转移土地、房屋权属的，参照土地使用权或房屋赠与确定契税适用税率、计税依据等。

2. 契税税率的判定

契税采用比例税率，并实行 3%～5% 的幅度税率。契税的具体适用税率，由省、自治区、直辖市人民政府在上述规定的税率幅度内提出，报同级人民代表大会常务委员会决定，并报全国人民代表大会常务委员会和国务院备案。

3. 契税优惠政策的运用

1）契税的免税政策

（1）国家机关、事业单位、社会团体、军事单位承受土地、房屋权属用于办公、教学、医疗、科研、军事设施的，免征契税。

（2）非营利性的学校、医疗机构、社会福利机构承受土地、房屋权属用于办公、教学、医疗、科研、养老、救助的，免征契税。

（3）承受荒山、荒地、荒滩土地使用权用于农、林、牧、渔业生产的，免征契税。

（4）婚姻关系存续期间夫妻之间变更土地、房屋权属的，免征契税。

（5）法定继承人通过继承承受土地、房屋权属的，免征契税。

（6）依照法律规定应当予以免税的外国驻华使馆、领事馆和国际组织驻华代表机构承受土地、房屋权属的，免征契税。

（7）夫妻因离婚分割共同财产发生土地、房屋权属变更的，免征契税。

（8）城镇职工按规定第一次购买公有住房的，免征契税。

（9）外国银行分行按照《中华人民共和国外资银行管理条例》等相关规定改制为外商独资银行（或其分行），改制后的外商独资银行（或其分行）承受原外国银行分行的房屋权属的，免征契税。

根据国民经济和社会发展的需要，国务院对居民住房需求保障、企业改制重组、灾后重建等情形可以规定免征或者减征契税，报全国人民代表大会常务委员会备案。

2）省、自治区、直辖市可以决定对下列情形免征或者减征契税

（1）因土地、房屋被县级以上人民政府征收、征用，重新承受土地、房屋权属。

（2）因不可抗力灭失住房，重新承受住房权属。

上述规定的免征或者减征契税的具体办法，由省、自治区、直辖市人民政府提出，报同级人民代表大会常务委员会决定，并报全国人民代表大会常务委员会和国务院备案。

3）企业、事业单位改制重组有关契税政策

为支持企业、事业单位改制重组，优化市场环境，财政部、税务总局就2021年1月1日至2023年12月31日继续执行的有关契税政策公告如下。

（1）企业改制。企业按照《中华人民共和国公司法》有关规定整体改制，包括非公司制企业改制为有限责任公司或股份有限公司，有限责任公司变更为股份有限公司，股份有限公司变更为有限责任公司，原企业投资主体存续并在改制（变更）后的公司中所持股权（股份）比例超过75%，且改制（变更）后公司承继原企业权利、义务的，对改制（变更）后公司承受原企业土地、房屋权属，免征契税。

（2）事业单位改制。事业单位按照国家有关规定改制为企业，原投资主体存续并在改制后企业中出资（股权、股份）比例超过50%的，对改制后企业承受原事业单位土地、房屋权属，免征契税。

（3）公司合并。两个或两个以上的公司，依照法律规定、合同约定，合并为一个公司，且原投资主体存续的，对合并后公司承受原合并各方土地、房屋权属，免征契税。

（4）公司分立。公司依照法律规定、合同约定分立为两个或两个以上与原公司投资主体相同的公司，对分立后公司承受原公司土地、房屋权属，免征契税。

（5）企业破产。企业依照有关法律法规规定实施破产，债权人（包括破产企业职工）承受破产企业抵偿债务的土地、房屋权属，免征契税；对非债权人承受破产企业土地、房屋权属，凡按照《中华人民共和国劳动法》等国家有关法律法规政策妥善安置原企业全部职工规定，与原企业全部职工签订服务年限不少于三年的劳动用工合同的，对其承受所购企业

土地、房屋权属，免征契税；与原企业超过 30% 的职工签订服务年限不少于三年的劳动用工合同的，减半征收契税。

（6）资产划转。对承受县级以上人民政府或国有资产管理部门按规定进行行政性调整、划转国有土地、房屋权属的单位，免征契税。

同一投资主体内部所属企业之间土地、房屋权属的划转，包括母公司与其全资子公司之间，同一公司所属全资子公司之间，同一自然人与其设立的个人独资企业、一人有限公司之间土地、房屋权属的划转，免征契税。

母公司以土地、房屋权属向其全资子公司增资，视同划转，免征契税。

（7）债权转股权。经国务院批准实施债权转股权的企业，对债权转股权后新设立的公司承受原企业的土地、房屋权属，免征契税。

（8）划拨用地出让或作价出资。以出让方式或国家作价出资（入股）方式承受原改制重组企业、事业单位划拨用地的，不属上述规定的免税范围，对承受方应按规定征收契税。

（9）公司股权（股份）转让。在股权（股份）转让中，单位、个人承受公司股权（股份），公司土地、房屋权属不发生转移，不征收契税。

上述企业、公司，是指依照我国有关法律法规设立并在中国境内注册的企业、公司。投资主体存续，是指原改制重组企业、事业单位的出资人必须存在于改制重组后的企业，出资人的出资比例可以发生变动。投资主体相同，是指公司分立前后出资人不发生变动，出资人的出资比例可以发生变动。

4. 契税应纳税额的计算

契税的应纳税额按照计税依据乘以具体适用税率计算。其计算公式为：

$$应纳税额 = 计税依据 \times 税率$$

三、契税的纳税申报

1. 契税的征收管理

1）契税的纳税义务发生时间

契税的纳税义务发生时间为纳税人签订土地、房屋权属转移合同的当日，或者纳税人取得其他具有土地、房屋权属转移合同性质凭证的当日。

关于契税纳税义务发生时间的具体情形如下：

（1）因人民法院、仲裁委员会的生效法律文书或者监察机关出具的监察文书等发生土地、房屋权属转移的，纳税义务发生时间为法律文书等生效当日。

（2）因改变土地、房屋用途等情形应当缴纳已经减征、免征契税的，纳税义务发生时间为改变有关土地、房屋用途等情形的当日。

（3）因改变土地性质、容积率等土地使用条件需补缴土地出让价款，应当缴纳契税的，纳税义务发生时间为改变土地使用条件当日。

发生上述情形，按规定不再需要办理土地、房屋权属登记的，纳税人应自纳税义务发生之日起 90 日内申报缴纳契税。

契税申报以不动产单元为基本单位。

2）契税的纳税期限

纳税人应当在依法办理土地、房屋权属登记手续前申报缴纳契税。纳税人办理纳税事宜后，税务机关应当开具契税完税凭证。纳税人办理土地、房屋权属登记，不动产登记机构应当查验契税完税、减免税凭证或者有关信息。未按照规定缴纳契税的，不动产登记机构不予办理土地、房屋权属登记。

在依法办理土地、房屋权属登记前，权属转移合同、权属转移合同性质凭证不生效、无效、被撤销或者被解除的，纳税人可以向税务机关申请退还已缴纳的税款，税务机关应当依法办理。

3）契税的纳税地点

契税由土地、房屋所在地的税务机关依照《中华人民共和国契税法》和《税收征收管理法》的规定征收管理。

税务机关及其工作人员对税收征收管理过程中知悉的纳税人的个人信息，应当依法予以保密，不得泄露或者非法向他人提供。

【任务引例解析】

答　《财政部　税务总局关于贯彻实施契税法若干事项执行口径的公告》（财政部　税务总局公告 2021 年第 23 号）规定，纳税人缴纳契税后发生下列情形，可依照有关法律法规申请退税：（1）因人民法院判决或者仲裁委员会裁决导致土地、房屋权属转移行为无效、被撤销或者被解除，且土地、房屋权属变更至原权利人的；（2）在出让土地使用权交付时，因容积率调整或实际交付面积小于合同约定面积需退还土地出让价款的；（3）在新建商品房交付时，因实际交付面积小于合同约定面积需返还房价款的。

2. 契税的纳税申报实务操作

纳税人对契税进行纳税申报时，应当填报"契税税源明细表"（表 8-4）、"财产和行为税减免税明细申报附表"（略）及"财产和行为税纳税申报表"（表 7-4）。

表 8-4　契税税源明细表

纳税人识别号（统一社会信用代码）：91370709864789123P

纳税人名称：山东和力铸成铁矿有限公司　　　　　金额单位：人民币元（列至角分）　　　　面积单位：平方米

＊税源编号	系统自动生成	＊土地房屋坐落地	山东省济南市开发区幸福街道光明路 3 号	不动产单元代码	略
合同编号	略	＊合同签订日期	2022 年 04 月 05 日	＊共有方式	☑单独所有 □ 按份共有 （转移份额：　　） □ 共同共有 （共有人：　　）
＊权属转移对象	房屋-存量房-非住房	＊权属转移方式	房屋买卖	＊用途	办公
＊成交价格（不含增值税）	10 000 000.00	＊权属转移面积	2 000.00	＊成交单价	系统自动计算
＊评估价格	系统自动带出			＊计税价格	10 000 000.00
＊适用税率	3%			权属登记日期	略
居民购房减免性质代码和项目名称			其他减免性质代码和项目名称（抵减金额：　　）		

【情境实战8-2——契税应纳税额的计算和纳税申报】

1. 工作任务要求

（1）计算山东和力铸成铁矿有限公司2022年4月相关业务的应纳契税。

（2）山东和力铸成铁矿有限公司2022年4月5日对契税进行纳税申报，填写"契税税源明细表""财产和行为税纳税申报表"。

2. 情境实战设计

接【情境实战7-4——土地增值税的计算和纳税申报】，山东和力铸成铁矿有限公司2022年4月5日从山东运达房地产开发股份有限公司（纳税人识别号为91370209092090765A）手中购入一套办公用房，该商品房位于山东省济南市开发区幸福街道光明路3号，面积为2 000平方米，成交价格为10 000 000元（不含增值税），款项购买当日通过银行存款支付，取得由山东运达房地产开发股份有限公司开具的增值税专用发票。山东和力铸成铁矿有限公司取得的增值税专用发票2022年4月符合抵扣规定。省政府规定契税税率为3%。山东和力铸成铁矿有限公司于2022年4月5日对契税进行纳税申报。

3. 实战操作步骤

第一步：根据经济业务计算应纳契税。

应纳契税=10 000 000×3%=300 000（元）

第二步：对契税进行纳税申报。

填写"契税税源明细表"（表8-4）及"财产和行为税纳税申报表"（表7-4）。

任务三 车船税纳税申报实务

【任务引例】

甲公司因未按规定缴纳车船税需要缴纳滞纳金，请问该滞纳金能否在办理机动车交通事故责任强制保险时由保险公司作为扣缴义务人代收代缴？

一、车船税的认知

1. 车船税纳税人和扣缴义务人的确定

1）车船的纳税人

车船税的纳税人是指在中华人民共和国境内的车辆、船舶（简称车船）的所有人或者管理人。其中，车船的所有人是指在我国境内拥有车船的单位和个人，对于私家车来说，也就是通常所说的车主；车船的管理人是指对车船具有管理权或使用权，不具有所有权的单位。外商投资企业、外国企业、华侨、外籍人员和港澳台同胞，也属于车船税的纳税人。境内单位和个人租入外国籍船舶的，不征收车船税；境内单位和个人将船舶出租到境外的，应依法征收车船税。

2）车船税的扣缴义务人

从事机动车第三者责任强制保险业务的保险机构为机动车车船税的扣缴义务人。

2. 车船税征税范围的确定

车船税的征税范围是指在中华人民共和国境内属于《中华人民共和国车船税法》（以下简称《车船税法》）所规定的应税车辆和船舶。"车辆、船舶"是指依法在车船登记管理部门登记的机动车辆和船舶，以及依法不需要在车船登记管理部门登记的在单位内部场所行驶或作业的机动车辆和船舶。

1）车辆

（1）乘用车。

（2）商用车客车（包括电车）。

（3）商用货车（包括半挂牵引车、三轮汽车和低速载货汽车等）。

（4）挂车。

（5）摩托车。

（6）其他车辆（不包括拖拉机）。

2）船舶

船舶，包括机动船舶、游艇。

3. 车船税税目的确定

车船税的税目见"车船税税目税额表"（表8-5）。

二、车船税的计算

1. 车船税计税依据的确定

1）车船税计税依据的一般规定

（1）乘用车、商用车客车、摩托车，以辆数为计税依据。

（2）商用车货车、挂车、其他车辆，按整备质量吨位数为计税依据。

（3）机动船舶按净吨位数为计税依据。

（4）游艇按艇身长度为计税依据。

2）车船税计税依据的特殊规定

（1）拖船按照发动机功率每1千瓦折合净吨位0.67吨计算征收车船税。

（2）《车船税法》及其实施条例涉及的整备质量、净吨位、艇身长度等计税单位，有尾数的一律按照含尾数的计税单位据实计算车船税应纳税额。计算得出的应纳税额小数点后超过两位的可四舍五入保留两位小数。

（3）乘用车以车辆登记管理部门核发的机动车登记证书或行驶证书所载的排气量毫升数确定税额区间。

2. 车船税的税率

车船税采用定额税率，又称固定税额。省、自治区、直辖市人民政府根据《车船税法》所附"车船税税目税额表"确定车辆具体适用税额时，应当遵循以下原则。

（1）乘用车依排气量从小到大递增税额。

（2）客车按照核定载客人数20人以下和20人（含）以上两档划分，递增税额。

省、自治区、直辖市人民政府确定的车辆具体适用税额，应当报国务院备案。车船税税目税额表如表8-5所示。

表 8-5　车船税税目税额表

税　目		计税单位	年基准税额	备注
乘用车 按发动机气缸容量 （排气量）分档	1.0升（含）以下	每辆	60～360 元	核定载客人数9人 （含）以下
	1.0升以上至1.6升（含）		300～540 元	
	1.6升以上至2.0升（含）		360～660 元	
	2.0升以上至2.5升（含）		660～1 200 元	
	2.5升以上至3.0升（含）		1 200～2 400 元	
	3.0升以上至4.0升（含）		2 400～3 600 元	
	4.0升以上		3 600～5 400 元	
商用车	客车	每辆	480～1 440 元	核定载客人数9人 以上，包括电车
	货车	整备 质量 每吨	16～120 元	包括半挂牵引车、 三轮汽车和低速载货 汽车等；客货两用车 依照货车的计税单位 和年基准税额计征车 船税
挂车			按照货车税额的50%计算	
其他车辆	专用作业车		16～120 元	不包括拖拉机
	轮式专用机械车		16～120 元	
摩托车		每辆	36～180 元	
机动船舶	净吨位不超过 200 吨	净吨位每吨	3 元	拖船、非机动驳船 分别按照机动船舶税 额的50%计算
	净吨位 200～2 000 吨		4 元	
	净吨位 2 000～10 000 吨		5 元	
	净吨位超过 10 000 吨		6 元	
游艇	艇身长度不超过 10 米	艇身 长度 每米	600 元	
	艇身长度 10～18 米		900 元	
	艇身长度 18～30 米		1 300 元	
	艇身长度超过 30 米		2 000 元	
	辅助动力帆艇		600 元	

　　客货两用车又称多用途货车，是指在设计和结构上主要用于载运货物，但在驾驶员座椅后带有固定或折叠式座椅，可运载 3 人以上乘客的货车。客货两用车依照货车的计税单位和年基准税额计征车船税。

3. 车船税优惠政策的运用

1）法定减免

（1）捕捞、养殖渔船。

（2）军队、武警专用的车船。

（3）警用车船。

（4）悬挂应急救援专用号牌的国家综合性消防救援车辆和国家综合性消防救援船舶。

（5）对节约能源、使用新能源的车船可以减征或免征车船税；对受严重自然灾害影响纳税困难，以及有其他特殊原因确需减税、免税的，可以减征或免征车船税。节约能源、使用新能源的车辆包括纯电动汽车、燃料电池汽车和混合动力汽车。纯电动汽车、燃料电池汽车和插电式混合动力汽车免征车船税，其他混合动力汽车按照同类车辆适用税额减半征税。

（6）各地根据法律授权，对城乡公共交通车船、农村居民拥有并主要在农村地区使用的摩托车、三轮汽车和低速货车基本上都给予定期减免车船税的税收优惠。

（7）依照我国有关法律和我国缔结或参加的国际条约的规定应当予以免税的外国驻华使馆、领事馆和国际组织驻华机构及其有关人员的车船。

2）特定减免

（1）临时入境的外国车船和香港特别行政区、澳门特别行政区、台湾地区的车船。

（2）按照规定缴纳船舶吨税的机动船舶，自《车船税法》实施之日起 5 年内免征车船税。

（3）依法不需要在车船登记管理部门登记的机场、港口、铁路站场内部行驶或作业的车船，自《车船税法》实施之日（2012 年 1 月 1 日）起 5 年内免征车船税。

4. 车船税应纳税额的计算

（1）车船税各税目应纳税额的计算公式为：

$$应纳车船税 = 计税单位 × 适用年基准税额$$

$$拖船和非机动驳船的应纳车船税 = 计税单位 × 适用年基准税额 × 50\%$$

（2）购置的新车船，购置当年的应纳税额自纳税义务发生的当月起按月计算。其计算公式为：

$$应纳税额 = （年应纳税额/12）× 应纳税月份数$$

三、车船税的纳税申报

1. 车船税的征收管理

1）车船税的纳税方式

（1）自行申报方式：纳税人自行向主管税务机关申报缴纳车船税。

（2）代收代缴方式：纳税人在办理机动车交通事故责任强制保险时由保险机构作为扣缴义务人代收代缴车船税。

2）车船税的纳税义务发生时间

（1）车船税的纳税义务发生时间为取得车船所有权或管理权的当月。

纳税人在首次购买机动车交通事故责任强制保险时缴纳车船税或自行申报缴纳车船税的，应当提供购车发票及反映排气量、整备质量、核定载客人数等与纳税相关的信息及其相应凭证。

（2）在一个纳税年度内，已完税的车船被盗抢、报废、灭失的，纳税人可以凭有关管理机关出具的证明和完税证明，向纳税所在地的主管税务机关申请退还自被盗抢、报废、灭失月份起至该纳税年度终了期间的税款。

已办理退税的被盗抢车船，失而复得的，纳税人应当从公安机关出具相关证明的当月起计算缴纳车船税。

已经缴纳车船税的车船，因质量原因，车船被退回生产企业或经销商的，纳税人可以向纳税所在地的主管税务机关申请退还自退货月份起至该纳税年度终了期间的税款。退货月份以退货发票所载日期的当月为准。

保险机构作为车船税扣缴义务人，在代收车船税并开具增值税发票时，应在增值税发票备注栏中注明代收车船税税款信息。具体包括：保险单号、税款所属期（详细至月）、代收车船税金额、滞纳金金额、金额合计等。该增值税发票可作为纳税人缴纳车船税及滞纳金的会计核算原始凭证。车船税已经由保险机构代收代缴的，车辆登记地的主管税务机关不再征收该纳税年度的车船税。再次征收的，车辆登记地主管税务机关应予退还。

【任务引例解析】

答 《中华人民共和国车船税法实施条例》规定，纳税人没有按照规定期限缴纳车船税的，扣缴义务人在代收代缴税款时，可以一并代收代缴欠缴税款的滞纳金。因此，甲公司因未按规定缴纳车船税需要缴纳滞纳金，该滞纳金可以在办理机动车交通事故责任强制保险时由保险公司作为扣缴义务人代收代缴。

3）车船税的纳税期限

车船税是按年申报，分月计算，一次性缴纳。纳税年度自公历 1 月 1 日起至 12 月 31 日止。具体申报纳税期限由各省、自治区、直辖市人民政府规定。但下列情形的纳税期限按规定执行。

（1）机动车辆在投保交强险时尚未缴纳当年度车船税的，应当在投保的同时向保险机构缴纳。

（2）新购置的机动车辆，应当在办理缴纳车辆购置税手续的同时缴纳。

（3）新购置的船舶，应当在取得船舶登记证书的当月缴纳。其他应税船舶，应当在办理船舶年度检验之前缴纳。

（4）在申请车船转籍、转让交易、报废时尚未缴纳当年度车船税的，应当在办理相关手续之前缴纳。

（5）已办理退税的被盗抢车船又找回的，纳税人应从公安机关出具相关证明的当月起计算缴纳车船税。

4）车船税的纳税地点

纳税人自行向主管税务机关申报缴纳车船税的，纳税地点为车船登记地；依法不需要办理登记的车船，纳税地点为车船的所有人或管理人的所在地。由保险机构代收代缴车船税的，纳税地点为保险机构所在地。需要注意的是，由于从事机动车交通事故责任强制保险业务的保险机构为机动车车船税扣缴义务人，因此纳税人在办理机动车交通事故责任强制保险业务时，应当一并缴纳车船税；如果已经自行申报缴纳了车船税，应当提供机动车的完税证明。

2. 车船税的纳税申报实务操作

纳税人对车船税进行纳税申报时，应当填报"车船税税源明细表"（表8-6）、"财产和行为税减免税明细申报附表"（略）及"财产和行为税纳税申报表"（表7-4）。

表 8-6　车船税税源明细表

纳税人识别号（统一社会信用代码）：9137070986478912 3P

纳税人名称：山东和力铸成铁矿有限公司

体积单位：升　质量单位：吨　功率单位：千瓦　长度单位：米

车辆税源明细

序号	车牌号码	*车辆识别代码（车架号）	*车辆类型	车辆品牌	车辆型号	*车辆发票日期或注册登记日期	排（气）量	核定载客	整备质量	*单位税额	减免性质代码和项目名称	纳税义务终止时间
1	鲁 A123XX	ABCD1232565001232	乘用车	略	略	2022 年 03 月 25 日	1.8 升	4 人		360 元		
2												
3												

船舶税源明细

序号	船舶登记号	*船舶识别号	*船舶种类	*中文船名	初次登记号码	船籍港	发证日期	取得所有权日期	建成日期	净吨位	主机功率	艇身长度（总长）	*单位税额	减免性质代码和项目名称	纳税义务终止时间
1															
2															
3															

【情境实战 8-3——车船税应纳税额的计算和纳税申报】

1. 工作任务要求

（1）计算山东和力铸成铁矿有限公司 2022 年 3 月至 12 月新购置乘用车的应纳车船税。

（2）山东和力铸成铁矿有限公司 2022 年 4 月 5 日对 2022 年 3 月至 12 月新购置乘用车的车船税进行纳税申报，填写"车船税税源明细表""财产和行为税纳税申报表"。

2. 情境实战设计

接【情境实战 7-4——土地增值税的计算和纳税申报】，山东和力铸成铁矿有限公司 2022 年 3 月 25 日新购置一辆乘用车，车牌号码为鲁 A123XX，车辆识别代码（车架号）为 ABCD1232565001232，发动机气缸容量为 1.8 升，载客人数为 4 人。按照当地规定，从事机动车第三者责任强制保险业务的保险机构为机动车车船税的扣缴义务人，应当在收取保险费时依法代收车船税，并出具代收税款凭证。但本例是特殊情况，即纳税人自行申报缴纳车船税。假设当地规定，对新购置的车船应当于车船购置的次月 15 日之前同时进行车船税和车辆购置税的纳税申报。车船税税率为：发动机气缸容量为 1.6 升以上至 2.0 升（含）、载客人数 9 人（含）以下的乘用车每辆为 360 元。山东和力铸成铁矿有限公司于 2022 年 4 月 5 日对 2022 年 3 月至 12 月的车船税进行纳税申报。

3. 实战操作步骤

第一步：根据经济业务计算 2022 年 3 月至 12 月新购置乘用车的应纳车船税。

2022 年 3 月至 12 月新购置乘用车的应纳车船税 =（360/12）×10 =（10/12）×360 = 0.83 333×360 = 300（元）

第二步：对车船税进行纳税申报。

填写"车船税税源明细表"（表 8-6）及"财产和行为税纳税申报表"（表 7-4）。

任务四 车辆购置税纳税申报实务[①]

【任务引例】

甲公司在二手车市场购买了一辆已完税（缴纳了车辆购置税）的应税车辆，请问甲公司还需要再缴纳车辆购置税吗？

一、车辆购置税的认知

1. 车辆购置税纳税人的确定

在中国境内购置汽车、有轨电车、汽车挂车、排气量超过 150 毫升的摩托车（以下统称应税车辆）的单位和个人，为车辆购置税的纳税人。购置是指以购买、进口、自产、受赠、获奖或者其他方式取得并自用应税车辆的行为。

只有购置后自用的，才需要缴纳车辆购置税。购入待售车辆不需要缴纳车辆购置税，待

---

① 本任务主要根据自 2019 年 7 月 1 日起施行的《中华人民共和国车辆购置税法》编写。

进一步处置时再行确定纳税人，缴纳车辆购置税。

2. 车辆购置税征税范围的确定

车辆购置税以列举的车辆作为征税对象，未列举的车辆不纳税。其征税范围包括汽车、有轨电车、汽车挂车、排气量超过 150 毫升的摩托车。

二、车辆购置税的计算

1. 车辆购置税计税依据的确定

1）车辆购置税计税依据的基本规定

车辆购置税的计税依据为应税车辆的计税价格。应税车辆的计税价格按照下列规定确定。

（1）纳税人购买自用应税车辆的计税价格，为纳税人实际支付给销售者的全部价款，不包括增值税税款。

购买自用应税车辆计征车辆购置税的计税依据，与销售方计算增值税的计税依据一致。

$$计税价格＝含增值税的销售价格／（1＋增值税税率或征收率）$$
$$＝（含增值税价款＋价外费用）／（1＋增值税税率或征收率）$$

纳税人购买自用应税车辆实际支付给销售者的全部价款，依据纳税人购买应税车辆时相关凭证载明的价格确定，不包括增值税税款。

（2）纳税人进口自用应税车辆的计税价格，为关税完税价格加上关税和消费税。

纳税人进口自用应税车辆的计税价格，为关税完税价格加上关税和消费税，即为组成计税价格。进口自用应税车辆计征车辆购置税的计税依据，与进口方计算增值税的计税依据一致。

① 如果进口车辆是属于消费税征税范围的小汽车、摩托车等应税车辆，则其组成计税价格为：

$$计税价格（组成计税价格）＝关税完税价格＋关税＋消费税$$
$$＝（关税完税价格＋关税）／（1－消费税税率）$$

② 如果进口车辆是不属于消费税征税范围的应税车辆，则组成计税价格公式简化为：

$$计税价格（组成计税价格）＝关税完税价格＋关税$$

纳税人进口自用应税车辆，是指纳税人直接从境外进口或者委托代理进口自用的应税车辆，不包括在境内购买的进口车辆。

（3）纳税人自产自用应税车辆的计税价格，按照纳税人生产的同类应税车辆的销售价格确定，不包括增值税税款。

纳税人自产自用应税车辆的计税价格，按照同类应税车辆（即车辆配置序列号相同的车辆）的销售价格确定，不包括增值税税款；没有同类应税车辆销售价格的，按照组成计税价格确定。

其组成计税价格计算公式如下：

$$组成计税价格＝成本×（1＋成本利润率）$$

属于应征消费税的应税车辆，其组成计税价格中应加计消费税税额。

上述公式中的成本利润率，由国家税务总局各省、自治区、直辖市和计划单列市税务局确定。

（4）纳税人以受赠、获奖或者其他方式取得自用应税车辆的计税价格，按照购置应税车辆时相关凭证载明的价格确定，不包括增值税税款。

2）车辆购置税计税依据的特殊规定

免税、减税车辆因转让、改变用途等原因不再属于免税、减税范围的，纳税人应当在办理车辆转移登记或者变更登记前缴纳车辆购置税。计税价格以免税、减税车辆初次办理纳税申报时确定的计税价格为基准，每满一年扣减 10%。

2. 车辆购置税税率的判定

车辆购置税实行统一比例税率，税率为 10%。

3. 车辆购置税优惠政策的运用

1）法定减免税规定

（1）依照法律规定应当予以免税的外国驻华使馆、领事馆和国际组织驻华机构及其有关人员自用的车辆；

（2）中国人民解放军和中国人民武装警察部队列入装备订货计划的车辆；

（3）悬挂应急救援专用号牌的国家综合性消防救援车辆；

（4）设有固定装置的非运输专用作业车辆；

（5）城市公交企业购置的公共汽电车辆。

根据国民经济和社会发展的需要，国务院可以规定减征或者其他免征车辆购置税的情形，报全国人民代表大会常务委员会备案。

2）其他优惠政策

自 2018 年 7 月 1 日至 2023 年 12 月 31 日，对购置挂车减半征收车辆购置税。挂车是指由汽车牵引才能正常使用且用于载运货物的无动力车辆。

自 2018 年 1 月 1 日至 2022 年 12 月 31 日，对购置的新能源汽车免征车辆购置税。

3）车辆购置税的退税

纳税人将已征车辆购置税的车辆退回车辆生产企业或者销售企业的，可以向主管税务机关申请退还车辆购置税。退税额以已缴税款为基准，自缴纳税款之日至申请退税之日，每满一年扣减 10%。

4. 车辆购置税应纳税额的计算

车辆购置税实行从价定率的方法计算应纳税额，计算公式为：

$$应纳税额 = 计税价格 \times 税率$$

由于应税车辆的来源、应税行为的发生以及计税依据组成的不同，因而，车辆购置税应纳税额的计算方法也有区别。

1）购买自用应税车辆应纳税额的计算

在应纳税额的计算当中，应注意以下费用的计税规定，

（1）购买者随购买车辆支付的工具件和零部件价款应作为购车价款的一部分，并入计税依据中征收车辆购置税。

（2）支付的车辆装饰费应作为价外费用并入计税依据中计税。

（3）代收款项应区别征税。凡使用代收单位（受托方）票据收取的款项，应视作代收单位价外收费，购买者支付的价费款，应并入计税依据中一并征税；凡使用委托方票据收取，受托方只履行代收义务和收取代收手续费的款项，应按其他税收政策规定征税。

（4）销售单位开给购买者的各种发票金额中包含增值税税款，因此，计算车辆购置税时，应换算为不含增值税的计税价格。

（5）购买者支付的控购费，是政府部门的行政性收费，不属于销售者的价外费用范围，不应并入计税价格计税。

（6）销售单位开展优质销售活动所开票收取的有关费用，应属于经营性收入，企业在代理过程中按规定支付给有关部门的费用，企业已作经营性支出列支核算，其收取的各项费用并在一张发票上难以划分的，应作为价外收入计算征税。

2）进口自用应税车辆应纳税额的计算

纳税人进口自用的应税车辆应纳税额的计算公式分为两种情况：

（1）如果进口车辆是属于消费税征税范围的小汽车、摩托车等应税车辆，则其应纳税额的计算公式为：

$$应纳税额＝（关税完税价格＋关税＋消费税）×税率$$

（2）如果进口车辆是不属于消费税征税范围的应税车辆，则其应纳税额的计算公式为：

$$应纳税额＝（关税完税价格＋关税）×税率$$

3）自产自用应税车辆应纳税额的计算

纳税人自产自用应税车辆应纳税额的计算公式如下：

$$应纳税额＝同类应税车辆的销售价格×税率$$

4）以受赠、获奖或者其他方式取得自用应税车辆应纳税额的计算

以受赠、获奖或者其他方式取得自用应税车辆应纳税额的计算公式如下：

$$应纳税额＝购置应税车辆时相关凭证载明的价格×税率$$

5）纳税人申报的应税车辆计税价格明显偏低，又无正当理由的应税车辆应纳税额的计算

纳税人申报的应税车辆计税价格明显偏低，又无正当理由的，由税务机关依照《税收征收管理法》的规定核定其应纳税额。

6）特殊情形下自用应税车辆应纳税额或应退税额的计算

（1）减税、免税条件消失车辆应纳税额的计算。

免税、减税车辆因转让、改变用途等原因不再属于免税、减税范围的，纳税人应当在办理车辆转移登记或者变更登记前缴纳车辆购置税。计税价格以免税、减税车辆初次办理纳税申报时确定的计税价格为基准，每满一年扣减10%，并据此计算缴纳车辆购置税。

已经办理免税、减税手续的车辆因转让、改变用途等原因不再属于免税、减税范围的，纳税人、纳税义务发生时间、应纳税额按以下规定执行：

① 发生转让行为的，受让人为车辆购置税纳税人；未发生转让行为的，车辆所有人为车辆购置税纳税人。

② 纳税义务发生时间为车辆转让或者用途改变等情形发生之日。

③ 应纳税额的计算公式如下：

$$应纳车辆购置税＝初次办理纳税申报时确定的计税价格×（1-使用年限×10\%）×10\%-已纳税额$$

应纳税额不得为负数。

使用年限的计算方法是，自纳税人初次办理纳税申报之日起至不再属于免税、减税范围的情形发生之日止。使用年限取整计算，不满一年的不计算在内。

（2）应税车辆退回时应退税额的计算。

纳税人将已征车辆购置税的车辆退回车辆生产企业或者销售企业的，可以向主管税务机关申请退还车辆购置税。退税额以已缴税款为基准，自缴纳税款之日至申请退税之日，每满

一年扣减 10%。

已征车辆购置税的车辆退回车辆生产或销售企业，纳税人申请退还车辆购置税的，应退税额的计算公式如下：

$$应退车辆购置税 = 已纳税额 \times (1 - 使用年限 \times 10\%)$$

应退税额不得为负数。

使用年限的计算方法是，自纳税人缴纳税款之日起至申请退税之日止。

三、车辆购置税的纳税申报

1. 车辆购置税的征收管理

1）车辆购置税的纳税环节

车辆购置税由税务机关负责征收。车辆购置税实行一次性征收。购置已征车辆购置税的车辆，不再征收车辆购置税。但减税、免税条件消失的车辆，应按规定缴纳车辆购置税。车辆购置税是对应税车辆的购置行为课征，选择单一环节，实行一次课征制度。征税环节选择在使用环节（即最终消费环节）。具体而言，纳税人应当在向公安机关交通管理部门办理车辆注册登记前，缴纳车辆购置税。公安机关交通管理部门办理车辆注册登记，应当根据税务机关提供的应税车辆完税或者免税电子信息对纳税人申请登记的车辆信息进行核对，核对无误后依法办理车辆注册登记。

【任务引例解析】

答　《中华人民共和国车辆购置税法》规定，车辆购置税实行一次性征收。购置已征车辆购置税的车辆，不再征收车辆购置税。因此，甲公司在二手车市场购买了一辆已完税（缴纳了车辆购置税）的应税车辆，不需要再缴纳车辆购置税。

2）车辆购置税的纳税义务发生时间

车辆购置税的纳税义务发生时间为纳税人购置应税车辆的当日。

车辆购置税的纳税义务发生时间以纳税人购置应税车辆所取得的车辆相关凭证上注明的时间为准。具体来说：①购买自用应税车辆的为购买之日，即车辆相关价格凭证的开具日期。②进口自用应税车辆的为进口之日，即海关进口增值税专用缴款书或者其他有效凭证的开具日期。③自产、受赠、获奖或者以其他方式取得并自用应税车辆的为取得之日，即合同、法律文书或者其他有效凭证的生效或者开具日期。

3）车辆购置税的纳税期限

纳税人应当自纳税义务发生之日起 60 日内申报缴纳车辆购置税。

4）车辆购置税的纳税地点

纳税人购置需要办理车辆登记的应税车辆的，应当向车辆登记地的主管税务机关申报缴纳车辆购置税；购置不需要办理车辆登记的应税车辆的，应当向纳税人所在地的主管税务机关申报缴纳车辆购置税，其中，单位纳税人向其机构所在地的主管税务机关申报纳税，个人纳税人向其户籍所在地或者经常居住地的主管税务机关申报纳税。

2. 车辆购置税的纳税申报实务操作

纳税人对车辆购置税进行纳税申报时，应填报"车辆购置税纳税申报表"（表8-7）。

表 8-7 车辆购置税纳税申报表

填表日期：2022 年 04 月 05 日　　　　　　　　　　　　　　　　金额单位：元（列至角分）

纳税人名称	山东和力铸成铁矿"有限公司	申报类型		区证税口免税口减税
证件名称	营业执照	证件号码		91370709864789123P
联系电话	0531-888777××	地址		山东省济南市开发区幸福街道胜利路 777 号
合格证编号（货物进口证明书号）	略	车辆识别代号/车架号		ABCD1232565001232
厂牌型号	略	机动车销售统一发票代码		略
排量（cc）	略	不含税价	200 000.00	略
机动车销售统一发票号码	略			

海关进口关税专用缴款书（进出口货物征免证明）号码				消费税	
关税完税价格		关税		其他有效凭证价格	
其他有效凭证名称		其他有效凭证号码		申报免（减）税条件或者代码	
购置日期	2022 年 03 月 25 日	申报计税价格	200 000.00		
是否办理车辆登记	否	车辆拟登记地点		济南	

纳税人声明：
本纳税申报表是根据国家税收法律法规及相关规定填报的，我确定它是真实的、可靠的、完整的。
纳税人（签名或盖章）：山东和力铸成铁矿"有限公司　　　办理车辆购置税涉税事宜，提供的凭证、资料是真实、可靠、完整的。任何与本申报表有关的往来文件，都可寄交于此人。

委托声明：
现委托　　　　（姓名）　　　　　　（证件号码）　　被委托人（签名或盖章）：
委托人（签名或盖章）：

以下由税务机关填写					
免（减）税条件代码					
	免（减）税率	应纳税额	免（减）税额	实纳税额	滞纳金金额
计税价格	税率				
200 000.00	10%	20 000.00		20 000.00	

受理人：　　　　　　　　复核人（适用于免、减税申报）：　　　　　　　主管税务机关（章）

年　月　日　　　　　　　　　　年　月　日　　　　　　　　　　年　月　日

【情境实战 8-4——车辆购置税应纳税额的计算和纳税申报】

1. 工作任务要求

（1）计算山东和力铸成铁矿有限公司 2022 年 3 月的应纳车辆购置税。

（2）山东和力铸成铁矿有限公司 2022 年 4 月 5 日对 2022 年 3 月新购置乘用车的车辆购置税进行纳税申报，填写"车辆购置税纳税申报表"。

2. 情境实战设计

接【情境实战 7-4——土地增值税的计算和纳税申报】资料，山东和力铸成铁矿有限公司 2022 年 3 月 25 日新购置一辆乘用车，支付给销售方价款 226 000 元（含增值税），并取得销售方开具的机动车销售统一发票。买卖合同（2022 年 3 月 25 日签订）记载不含增值税价款 200 000 元，记载增值税 26 000 元。车辆购置税的税率为 10%。该乘用车的车牌号码为鲁 A123XX，车辆识别代码（车架号）为 ABCD1232565001232，发动机气缸容量为 2.5 升，载客人数为 4 人。

3. 实战操作步骤

第一步：根据经济业务计算应缴纳的车辆购置税税额。

应纳车辆购置税 = [226 000/(1+13%)]×10% = 200 000×10% = 20 000（元）

第二步：对车辆购置税进行纳税申报。

填写"车辆购置税纳税申报表"（表 8-7）。

任务五　印花税纳税申报实务[①]

【任务引例】

印花税应税合同中列明不含增值税价款和增值税税款，请问印花税的计税依据是否含增值税价款？

一、印花税的认知

1. 印花税纳税人和扣缴义务人的确定

1）印花税的纳税人

在中华人民共和国境内书立应税凭证、进行证券交易的单位和个人，为印花税的纳税人，应当依照《中华人民共和国印花税法》（以下简称《印花税法》）规定缴纳印花税。

在中华人民共和国境外书立在境内使用的应税凭证的单位和个人，应当依照《印花税法》规定缴纳印花税。

2）印花税的扣缴义务人

纳税人为境外单位或者个人，在境内有代理人的，以其境内代理人为扣缴义务人；在境内没有代理人的，由纳税人自行申报缴纳印花税，具体办法由国务院税务主管部门规定。

证券登记结算机构为证券交易印花税的扣缴义务人，应当向其机构所在地的主管税务机

---

① 本教材中印花税的内容主要根据 2022 年 7 月 1 日起施行的《中华人民共和国印花税法》编写。

关申报解缴税款以及银行结算的利息。

2. 印花税征税范围的确定

印花税征税范围中的应税凭证，是指《印花税法》所附"印花税税目税率表"列明的合同、产权转移书据和营业账簿。

印花税征税范围中的证券交易，是指转让在依法设立的证券交易所、国务院批准的其他全国性证券交易场所交易的股票和以股票为基础的存托凭证。

证券交易印花税对证券交易的出让方征收，不对受让方征收。

3. 印花税税目的确定

印花税的税目依照"印花税税目税额表"（表8-8）执行。

表8-8　印花税税目税率表

税目		计税依据及税率	备注
合同（指书面合同）	借款合同	借款金额的万分之零点五	指银行业金融机构、经国务院银行业监督管理机构批准设立的其他金融机构与借款人（不包括同业拆借）的借款合同
	融资租赁合同	租金的万分之零点五	
	买卖合同	价款的万分之三	指动产买卖合同（不包括个人书立的动产买卖合同）
	承揽合同	报酬的万分之三	
	建设工程合同	价款的万分之三	
	运输合同	运输费用的万分之三	指货运合同和多式联运合同（不包括管道运输合同）
	技术合同	价款、报酬或者使用费的万分之三	不包括专利权、专有技术使用权转让书据
合同（指书面合同）	租赁合同	租金的千分之一	
	保管合同	保管费的千分之一	
	仓储合同	仓储费的千分之一	
	财产保险合同	保险费的千分之一	不包括再保险合同
产权转移书据	土地使用权出让书据	价款的万分之五	转让包括买卖（出售）、继承、赠与、互换、分割
	土地使用权、房屋等建筑物和构筑物所有权转让书据（不包括土地承包经营权和土地经营权转移）	价款的万分之五	
	股权转让书据（不包括应缴纳证券交易印花税的）	价款的万分之五	
	商标专用权、著作权、专利权、专有技术使用权转让书据	价款的万分之三	
营业账簿		实收资本（股本）、资本公积合计金额的万分之二点五	
证券交易		成交金额的千分之一	

二、印花税的计算

1. 印花税计税依据的确定

1）印花税计税依据的一般规定

（1）应税合同的计税依据，为合同所列的金额，不包括列明的增值税税款。

（2）应税产权转移书据的计税依据，为产权转移书据所列的金额，不包括列明的增值税税款。

（3）应税营业账簿的计税依据，为账簿记载的实收资本（股本）、资本公积合计金额。

（4）证券交易的计税依据，为成交金额。

2）印花税计税依据的特殊规定

（1）应税合同、产权转移书据未列明金额的，印花税的计税依据按照实际结算的金额确定。

（2）计税依据按照上述规定仍不能确定的，按照书立合同、产权转移书据时的市场价格确定；依法应当执行政府定价或者政府指导价的，按照国家有关规定确定。

（3）证券交易无转让价格的，按照办理过户登记手续时该证券前一个交易日收盘价计算确定计税依据；无收盘价的，按照证券面值计算确定计税依据。

（4）同一应税凭证由两方以上当事人书立的，按照各自涉及的金额分别计算应纳税额。

（5）已缴纳印花税的营业账簿，以后年度记载的实收资本（股本）、资本公积合计金额比已缴纳印花税的实收资本（股本）、资本公积合计金额增加的，按照增加部分计算应纳税额。

【任务引例解析】

答　《印花税法》规定，应税合同的计税依据，为合同所列的金额，不包括列明的增值税税款。因此，应税合同中列明不含增值税价款和增值税税款，印花税的计税依据为合同所列的不含增值税价款。

2. 印花税税率的判定

印花税的税率依照"印花税税目税额表"（表8-8）执行。

3. 印花税优惠政策的运用

下列凭证免征印花税：

（1）应税凭证的副本或者抄本；

（2）依照法律规定应当予以免税的外国驻华使馆、领事馆和国际组织驻华代表机构为获得馆舍书立的应税凭证；

（3）中国人民解放军、中国人民武装警察部队书立的应税凭证；

（4）农民、家庭农场、农民专业合作社、农村集体经济组织、村民委员会购买农业生产资料或者销售农产品书立的买卖合同和农业保险合同；

（5）无息或者贴息借款合同、国际金融组织向中国提供优惠贷款书立的借款合同；

（6）财产所有权人将财产赠与政府、学校、社会福利机构、慈善组织书立的产权转移书据；

（7）非营利性医疗卫生机构采购药品或者卫生材料书立的买卖合同；

（8）个人与电子商务经营者订立的电子订单。

根据国民经济和社会发展的需要，国务院对居民住房需求保障、企业改制重组、破产、支持小型微型企业发展等情形可以规定减征或者免征印花税，报全国人民代表大会常务委员会备案。

4. 印花税应纳税额的计算

印花税的应纳税额按照计税依据乘以适用税率计算。其计算公式为：

$$应纳税额 = 计税依据 \times 适用税率$$

同一应税凭证载有两个以上税目事项并分别列明金额的，按照各自适用的税目税率分别计算应纳税额；未分别列明金额的，从高适用税率。

三、印花税的纳税申报

1. 印花税的缴纳方式

印花税可以采用粘贴印花税票或者由税务机关依法开具其他完税凭证的方式缴纳。

印花税票粘贴在应税凭证上的，由纳税人在每枚税票的骑缝处盖戳注销或者画销。

印花税票由国务院税务主管部门监制。

2. 印花税的纳税义务发生时间

印花税的纳税义务发生时间为纳税人书立应税凭证或者完成证券交易的当日。

证券交易印花税扣缴义务发生时间为证券交易完成的当日。

3. 印花税的纳税期限

印花税按季、按年或者按次计征。实行按季、按年计征的，纳税人应当自季度、年度终了之日起 15 日内申报缴纳税款；实行按次计征的，纳税人应当自纳税义务发生之日 15 日内申报缴纳税款。

证券交易印花税按周解缴。证券交易印花税扣缴义务人应当自每周终了之日起 5 日内申报解缴税款以及银行结算的利息。

4. 印花税的纳税地点

纳税人为单位的，应当向其机构所在地的主管税务机关申报缴纳印花税；纳税人为个人的，应当向应税凭证书立地或者纳税人居住地的主管税务机关申报缴纳印花税。

不动产产权发生转移的，纳税人应当向不动产所在地的主管税务机关申报缴纳印花税。

5. 印花税的纳税申报实务

纳税人对印花税进行纳税申报时，应当填报"印花税税源明细表"（表 8-9）、"财产和行为税减免税明细申报附表"（略）及"财产和行为税纳税申报表"（表 7-4）。

【情境实战 8-5——印花税应纳税额的计算和纳税申报】

1. 工作任务要求

（1）计算山东和力铸成铁矿有限公司 2022 年 3 月相关业务的应纳印花税。

（2）山东和力铸成铁矿有限公司 2022 年 4 月 5 日对 2022 年 3 月的印花税进行纳税申报，填写"印花税税源明细表""财产和行为税纳税申报表"。

2. 情境实战设计

接【情境实战 7-4——土地增值税的计算和纳税申报】【情境实战 7-5——资源税应纳税额的计算和纳税申报】【情境实战 8-4——车辆购置税应纳税额的计算和纳税申报】，假设山东和力铸成铁矿有限公司属于按期汇总缴纳印花税的纳税人，纳税期限为 1 个月，纳税申报期限为税款所属时期后 15 天内。

3. 实战操作步骤

第一步：根据经济业务计算当期应纳印花税。

（1）转让办公楼，按照土地使用权、房屋等建筑物和构筑物所有权转让书据税目计算缴纳的应纳印花税 = 120 000 000×0.5‰ = 60 000（元）。

（2）销售铁矿原矿，按照买卖合同税目计算缴纳的应纳印花税 = 4 000 000×0.3‰ = 1 200（元）。

（3）购置乘用车，按照买卖合同税目计算缴纳的应纳印花税 = 200 000×0.3‰ = 60（元）。

第二步：对印花税进行纳税申报。

填写"印花税税源明细表"（表 8-9）及"财产和行为税纳税申报表"（表 7-4）。

纳税人识别号（统一社会信用代码）：91370709864789123P
纳税人（缴费人）名称：山东和力铸成铁矿有限公司

金额单位：人民币元（列至角分）

表8-9 印花税税源明细表

序号	应税凭证税务编号	应税凭证编号	*应税凭证名称	*申报期限类型	应税凭证数量	*税目	子目	*税款所属期起	*税款所属期止	*应税凭证书立日期	*计税金额	实际结算日期	实际结算金额	*税率	减免性质代码和项目名称	对方书立人名称	对方书立人识别号（统一社会信用代码）	对方书立人涉及金额
1			产权转移书据	按次申报		产权转移书据	房屋等建筑物和构筑物所有权转让书据经营（不包括土地承包经营权和土地经营权转移）	2022年03月01日	2022年03月31日	2022年03月31日	120 000 000.00			0.5‰				
2			买卖合同	按期申报		买卖合同		2022年03月01日	2022年03月31日	2022年03月20日	4 000 000.00			0.3‰				
3			买卖合同	按期申报		买卖合同		2022年03月01日	2022年03月31日	2022年03月25日	200 000.00			0.3‰				

■ **技能训练**

一、单项选择题

1. 耕地占用税的纳税义务发生时间为纳税人收到自然资源主管部门办理占用耕地手续的书面通知的当日。纳税人应当自纳税义务发生之日起（　　）日内申报缴纳耕地占用税。

    A. 7　　　　　　　　B. 15　　　　　　　　C. 30　　　　　　　　D. 60

2. 纳税人自行向主管税务机关申报缴纳车船税的，车船税的纳税地点为（　　）。

    A. 车辆使用地　　　　　　　　　　　B. 车船的登记地

    C. 纳税人住所所在地　　　　　　　　D. 纳税人领取车船牌照地

3. 契税由土地、房屋权属的（　　）缴纳。

    A. 承受方　　　　　B. 销售方　　　　　C. 捐赠方　　　　　D. 投资方

4. 车辆购置税实行统一比例税率，税率为（　　）。

    A. 5%　　　　　　　B. 10%　　　　　　C. 15%　　　　　　D. 20%

5. 根据《印花税法》，下列关于印花税纳税申报的说法中，错误的是（　　）。

    A. 印花税可以采用粘贴印花税票或者由税务机关依法开具其他完税凭证的方式缴纳

    B. 印花税的纳税义务发生时间为纳税人书立应税凭证或者完成证券交易的当日

    C. 证券交易印花税按月解缴

    D. 不动产产权发生转移的，纳税人应当向不动产所在地的主管税务机关申报缴纳印花税

二、多项选择题

1. 下列各项中，属于车船税征税范围的有（　　）。

    A. 用于接送员工的班车　　　　　　　B. 用于耕地的拖拉机

    C. 用于休闲娱乐的游艇　　　　　　　D. 非机动驳船

2. 下列关于契税计税依据的表述中，符合法律制度规定的有（　　）。

    A. 受让土地使用权的，以成交价格为计税依据

    B. 受赠房屋的，由征收机关参照房屋买卖的市场价格规定计税依据

    C. 土地使用权及所附建筑物、构筑物等（包括在建的房屋、其他建筑物、构筑物和其他附着物）转让的，计税依据为承受方应交付的总价款

    D. 购入土地使用权的，以评估价格为计税依据

3. 下列各项中，属于车辆购置税的价外费用的有（　　）。

    A. 销售方向购买方收取的集资费

    B. 销售方向购买方收取的违约金

    C. 销售方向购买方收取的代购买方缴纳的车辆牌照费

    D. 销售方向购买方收取的保管费

4. 根据《印花税法》，应税营业账簿的计税依据，为账簿记载的（　　）合计金额。

    A. 实收资本（股本）　　　　　　　　B. 资本公积

    C. 盈余公积　　　　　　　　　　　　D. 未分配利润

三、判断题

1. 契税由土地、房屋所在地的税务机关依照《中华人民共和国契税法》和《中华人民

共和国税收征收管理法》的规定征收管理。　　　　　　　　　　　　　（　　）

2. 车船税按年申报，分月计算，分月缴纳。　　　　　　　　　　　　（　　）

3. 车辆购置税的纳税义务发生时间为纳税人购置应税车辆的当日。　　（　　）

4. 证券交易印花税对证券交易的受让方征收，不对出让方征收。　　　（　　）

四、实务题

1. 张某原有两套住房，本年 1 月向李某出售其中一套，成交价格为 100 万元；本年 2 月将另一套以市场价格 150 万元与赵某的住房进行了等价置换；本年 3 月又以 200 万元价格从王某购置了一套新住房。当地契税的税率为 3%，上述金额均不含增值税。要求：计算张某上述交易的应纳契税。

2. 甲公司本年 1 月从增值税一般纳税人处购买轿车（非新能源或节约能源车辆）一辆供本公司使用，支付含增值税的价款 112 000 元，另支付购置工具件和零配件价款 1 000 元，车辆装饰费 1 200 元，取得税控机动车销售统一发票。要求：计算甲公司本年 1 月的应纳车辆购置税。

参 考 文 献

［1］中国注册会计师协会．会计．北京：中国财政经济出版社，2022.

［2］中国注册会计师协会．税法．北京：中国财政经济出版社，2022.

［3］全国税务师职业资格考试教材编写组．税法：Ⅰ．北京：中国税务出版社，2022.

［4］全国税务师职业资格考试教材编写组．税法：Ⅱ．北京：中国税务出版社，2022.

［5］全国税务师职业资格考试教材编写组．涉税服务相关法律．北京：中国税务出版社，2022.

［6］财政部会计资格评价中心．经济法基础．北京：经济科学出版社，2021.

［7］盖地．税务会计学．14版．北京：中国人民大学出版社，2020.

［8］梁文涛，苏杉．纳税筹划．6版．北京：清华大学出版社，2021.

［9］梁文涛，苏杉．纳税筹划实务．8版．北京：清华大学出版社，2021.